Heinemann

Kleine Geschichte der Musik

Reclam Sachbuch

Michael Heinemann

Kleine Geschichte der Musik

Mit 25 Abbildungen

Reclam

3., durchgesehene und aktualisierte Auflage

RECLAMS UNIVERSAL-BIBLIOTHEK Nr. 19061

Gesamtherstellung: Reclam, Ditzingen. Printed in Germany 2013
RECLAM, UNIVERSAL-BIBLIOTHEK und
RECLAMS UNIVERSAL-BIBLIOTHEK sind eingetragene Marken
der Philipp Reclam jun. GmbH & Co. KG, Stuttgart
ISBN 978-3-15-019061-6

Auch als E-Book erhältlich

www.reclam.de

Inhalt

Weltmusik I
Antike Mythen der Musik 11

Funktion
Dichter und Sänger, Epen und Psalmen 23

Notation
Musikalische Zeichensysteme im Mittelalter . . . 34

Individuum
Musikalisches Bewusstsein im 12. Jahrhundert . . 47

Komposition
Frühe Mehrstimmigkeit und Ars nova 61

Intellektualität
Bildung und Werk im 14. Jahrhundert 73

Neuheit
Renaissance und Geschichtsbewusstsein 85

Sprache
Musik und Rhetorik in der frühen Neuzeit 99

Spiel
Klangsinn und Instrumentenbau
im 17. Jahrhundert 115

Affekt
Rationalismus und Leidenschaft 128

Kritik
Emanzipation des Hörers im 18. Jahrhundert . . 145

Originalität
Genie, Stil und Gedanke 158

Öffentlichkeit
Institutionalisierung bürgerlichen Musiklebens
im 18. Jahrhundert 171

Diskurs
Kompositorische Strategien und
musikalische Formenlehre 185

Gesellschaft
Selbstdarstellung auf klassischer Bühne 200

Kommerz
Kunst und Vermarktung 211

Gegenwelt
Romantik und Klassizismus 225

Geschichte
Historismus und Zukunftsmusik 238

Nation
Kollektive Identität qua Musik 252

Realität
Kunst und Wirklichkeit 263

Macht
Musik auf Befehl 276

Residuen
Emigration und Verweigerung 290

Experiment
Provokation und der Verzicht aufs Schöne 301

Klang
Sound und Struktur 316

Weltmusik II
Perspektiven multikultureller Offenheit 329

Literaturhinweise 335

Personen- und Sachregister 337

Zum Autor 357

Das, was war, interessiert uns nicht darum, weil es war, sondern weil es in gewissem Sinn noch ist, indem es noch wirkt.

Johann Gustav Droysen

Die Grundfarben der Geschichte sind nicht Schwarz und Weiß, ihr Grundmuster nicht der Kontrast eines Schachbretts; die Grundfarbe der Geschichte ist grau, in unendlichen Schattierungen.

Thomas Nipperdey

Wozu überhaupt Geschichtsschreibung, wenn sie nicht den Zeitgenossen helfen will, Vertrauen in die Zukunft zu bewahren und die Schwierigkeiten, denen sie täglich begegnen, zu meistern?

Georges Duby

Weltmusik I

Antike Mythen der Musik

Die Anfänge der Musik sind die Anfänge der Welt. Denn die Wahrnehmung beider ist unmittelbar aneinander gekoppelt. Jegliche Kosmologie, jeder Versuch, das Universum und seine Entstehung zu begründen, greift zu Erklärungsmodellen, die mit musikalischen Phänomenen verbunden sind. Alles Hören von Musik andererseits ist nur denkbar als Bewusstwerden von Raum und Zeit: Dass Laute als Musik wahrgenommen werden können, setzt Verstand voraus, der Klänge innerhalb eines (auch unwillkürlich) bestimmten zeitlichen Abschnitts strukturiert und in ihrer Ordnung ein sinnvolles Prinzip erkennt. Losgelöst vom ursprünglichen Zweck der Lautäußerung – als Signal, als Mittel nonverbaler Kommunikation –, entwickelt sich in spielerischer Erweiterung und intellektueller Reflexion Musik zur Tonkunst.

So war am Anfang der Klang, als Beginn auch der Welt: Die Entstehung des Universums ist ohne Knall und Geräusch auch physikalisch nicht anzunehmen. Im Aufbau des Kosmos ein Prinzip zu finden und keine heillose Unordnung, war Anliegen nicht erst jener Theorien, mit denen die Musik nobilitiert werden sollte. Diese als »göttliche Gabe« (Hesiod) zu bezeichnen, spiegelt die Faszination, die seit je von ihr ausgeht, in religiöser Emphase. Gemeint ist jedoch ineins, dass der Aufbau des Alls einem Plan folge, den die Musik sinnlich erfassbar mache. Diese Ordnung aber resultiere aus einer Vorherbestimmung, die das Gestaltungsvermögen des Menschen übersteigt. Nichts anderes dürfte auch der Beginn des neutestamentlichen Johannesevangeliums meinen, denn das »Wort«, das ihm zufolge am Anfang gestanden habe, wird als gesprochenes zur klanglichen Äußerung, deren

Ordnungsprinzip durch die Beziehung zur Sprache Sinn erhält.

Es ist nicht leicht festzustellen, was zuerst war: die Beobachtung, dass die Abstände der Kreisbahnen von Planeten und Sonne in ihrem Umlauf um die Erde (so das von Ptolemaios entworfene, bis zum Beginn der Neuzeit, der kopernikanischen Wende, gültige Weltbild) gerade jene ganzzahligen Proportionen ausmachen, die auch die musikalischen Konsonanzen konstituieren, oder die Entdeckung elementarer Zahlenverhältnisse bei den Intervallen von Oktave und Quinte durch Pythagoras und ihre Übertragung auf den Lauf der Gestirne.

Ausgangspunkt und Grundlage der Analogie zwischen Musik und Kosmos sind Zahlen: Zwei Töne, die im Abstand einer Oktave erklingen (jenem Intervall also, das bei gleichzeitigem Singen von Frauen und Männern unmittelbar festzustellen ist), können auf einer Saite (griechisch: Monochord) oder dem Blasrohr eines Flöteninstruments nachgebildet werden, indem der klingende Teil halbiert wird. Bestimmt solchermaßen die Relation 1 : 2 die Oktave, so die Beziehung 2 : 3 die reine Quinte. Mit der mathematisch wie akustisch gleichermaßen einfachen Operation, dass die Proportion 2 : 4 wiederum eine Oktave bezeichnet, wird das Restintervall 3 : 4 als reine Quart erkennbar: Die Eckwerte eines Tonsystems sind nun ebenso definiert wie seine zentralen Strukturtöne.

Dass mit denselben einfachen Relationen auch die Abstände der Erde zu Sonne, Mond sowie den zunächst bekannten fünf Planeten (Saturn, Jupiter, Mars, Venus und Merkur) gefasst werden konnten, bestätigte den planvollen Aufbau des Universums, das im System der Musik sinnlich erfahrbar wurde. Zwar komme auch das Weltall durch die Bewegung der Gestirne zum Klingen, doch die Harmonie dieser Sphären sei, so die Entgegnung kritischer Einwände des Aristoteles, allein aufgrund ihrer außerordentlichen Dimensionen – sowohl hinsichtlich der

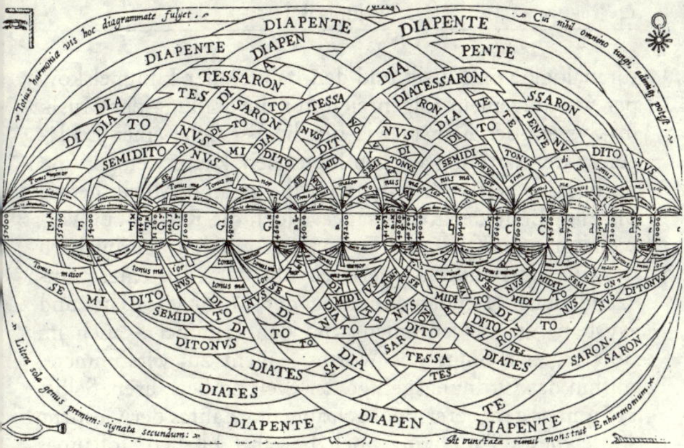

Gioseffo Zarlino, *Istitutioni harmoniche*, Venedig 1558.

An der Wende zur Neuzeit versuchte Zarlino, Kapellmeister an San Marco in Venedig, in seiner grundlegenden Tonsatzlehre ein letztes Mal, das Erbe der Antike mit der modernen Konsonanzlehre zu vereinbaren: Seine Darstellung der Intervalle, die analog den Bahnen der Gestirne auf rationalen Proportionen basieren, gerät freilich in der zweiten Hälfte des 16. Jahrhunderts so komplex wie die zeitgenössischen astronomischen Theoriebildungen.

Lautstärke wie aufgrund der tiefen Frequenz – für das menschliche Ohr nicht wahrzunehmen, vielleicht aber auch nur deshalb, weil sie seit je vorhanden war, ohne Anfang und Ende, und schon aus diesem Grunde nicht mehr ins Bewusstsein falle. Wiederum wird deutlich: Ohne Formung, als endloses Klingen, wird solche Sphärenharmonie ›Musik‹ (im eigentlichen Sinne) erst durch aufmerksam gewordenes Hinhören, das der Wahrnehmung Anfang und Schlusspunkt setzt. Ohne rezipierendes Subjekt erreichen bloße Laute und Klänge noch nicht den Status von Musik.

Dieser intellektuell ambitionierte Ansatz einer Strukturanalogie von Musik und den Bahnen der Himmelskörper war ungemein folgenreich, für die Stellung der Musik im System der Künste wie für die Versuche einer Erklärung ihrer Wirkung auf den Menschen, kaum weniger und nachgerade verbindlich dann für die gesamte Musiktheorie bis zum Ende der Renaissance. Noch die Regeln zur Verwendung von Kon- und Dissonanzen in den Lehrbüchern des 16. Jahrhunderts operieren mit der Idee einer transzendentalen Fundamentierung der Musik: Tonsatz und -system müssen ›stimmen‹, um den Himmel – auch im übertragenen Sinne des Wortes – nicht zu ›verstimmen‹, mithin das Ordnungsgefüge der Welt zu bewahren. Selbst bei immer genauerer Beobachtung des Laufes der Gestirne sollte dieses Paradigma noch bewahrt bleiben: Johannes Keplers Entwurf der Harmonie der Welt (*Harmonices mundi*, Linz 1619) ist der Versuch eines Astronomen und Mathematikers, die Ergebnisse aktueller Forschung, zumal von Nikolaus Kopernikus und Galileo Galilei, mit dem traditionsreichen Bild von Welt und Musik zu vereinen, und noch im Hauptwerk des römischen Jesuiten Athanasius Kircher (*Musurgia universalis*, Rom 1650) wie der klassischen Kontrapunktlehre von Johann Joseph Fux (*Gradus ad Parnassum*, Wien 1725) wird – die reich illustrierten Titelblätter dieser enzyklopädisch angelegten Lehrwerke verdeutlichen es unmittelbar – die überkommene Sicht weitergeführt. Selbst im 20. Jahrhundert hat diese Idee noch Konjunktur, wie die Bemühungen der Wiener »Harmonikalen« um Hans Kayser (*Vom Klang der Welt*, Zürich 1937) oder die ungleich populäreren, doch kaum weniger esoterischen Ausführungen von Joachim Ernst Berendt (*Nada Brahma – die Welt ist Klang*, Frankfurt a. M. 1983) zeigen. Letzterer verwies zugleich und mit besonderem Nachdruck darauf, dass sich ganz ähnliche kosmologische Begründungen von Musik auch in außereuropäischen Kulturen, zumal der chinesischen und der indischen Tradition, finden.

Dass diese unterschiedlichen musikalischen Kulturen einige essenzielle Strukturmomente verbinden, bezeichnet weniger eine gemeinsame Herkunft, die etwa in Mesopotamien zu suchen wäre, sondern indiziert eher ein Moment von Praxis, das die Idee einer metaphysischen Fundierung von Musik durch eine anthropologische Dimension ergänzt. Der Versuch, Naturlaute zu imitieren – etwa den Gesang der Vögel oder das Rauschen des Windes, der ein Gefäß zum Klingen bringt –, habe zu elementaren melodischen Zellen geführt, unter denen sich (kleine) Terz und benachbarte Sekunde als besonders geeignet erwiesen (Marius Schneider). Tatsächlich erscheint eine solche Konstellation dreier Töne (mit den gemeinhin gebräuchlichen Tonbezeichnungen z. B. als e - g - a zu fassen) als Ausgangsmaterial zahlreicher (Kinder-)Lieder, und die Erweiterung bzw. Sequenzierung dieses Modells führt rasch zu jener pentatonischen Skala, die sich in den unterschiedlichsten Ethnien als Basis musikalischer Gestaltung finden lässt. Von dieser fünfstufigen Tonleiter, die etwa in der traditionellen Musik Chinas wiederum eine metaphysische Überhöhung erhält, indem den fünf Tönen Gestirne und Affekte, doch auch Himmelsrichtungen (Mitte, Westen, Osten, Süden und Norden), Jahreszeiten (Jahr, Herbst, Frühling, Sommer, Winter) und Elemente (neben Erde, Feuer und Wasser auch Metall und Holz) zugeordnet werden, ist der Schritt zu jener Skala mit sieben Tonstufen, die in unregelmäßiger Folge Halb- und Ganztöne verbindet, nur mehr gering. Diese diatonische Tonleiter als Ausgangsmaterial nicht nur der abendländischen Musik mag auch aus pragmatischen Gründen favorisiert worden sein und ihre transzendentale Herleitung aus religiösen wie pädagogisch-politischen Motiven nachträglich postuliert, um die sinnliche Wirkung zu kanalisieren, die mit Musik unmittelbar verbunden ist.

Diese Frage, ob Musik sich nach den Möglichkeiten menschlicher Wahrnehmung entwickelt habe und nach deren Maßgaben richten dürfe und solle oder vielmehr ihre Aufgabe darin liege, die Strukturen des Universums abzubilden und sinnlich erfahrbar zu machen, führt nicht nur zu grundsätzlich kontrastierenden Auffassungen über ihre Herkunft, sondern auch hinsichtlich ihrer Legitimation und ihres Zwecks. So wenig hier eine eindeutige Antwort zu finden ist – erst recht nicht eine für alle Kulturen verbindliche –, so wichtig erscheint die Rekonstruktion des Problems, um Entwicklungen wie auch weitreichende Auseinandersetzungen verständlich zu machen. Denn schon in der geläufigen Unterscheidung zwischen ›hoher Kunst‹ und ›niederen Sphären‹ der Musik spiegeln sich fundamental divergierende Zugangsweisen: Der Idee einer intellektuell konzipierten Kunst, die zu erfassen geistige Arbeit erfordert (weswegen sie ästhetisch wie auch moralisch qualitätvoller erscheinen soll), kontrastiert eine Auffassung von Musik, deren sinnliche, oft körperhafte Wirkung zwar eingestanden, aber rasch als ›primitiv‹ (im pejorativen Sinne des Wortes) diskreditiert wird. Wie problematisch hier allerdings Abgrenzungen und wie dicht zugleich Übergänge sind, erhellt aus der Erweiterung des Tonsystems, dessen sieben Stufen in verschiedenen musikalischen Kulturen je unterschiedlich durch kleinere Schritte aufgespalten werden: Forcierten die Griechen eine Teilung in Halb- und Vierteltöne, wodurch chromatische und enharmonische Tongeschlechter entstanden, deren praktische Verwendung sowohl mittels theoretischer Ausführungen als auch durch Befunde in rudimentären Notentexten (Euripides-Fragment) zu belegen ist, so entwarf man in Indien ganz ähnlich ein System mit Vierteltönen, deren Bezeichnung als *shruti* ihre auditive Ableitung (sanskrit. *shuri* ›hören‹) bereits verrät. So bleibt unentschieden, ob die Entwicklung eines spielpraktisch wie hinsichtlich der Rezeption gleichermaßen anspruchsvollen Tonsystems aus Erfahrung oder intellektuellem Kalkül resultiert.

Dieselbe Fragestellung zeigt sich auch in der musikalischen Neuzeit, bei der Einführung alterierter Tonstufen in die kompositorische Praxis, etwa in der Madrigalistik der ausgehenden Renaissance: Die Erweiterung der Ausdrucksmöglichkeiten zumal zur intensiveren Vertonung von affektiv reichen Texten war das Resultat. Ob freilich der Wunsch nach plakativeren Effekten zur Einbeziehung immer neuer Farbwerte in den musikalischen Satz führte oder die Reflexion über alternative Methoden, dissonante Wendungen aufzulösen, der Praxis vorausging, muss offen bleiben. Und mag auch schon die begriffliche Bezeichnung der Ausweitung harmonischer Tonalität im 19. Jahrhundert als Reizharmonik ein empirisches Moment unterstreichen, so wäre in einer Geschichte des musikalischen Denkens mit der exzessiven Chromatisierung des Tonsatzes der entscheidende Schritt zu erkennen, der im frühen 20. Jahrhundert zu einer Emanzipation der Dissonanz – so Arnold Schönbergs positiv gewendete Formulierung von Atonalität – führen sollte; in dieser Optik aber erschiene eine sinnenhaft-körperlich erfahrbare Dimension spannungsvoller Gestaltung zumal der Musikdramen Richard Wagners auf nüchterne satztechnische Konstruktion reduziert.

Die Vorgabe, dass Musik, deren sinnliche Wirkung nie in Zweifel gestellt wurde, nur in ihrer intellektuellen Konzeption ernsthaft einer Beschäftigung lohne, führte schon in der griechischen Antike zur Polarisierung. In der Diskussion über einen Vorrang einer der beiden Auffassungen wurde auch die Mythologie herangezogen: Apollon, dem Lichtgott und Führer der neun Musen, denen die Betreuung aller Künste, die insgesamt mit dem Begriff *mousiké* gefasst wurden, oblag, war die Leier gewidmet, deren in reinen Intervallen gestimmte Saiten als Abbild des Himmelssystem figurierten; ihr Klang konnte überdies das Augenmerk auf die Struktur der Musik lenken, zumal das geringe Volumen, fehlende dynamische Schattierungen oder ein allenfalls in geringem Umfang mögliches Espressivo körperhaftes Musikerleben kaum erlaubten.

Die Gegenseite aber repräsentierte Pan, der bocksbeinige, gehörnte Hirtengott, dessen amourösen Nachstellungen die Nymphe Syrinx sich nur entziehen kann, indem sie sich in ein Schilfrohr verwandelt. Dieses abbrechend und zur Flöte formend, verleiht Pan seiner Klage um die unerfüllt gebliebene Liebe beredten Ausdruck. So wird er, der Erfinder der Hirtenflöte, zum Inbegriff sinnenhaften Musizierens, der im legendären Wettstreit mit Apollon ebenso wie Marsyas, ein ähnlich hybrider Flötist, unterliegen muss, um die Idee von Musik als einer transzendental begründeten Kunst nicht zu unterlaufen. Denn diesen Primat von Musik als Abbild des Kosmos und einer geistigen Übung galt es zu wahren: aus pädagogischen wie letztlich auch politischen Gründen. Zu offensichtlich war die Gefährdung, die von der Musik als einer sinnlich berückenden Kunst ausgehen konnte, und orgiastisches Musizieren, für das die Figur des Weingottes Dionysos stand, bedurfte in Apollon eines Gegenpols, der jene mäßigende, kathartische Wirkung von geordneten Klängen verkörperte, die in Platons Schule erst das Attribut »schön« zuließ. Subjektiv-emotionales Musizieren aber war zu verwerfen, da zur Zügellosigkeit führend. Als Inbegriff solch ausdrucksstarker Musik aber galt die Flöte, deren Spiel Platon deshalb in seinem idealen Staat nicht zulassen wollte: Die Beschäftigung mit Musik erschien ihm ästhetisch und ethisch nur sinnvoll und innerhalb der Ausbildung junger Menschen zulässig, wenn sie den Versuch unternahm, durch eine klangliche Vergegenwärtigung kosmologischer Strukturen im musizierenden Menschen ähnlich ideale Verhältnisse zwischen Seele und Körper herzustellen. Die Weltenmusik, *musica mundana*, sollte mit der *musica humana*, der Musik eines solchermaßen ganzheitlich gedachten Menschen, korrespondieren. Eine dritte Erscheinungsform der Musik, die *musica instrumentalis* als Gesang- wie Instrumentalmusik, wurde, da nicht zu leugnen, nur mehr als schlechterdings notwendiges Gegenstück konzediert.

Immerhin war nun die konträre Position – wenngleich bis dahin vornehmlich negativ – bestimmt. Ihre Virulenz aber war nicht zu verkennen, und in den Gründungsmythen der Musik ist sie unübersehbar präsent. Denn selbst die Leier, als Attribut Apollons das göttliche Instrument schlechthin, gilt als eine Entdeckung des Hermes, jenes Götterboten, der zwischen den Welten vermittelt. Ihm war die Klangwirkung einer Sehne, die sich über den leeren Panzer einer toten Schildkröte gespannt hatte, aufgefallen, und mit diesem rudimentären Musikinstrument wusste er Apollon zu entschädigen, dem er eine Rinderherde gestohlen hatte. Klingend erfahrbare Musik, so zeichnet sich hier erneut ab, resultiert aus der Überformung naturhafter, der Welt der Menschen zugehöriger Phänomene.

Dass auch die Götter nicht unempfänglich sind für sinnliche Musik, erzählt der Mythos von Orpheus. Kraft seiner Kunst vermochte dieser Prototyp aller Sänger der Überlieferung nach nicht nur wilde Tiere zu zähmen, Steine zum Weinen zu bringen und selbst Bäume zu veranlassen, sich in seine Nähe zu begeben, sondern auch die Götter der Unterwelt für sich zu gewinnen, dass sie seine am Hochzeitstag verstorbene Geliebte aus dem Reich der Toten auf die Erde zurückkehren ließen. Seine Bemühungen scheitern allerdings, da er bekanntlich nicht in der Lage war, die Bedingung Plutos, des Herrschers der Unterwelt, zu erfüllen, seiner Eurydike blind zu vertrauen und sich auf dem Weg ans Tageslicht nicht nach ihr umzuwenden.

In ähnlicher Weise schildern auch andere Geschichten des klassischen Altertums die Macht der Musik: Von Seeräubern überfallen und ins Meer geworfen, ist Arion, dessen Leierspiel ehedem Delphine lauschten, nicht verloren, da die Meerestiere ihn aus Verehrung und Dankbarkeit ans Land zurücktragen. Und mittels der Klänge von Amphions Leier können in kürzester Zeit die berühmten Mauern Thebens errichtet werden: die früheste einer Vielzahl an Metaphern von Architektur als Stein gewordener Musik.

Worauf indes diese nicht zu leugnende Macht der Musik beruhe und wie sie zu begründen sei, blieb indes ebenso strittig wie die Frage, ob die Tonkunst ursprünglich einer intellektuellen Konzeption folge oder aus leidenschaftlichem Spiel mit sinnlichen Klangreizen resultiere. Der von Pythagoras und Plato verfochtenen Strukturanalogie von Musik und Zahl mit der Idee, harmonische Proportionen von Klängen führten zu ähnlich wohlgeordneten Körperfunktionen, kontrastiert ein – zumal von Aristoteles und Aristoxenos – vorgetragener Empirismus, der nicht nach der Ursache einer Wirkung fragt, sondern lediglich das Phänomen selbst konstatiert. Systematisch werden von letzteren Autoren Zusammenhänge zwischen Tönen und Empfindungen beschrieben, wobei als entscheidende Kategorie das Tonmaterial, nicht aber seine klangliche Repräsentation herangezogen wird. Denn war zwar das Tonsystem mit seinem Vorrat verfügbarer Tonstufen konstituiert, so bedurfte es der Definition eines bestimmten Ausschnitts, um allein eine Melodie zu entwerfen. Zwar waren alle Tonstufen der gebräuchlichen diatonischen Skala als Ausgangspunkt einer melodischen Linie zu verwenden und mittels der Intervalle von (reiner) Quinte und Quarte, dann auch Terz und Sexte leicht zentrale Strukturtöne zu etablieren. Doch durch die je nach gewähltem Grundton unterschiedliche Lage der innerhalb der siebenstufigen Leiter fixierten Ganz- und Halbtöne änderte sich der Charakter einer Melodie nicht unwesentlich: Statt der heute nur mehr gebräuchlichen zwei Tongeschlechter, Dur und Moll, deren Charaktere eben durch die Position von Halb- und Ganztonschritten im Verlauf der diatonischen Skala begründet sind, war in der Antike die Begründung einer Tonleiter auf jeder Stufe eines Systems denkbar, als dessen Teil sich die einzelnen Modi konstituierten. Favorisierte man erst ab dem 16. Jahrhundert die bis dahin eher als minder qualitätvoll erachteten diatonischen (und vorzeichenlosen) Skalen auf C und a, die nach der Größe ihres dritten Tons als *dur*[*us*] (lat. ›hart‹ bzw. ›groß‹) oder *moll*[*is*] (lat. ›weich‹ bzw. ›klein‹) bezeichnet werden, so konnten vordem auch die anderen Tonstufen als Bezugspunkte einer Tonleiter gewählt werden, deren charakteristische Klanggestalt durch die Lage der Halbtöne im melodischen Verlauf bestimmt ist. Als klassisches Tongeschlecht galt den Griechen die Oktavgattung e–E, eine abwärts zu lesende siebenstufige Skala, die sich in zwei im Aufbau analoge Viertonkonstellationen (griech. Tetrachorde) mit der Folge zweier Ganztöne und eines Halbtons gliedert. Diesen Modus, als ›dorisch‹ bezeichnet (seit der frühchristlich missverstandenen Rezeption des Boethius dann als ›phrygisch‹), nannte Aristoteles den ruhigsten und am meisten zum Ausdruck eines mannhaften und tapferen Charakters geeignet, die (ehedem) phrygische Oktavgattung von d–D hingegen habe eine berauschende und die Affekte aufregende Wirkung usw.

Neu an Aristoteles' Verbindung von Tongeschlechtern mit ethischen Qualitäten war neben der empirischen Explikation auch die Tatsache, dass er gegenüber seinem Lehrer Plato ein ungleich breiteres Spektrum musikalischer Gestaltungsweisen konzedierte. Zwar verkannte auch er ein verderbliches Potenzial von Musik durchaus nicht. Doch ist seine musikalische Ethoslehre nicht mehr transzendental begründet. Vordem waren auf der Basis numerischer Analogien die Grundtöne der Modi jenen Planeten zugeordnet worden, deren Platz im Universum ihrer Stellung im Tonsystem korrespondierte, und Charakteristika der Sternzeichen postulierte man als Eigenschaften auch der entsprechenden Oktavgattungen. Wurde nun zwar noch nicht grundsätzlich dieser Wirkungszusammenhang preisgegeben, so doch immerhin seine Allgemeingültigkeit bezweifelt: Mit dem Gehör erhielt erstmals auch die Praxis ein Recht zur Qualifizierung von Musik. Ihre theoretische Fundierung wie auch ihre Ästhetik bedurften nun nicht mehr ausschließlich des Rekurses auf die Kosmologie.

Funktion

Dichter und Sänger, Epen und Psalmen

Ob und inwiefern sich die Diskussion um die Fragen, was Musik sei, wie sie sich konstituiere und was sie auf welche Weise bewirken könne, in der musikalischen Praxis widerspiegelt, steht auch für die Antike dahin. Denn diejenigen, die über Musik nachdachten und eine theoretische Grundlegung entwarfen, verstanden die Tonkunst als Wissenschaft und die intellektuelle Auseinandersetzung als einzig angemessene Form, sich mit der Welt der Klänge zu befassen. Demgegenüber schien die praktische Realisierung dem Gebildeten unwürdig. Musizieren galt als Handwerk, vergleichbar mit Kochkunst oder Gartenbau, und entsprechend gering war die soziale Stellung desjenigen, der die Musik sich zum Beruf wählte. In der Bezeichnung des Musikanten findet diese uralte Disqualifizierung des praktizierenden Künstlers sprachlich bis in die Gegenwart noch seinen Niederschlag. Lakai, Diener bleibt der Musiker auch in späteren Zeiten, von der sozialen Stigmatisierung des fahrenden, zeitweise gar als vogelfrei erachteten Künstlers nicht erst zu reden.

So sind die Fäden, die musikalische Theorie und ausgeübte Kunst im Altertum verbinden, dünn: Weder institutionell noch vermittels der Personen, die Reflexion durch Praxis begleiteten oder als ausübende Musiker sich über die Grundlegung ihrer Kunst Gedanken machten, ist ein Forum vorhanden, in dem produktiv ein Austausch hätte stattfinden können. Dies ändert sich auch in späteren Zeiten nur langsam: Der Diskurs über Musik in Akademien und Universitäten ist noch im 17. Jahrhundert von der Praxis getrennt, und im Schrifttum scheiden sich Lehrbücher, die im Instrumentalspiel unterweisen und ins kompositorische Metier einführen, auch im Folgenden von wissenschaftlichen Abhandlungen, die theologische und mathematische Grundlagen der Musik thematisieren oder ästhetisches Raisonnement bieten.

Diese Schwierigkeit, Konsequenzen einer so differenzierten Musikanschauung, wie sie in den Schriften der klassischen griechischen Autoren vorliegt, für die musikalische Praxis zu beschreiben, resultiert jedoch nicht nur aus dem methodologischen Problem, aus diskursiven Texten Produktionsbedingungen wie insbesondere Rezeptionsmodi rekonstruieren zu wollen, sondern mehr noch – und ganz unmittelbar – aus dem allzu geringen Fundus überlieferter musikalischer Quellen. Erhalten sind nur mehr 40 Notenbeispiele: Fragmente von Tragödien und Dramen, einzelne vollständige Hymnen sowie offensichtlich für Unterrichtszwecke verwendete, sehr kurze Instrumentalstücke, ein Bestand, der durch zahlreiche Bildquellen, vorzugsweise Malereien auf Vasen, sowie durch Hinweise auf Musik in nicht fachspezifischer Literatur und Belletristik ergänzt wird.

Kaum überraschend, ist diesen Unterlagen zufolge Musik dort nachzuweisen, wo vorrangig die Überlieferung einer entwickelten Kunstform zu erwarten war: in kultischem Kontext sowie bei festlichen Spielen. Hymnen an die Götter, unter ihnen zumal an Apollon als Patron der Künste, ferner ein Gesang auf einem Grabstein (Seikilos-Lied) sind als Inschriften steinerne Zeugen einer Musik, deren bereits avanciertere Gestalt auch die Fragmente von Theaterstücken bezeichnen dürften. Diese Bruchstücke einer Verbindung von Musik und Dichtung, Szene und vermutlich auch Tanz erlangten weite historische Bedeutung; dienten sie doch wiederholt als Beleg für eine ursprüngliche Symbiose der Künste, die zu unterschiedlichsten Zeiten rekonstruiert werden sollte und insbesondere das Genre der Oper prägte, ja eigentlich erst hervorrief. Der Kreis der Gelehrten und Intellektuellen um den Grafen Bardi glaubte hier in der zweiten Hälfte des 16. Jahrhunderts ebenso ein Ideal der Konjunktion von Musik und Sprache (wieder)gefunden zu haben wie die französischen Klassizisten knapp zweihundert Jahre später ein Korrektiv gegen eine allzu starke Dominanz der virtuosen Gesangsstars; im folgenden Jahrhundert sollte Richard Wagner mit seiner Konzeption des musikalischen Dramas an diesem Punkt anschließen, wiederum mit Invektiven gegen ein Belcanto ohne dramaturgische Intention, um mit seinem »Gesamtkunstwerk« ein ehedem als selbstverständlich suggeriertes Wirkungsgefüge zu restituieren, aus dem sich die Instrumentalmusik sukzessive emanzipiert hatte, indem sie zur »absoluten« (lat., ›abgelösten‹) Tonkunst geworden war.

Mehr als einzelne Bruchstücke von antiken Dramen freilich konnten – neben spärlichen literarischen Zeugnissen – für diese Theorien nicht herangezogen werden. Denn zeitgenössische Hinweise zu Interpretation und Besetzung solcher Werke fehlen vollständig. Nirgends sind Auskünfte zu gewinnen über Art und Weise des Vortrags, Qualität und Stärke instrumentaler Begleitung, weniger noch zu Fragen von Dynamik, Tempo und Agogik, absoluter Tonhöhe oder improvisatorischen Auszierungen. Überliefert sind nichts als textierte Melodien, deren Verlauf durch eine elementare Buchstabennotation ohne Hinweis selbst auf rhythmische Qualitäten der einzelnen Noten bestimmt ist. Selbst das Seikilos-Lied, als eines der wenigen vollständig überlieferten Musikstücke des Altertums immer wieder zitiert, lässt nur aufgrund des Metrums seines Textes auf eine rhythmisch differenzierte Fassung der Melodie schließen; der Inhalt der Grabinschrift – ein Trinklied, das angesichts der Kürze des Lebens zum Genuss auffordert – wie das phrygische Melos, seinerzeit als Tonart intensiver leidenschaftlicher Bewegung verstanden, legen (freilich nur indirekt) eine bestimmte Vortragshaltung nahe.

Von Instrumentalstücken, sofern nicht für Anschauungszwecke verwendet, fehlt jede schriftliche Überlieferung. Dass zum Tanz wie auch beim Militär instrumentale Musik erklang, steht außer Zweifel. Vielfältig ist unterhaltende Musik bei Großveranstaltungen belegt; zumal in der römischen Spätantike war auch das Instrumentarium reich entwickelt: Schlagwerk – Tympanon (Tamburin), Cymbala (Becken) u. Ä. – und Blasinstrumente, oft in Tierhörnern nachempfundenen Formen (Cornu, Bucina, Lituus usw.), großdimensioniert und stark besetzt, sorgten bei repräsentativen Anlässen für eine lautstarke Kulisse. In Zirkus und Arena sind aus jener Zeit der ersten nachchristlichen Jahrhunderte zudem erste (Wasser-)Orgeln belegt, deren intensiver Klang als außerordentlich lasziv empfunden wurde. Auch im Alltag dürfte nicht auf Musik verzichtet worden sein. Doch von den Klängen, die Arbeit und Freizeit begleiteten, ist nicht nur aus dieser Zeit nichts mehr erhalten. Überlieferungswürdig erschien diese usuelle Musik, da keine ›Kunst‹, auch später nicht. Erst im 20. Jahrhundert gerieten die alltägliche Kultur und die Lebensformen abseits von Burg und Palast, Tempel und Kathedrale verstärkt ins Blickfeld historiographischer Aufmerksamkeit.

So keimten manche Theorien über Ursprung und Gestalt jener Musikstücke, deren Existenz nahe liegt oder aus späteren Ausformungen zu rekonstruieren schien. Zumal die Frage, ob sich eine kunstvollere, intellektuell ambitionierte Musik auch an der Spielfreude von Musikanten sozial niederer Schichten orientiert haben könnte oder in einem volkstümlichen Musizieren abgesunkenes Kulturgut zu vermuten sei, ist zwar schlechterdings nicht mehr zu beantworten, führt jedoch, gegebenenfalls aus ideologischen Motiven forciert, zu folgenreichen Bewertungen geschichtlicher Verläufe, indem das Moment von Innovation und Fortschritt, den zentralen Kategorien der Historiographie mindestens im 19. Jahrhundert, unterschiedlichen sozialen Gruppen zugewiesen wurde. Kaum geringere

Plausibilität käme der Prämisse einer je eigenständigen Entwicklung kunstvollerer Werke und spielfreudiger Praxis zu, deren Berührungspunkte sparsam und deren wechselseitige Beeinflussung noch geringer zu denken wären.

Gewiss ist jedoch, dass Musik, die einer seriösen Betrachtung wert erachtet werden sollte, sich mit Texten verband, deren Begleitung einem Saiteninstrument nicht allein aus pragmatischen Gründen übertragen wurde. Der Sänger, der sich selbst begleitet, erzählt mittelbar vom Rang der Musik, unterstreicht zugleich die Bedeutung seines gesungenen Wortes und intensiviert subtil dessen Wirkung. Spielend wird er zum Abbild Apollons. Seinen Emotionen lässt er nur bedingt freien Raum, anders als der Flöte oder Schalmei blasende Hirte, dem die Worte fehlen, seiner Leidenschaft Ausdruck zu verleihen. Zu deren Sublimation dienen dem Spieler des Saiteninstruments Worte wie rationale Umsetzung des Affekts auf jener zahlentheoretischen Grundlage, die Welt und Musik strukturell verband.

Rein instrumentales Spiel auf Leier und Kithara war indes so wenig gebräuchlich wie der Vortrag einer Dichtung ohne klangliche Begleitung. Die enge Bindung von Poesie an Musik ist in den literarischen Zeugnissen stets präsent: unmittelbar mit Versbildung und in ihrer strophischen Formung bei Hymnen und Oden, von denen auch musikalische Fassungen vorliegen, indirekt ersichtlich an den Zwischenüberschriften der Epen, deren Vortrag auch kaum anders denn als ›Gesang‹ zu denken ist. Dichter und Sänger konvergieren: ausgeschlossen, dass Orpheus auf Texte Dritter zurückgegriffen hätte. Auch Homer, als Verfasser von *Ilias* und *Odyssee*, der Geschichten vom Kampf um Troja und der abenteuerreichen Irrfahrt eines Helden, möglicherweise selbst lediglich ein Mythos der Literaturgeschichte, erscheint in der Überlieferung zugleich als Interpret seiner Dichtung, im rezitierenden Sprechgesang zur Begleitung der Leier. Dass auch die klassischen Epen anderer Völker gleichermaßen nur als Text und Musik verbindende Werke zu verstehen sind, erhellt ebenfalls schon aus ihren Benennungen: insbesondere bei den alttestamentlichen Psalmen, deren Name in der griechischen Septuaginta-Übersetzung (3./2. Jahrhundert v. Chr.) andeutet, dass eine Saite erklingt (griech. *psallein* ›zupfen, die Lyra schlagen, ein Harfeninstrument spielen‹), während die hebräische Bezeichnung *t^e^hillim* mit ›Loblieder‹ wiedergegeben werden kann.

Mit dem Psalter, jenem insgesamt 150 Gesänge umfassenden Corpus, als dessen Verfasser König David gilt, gewinnt nun auch die Art und Weise, wie ein Vortrag solcher Gedichte musikalisch zu denken ist, Konturen. Als ein Stück Weltliteratur, nicht nur kultische Gesänge des Volkes Israel, thematisieren die Psalmen das gesamte Spektrum menschlicher Ängste, Leidenschaften, Freuden und Sorgen, und dieses ungemein reiche Repertoire literarisch kunstvoll gefasster Erfahrungen, sanktioniert durch die Überlieferung in der »Heiligen Schrift«, übernahm die frühchristliche Kirche bruchlos aus Judentum und synagogaler Praxis, ihm damit eine Tradition sichernd und es zugleich bis in die Gegenwart bewahrend. Somit bilden die Psalmen die Grundlage der christlichen Kirchenmusik, lange vor der Entwicklung der Messe, die erst im Laufe des 12. Jahrhunderts liturgische Form gewann und erst weitere zweihundert Jahre später musikalisch zum Zyklus sich rundete.

Psalmen bestehen aus Versen, deren Anzahl erheblich variiert. Beschränkt sich das Gros dieser Gesänge auf etwa 10–20 Verse, so finden sich auch deutlich kürzere neben weit umfangreicheren: Psalm 119, als »Goldenes Alphabet« eine Summe textlichen und spirituellen Gehalts des gesamten Psalters, umfasst insgesamt 176 Verse, entsprechend der Zahl der Buchstaben des hebräischen Alphabets, multipliziert mit der Zahl der Vollkommenheit (22 × 8). Der Aufbau der einzelnen, auch in ihrer Länge sehr unterschiedli-

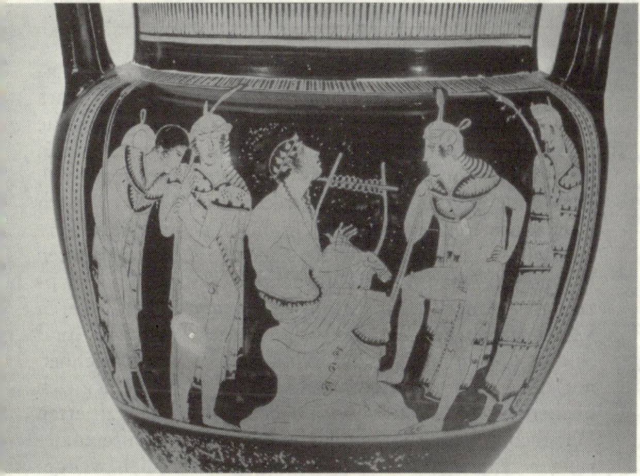

Attisch-rotfiguriger Kolonettenkrater des Orpheus-Malers, um 440 vor Christus. Berlin, Antikenmuseum, Staatliche Museen Preußischer Kulturbesitz.

Die Macht der Musik auf Menschen, Pflanzen und Tiere illustriert seit der Antike der leierspielende Sänger Orpheus: Sein Singen und Spielen vermag die Zuhörer träumend und versonnen zu machen, sie zu fesseln, kann aber auch zu kritischer Distanz bezüglich des sinnlich anrührenden Phänomens führen.

chen Verse jedoch ist stets gleich: zweigliedrig angelegt, wird zunächst ein Gedanke exponiert, der in der zweiten Hälfte lediglich paraphrasiert oder geringfügig erweitert wird. Diese Analogie im Aufbau der Glieder (*Parallelismus membrorum*) mag ein Relikt improvisatorischer Praktiken gewesen sein, eine Aussage zunächst aus unterschiedlicher Perspektive zu betrachten, bevor das Thema in einem nächsten Vers weitergeführt wird.

Die Gliederung des Gesangs in einzelne Verse ermöglichte in der mittelalterlichen christlichen Praxis zwei Weisen der Ausführung: zum einen die Wiederholung eines stets gleich bleibenden Antwortverses einer Gemeinde nach jedem einzelnen, von einem Solisten vorgetragenen Vers als »responsoriale« Praxis (lat. *responsum* ›Antwort‹), zum anderen der versweise wechselnde Vortrag durch zwei alternierende Gruppen. Gesungen werden diese Verse nach festgelegten Melodieformeln, der so genannten Psalmodie, deren Verlauf die textliche Gliederung nachzeichnet. Anfang (*Initium*), Mitte (*Mediatio*, bei längeren Versen gegebenenfalls eine weitere Zäsur als *Flexa*) und Schluss (*Terminatio*) sind durch kleine Motive bezeichnet, mit denen die unterschiedlich langen, auf einem gleich bleibenden Ton (*Tenor*, *Tuba* oder *Repercussa*) rezitierten Versglieder gerahmt werden. Rhythmische Differenzierungen fehlen, indem der Vortrag einem freilich weitgehend nivellierten Sprachrhythmus folgt. So bezeichnet das Psalmodieren zunächst kaum mehr als ein musikalisch gesteigertes Sprechen, das zugleich ein gemeinsames Rezitieren eines Textes durch eine größere Zahl von Teilnehmern erleichtert und koordiniert. Dies wurde zumal in der klösterlichen Praxis umso dankbarer aufgegriffen, als die Psalmen das Rückgrat des Stundengebets (*Officium*) bildeten, das den Tag mit acht Gebetszeiten (Vigil, Matutin, Laudes/Prim, Terz, Sext, Non, Vesper und Komplet) idealiter in gleichmäßige Intervalle gliederte, und das kollektive Singen die Verpflichtung zum Gebet vereinfacht haben dürfte.

Zudem boten unterschiedliche Psalmtöne eine gewisse Abwechslung im Singen des Psalters, dessen 150 Einzelstücke in den Stundengebeten im Laufe einer Woche vollständig vorgetragen wurden. Denn den bereits in der griechischen Antike etablierten und von der frühchristlichen Kirche übernommenen vier »authentischen« Kirchentönen (nebst vier abgeleiteten, »plagalen« Modi) entsprachen insgesamt acht Psalmtöne, deren unterschiedlicher Charakter den stets gleichen Text nuancierte. Die Wahl eines bestimmten Tones für den Vortrag eines Psalmes oblag dabei jedoch nicht der Willkür, sondern folgte der Tonart eines Rahmengesangs (*Antiphon*), der einem Gedanken des (Fest-)Tages in musikalisch zunehmend kunstvollerer Weise Ausdruck verlieh: eine Praxis, die mit vergleichsweise schlichten Mitteln ein hohes Maß an Variabilität und Einheitlichkeit zugleich bot.

Von Kunst und Werk hier schon zu reden, griffe freilich zu hoch. Psalmodie ist lediglich ein Verfahren, Texte zu musikalisieren, das sich ganz ähnlich beim rezitierenden Vortrag von Prosa in der Liturgie nachweisen lässt. Lesungen aus der Heiligen Schrift wie auch Gebete wurden mit erhobener Stimme eher gesungen denn gelesen, wobei die Interpunktion des Textes musikalisch nachgezeichnet wurde, indem an den Enden von (Teil-)Sätzen die Stimme gesenkt wurde; auch Fragen und Ausrufe ließen auf diese Weise leicht eine freilich rudimentäre Umsetzung des sprachmelodischen Verlaufs zu. In den Psalmtönen formalisiert und gemäß den für die Modi konstituierenden Tonstufen eingerichtet, ist mithin eine Basis gegeben, die in den rahmenden Gesängen sukzessive erweitert wird. Auch hier sind zunächst End- und Rezitationstöne die strukturbildenden Stufen, deren Spannungsverlauf das Ansteuern sekundärer, Binnenkadenzen ausprägender Nebenstufen mit rasch wachsender Kunstfertigkeit bereichert. Dabei orientiert sich die Hierarchie der Tonstufen schließlich auch am Text, dessen theologischer Gehalt immer subtiler aufgenommen und umgesetzt wird: ein Prozess, der in den Gradual-Responsorien des gregorianischen Chorals, kaum weniger in den solistischen Alleluja- und Offertoriums-Versen im 11./12. Jahrhundert seinen Höhe- und Endpunkt finden sollte.

Komposition und doch elementar in ihrer Gestalt, sind die Hymnen liedhaft zu denkende, meist vier Verszeilen umfassende Gesänge, die das Christentum ebenfalls kultivierte und die in der Gestalt des Mailänder Bischofs Ambrosius im 4. Jahrhundert n. Chr. (neben Hilarius von Poitiers) einen bedeutenden Anwalt fanden. Ursprünglich lateinisch gefasst, später auch in einer eigenwilligen Form die Originalversion mit landessprachlichen Versen zeilenweise mischend – das Weihnachtslied »In dulci jubilo / Nun singet und seid froh« ist ein auch heute noch geläufiges Beispiel –, finden sich hier erste Gesänge, die eine Gemeinde (mindestens partiell) mitsingen konnte. Über Jahrhunderte hinweg blieben sie populär; noch Martin Luther griff auf zahlreiche frühchristliche Hymnen zurück, um die traditionsreichen, gut einführten Melodien, versehen mit deutschen Texten, für den Gottesdienst seiner Kirche zu nutzen. Dass der Protestantismus nicht zögerte, weltliche Lieder neu zu textieren, um sie liturgisch verwenden zu können, ist vielfältig belegt und sicherte zahlreichen dieser Gesänge ein Weiterleben bis in die Gegenwart. Die Praxis, volkstümliche Lieder mit mehr oder minder starken textlichen Änderungen in den Gottesdienst zu übernehmen, dürfte indes weit älter sein: Hier Grenzen zwischen ›geistlichen‹ und ›weltlichen‹ Sphären bestimmen zu wollen, wäre allerdings ebenso müßig, wie die Priorität eines Genres gar prinzipiell zu postulieren. Wiederum zeigt die Diskussion jedoch, dass es – wie auch anders kaum anzunehmen – ein Repertoire an Gesängen für die unterschiedlichsten Gelegenheiten gab, dessen Spuren indes nur schwer auszumachen sind. Denn dass bei Arbeit und in Freizeit, von Bauern und Studenten in vielfältiger Weise gesungen und musiziert wurde, ist wohl kaum zu bezweifeln.

Freilich blieb die Aufnahme von volkstümlichen Liedern in die Liturgie nicht ohne Kritik. Wiederholt verweisen Ermahnungen von Bischöfen und kirchenmusikalische Regularien darauf, die Dignität der heiligen Feier zu wahren und jene Musik, die allzu säkulare Empfindungen oder Assoziationen weckte, im Gotteshaus nicht zu verwenden. Huldrych Zwingli und zumal Jean Calvin, den rigideren unter den Reformatoren des 16. Jahrhunderts, schien allerdings die Musik bereits so korrumpiert, dass sie eine Eignung für die Liturgie bezweifelten, schließlich gar versagten. Der Verweis auf das Alte Testament indes, das vielfältig vom gottesdienstlichen Musizieren auch mit Instrumenten berichtet, vermochte die Figuralmusik für die lutherische Liturgie hinlänglich zu legitimieren; andere protestantische Konfessionen beschränkten sich bei ihren Zusammenkünften auf das Singen von Psalmen, von denen zu Zeiten der Reformation zahlreiche landessprachliche Liedfassungen entstanden.

Doch auch um die vorteilhafte Wirkung von Musik wusste bereits die Bibel. Im Bericht, dass David mit seinem Harfenspiel Sauls »bösen Geist« vertreiben konnte, wird eine therapeutische Funktion der Musik belegt, über deren Ursachen und Wirkungsmechanismen freilich Unklarheit herrschte. Auch im antiken Griechenland verwandte man auf empirischer Basis Musik in Heilungsprozessen.

Wenngleich außer Zweifel stand, dass Musik in vielfältigster Weise auf Körper und Seele des Menschen einzuwirken vermag, so mangelte es an einer theoretischen Fundierung, die wissenschaftlich exakt Kausalrelationen fasste – wollte man nicht erneut auf die Strukturanalogie von Musik und Zahl rekurrieren. Mehr als einige vergleichsweisc pauschale Implikationen bestimmter Sorten von Musik sind indessen auch in der Gegenwart nicht zu beschreiben: Die Wirkung ein und desselben Musikstückes auf verschiedene Individuen selbst im identischen Aufführungskontext ist viel zu divergent, als dass sie zu systematisieren wäre. Das aber zeigen schon Malereien und Vasenbilder aus der griechischen Antike, die genau diesen Reichtum von Wahrnehmungsweisen spiegeln, wenn sie Zuhörer zeigen, die höchst unterschiedlich auf einen Sänger mit der Leier reagieren. Gebannt, versunken, kritisch, staunend oder bewusst distanziert: Wie Musik individuell zu wirken vermag, entzieht sich jeglicher Klassifikation.

Notation

Musikalische Zeichensysteme im Mittelalter

Ein Musikant braucht keine Ausführungsanweisung. Die Klänge, die er selbst gefunden hat und zu einem Stück Musik zusammenfügt, vermag er im Gedächtnis zu bewahren und zu reproduzieren, selbst wenn das, was er spielt, nicht stets identisch ist. Mindestens in den Grundzügen aber bleibt sein Kunststück erhalten, das er weitergeben und überliefern kann, indem er anderen seine Technik zeigt und das Vokabular erklärt. Im Verhältnis zum Schüler gelingt die Vermittlung einer Fähigkeit dann auch für nachfolgende Generationen.

Solch Lernen durch Praxis bedarf schriftlicher Ausführungen nicht. Selbst wenn im Unterricht der Stoff reichhaltiger wird und die Materie an Komplexität zunimmt, vermag beharrliches Studium und häufiges Repetieren zum gewünschten Ziel zu führen. So wird das Erlernen kompliziertester rhythmischer Muster in Indien wie das auswendige Beherrschen des gesamten Repertoires des gregorianischen Chorals mit Tausenden von Gesängen aus Zeiten noch unzulänglich ausgebildeter, da eben obsoleter schriftlicher Überlieferung glaubhaft berichtet, wenngleich es hierzu zeitintensiven, nicht selten zehn Lehrjahre dauernden Übens und entsprechend optimierten Trainings des Gedächtnisses bedurfte.

Erst wenn solche Beziehungssysteme zu zerfallen drohen oder die Gefahr besteht, etwas vordem Selbstverständliches könne in Vergessenheit geraten, wird eine Aufzeichnung, die Dauer verbürgt, notwendig. Was innerhalb einer Kultur lebendig, also stets abrufbar und jedermann vertraut ist, bedarf einer schriftlichen Fixierung nicht. Sachverhalte festzuhalten, die zu wichtig erscheinen, als dass man sie ausschließlich mündlicher Überlieferung anvertrauen wollte, und die ein bestimmtes Stadium kultureller Entwicklung bezeichnen, das potenziell gefährdet ist, erfordert indes eine Abstraktionsleistung, die, sofern Kontexte nicht mit tradiert werden, erhebliche Probleme bei dem Versuch aufwirft, die Ausgangssituation zu rekonstruieren.

Diese Schwierigkeit wird beim Versuch, ein Musikstück aufzuzeichnen, unmittelbar evident: Lediglich die Tonstufen wurden, wie angedeutet, in den musikalischen Quellen des antiken Griechenlands bezeichnet. Demjenigen, der mit den Praktiken der Ausführung der Lieder und Gesänge vertraut war und um die Umstände wusste, unter denen musiziert wurde, konnten diese Informationen hinreichend sein, das Stück in einer Form (wieder) vorzuführen, wie es vom Autor intendiert oder im originalen Kontext erklungen war. Sobald diese Hinweise fehlen, bietet die Notation nur ein Derivat jenes Klangeindrucks, der zu Zeiten der Niederschrift einer solchen Melodie selbstverständlich gegenwärtig war, rasch erinnert werden konnte und keiner weiteren Kommentierung bedurfte.

Die Defizite dieser Aufzeichnungsform, analog zu finden im Verhältnis von geschriebenem Text und gesprochenem Wort, beruhen nicht allein auf der Schwierigkeit, agogische Differenzierungen mit hinlänglicher Genauigkeit fixieren zu können, sondern resultieren auch aus der fast unlösbaren Aufgabe, Intensität und Ausdrucksqualitäten des Vortrags verbal oder zeichenhaft festzuhalten. Dieses Manko von Schrift, einen dynamischen Vorgang nicht oder allenfalls sehr bedingt reflektieren zu können, bildet als grundlegende Schwierigkeit jedes Systems von aufgeschriebenen Zeichen auch das Kernproblem musikalischer Notation.

Dies zeigt auch jenes Verfahren, einstimmige Melodien aufzuzeichnen, das aus dem Versuch resultiert, Handbewegungen, mit denen Tonhöhenverläufe angezeigt werden sollten, schriftlich zu fixieren. Diesen Ursprung noch im

Namen bewahrend, sind die Neumen (griech. *neuma* ›Wink, Handbewegung‹) Chiffren, die nur mehr jene Zeichen abbilden wollen, mit denen ein Chorleiter seinen Mitsängern anzeigte, in welcher Weise sich der melodische Verlauf eines Gesanges aus dem Repertoire des gregorianischen Chorals entwickelte. Diese Bewegungsmuster konnten, unterschiedlich rasch oder variierend in der Größe ausgeführt, leicht auch eine Vortragshaltung vermitteln. Da der Dirigent stets die melodische Führung wies, war bei seinen Mitsängern mitunter sogar nur eine fragmentarische Kenntnis der Gesänge vorauszusetzen, um dennoch eine befriedigende gemeinsame Ausführung zu erzielen: ein Verfahren, das in ungleich elementarerer Form in der musikalischen Früherziehung auch aktuell noch praktiziert wird.

Schon die Einführung eines Dirigenten innerhalb einer solchen Sängergruppe aber bezeugt die abnehmende Vertrautheit mit einem Gesangsrepertoire, dessen Fortbestand nur aufgrund mündlicher Überlieferung und permanenter Praxis nicht mehr gewährleistet schien. Die Bewegungszüge in ein Zeichensystem zu übersetzen markiert dann einen weiteren Schritt des Verlustes von ehedem selbstverständlichen Ausführungsmustern, die nun auch einem Chorleiter bereits ins Gedächtnis zurückgerufen werden mussten. Zugleich leistete die schriftliche Fixierung eines derart umfassenden Repertoires, wie es das Corpus des gregorianischen Chorals darstellt, eine Vereinheitlichung der Gesänge im (Herrschafts-)Gebiet der gesamten katholischen Kirche: Denn nicht zuletzt mit der Maßgabe, die Eigenentwicklungen von Liturgie und Kirchengesang zu beschneiden, war Papst Gregor um das Jahr 600 aktiv geworden, eine für alle Länder verbindliche Form gottesdienstlicher Feier einzuführen. Mit Hinweis auf die Autorität dieses Papstes, dem die Kirchengeschichte das Attribut »groß« verlieh, bevor sie ihn kanonisierte, erhielt auch der einstimmige lateinische Kirchengesang jene Bezeichnung als »gregorianisch«, die in gern erzählten Legenden mit der Geschichte gerechtfertigt wird, der Heilige Geist in Gestalt einer Taube habe dem Oberhaupt der Kirche diese Musikstücke ins Ohr diktiert.

Keineswegs aber stammt dieses nach Gregor benannte Repertoire von Gesängen insgesamt aus der Amtszeit dieses Papstes, dessen Verdienste um eine Reform und Vereinheitlichung der römisch-katholischen Liturgie allerdings unumstritten sind. Vielmehr sind die Wurzeln des gregorianischen Chorals – bei aller Schwierigkeit einer äußerst unsicheren Quellenlage nach der Zerstörung Jerusalems im Jahre 70 n. Chr. – im jüdischen Tempelgesang zu suchen, von wo aus er, vermittelt über die griechische Kultur, Eingang in die frühchristliche Kirche Roms fand. Dass hier bereits, in den ersten nachchristlichen Jahrhunderten, ein musikalisches Corpus definiert worden wäre, das sich stilistisch homogen erwiese, ist jedoch ebenfalls historiographische Vereinfachung, wenn nicht gar Mystifikation. Durchaus lassen sich unterschiedliche Epochen festmachen, ausgehend von einfachsten Gesängen und Stücken mit gelegentlich noch wenig verbindlicher Ausprägung eines Modus, hin zu einem ›klassischen‹ Repertoire, das sich zur Zeit Karls des Großen (768–814) und von ihm auch aus politischen Gründen, einer homogenen Kultur und auch der Liturgie in seinem Herrschaftsgebiet wegen, forciert, festigt und immer kunstvollere Partien aufweist, die aufgrund ihrer Anforderungen an den Sänger – hinsichtlich des Ambitus wie vor allem (über-)langer Phrasen mit weiten koloraturartigen Passagen auf einer Silbe (Melismen) – kaum anders als von ausgebildeten Stimmen ausgeführt zu denken sind. Darüber hinaus sind im Wissen um die Strukturgesetze des Chorals und der Charaktere der Kirchentonarten Neukompositionen durchaus möglich. Zumal für die Liturgie neu eingeführter Heiligen-Festtage bestand stets Bedarf an geeigneten Gesängen, so dass der Begriff gregorianischer Choral nicht nur einen fest umrissenen Fundus historischer Stücke meint (der seinerseits im Laufe der Zeit erheblich verändert und erst seit dem 19. Jahrhundert in seiner ursprünglichen Gestalt restituiert wurde), sondern wiederum auch ein lehr- und lernbares Verfahren, lateinische Texte in Musik zu setzen.

Die einem Cantor als professionellem Sänger zugewiesenen Stücke (zumal der Zwischengesänge der Messfeier) sind es, von denen die ältesten Quellen vorliegen. Das Cantatorium 359 des Klosters St. Gallen etwa – die Zahl bezeichnet lediglich eine Ordnungsnummer der Bibliothek – bietet auf einer Pergamenthandschrift aus dem 9. Jahrhundert eine der frühesten Aufzeichnungen gregorianischer Gesänge, deren Ausführung schon aufgrund des relativ kleinen Formats des Buches, nicht nur wegen der Schwierigkeiten der dort enthaltenen Musikstücke kaum anders als von (einem) Solisten vorstellbar ist. Dass andere Teile des liturgischen Repertoires, das von einer Sängergruppe (Schola) oder der Gesamtheit der Mönche oder Nonnen eines Klosters gesungen wurde, nur in jüngeren Handschriften überliefert sind, mag ebenfalls als Indiz für eine Interpretation dieser Stücke durch einen ausgewählten Sänger zu werten sein, der mit der frühen Notationsform noch vertraut war – im Gegensatz zur Mehrzahl der Mitglieder eines Konvents, der eine Kenntnis der subtilen Durchformung dieser Gesänge immer weniger bewusst war: ein weiterer Schritt zur Professionalisierung musikalischer Praxis, die ein technologischer Fortschritt im Instrumentenbau (ersichtlich zumal an der Entwicklung der Orgeln) flankiert.

Die ersten Quellen der Gregorianik, in denen sich Notenzeichen finden, setzen mithin eine intime Vertrautheit mit den jeweiligen Melodiefloskeln und -formeln voraus, die charakteristisch für die unterschiedlichen Kirchentöne sind. Denn die Neumen können oft weder eindeutig bestimmten Wörtern oder Silben zugeordnet werden, noch lassen sie Tonhöhenunterschiede erkennen. Fast schematisch nebeneinander gestellt, erschließen sie dem Kundigen den intendierten Tonhöhenverlauf durchaus; sofern nicht mehr als bloße Stützen für die Erinnerung, aufgrund derer sich der Sänger der originalen Melodie rasch erinnert, bestimmen sie in ihrer Kombination eine melodische Linie, indem etwa mehrere Neumen, mit denen Folgen zweier aufsteigender Töne signalisiert werden, insgesamt der Struktur eines Modus folgen müssen; andere Zeichen kennzeichnen die relative Position einzelner Noten im Kontext. Solchermaßen zwar nur indirekt intervallische Konstellationen anzeigend, ist mit dieser Notation ein Gesangstück durchaus – wenngleich nicht ohne einige Mühe – zu rekonstruieren.

Sehr viel leichter fällt die Lektüre von diastematischen Neumen, da nunmehr – ab dem 10. Jahrhundert – eine bestimmte Tonstufe bezeichnet wird: zunächst durch einen frei gewählten Abstand (griech. *diastema* ›Intervall‹), dann immer einfacher auch in Bezug auf die Lage von Halbtonschritten zu identifizieren durch zunächst ins Pergament geritzte, dann farbig gefasste Linien, die mit F und C gerade jene Stufen markieren, unterhalb derer im diatonischen Tonsystem kleine Sekunden stehen. Lediglich eine Übergangserscheinung war das von Hermannus Contractus gewählte Verfahren, neben einzelne Neumen die Größe von Intervallen zu notieren.

Die Einfügung der Neumen in ein Liniensystem, das in seinen Grundzügen bereits das von Guido von Arezzo im 11. Jahrhundert entwickelte moderne Notensystem mit vier, später fünf Linien jeweils im Terzabstand ahnen lässt, bedeutet jedoch einen Verlust an Dynamik der Schreibweise, mit der zuvor einzelne Wendungen durch ihre vergleichsweise freie Positionierung auf dem Papier hervorgehoben werden konnten. Zudem finden sich in immer geringerer Zahl jene *litterae significativae*, Buchstaben also, die gelegentlich auch nach Romanus, einem auf Bitten Karls des Großen um 790 zum Zweck der Verbreitung der römischen Tradition des Choralgesangs ins Frankenreich gesandten Mönch, benannt wurden; diese präzisieren den durch Neumen umrissenen Tonhöhenverlauf, ergänzen Hinweise zur Agogik, ja selbst zur Tongestaltung: ein Versuch, nicht nur einen nüchternen Notentext, sondern zugleich eine Ausführungshaltung zu vermitteln.

Die Verkürzung der Aufzeichnung des gregorianischen Chorals um diese Romanus-Buchstaben und ihre immer präzisere Fixierung innerhalb eines Liniensystems bezeichnen, so marginal sie auf den ersten Blick auch erscheinen mögen, einen grundlegenden Wandel im Verständnis von Notation. Waren die Neumen, ihrem Ursprung als Handzeichen entsprechend, eine in Chiffren gefasste Aktion, deren unzulängliche Umsetzung der erklingenden Musik durch die Ergänzung von Vortragsanweisungen kompensiert werden sollte, so bietet die Reduktion der Notation lediglich auf den Tonhöhenverlauf nur mehr ein Substrat, das sich für Interpretationen öffnet. Aus einer Aktions- wird eine Resultatnotation. Der Notentext zeigt die Skizze einer musikalischen Aufführung, weder deren Protokoll noch eine Anweisung, nach deren Handlungsvorgaben ein Musikstück in einer bestimmten, von ihren Urhebern intendierten Form darzustellen wäre.

Dieser Prozess, der sich in einer weiteren Stilisierung

Notationen, die den Tonhöhenverlauf nicht abbilden, gehen Aufzeichnungssystemen, die melodische Linien erkennen lassen, zeitlich voraus. Eine Buchstabennotation erforderte, da Tonhöhen eindeutig bestimmt werden, zwar keine Schreibung auf unterschiedlichen Höhen; doch zeigt der Text, dass hier Melodieformeln für die Psalmtöne notiert wurden, weshalb vermutlich aus didaktischen Gründen eine Doppelung des Aufzeichnungsmodus erfolgte.

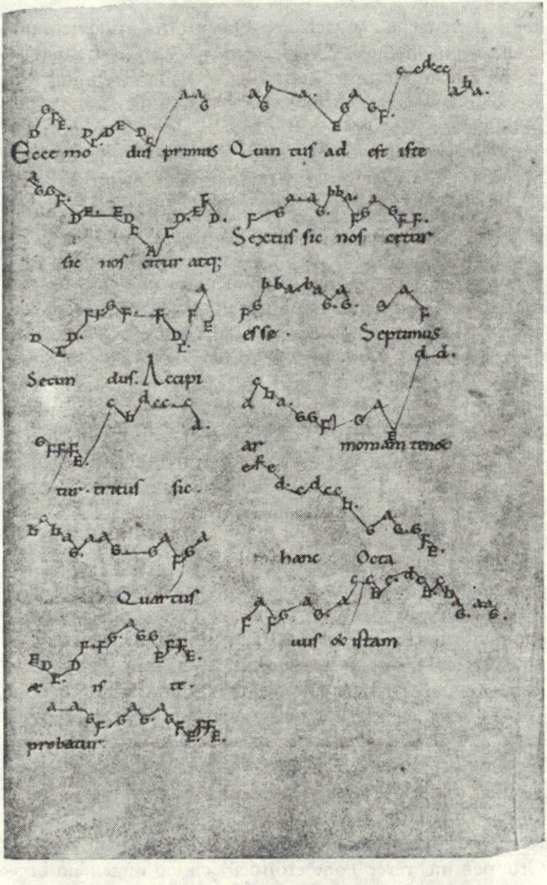

Diastematische Buchstabennotation. Paris, Bibliothèque Nationale, Lat. 21711, fol. 128.

der Notenzeichen – nach den Orten ihrer Aufzeichnung je unterschiedlich als Quadrat oder Hufnagel gestaltet – im 12. Jahrhundert fortsetzt, führt in seiner Trennung von Werk und Wiedergabe zu einem grundsätzlich neuen Verständnis von Musik. Denn der Zweck der Neumierung eines Gesangs war lediglich, eine erneute Aufführung eines Musikstückes zu ermöglichen; mithin konstituierte sich ein Stück Musik erst im Moment seiner Realisierung und wurde auch kaum anders rezipiert. Mit dem Verzicht auf alle Ausführungsanweisungen in einer Notation, die sich auf die Wiedergabe des Tonhöhenverlaufes beschränkt, rückt der Charakter eines abgeschlossenen Werkes, dessen Teile zu isolieren und gegebenenfalls analytisch aufeinander zu beziehen sind, in den Vordergrund. Erst in dieser Form kann ein gregorianisches Gesangsstück zum Ausgangspunkt weiterer Bearbeitungen werden und etwa als Cantus firmus einer mehrstimmigen Komposition dienen. Die Neumen, zunächst und auch in ihren ersten schriftlichen Formen nichts als Handlungsweisungen, hätten solche Bezüge schlechterdings nicht ermöglicht.

Andererseits erlauben Neumen die schriftliche Fixierung einstimmiger Musik in einer Differenziertheit, die aller späteren Notation mangelt. Denn neben Tonhöhendifferenzen vermögen sie auch agogische und expressive Momente bereits in der Gestalt einzelner Schriftzeichen zu integrieren. Mit welch elementaren Mitteln dies gelingt, lässt bereits ein Blick auf die Praxis erkennen, einzelne Töne durch Punkte, kleine waagerechte oder schräg gestellte, akzentähnliche Striche zu bezeichnen und so ganz sinnenfällig Unterschiede in der Gewichtung deutlich zu machen, ohne dass sogleich rational bestimmbare rhythmische Werte und Relation angegeben wären. Mit der Kombination solcher Elemente und deren Verbindung zu Gruppen mehrerer Töne eröffnet sich ein ungemein breites Spektrum, musikalische Verläufe mit einer Genauigkeit schriftlich zu fassen, die der konventionellen, heute allgemein gebräuchlichen Notation gänzlich mangelt, indem sie außer Tonhöhen lediglich einen Grundrhythmus und dessen rationale Unterteilungen abzubilden erlaubt. Darüber hinaus enthält das System der Neumen zahlreiche weitere Zeichen, deren exakte Bedeutung jenseits der durch sie bestimmten Konstellation mehrerer Töne noch nicht schlüssig rekonstruiert werden konnte. Möglicherweise sind hier ebenfalls Ausführungshinweise verborgen: Vermerke zu Ornamenten, zur stimmlichen Gestaltung (Portamento) o. Ä.

So komplex die Neumennotation mithin ist, so wenig lassen sich Entwicklungsstufen innerhalb dieses Aufzeichnungsverfahrens rekonstruieren. Bereits in den ersten neumierten Handschriften, die ab dem 9. Jahrhundert im Gebiet der Nordschweiz (St. Gallen, Einsiedeln), Lothringen (Metz, Laon) und Oberitalien (Mailand), einem geographisch relativ engen Raum also, zu finden sind, ist das System mit einer so überraschenden Präzision und Vollständigkeit ausgeprägt, dass eine ebenso entwickelte wie homogene Praxis des gregorianischen Chorals bereits im Vorfeld zu konstatieren ist, da auch die einzelnen Stücke trotz regional unterschiedlicher Schreibweisen der Neumen nur eher marginale Differenzen erkennen lassen. Solche Vereinheitlichung der Melodien war gleichermaßen Anlass wie Resultat schriftlicher Aufzeichnung, da nun das Repertoire unterschiedlicher Orte miteinander unmittelbar zu vergleichen war, zugleich Korrekturen und nicht zuletzt auch die aus liturgischen wie kirchenpolitischen Gründen erwünschte Einführung neuer Gesänge nicht unerheblich erleichtert wurden. Anders als bei der Verbreitung von Musik ab dem 16. Jahrhundert durch eine Drucklegung dürften allerdings merkantile Aspekte hier irrelevant gewesen sein, da für dieses Repertoire kein Markt bestand.

Die Einführung der zweifellos vergröbernden Quadratnotation mochte indes vorteilhaft sein, da sie zunächst nur die Skizze einer einstimmigen Linienführung bot, deren Ausführung aber bewusst offen ließ, um lokale Traditionen flexibel einbinden zu können: Die geringere Profilierung eines als verbindlich benannten Repertoires erscheint als Konzession zugunsten einer Homogenisierung des römischen Kirchengesangs an allen Orten seiner Verbreitung. Denn mit dem Tonhöhenverlauf war die Substanz festgeschrieben, die Möglichkeit subjektiver Interpretation aber blieb uneingeschränkt erhalten, ohne dass es weiterer Restriktionen gegenüber individuellen Vortragsweisen bedurft hätte. Deren Komplexität, wie sie zahlreiche neumierte Handschriften zumal aus St. Gallen und Einsiedeln zeigen, wäre ohne Kenntnis aufführungspraktischer Eigentraditionen ohnehin nur schwer vermittelbar gewesen.

So sehr die aus nordfranzösischen und aquitanischen Neumen entwickelte, ab dem 12. Jahrhundert allgemein verbreitete und auch heute noch gebräuchliche Quadratnotation individuelle Gesangspraktiken nivelliert, so reich ist gleichwohl noch ihr Spektrum, eine Melodie zu nuancieren, zumal gegenüber jener Notation mit runden Notenköpfen, die seit etwa 1600 als Standard der Aufzeichnung von Musik gilt und erst in der jüngeren Vergangenheit durch alternative Versuche, musikalische Verläufe schriftlich zu fixieren, bereichert wurde. Denn die Möglichkeit, Notenköpfe mit Hälsen und/oder hinzugefügten Strichen als gedehnt zu beschreiben, die Quadrate zu Rhomben zu variieren, Zweitongruppen durch vertikale Positionierung oder im Nebeneinander zu unterscheiden, schließlich im breiten Strich mehrere Töne miteinander zu verbinden, markiert zwar einen erheblichen Verlust des Differenzierungspotenzials der Neumen, nicht jedoch hinsichtlich späterer Aufzeichnungsformen, zumal in Bezug auf eine freie, nicht-rational zu fassende Rhythmik. Freilich wurden, in Anlehnung an zeitgenössische Praktiken ›weltlichen‹ Musizierens, auch rhythmisch-quantitierende Ausführungsweisen der Gregorianik diskutiert; doch ist die Argumentation umso weniger schlüssig, als auch für diese Lieder und Gesänge von Trouvères und Minnesängern keineswegs eindeutige Hinweise auf eine bestimmte Art des rhythmisierten Vortrags auszumachen sind und gegebenenfalls ebenfalls die Psalmodie vorbildhaft war.

So bedeutet die hier nur grob skizzierte Entwicklung der Notation keinen Fortschritt, wenn es gilt, einstimmige Gesänge möglichst detailliert schriftlich zu fassen. Was das System quantitierender Rhythmik leistet, zeigt sich erst mit der Forderung, mehrere Stimmen zu koordinieren, sofern sie nicht nur parallel geführt werden sollen.

Der Preis, den eine mit dem Beginn komponierter Mehrstimmigkeit zwingend notwendige Mensuralnotation entrichtet, bedeutet nichts Geringeres als einen Verzicht auf die Möglichkeit, neben anderen Aufführungsbedingungen insbesondere eine variable Rhythmik bereits im Notentext minutiös zu fassen. Die Unsicherheit in der Interpretation ›alter‹ Musik und die Diskussion über ihre Aufführungspraktiken bekundet dieses Defizit ebenso deutlich wie die immer zahlreicheren verbalen und typographischen Ergänzungen, mit denen die Komponisten späterer Zeiten sich bemühten, ihre Intention möglichst unmissverständlich zu beschreiben. Im 19. Jahrhundert versuchten dann auch renommierte Interpreten, ihre individuellen Auffassungen von einem Werk durch eine Fülle von Angaben im Notentext ›klassischer‹ Komponisten zu fixieren. Doch das Anliegen, das Spiel eines Franz Liszt oder Hans von Bülow in solchen Interpretationsausgaben so genau zu dokumentieren, dass es detailgetreu zu rekonstruieren war, konnte nur dort glücken, wo ein Auftritt eines dieser Stars noch unmittelbar in Erinnerung war: Kaum zufällig zeigt sich hier erneut das Phänomen, dass es eines kulturellen Kontextes und nicht nur einer schriftlichen Aufzeichnung bedarf, um eine bestimmte Interpretationsweise in der Überlieferung zu sichern.

Zugleich wird hier ein Problem deutlich, auf das Ferruccio Busoni, Komponist und Pianist, Herausgeber und Bearbeiter, um 1920, am Ende des Virtuosenzeitalters, verwies, als er, die Schwierigkeiten, eine bestimmte Interpretationsweise editorisch zu fixieren, im Blick und das Recht auf den subjektiven Zugang betonend, jede Notation bereits die Transkription eines Gedankens nannte: Schon der Komponist vermag seine Intention nur in einer Reduktionsform schriftlich zu fassen, kaum weniger dann ein Interpret.

Diese Mängel sind im konventionellen musikalischen Zeichensystem unvermeidlich. Aufzuheben wären sie durch eine Miteinbeziehung des Interpreten in die Konzeption eines Kunstwerks selbst – etwa in der Wiederaufnahme einer Aktionsnotation, die jedoch ihrerseits wieder unabdingbar an den kulturellen Kontext der Entstehungszeit gebunden bleibt. Schriftliche wie zeichenhafte Vermittlung funktioniert nicht ohne Verständigung vorab.

Individuum

Musikalisches Bewusstsein im 12. Jahrhundert

Dass die Verfasser von Musikstücken bis zum Ende des ersten Jahrtausends nur in Ausnahmefällen namhaft zu machen sind, darf nicht zu dem Schluss verleiten, die Autoren hätten ihre Individualität zurückgenommen zugunsten der Idee einer objektiven, überpersönlichen oder ›dienenden‹ Kunst. Vielmehr erschien die Nennung eines Urhebers entbehrlich, sofern die Produktion von Musik kaum mehr als eine handwerkliche Technik war, die eine individuelle Gestaltung nicht oder doch in nur so begrenztem Umfang zuließ, dass die Hervorhebung des individuellen Anteils nachgerade hybrid erschienen wäre. Ohne dass er explizit hätte ausgewiesen werden müssen, existierte ein Standard, etwa der Vertonung eines Textes für die Liturgie, der in seinen Grundzügen relativ leicht zu lehren und dessen subjektive Deutung weder Erfordernis noch schon Anliegen eines Künstlers war. Ungeeignet, ein Musikstück zu qualifizieren, übersieht Originalität als Kriterium bis zum Ausgang des Mittelalters zudem den eher nachrangigen Status, den die Musik als eine Kunst der Praxis einnahm. Untrennbar war sie an die Ausführung gebunden, und schon die Überlegung, ob ein Musiker der Antike und des Mittelalters sich des Werks eines Kollegen oder Vorgängers hätte bedienen können, verfehlt dessen Selbstverständnis ebenso wie die Erwartung des Publikums. Im Mittelpunkt stand der Interpret, gegebenenfalls bereits als Virtuose, der doch nur Eigenes zu Gehör brachte; seine Kunstfertigkeit ›stirbt‹ mit ihm. Sofern aber gesungene Vorlagen literarischer oder liturgischer Tradition verpflichtet waren, ließ die Überlieferung ohnehin wenig Raum zur individuellen Gestaltung. Daher überrascht es nicht, dass Namen von praktizierenden

Künstlern – und auch diese nur vereinzelt – von einer kaum weniger sparsamen Überlieferung musikalischer Werke getrennt bleiben.

Andererseits ist eine Entwicklung von Kunstformen, wie sie in Bezug auf die Gregorianik nicht zur Diskussion steht, ohne den innovativen Beitrag einzelner, die vertraute Muster nuancieren oder subjektiv deuten, nicht denkbar. Unabhängig davon trägt jedes Werk, das nicht nur die Ausführung nach Maßgabe der Anweisungen eines satztechnischen Verfahrens ist, notwendigerweise Spuren der Individualität seines Verfassers, selbst wenn dieser namentlich nicht mehr greifbar ist. Zu fragen wäre demnach, zu welchem Zeitpunkt sich in der Geschichte der Musik einzelne Werke finden, deren prononcierte Gestalt ein bewusst persönliches Gestalten einer modellhaften Vorlage verrät und mit einem als historischem Subjekt zu identifizierenden Autor zu verbinden ist.

Solche Künstlerpersönlichkeiten, in Antike und frühchristlicher Zeit auch aufgrund der Quellenlage kaum mehr auszumachen – das Beispiel des Mailänder Bischofs Ambrosius im 4. Jahrhundert bestätigt nur, dass es in jener Zeit der herausgehobenen Position bedarf, um auch als Gestalt der Musikgeschichte wahrgenommen zu werden –, finden sich mit der Zunahme, eigentlich erst den Anfängen schriftlicher Überlieferung von Musik um das Jahr 800, dem Beginn einer karolingischen Renaissance, die neben der Liturgie- auch eine Bildungs- und Verwaltungsreform bezeichnete. Selbst einzelne Schreiber liturgischer Handschriften treten aus der Anonymität: allen voran Hartker, ein in der ersten Hälfte des 9. Jahrhunderts in St. Gallen nachweisbarer Mönch, dessen Neumierungen eine so hohe Differenziertheit und Konsistenz zeigen, dass er nicht nur als versierter Sänger, sondern auch aufgrund seiner hier dokumentierten theologischen Bildung Aufmerksamkeit verdient. Im selben Kloster gewinnt wenig später die Gestalt des Notker Balbulus (gest. 912) Konturen, dessen Name sich mit der Form der Sequenz verbindet. Die Schwierigkeit, die überlangen Melismen zumal des Alleluja, einem Jubelruf vor der Verlesung des Evangeliums in der Messe, zu memorieren, habe, so die Überlieferung, den Anlass gegeben, Texte (zunächst *Prosa* genannt) zu konzipieren, die jeder einzelnen Note eine Silbe zuordnen ließen; dank solchen ›Tropierens‹ seien die kunstvollen Gesänge leichter zu erlernen gewesen. Zudem habe man mit den neuen Dichtungen den Gedanken des Festtages mit einem aktuellen literarischen Text vertiefen können. Dies Verfahren, dessen hier skizzierte Entstehung historisch strittig bleibt und von Notker selbst vermutlich lanciert wurde, um das neue Genre und dessen Eignung für die Liturgie zu legitimieren, erfreute sich rasch größter Beliebtheit, hatte zudem in der Tropierung auch anderer Sätze der Messe Vorläufer und Parallelen: So sehr die Unterlegung anderer Texte eine leichtere Rezeption der traditionellen Melodien erlaubte, so problematisch konnte die Einführung zeitgenössischen Gedankenguts in die Liturgie erscheinen, zumal sich die Melodiefassungen rasch von ihrer Vorlage emanzipierten und anderen Formen aktuellen Musizierens öffneten: Mit dem Blick auf Lai (auch: Laich) und Estampie finden sich Strukturmomente der Sequenz in anderen textlichen Genres wie auch der Instrumentalmusik. Denn der Aufbau einer Sequenz bietet (in seiner typischen anfänglichen Form) mit der Wiederholung eines (zuerst zweiteiligen) Versikels durch eine alternierende Gruppe in einer fortschreitenden Repetition paralleler Teile eine ebenso einfache wie attraktive Möglichkeit kollektiven Musizierens, das weitere gemeinsam gesungene Verse gliederten und formal rundeten. Die Popularität der Sequenz steigerte sich mit einer Angleichung der Versikelpaare in Länge und Versmaß, nun auch textlich kunstvoller gestaltet, gereimt (ab dem 12. Jahrhundert) und bald darauf dann auch strophisch gefasst. Ihre Beliebtheit stieg so stark, dass das Tridentinum sich genötigt sah, das nach Tausenden zählende Repertoire auf einige wenige, heute noch gebräuchliche zu reduzieren: neben den Sequenzen für Ostern (*Victimae paschali laudes* von Wipo von Burgund, 990–1048), Pfingsten (*Veni sancte Spiritus* von Stephan Langton, gest. 1228) und Fronleichnam (*Lauda Sion salvatorem* von Thomas von Aquin, gest. 1274) besonders das *Dies irae* als Sequenz der Totenmesse (Requiem) von Thomas von Celano (gest. 1256) sowie das später auch als Vorlage oratorischer Werke berühmte *Stabat mater* von Jacopone da Todi (gest. 1306). Ziel solcher Restriktionen war nicht nur die Sorge um eine Reinheit der Lehre, sondern auch die Verpflichtung auf ein verbindliches Repertoire: Individualität, wie sie sich in den Texten niederschlug und auch in nur regional verbreiteten Singweisen manifestiert, widersprach einer zentralistisch strukturierten Organisation, wie sie die römisch-katholische Kirche darstellt.

Vor diesem Hintergrund textlich wie musikalisch wenig flexibler offiziöser Vorgaben, die eine Geschichte geistlicher und zumal liturgischer Musik fast nur aus der Defensive zu schreiben ermöglicht, gewinnt das Auftreten so prononcierter Figuren wie der (heiligen) Hildegard von Bingen (1098–1179) besondere Bedeutung. Umstritten als selbstbewusste Äbtissin, ohne akademische Bildung, die ihr, wiewohl Adlige, zu erhalten nicht möglich war und mit deren Fehlen sie gelegentlich kokettierte, wenn sie sich als *indocta* bezeichnete, firmiert sie, weit mehr als eine Leitgestalt feministischer Geschichtsschreibung, gleichermaßen als Begründerin exakter Naturwissenschaften in Deutschland wie als Ärztin und Dichter-Komponistin, und nicht wenigen erscheint sie aufgrund ihrer zukunftsweisenden Beobachtungen der biochemischen wie spirituellen Wechselwirkungen von Körper und Seele als nachgerade universales Genie. Ihr Œuvre umfasst neben theologischen auch medizinische Schriften, insbesondere aber visionäre Dichtungen als Grundlage einer ganzheitlichen

Welt- und Lebensanschauung. Hinweise zur praktischen Lebensführung basieren auf divinatorischer Wesensschau, die nach ihren eigenen Worten auch ihre überschwänglichen Kompositionen motiviert habe. In der Tat sind die von Hildegard verfassten Musikstücke spektakulär: Zunächst anscheinend die Strukturprinzipien der Gregorianik aufnehmend, erweisen sich ihre Hymnen und Lobgesänge musikalisch völlig eigenständig entwickelt. Ein den zeitüblichen Standard der Einstimmigkeit weit überschreitender Ambitus, rasch wechselnde Lagen oder unorthodoxe Sprünge verweisen auf eine sehr unmittelbare, emotionale Konzeption, die kompositorische Modelle möglicherweise eher aus Unkenntnis denn aus Mutwillen negiert. So entsteht eine ungemein ausdrucksstarke Musik, deren irritierende, mitunter bizarre Gestalt eine hohe Faszinationskraft besitzt, deren scheinbare Regellosigkeit aber von nicht wenigen Musikhistorikern kritisiert und mit Hinweis auf das Geschlecht der (zudem ungebildeten) Verfasserin entschuldigt wurde. Diese Disqualifikation einer zweifellos unkonventionellen Interpretation vertrauter Sachverhalte gelingt umso leichter, als das Raster, das Werturteile zu fällen erlauben soll, von Musikwissenschaftlern nach rein rationalen, wenig Spontaneität und alternative Deutungsmuster zulassenden Kriterien konfiguriert wurde.

Singulär selbst im Œuvre Hildegard ist der *Ordo virtutum*, der, gemeinhin als geistliches Singspiel klassifiziert, auch die traditionellen Grenzen von Gattungen und Musizierformen übersteigt. Nur bedingt vergleichbar mit szenischen Darstellungen zentraler biblischer Erzählungen, insbesondere den Berichten von Leiden, Tod, Auferstehung und Himmelfahrt Jesu Christi, die neben der ähnlich volkstümlichen, doch meist weniger kunstvoll gefassten Weihnachtsgeschichte häufig als Vorlage für geistlich-liturgische Spiele dienten, weist dieses allegorische Stück in seiner Dramaturgie bereits Züge auf, die es mit zahlreichen oratorischen Werken des Barocks vergleichbar macht: Die Seele wird vom Teufel verführt und wendet sich von den Tugenden ab, zeigt sich aber binnen kurzem reumütig und kehrt auf deren Pfad zurück – eine schlichte, undramatische Handlung mit offenkundig moralisierender Intention und noch wenig profilierten Protagonisten, wie sie auch Adam de la Halles (um 1237–1306) *Jeu de Robin et Marion*, ein erstes Schäferspiel, zeigt.

Wäre bei geistlichen Dramen der Aufführungsort innerhalb der Liturgie noch vergleichsweise einfach zu rekonstruieren, so weist allein die Frage, wo ein allegorisches Spiel wie Hildegards *Ordo virtutum* seinen Platz im mittelalterlichen Musikleben fand, auf Orte und Szenen, die von einer lediglich auf Namen und Gattungen bezogenen Historiographie schlechterdings nicht in den Blick genommen werden. Als Publikum für ein Werk, dessen lateinische Sprache den Kreis der Adressaten mehr noch einengte als die Thematik und der künstlerische Anspruch, sind Kreise von Klerikern und Adligen, weniger hingegen jedoch gebildete Bürger anzunehmen, deren Zahl in dieser Zeit, dem ausgehenden 12. Jahrhundert, Aufführungen solcher Art schon aufgrund des äußeren organisatorischen Aufwands kaum zugelassen hätte. Freilich ist über Segmente einer Musikkultur, die nicht funktional gebunden war, wenig gesichert überliefert: Kenntnisse über die Verwendung von Musik abseits von Arbeitsabläufen, Militär, Theater und Liturgie bleiben selbst bis zum 18. Jahrhundert spärlich. Schon von daher erscheint der Versuch problematisch, Individualität in musikalischen Ausdrucksformen entdecken zu wollen, andererseits das persönlich durchformte, unkonventionelle Werk als Beleg immerhin für die Möglichkeit eines Autors zu werten, eine subjektive Aussage zu treffen und sich mitsamt der eigenen Befindlichkeit zu thematisieren.

Dies gelingt freilich wie in der Musik auch in der Literatur erst allmählich, und es bedarf einer starken, gesellschaftliche Bedingungen eigenständig und souverän gestaltenden Persönlichkeit, hier zu individualisierten Lösungen vorzudringen. Dürfte es auf dem Gebiete der geistlichen Musik nahezu ausgeschlossen gewesen sein, eine von der offiziellen Position abweichende Auffassung zu artikulieren, gar, ins Werk gesetzt, nachhaltig zu verbreiten, so zeichnen sich doch auch dort, wo individuelles Empfinden am ehesten hätte thematisiert werden können, kaum mehr als Stereotype ab: Künstlerische Konvention und Gestaltung scheinen allzu freimütiges, subjektiv-emotionales Bekenntnis selbst amouröser Sachverhalte lediglich unter Vorbehalten zugelassen zu haben – wobei manche sprachliche Wendung ihre Konnotation als ehedem gewagt oder gar anzüglich verloren haben mag.

Die Fülle konjunktivischer und defensiv gehaltener Formulierungen der vorangegangenen Abschnitte zeigt es an: Jenseits einer wachsenden Fülle von Namen und Daten, von biografischen Informationen zu einzelnen Musikern, seltener noch Brief- oder anderen Dokumenten, die mehr als die Zahlung von Honoraren oder ähnliche Verwaltungsvorgänge erläutern, findet sich nur allzu Weniges, in den überlieferten Musikstücken Spuren ihrer Verfasser und einer individuellen Situation auszumachen. Dass die Frage nach dem Individuum hinter einem Werk, nach der Konvergenz von ästhetischem und biografischem Subjekt, in diesem Zeitraum nur unzureichend zu beantworten ist, resultiert aus einer Erwartungshaltung des Publikums an den Künstler, die nicht auf eine unverwechselbare, persönlich empfundene und aus eigenem Erleben geschaffene Komposition zielte: eine Erklärung auch für die Irritationen, die Hildegards Musik auslöste, weil sie als eine der Ersten ihre Person künstlerisch zu artikulieren sich traute, wie für das Ausbleiben jeglicher unmittelbaren Rezeption, die erst unter neuen Vorzeichen – einer breiten philologischen Erfassung mittelalterlicher Schriften im 19. Jahrhundert, im großen Stil dann erst im Zug einer neuerlichen Mittelalterbegeisterung der letzten Jahrzehnte – zu viel späteren Zeiten einsetzte. Und selbst wenn die Geschichte von Tannhäuser und dem Sängerkrieg auf der Wartburg, wie Richard Wagner sie in seiner großen romantischen Oper schildert, nicht als Bericht über ein mittelalterliches Ereignis aufgefasst werden kann, so ist doch die Entrüstung, die von der Runde der Minnesänger ausgeht, als sie hören müssen, ihr Mitstreiter besinge die Liebe nicht nur in einer idealisierten Form, sondern habe auf der Suche nach neuen Möglichkeiten, erotische Erfahrungen musikalisch umzusetzen, eigene praktische Erkundungen unternommen, gewiss nicht gespielt. Was die Minnesänger und ihre französischen Vorbilder, die Troubadours und in deren Folge die Trouvères, seit dem 11. Jahrhundert an Liebesfreude und -leid in ihren Liedern artikulierten, entsprach ritterlichem Comment an Burg und Hof. Die literarisch anspruchsvollsten Vorlagen ihrer Heldenerzählungen bildeten die unregelmäßigen Langverse der *Chansons de Geste*, deren Derivat als *Chanson à Toile* für Märchen und Romanzenhaftes bestimmt war. *Chanson* (Liebeslied), *Alba/Aube* (Taglied), *Pastorela* (Lieder über die Liebe zwischen Ritter und Bauernmädchen), *Sirventes* (Dienstlieder), *Chanson de Croisade* (Kreuzzugslieder), *Lamentation/Planche* (Trauerlieder) und *Balada* (Tanzlieder) bezeichnen wiederum zunächst inhaltlich unterschiedene Genres, die mit in einer kaum sinnvoll zu gliedernden Fülle liedhafter Formen (Virelai, Rondeau usw.) im vielfältigen Wechsel von Strophen und Ritornellen zu gestalten waren. Rekurrierten die Texte auf klassische Vorlagen (Ovid, Horaz usw.) und übernahmen auch Motive über Spanien vermittelter Lyrik aus Arabien (von wo auch die Begleitung durch eine Fidel übernommen wurde), so sind Einflüsse mittellateinischer Dichtung oder volkstümlicher Gesänge immerhin denkbar.

So vielfältig und reich das nach Tausenden zählende, in Sammelhandschriften (Chansonniers) überlieferte Repertoire, so umfassend eine Liste mit den Namen ihrer Verfasser: Wilhelm (Guillaume) IX. von Aquitanien (1071–1127) und Arnaut Daniel (gest. 1210) mögen hier die provenzalischen Troubadours repräsentieren, Chrétien des Troyes (um 1120 – um 1180) als Begründer des höfischen Romans die Reihe der Trouvères eröffnen, die sich von ihren Vorgängern vor allem durch die Verwendung des Altfranzösischen unterscheiden. Individualität gewinnen die Werke dieser Dichter-Musiker durch die innovative Interpretation von Topoi, unter denen das Thema Liebe das bevorzugte ist. Geschildert wird in den Chansons jedoch lediglich eine idealisierte Form von Erotik, deren Adressatin, meist die Burgherrin als Hohe Frau, für den Sänger, nicht selten ein Knappe, jedoch prinzipiell unerreichbar ist. Inwieweit hier aufkeimende Sexualität jugendlicher Ritter kanalisiert wurde und in einer bald spielerisch übermütigen, bald diskret-unzweideutigen Diktion Fantasien von Halbwüchsigen sprachliche Sublimierung fanden, steht dahin: Der Realitätsbezug solcher Texte, zumal der verbreiteten Taglieder, in denen das liebende Paar durch das Morgenrot getrennt wird, dürfte kaum größer als in der populären Liebeslyrik späterer Zeiten und dem Sehnsuchtsvokabular von Schlagern gewesen sein.

Das Motiv der Geliebten, die umso freimütiger umworben werden kann, als sie schlechterdings unerreichbar ist, bot mit der Gestalt der Jungfrau und Gottesmutter Maria auch die katholische Religion, und die völlig unproblematische wechselseitige Adaption von Texten beider Sphären, der geistlichen wie der weltlichen, verweist auf eine Affinität der Genres, die zumal nach einem Zeitalter der Säkularisation fremd anmutet, im 12. Jahrhundert jedoch völlig unproblematisch schien: Auch die musikalischen Fassungen solcher in Kirche und Burg gleichermaßen verwendbaren Liebeslyrik sind kaum unterschieden, die Notationsweisen sogar identisch. Lediglich Konvention ist es, die geistliche Musik in getragenem, freirhythmischem Stil vortragen lässt, die Lieder der Troubadours und Trouvères hingegen gerne in rhythmisch pointierten Fassungen und alternative Ausführungsweisen, die von den Quellen her durchaus zulässig wären, als unangemessen verwirft. Wiederum bleibt offen, ob ein Primat des Entwicklungsstands und ein innovatives Moment im weltlichen Gesang zu suchen ist oder in der geistlichen Musik – wenn denn überhaupt die Frage nach einer säuberlichen Trennung der Sphären in der Praxis unterstellt werden kann. Die Kontrafakturen – das Unterlegen von geistlichen Texten zu ehedem weltlichen Liedern und umgekehrt – etwa eines Gautier de Coinci (gest. 1236) – lassen nicht erkennen, welchem Bereich die originale Fassung angehörte. Kunstvolle Musik scheint in dieser Zeit von jener sorgfältig beachteten Differenz der Gattungen und Stile, die um 1600 Kirchen-, Kammer- und Theatermusik grundsätzlich trennen ließ, noch wenig Aufhebens gemacht zu haben.

Ähnliche Affinitäten zwischen geistlicher und weltlicher Musik sind im deutschen Sprachraum schwieriger nachzuweisen, auch aufgrund einer später einsetzenden Überlieferung. So findet der Minnesang, in der Nachfolge der französischen Pendants und von diesen lernend, erst ab 1200 seine bedeutendsten Vertreter in Hartmann von Aue (gest. um 1215), Neidhart von Reuenthal (gest. um 1245), Walther von der Vogelweide (um 1170 – um 1230),

---

In den vergleichsweise großformatigen Bildern der *Manesseschen Liederhandschrift* sind zahlreiche Minnesänger mit deutlich individualisierten Zügen wiedergegeben. Der berühmte Sängersolist, dem das Instrumentalensemble eine ›Bühne‹ für seinen Auftritt bereitet, stützt seinen Vortrag durch die Begleitung auf einer Fiedel.

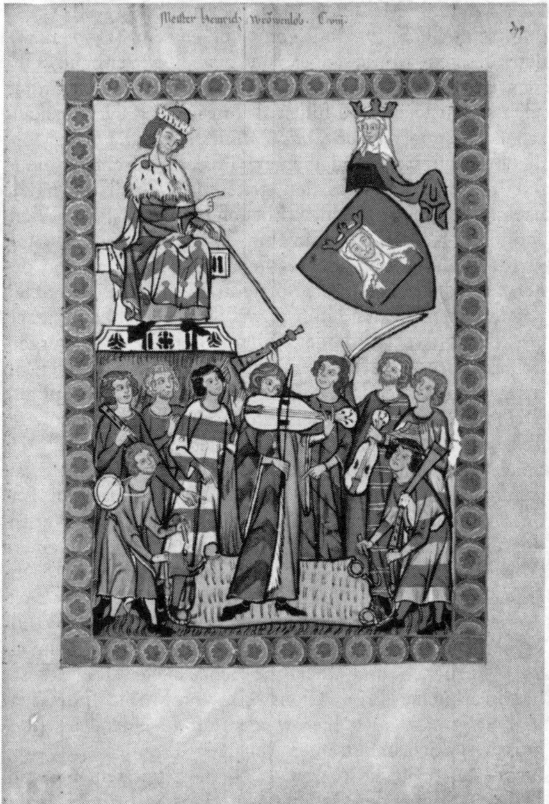

Heinrich von Meißen, genannt Frauenlob. Wasserfarben auf Pergament. *Manessesche Liederhandschrift*, nach 1300. Universitätsbibliothek Heidelberg.

Heinrich von Meißen, genannt Frauenlob (gest. 1318), und schließlich Oswald von Wolkenstein (1377–1445), dem ›letzten‹ Minnesänger. Der gewaltige zeitliche Rahmen, der diese Namen umspannt, ist literaturgeschichtlich leichter mit Details zu füllen als hinsichtlich der musikalischen Fassungen: Der *Codex Manesse* (nach 1300), wohl die bekannteste (Heidelberger) Liederhandschrift, bietet nur Texte, und erst in den späteren Sammelbänden, die nach ihren mutmaßlichen Entstehungsorten Jena, Wien, Mondsee, Kolmar, Donaueschingen oder Rostock benannt werden, finden sich auch Notenaufzeichnungen, von denen allerdings unklar ist, ob sie ursprüngliche Fassungen wiedergeben. Weitergeführt, weniger freilich entwickelt als konserviert, wurde der Minnesang in einer verbürgerlichten Form: Die Meistersinger bildeten Singschulen, in denen sich Lernende von Dichtern, die neue Texte auf alte Melodien sangen, und Meistern unterschieden, die sowohl Text als auch Melodie neu konzipierten. Doch blieb der Spielraum, innerhalb dessen Originalität zu zeigen war, durch ein enges Regelwerk und die Verpflichtung zur Tradition, manifest in einer zum Schema erstarrten Bar-Form mit einem wiederholten Stollen(-Vordersatz) und einem Abgesang, begrenzt. Selbst das Œuvre von Hans Sachs (1494–1576), dessen Gestalt Richard Wagner in seinen *Meistersingern von Nürnberg* zu einem deutschen Mythos verklärte, mit einem Fundus von 4500 Liedern, mehr als 2000 Sprüchen und über 200 Schauspielen folgt dieser handwerklichen Produktionsweise von Musik. Individualität zeigt sich auch hier wieder nur in einem selbstbewussten, doch behutsamen Verfügen über den sorgfältig, nicht selten in kostbaren Büchern gehüteten Bestand. Dass das Melos der Gesänge von Hans Sachs mitunter in die Nähe der Choräle Martin Luthers rückt, zeigt erneut die enge Affinität einer durch Handwerkerehre nobilitierten weltlichen Kunst und der Musik der Kirche, zugleich die methodologische Schwierigkeit, die Erscheinungsformen einer Kunstform, wie sie Minne- und Meistergesang darstellen, über einen mehrere Jahrhunderte zu messenden Zeitraum ihrer Entwicklung sinnvoll zu systematisieren. Die retrospektive und restaurative Tendenz dieser (Spät-)Formen im deutschsprachigen Bereich erhellt unmittelbar aus einer Gegenüberstellung mit den Werken der inzwischen reich entfalteten Mehrstimmigkeit, die ein weit größeres Spektrum bietet, Individualität musikalisch zu fassen. Hier, in dieser städtischen Kunst von Bürgern für Bürger, stand wie ehedem im Forum der Burg die Beachtung der Regel vor der Verpflichtung zur Originalität. Kaum schon ein Lebensgefühl drückt sich in dieser Musik mehr aus, vielmehr ein Verständnis von Kunst, die als identitätsstiftend und um ihrer selbst willen bewahrt wird. So ist es eine gesellschaftliche Gruppe, nicht ein Einzelner, die in Segmenten musikalischer Kultur sich reflektiert. Eine Musik ohne Publikum: kultiviert in Kreisen, die um die Strukturgesetze dieser Kunst wissen und deren individuelle Interpretation goutieren können, literarisch wie musikalisch. Dies gilt für die Musik der Trouvères kaum weniger als für die Kunst der Minnesänger oder die Lieder der Studenten, von deren buntem Repertoire die *Carmina burana* einen Eindruck vermitteln. Innerhalb solcher sozial zu differenzierenden Gruppen entstehen kompositorische Traditionen, die sich Einflüssen anderer Zirkel durchaus zu öffnen vermögen. Sie definieren sich nicht durch harsche Gegensätze, sondern verstehen sich als Kollektiv, innerhalb dessen Individualität nur ein bedingtes Ziel ist. Und neben einer individualisierten, schwer zu rekonstruierenden Spielweise einzelner Musiker ist es eher die Sprache, deren Nuancen, Allusionen oder Subtexte eine persönliche Position zu beziehen ermöglichen konnte: Um in der Musik »ich« sagen zu können, boten allein die sozialen Bezugssysteme wie auch die Vorformung des Materials und dessen Potenzial, Subjektivität zuzulassen, zu wenig Spielraum. Es ist erst die Ausnahmeposition einer Hildegard von Bingen – als Frau, als Adlige und als Visionärin –, die es ermöglichte, frei von akademischer und gesellschaftlicher Konvention auch musikalisch einen persönlichen, unverwechselbaren Stil zu gestalten.

Komposition

Frühe Mehrstimmigkeit und Ars nova

Mehrstimmigkeit bedeutet Individualisierung: Einer Stimme eine zweite hinzuzufügen, heißt, Beziehungen herzustellen, Distanz zu einer bislang selbstverständlich mitgetragenen Position zu schaffen und einen individuellen Standpunkt einzunehmen. Dies geschieht am einfachsten, indem eine Stimme mit stets den gleichen Intervallen begleitet wird: Historisch dürften parallel zur Melodie geführte Quinten die elementarste Technik solcher Zweistimmigkeit gewesen sein, die ein Singen in Terzen als volkstümliche und mit der Figur des Dienstmädchens assoziierte Variante in späterer Zeit ablöst. Gewiss ist hier kaum schon sinnvoll von Mehrstimmigkeit zu reden, da beide Partien lediglich aneinander gekoppelt sind und ihre selbständige Führung – melodisch wie auch rhythmisch – nicht beabsichtigt ist. Ganz ähnlich bezeichnet das Singen oder Spielen einer Melodie über dem liegenden Ton eines Bassinstrumentes nur mehr eine rudimentäre Form des Musizierens mit zwei Stimmen, die sich zumal an Anfang und Ende sowie weiteren Zäsuren in einfachen Intervallen – dem Einklang, der Oktav oder wiederum der Quinte – aufeinander beziehen.

Um eine Stimme mit einer zweiten zu kombinieren, bedarf es mithin zunächst eines Systems, das Zusammenklänge ordnet: Dass dabei die reinen Intervalle von Oktave und Quinte rasch als angenehm empfunden wurden und sie als konsonant einen anderen Status zugewiesen erhielten als zumal Sekunden und Septimen, beruht auf Konventionen der Wahrnehmung und des Denkens, von Naturerfahrung und Weltanschauung. Die Zahlenverhältnisse, die sich bei einer Darstellung dieser Intervalle auf Saiten oder mit Flöteninstrumenten zeigen, entsprachen der Beobachtung des Kosmos, dessen Struktur sich in der Musik abbildet.

Sich bei der Begleitung einer gegebenen Melodie nicht mehr nur auf ›reine‹ Intervalle derselben Größenordnung zu beschränken, also eine zweite Stimme nicht stets parallel zu führen, bezeichnet einen weiteren Schritt der Entwicklung von Mehrstimmigkeit, die gleichwohl noch nicht zu einer Selbständigkeit der ergänzten Partie führt. Selbst wenn nunmehr eine gewisse Variabilität in der Führung der Begleitstimme gegeben ist, bleibt der Spielraum, der sich mit einer Beschränkung auf Einklänge und Oktaven, Quinten und (gegebenenfalls) Quarten ergibt, vergleichsweise gering. Andere Intervalle aber zuzulassen, erfordert nicht nur ein Regelsystem für Kon- und Dissonanzen, sondern, wie sich zeigen wird, zugleich ein Ordnungsgefüge der Stimmen in der Zeit: eine Bewertung betonter und nachrangiger Töne eines melodischen Verlaufs. Und erst mit der Einführung einer quantitierenden Rhythmik, der Möglichkeit, zwei oder mehr Stimmen nach rationalen Vorgaben in zeitlich aufeinander bezogenen, doch voneinander unabhängigen Bewegungsverläufen zu koordinieren, ist eine Selbständigkeit der Stimmen zu erreichen, die den Namen einer Polyphonie (Vielstimmigkeit) auch verdient. Die vorangehenden Formen eng durch strukturelle Vorgaben verbundener Mehrstimmigkeit werden als Stadien sukzessiver Emanzipierung der Einzelstimmen üblicherweise mit dem Begriff der Heterophonie (griech. *héteros* ›anders‹) gefasst, die etwa auch die Möglichkeit einschließt, dass eine Instrumentalpartie im Einklang mit einer vokalen Linie geführt wird, aber durch Ornamente und kleinere Umspielungen, die eben nur das Instrument erlaubt, geringfügig variierend gestaltet ist.

Alle hier skizzierten Verfahren bedürfen noch nicht der Schriftlichkeit, und das Ergebnis, mittels solcher Techniken Mehrstimmigkeit zu produzieren, wäre als Komposition zu bezeichnen vorschnell. Vielmehr sind solche meist zweistimmigen Stücke lediglich das Resultat, eine Handlungsanweisung auszuführen, indem einer gegebenen Stimme nach mehr oder weniger fest umrissenen Leitsätzen eine andere beigesellt wird. Und die *Musica enchiriadis* (lat.-griech., *Musikalisches Handbuch*) zeugt als eine erste schriftlich fixierte Anleitung dann auch lediglich von der Verbindung jener elementaren Verfahren des schlichten Parallelsingens und der Melodieführung über einem Halteton (Bordun), die ihrerseits noch keiner sprachlichen Erläuterung bedurften. Dass diese Schrift ab der zweiten Hälfte des 9. Jahrhunderts in ca. 50 Abschriften in ganz Europa nachzuweisen ist, belegt eine Praxis, die, so rudimentär sie anmutet, doch die Voraussetzung aller weiteren Mehrstimmigkeit bildet: Nach dem Beginn auf dem Einklang entfernt sich die Oberstimme in einem vielzitierten Beispiel dieser Schrift stufenweise von der unteren, die mit dem Erreichen einer Quart parallel weitergeführt wird und an geeigneter Stelle wieder zum Einklang zurückkehrt.

Problematisch wird solche Seitenbewegung indes, wenn die Diatonik, auf die sich der Tonsatz stets noch beschränkt, an einer Stelle statt der reinen zur übermäßigen Quart (und damit einem unzulässigen Intervall) führt. Hier erzwingt das System Alterationen, die gleichwohl nur auf einzelne Tonstufen beschränkt bleiben: Die vorgegebene Melodie (meist gregorianischer Provenienz) wird daher in Abschnitte gegliedert, die sorgsam solche kritischen Stellen umgehen, indem jeweils der Tonraum einer Sexte nicht überschritten wird. Mittels dreier solcher diatonisch strukturierter Sechstongruppen (griech. Hexachorde), die analog, jedoch auf verschiedenen Tonstufen aufgebaut sind (C - a, F - d und G - e) und an Nahtstellen flexible Übergänge ermöglichen, kann nun insbesondere der problematische siebte Ton einer Skala und dessen Begleitung in reinen (Quart-)Intervallen eindeutig definiert werden: Jenes Prinzip, melodische Linien aufeinander zu beziehen, um stets konsonante und damit approbierte Intervallrelationen zu gewinnen, ist begründet, und Guido von Arezzo verlieh ihm in seinem *Micrologus* (um 1025) eine auch für die Lehrpraxis der nächsten Jahrhunderte gültige Fassung.

Diese Theoriebildung ermöglicht eine sukzessive Emanzipierung der Begleitstimme von der vorgegebenen Melodie. Die in stets demselben Intervall parallel geführte zweite Stimme eines Quint- oder Quartorganums – das auch eine Verdopplung beider Partien zu mixturartigen Klangbändern kennt – gewinnt an Selbständigkeit. Die schematische Kopplung beider Partien, kaum schon eine improvisatorische Praxis, wird aufgegeben zugunsten der bewussten Gestaltung eines Duetts, dessen freie Stimme zwar engen Vorgaben folgt, doch auch in der Lage von der ursprünglichen Melodie sich löst: Die Vox principalis mit dem gregorianischen Cantus firmus bildet nun das Fundament, über dem sich die Vox organalis (zunehmend auch als Discantus bezeichnet) entwickelt; auch Stimmkreuzungen sind in diesem ›neuen‹ Organum, das um 1100 der Mailänder Traktat *Ad organum faciendum* beschreibt, ausdrücklich zugelassen.

Gegenüber dem vergleichsweise schlichten Verfahren, jeder Note des vorgegebenen Gesangs eine zweite gegenüberzustellen – eine Methode, die als »punctum contra punctum« (der Notenköpfe) den Ursprung des Begriffs Kontrapunkt bildet –, ist hier auch insofern eine weitere Stufe der Entwicklung festzustellen, als die freie Stimme kleinere Ornamente integrieren kann: Der zweistimmige Satz wird melodisch wie motivisch bereichert, und mit dem Verfahren, der hinzugefügten Stimme einen eigenen, neuen Text zu unterlegen und simultan mit dem originalen zu musizieren, ist eine zusätzliche intellektuelle Dimension gewonnen (die ihre Vorläufer in der Technik des Tropierens der Melismen des gregorianischen Gesangs hat). Was fehlt bzw. aus den wenigen Quellen – dem um 1050 datierten *Winchester Tropar* als erstem, jüngst erschlossenen Dokument des frühen Organums ebenso wie den Codices des Klosters St. Martial im südfranzösischen Limoges als reichem, vielfältige Spielarten der Zweistimmigkeit exponierenden Fundus aus der Zeit um 1100 – nur unzureichend ersehen werden kann, ist eine Fixierung des Rhythmus. Im schlichten Note-gegen-Note-Satz konnte ein Grundzeitmaß vereinbart werden, und ein gleichzeitiges Fortschreiten war aufführungspraktisch ebenso wenig ein Problem wie im »Organum speciale«, bei dem eine melismatisch ausschwingende, rhythmisch freie und improvisatorisch anmutende Oberstimme mit lang gehaltenen Tönen des Cantus firmus kombiniert wird und der Wechsel zu einem neuen Basis-Ton ein Zeichen des Sängers der bewegteren Partie veranlasst haben mochte. Unklar ist bislang die Besetzung dieser Stücke, deren Ausführung solistisch ebenso wenig befriedigt wie doch schon chorisch denkbar ist: Erneut stellt sich damit die Frage, wem und welchem Zweck die Aufzeichnung solcher Gesänge letztlich diente – eine Mitwirkung von Instrumenten wäre mindestens in Bezug auf lang gehaltene Fundamenttöne zu bedenken, ja nahe liegend.

Denn zunächst scheint es wenig plausibel, ein Musikstück zu konzipieren, dessen Ausführung ebenso abstrakt bleibt wie sein Publikum unbestimmt. Die dürre Zweistimmigkeit, die in den liturgischen Handschriften des 11./12. Jahrhunderts aufgezeichnet ist und die gleichwohl kaum von einer umfangreichen Gruppe von Sängern und/oder Instrumentalisten musiziert worden sein kann, steht zumal zu den großen gotischen Kirchenräumen, in denen sie der schriftlichen Überlieferung zufolge aufgeführt wurde, in erheblichem Widerspruch. Für ein kaum mehr als nach wenigen Dutzenden zählendes Auditorium wären Anlage und Struktur solcher Musik allein akustisch kaum nachvollziehbar gewesen.

Diese Frage stellt sich zumal bei jener artifiziellen Musik, die mit dem Namen der Pariser Hauptkirche, der Kathedrale Notre Dame in Verbindung gebracht wird. Hier nun gewinnt die Musik eine Komplexität, die strukturell zu erfassen der Nähe zu den Ausführenden bedarf; doch hielten schon die Vorgaben einer deutlichen räumlichen Trennung von Klerikern und Gottesdienstbesuchern die Zahl derjenigen Zuhörer gering, die mehr als eine undefinierte Klanggestalt wahrzunehmen in der Lage waren: Musik für einen kleinen Kreis, im wörtlichen Sinne, der sich im Chorraum der Kirche versammelte und dessen Mitglieder als Gebildete den kompositorischen Aufwand zu würdigen wussten.

Dieser freilich war erheblich, ja bezeichnet in der Entwicklung der Fixierung präziser Rhythmen eine neue Stufe in der Geschichte von Mehrstimmigkeit und abendländischer Musik. Denn um zwei Stimmen zeitlich koordinieren zu können, bedurfte es, wollte man nicht stets in einem unveränderlichen Metrum musizieren, das jedem (Puls-)Schlag einen Ton zuordnet, eines Systems, das zeitliche Verläufe eindeutig fixiert.

Die Lösung, zu der man zunächst griff, war, rhythmische Zellen zu definieren, die kontinuierlich wiederholt wurden und für alle disponierten Stimmen in derselben Weise verbindlich waren. Versmaßen nicht unähnlich, konnten solche unveränderlichen Metren nicht nur meh-

---

Dreistimmige Organa, wie sie mit der Kathedrale Notre Dame in Paris in Verbindung gebracht werden, führen über einer Unterstimme mit langen Haltenoten, die einen Cantus firmus aus dem gregorianischen Gesang zitiert, zwei frei bewegte Partien, deren rhythmische Koordination durch unterschiedlich geformte Notenköpfe und -gruppen sowie durch periodisch gesetzte senkrechte Striche geregelt wird: strukturell eine erste Partitur, deren Anzahl von Stimmen tendenziell unendlich ist.

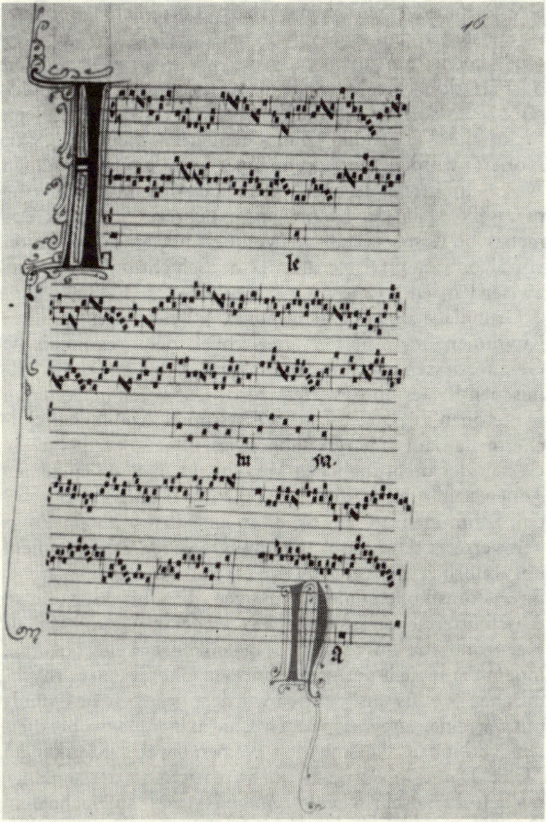

Perotinus Magnus (um 1160/79 – um 1210/20), Beginn des *Alleluia Nativitatis.* Organum triplum. Wolfenbüttel, Herzog-August-Bibliothek.

rere Partien im zeitlichen Verlauf koordinieren, sondern eine erste rhythmische Variabilität bei gleichzeitiger Verbindlichkeit des zuvor entweder gleichförmig bewegten oder irrational frei schweifenden Gesanges liefern. Insgesamt sechs solcher rhythmischen Modi wurden festgelegt, praktische Verwendung indes fanden vornehmlich vier. Notiert wurden Notengruppen, noch keine einzelnen Werte. Immerhin leistet eine solche Modalnotation eine präzise Vorgabe zur Kombination mehrerer Stimmen: Das metrische Raster erlaubt im Verbund mit einer Definition von Kon- und Dissonanzen eine Schichtung nicht nur zweier Partien.

Grundlage und Ausgangspunkt solcher nach modalen Rhythmen organisierten Musik blieb der gregorianische Gesang, dessen einzelne Töne (zunächst) nicht dem rhythmischen Raster unterworfen wurden, sondern in isolierten Haltetönen die Basis für die Oberstimme(n) bildeten. Solchermaßen auf einen Tonhöhenverlauf reduziert, war die Gestalt der ursprünglichen Melodie, über deren einzelnen Tönen zahllose rhythmische Zellen sich aneinander reihten, kaum mehr zu ahnen, da in eine abstrakte Zeitlosigkeit versetzt. Um die Ausdehnung solcher Gesänge nicht ungebührlich zu vergrößern, beschränkte man sich bei ihrer kunstvollen mehrstimmigen Fassung auf einige Abschnitte, so genannte Klauseln, deren Gestaltung als Haltetonpartie durch freiere Techniken erweitert wurde, indem dann auch der gregorianische Choral einem rhythmischen Modus unterworfen wurde. Diese beiden Grundmuster, einen gregorianischen Cantus firmus zu bearbeiten, verbinden sich mit den Namen zweier Kleriker an Notre Dame in Paris, die ihre Arbeiten in der umfangreichen Handschrift eines *Magnus liber* aufzeichneten. Der ältere, Magister Leonin wird von einem namentlich nicht bekannten englischen Theoretiker, dem so genannten Anonymus IV, als *optimus organista* bezeichnet, der also die Technik, dem gregorianischen Cantus firmus eine (modalrhythmisch strukturierte) Gegenstimme hinzuzufügen, am besten beherrscht habe. *Optimus discantor* heißt hingegen in diesem Traktat Perotin, der das Verfahren, die gregorianische Melodie ebenfalls dem metrischen Schema anzupassen, systematisierte und differenzierte. In einer wenig musikalisch anmutenden Weise werden die Töne des Cantus firmus abgezählt und in Gruppen gleicher Anzahl gegliedert, denen wiederum ein starres rhythmisches Modell unterlegt wird.

Diese eher statistisch als künstlerisch anmutende Methode bietet jedoch den Vorteil, ein zunächst formloses, in seiner Ausdehnung noch völlig unbestimmtes Stück Musik zu strukturieren. Denn unklar blieb bei der Gestaltung von organalen Partien über Haltetönen, welche Dauer jedem einzelnen dieser Fundamenttöne zuzumessen war und wann zum nächsten fortgeschritten werden sollte. Ein eher intuitives, improvisatorischer Praxis entstammendes Vorgehen konnte mit einer verbindlichen Ordnung, die dem Cantus firmus als Rückgrat eines Musikstückes substruiert wurde, rationalisiert werden: Ein Moment musikalischen Bewusstseins, Grundlage aller Formgestaltung in der Musik, war gewonnen. Insofern bezeichnet die Einführung der Modalnotation, die sich mit den Werken Leonins und Perotins für Notre Dame in Paris verbindet, ein epochales Ereignis: die Anfänge der Möglichkeit, zwei oder mehrere Stimmen planvoll zu kombinieren, nach bestimmten Gesetzmäßigkeiten und Vorgaben zwar, deren Spektrum jedoch so reich wurde, dass es individuelle Gestaltungsweisen zuließ und persönliche Entscheidungen forderte. Die Zusammenstellung der Töne, ihre vertikale Schichtung, war nicht mehr eine Funktion der Aufführungspraxis, sondern unterlag vorab dem Kalkül eines Musikers, der das Resultat seiner Überlegungen schriftlich fassen musste, da die Komplexität des nun gewonnenen Tonsatzes eines Notentextes bedurfte, um ein Musikstück in der vom Autor intendierten Weise wiedergeben zu können. Dessen subjektive Wahl aus einem zunehmend reichen Repertoire gestalterischer Möglichkeiten rückt neben dem abgeschlossenen Werk auch seine eigene Person ins Bewusstsein: Der Verfasser eines mehrstimmigen Stückes wird nun als Komponist namentlich ausgewiesen.

Zumal der Entscheidungsspielraum, der sich nun bei der Komposition bot, weit größer war, als es zunächst scheinen mag: Zu disponieren war die Besetzung – bis zu vier Stimmen in den umfassendsten, nachgerade symphonisch dimensionierten Organa Perotins, deren Aufführungsdauer eine Viertelstunde überschreitet –, ferner die Anlage eines Stückes, in dem Klauseln unterschiedlicher Faktur mit einstimmigen Abschnitten des unverändert einstimmig gesungenen gregorianischen Chorals alternieren konnten, nicht zuletzt der rhythmische Modus, der im Verlauf zu variieren war (von der Möglichkeit abgesehen, unterschiedliche Modi miteinander zu kombinieren, da ihr Grundmetrum kompatibel blieb). Mit einer Differenzierung der Oberstimmen verband sich deren Emanzipation vom Cantus firmus, der als Bezugsgröße seine Verbindlichkeit einzubüßen vermochte: In einer Abkopplung der drei Oberstimmen eines vier Partien umfassenden Organums von der Basis des gregorianischen Chorals kann die Entstehung des Conductus gesehen werden, der, frei von jedem Bezug auf eine ›alte‹ Vorlage, neue kompositorische Möglichkeiten eröffnet; zugleich stellte sich das Problem musikalischer Formung, das mit der Orientierung an einem Cantus firmus obsolet war, auf einer anderen Ebene erneut: Länge und Aufbau eines Musikstückes blieben weiterhin eine Funktion der Struktur des zugrunde gelegten Textes, ohne dass in diesem Stadium der Entwicklung, um die Mitte des 13. Jahrhunderts, bereits autonome musikalische Verfahren zu erkennen wären.

Differenzierter wurde indes rasch die Notation, da sich die rhythmischen Modi als zu unflexibel erwiesen, als dass sie eine individuelle Gestalt einer Komposition ermöglichten. Hier bezeichnet das auf Vorarbeiten des Johannes de Garlandia um 1280 entwickelte Verfahren Francos von Köln einen weiteren, entscheidenden Schritt zu einer veritablen Polyphonie, indem nicht mehr nur rhythmische Zellen definiert, sondern Zeichen für einzelne Notenwerte festgelegt wurden. Der Gedanke, einen Grundschlag systematisch in kleinere Werte zu unterteilen, erlaubte eine rhythmisch völlig freie Gestaltung der Einzelstimme. Lediglich der Bezug auf ein dreiteiliges Metrum sollte verbindlich bleiben, das in der Bezeichnung als *tempus perfectum* einen theologisch, mit Verweis auf die christliche Trinität begründeten Primat fand – ein scheinbar veräußerlichtes Moment, das jedoch die Abwehrhaltung gegenüber nachfolgenden Neuerungen seitens der Kirche erst verständlich macht. Denn die Vorbehalte, die Papst Johannes XXII. 1324/25 gegenüber den Anhängern einer ›neuen‹ Schule formulierte, waren nicht zuletzt darin begründet, dass nun auch zweizeitige Metren musiktheoretisch legitimiert waren, wenngleich ihre Bezeichnung als *tempus imperfectum* das vermeintliche Defizit noch begrifflich fasst. Eine solche von Philippe de Vitry entwickelte *Ars nova* (1322), der Titel eines Traktats, der einer ganzen musikgeschichtlichen Epoche ihren Namen verleihen sollte (und mittelbar, in Abgrenzung und dem Versuch einer Wahrung, wie sie Jacobus von Lüttich proklamierte, auch dem vorausgegangenen Zeitalter mit einer »Ars antiqua«, einer ›alten‹ Kunst, ein Etikett verlieh), schien dem Papst umso suspekter, da er fürchtete, eine Differenzierung der Notation in immer kleineren Werten, die eine beweglichere, ja nachgerade virtuose Führung der Stimmen erlaubte, korrumpiere die Dignität der Musik im ›heiligen‹ Raum. Denn die freie Verfügbarkeit über den rhythmischen Verlauf der einzelnen Partien bedeutete den Verlust einer weiteren Ordnungsmacht, die neben dem Cantus firmus des gregorianischen Chorals eben die modale Rhythmik geboten hatte. Die defensive Haltung des Papstes, ab diesem

Zeitpunkt symptomatisch für den Tenor kirchenmusikalischer Verordnungen, ist nicht weniger als die Kehrseite der unumschränkten Akzeptanz eines kompositorischen Prinzips, das die mehrstimmige Musik als einer *musica mensurata* nunmehr prägt. Das enge Diktat einer zeitlichen Subordination aller Stimmen weicht einer gänzlich selbständigen Führung der Partien, deren Beziehungen untereinander eine Lehre der Zusammenklänge regelt, die jedoch bei einer noch weitgehenden Beschränkung auf die Diatonik wenig Einschränkungen forderte. Die Vielfalt der satztechnischen Möglichkeiten, die für den Komponisten nunmehr gewonnen war, wurde indes zum Problem in anderer Hinsicht: Nach welchen Maßgaben eine Komposition anzulegen und zu strukturieren war, bedeutete eine Aufgabe, die sich mit dem Verzicht auf die Bindung an einen Cantus firmus unmittelbar stellte.

Intellektualität

Bildung und Werk im 14. Jahrhundert

Die Freiheiten, die sich einem Komponisten eröffneten, indem nun, seit Philipp Vitrys *Ars nova* (1322) und im Folgenden noch erheblich differenziert, einzelne Stimmen auch rhythmisch völlig unabhängig voneinander geführt werden konnten, ermöglichten eine immer kunstvollere Kombination mehrerer Partien und erlaubten nicht zuletzt aufgrund der schriftlichen Fixierung des Tonsatzes, dessen Komplexität eine Aufzeichnung unabdingbar machte, Vergleich, Kritik und Weiterentwicklung kompositorischer Techniken. Bezugsgröße dessen, der ein Musikstück konzipierte, war nicht mehr vorrangig der Cantus firmus eines gregorianischen Gesangs, dessen Aufbau und Struktur die Umrisse einer Komposition weitgehend bestimmen konnten und auch dem Publikum eine erste Orientierung gaben. Mit der Möglichkeit, ein Werk autonom zu konzipieren, verband sich indes die Notwendigkeit, die Hörer über Anlage und Gehalt einer Komposition zu informieren – und wäre es nur durch einen Titel oder eine Gattungszuschrift –, um die Rezeption zu erleichtern. Hörerfahrung und Hörerwartung werden zu Kategorien, die ein Komponist bei der Konzeption eines Werkes ins Kalkül zu ziehen beginnt. Nicht mehr lediglich das Staunen über etwas unerhört Neues, das auch dem Musiker vorangehender Zeiten die Aufmerksamkeit des Publikums sicherte, kennzeichnet diesen Zugang zur Kunst, sondern neu gegenüber den Rezeptionsweisen vergangener Zeiten ist die Möglichkeit, ja die Verpflichtung – für Autor wie Hörer –, ein Musikstück in Beziehung zu Werken von Zeitgenossen und früheren Kompositionen zu rücken, um seinen ästhetischen Rang ermessen zu können: Erst die Kenntnis eines historischen

Kontextes führt zu einem adäquaten Verstehen eines musikalischen Werks.

So wird mit der Entwicklung der Mehrstimmigkeit Musik zum intellektuellen Diskurs: Die Kunstfertigkeit, die ein Komponist aufwendet, zielt auf ein Verständnis des Rezipienten, seine Kenntnisse musikalischer Strukturen, die aus Hörerfahrung oder auch nur der Lektüre von Notentexten resultieren. Innerhalb dieses Diskurses wird Musik geschichtlich: Bezüge zu Werken von Kollegen entstehen, Kompositionen bedeuten Beiträge zu auch andernorts virulenten satztechnischen und künstlerischen Problemen oder lassen sich als Reaktionen auf Lösungsvorschläge Dritter deuten. Mit der Rekonstruktion dieser Prozesse und dem Versuch, eine Logik in der Folge von musikalischen Werken als geschichtliche Ereignisse zu suggerieren, konstituiert sich schließlich Geschichte.

Vor diesem Hintergrund eine Komposition angemessen verstehen und würdigen zu können, setzt bereits bei den Zeitgenossen eines Autors eine erhebliche Bildung voraus: Der Professionalisierung des kompositorischen Metiers, abzulesen am Aufwand, dessen es bedarf, um ein kunstvolles Werk herzustellen, korrespondieren aufseiten des Publikums Bereitschaft und Fähigkeit, sich mit einem Tonsatz intellektuell auseinanderzusetzen – durch eindringendes, vielfaches Hören wie analytisches Studium eines (Noten-)Textes. Gewiss reduziert sich unter solchen Prämissen die Zahl jener, denen sich ein Werk in der Vielfalt seiner Bedeutungsebenen erschließt; doch wäre nichts verfehlter, als sich in einer Darstellung der historischen Entwicklung ›der‹ Musik auf dieses Segment, das eine Beschreibung mittels Kategorien von Fortschritt und einem Entwicklungsstand des Materials leicht ermöglicht, zu beschränken.

Mit einem um 1300 sich verstärkenden Zug, Kompositionen besonders kunstvoll anzulegen und komplexe satztechnische Strukturen zu entwickeln, entsteht indes auch ein neuer Typus des musikalischen Hörers, der sich nicht allein vom sinnlichen Reiz eines Musikstücks anrühren oder fassen lässt, sondern gerade die subtile Differenzierung des Tonsatzes schätzen lernt. Solche Kennerschaft aber setzt Bildung voraus, die zumal die Universitätsstädte, an erster Stelle wiederum Paris, zu Zentren auch der Musik macht.

Dabei ist – erneut – unsicher, ob die Impulse für eine Verfeinerung des musikalischen Satzes dem Bemühen entsprangen, Musik für den Gottesdienst kunstvoller noch und besonders aufwendig zu gestalten, und in der Folge weltliche Weisen des Musizierens prägten – oder die Sukzession umgekehrt zu denken ist: In unmittelbarer zeitlicher Nachbarschaft mit den Organa von Notre Dame finden sich Dokumente, in denen deren Oberstimmen freie Texte unterlegt sind, ganz ähnlich also wie in der schon länger gebräuchlichen Praxis der Tropierung und vergleichbar der Sequenz eine weitere sprachliche Dimension dem ursprünglichen Cantus firmus hinzugefügt wird. So wenig originell dieses Verfahren zu diesem Zeitpunkt noch anmuten kann, so ungewöhnlich ist seine Erweiterung, da eine dritte Stimme nun ebenfalls textiert wird und einen zusätzlichen Kommentar ergänzt, der zwar in einem leicht zu ersehenden inhaltlichen Zusammenhang mit den beiden anderen Texten steht, doch – nicht selten aktuell ergänzt oder neu konzipiert – das geistliche Metier verlässt: Das Sujet, das im Cantus firmus angesprochen wurde und das eine erste Stimme erläuterte, wird durch eine weitere gelegentlich mit so derb-plaktiven, mitunter auch erotischen Assoziationen versehen, dass eine Aufführung in geistlichem Kontext nur bedingt anzunehmen, im Rahmen der Liturgie aber auszuschließen ist. Dreistimmig, gelegentlich auch vierstimmig angelegt, entstammen diese Doppel- oder Tripel-Motetten, deren Bezeichnung der hohen Bedeutung des Textes geschuldet sein mag, indem das französische *mot* (›Wort‹) namengebend war, einer Zusammenarbeit von Dichtern und Musikern; diese ist als so eng anzunehmen, dass auch die Überlegung keimte, in diesen Werken erst das Modell für die Organa erkennen zu wollen, die ihrerseits als textlose Versionen eine ursprünglich außerliturgische Form der Musik in den Gottesdienst zurückholten.

Ungeachtet dieser Frage, die zu einer kaum zu entscheidenden Diskussion über einen Primat zwischen der weltlichen Sphäre und dem geistlichen Metier führt, bezeichnen diese mehrtextigen Motetten eine Kunstform, von der unbestimmt bleibt, wer ihre Komplexität in die Praxis umzusetzen und rezipierend zu würdigen wusste: Denn das dichte semantische Gefüge zwischen einem Cantus firmus, dessen Text und Gehalt implizit präsent sein musste (da meist nur instrumental ausgeführt), und zwei, gegebenenfalls sogar drei gleichzeitig gesungenen kommentierenden Partien zu erfassen, konnte kaum mehr als den Musikern selbst gelingen, die solch geistvolles Spiel wohl vornehmlich in jenem kleinen Kreis ausübten, der auch den vor allem rhythmisch zunehmend differenzierten Tonsatz klanglich darzustellen in der Lage war. Eine Verwendung innerhalb des Kirchenraums, den der gregorianische Cantus firmus und meist auch der Motetus (als erste kommentierende Stimme) noch nahe legten (im Gegensatz zu Duplum bzw. Triplum als weitere Partien mit immer freier assoziierenden Texten), war, wie indirekt aus einem Verdikt von 1275 zu schließen, nicht ungewöhnlich, erscheint jedoch allenfalls am Rande oder am Schluss eines Gottesdienstes denkbar. Grundgelegt ist in einer solch intellektuell ambitionierten Form eines kunstfertigen Musizierens die Idee von Kammermusik, die, funktional gänzlich ungebunden, ihren Ursprung und Zweck in der selbstgenügsamen Unterhaltung eines Zirkels von Kennern – zunächst gelehrten Klerikern, dann rasch gebildeten Bürgern – findet. Vielleicht ist es gerade diese fast hybrid anmutende Verbindung weltlicher und geistlicher Texte dieser Motetten, in denen Kunstauffassung und Lebensgefühl des ›Mittelalters‹ so nachdrücklich wie authentisch Gestalt gewonnen haben.

Die Entwicklung der Komplexität solcher Tonsätze wiederum ist eng an die Verfeinerung der Notation gekoppelt: Die rhythmische Differenzierung der obersten Stimme (Triplum), die bereits am Ende des 13. Jahrhunderts die Motetten eines Petrus de Cruce zeigen, erweitern sich mit den neuen Aufzeichnungsweisen und der theoretischen Sanktionierung zweizeitiger Notenwerte der Ars nova innerhalb des folgenden Jahrhunderts zu einem Reichtum metrischer Gestaltung in den Werken etlicher Komponisten aus Südfrankreich und Oberitalien, deren Namen oft eine Herkunft aus den auch wirtschaftlich aufstrebenden Handelsstädten anzeigen: Bartolino da Padova, Antonello da Caserta sind neben Johannes Ciconia und Antonio Zacharia de Teramo die Vertreter einer zumal rhythmisch ungemein ausgefeilten Kunst, die bis in die unmittelbare Gegenwart lediglich als Gedankenspiel galt und ungeeignet, ja undenkbar auszuführen: Zu dicht schien die vielfältige Übereinanderlagerung mehrfacher binärer und ternärer Unterteilungen eines Grundzeitmaßes. In der Tat führen die raschen metrischen Wechsel solcher durch Pausen zusätzlich kleingliedrig und kurzatmig angelegten Stimmen zu einem bizarr anmutenden Klangbild von geradezu manieristischem Reiz. Diese intrikate Kunst, deren Steigerung gegenüber vorangegangenen Techniken ihre Bezeichnung als einer »ars subtilior«, einer verfeinerten Kunst, spiegelt, bezeichnet um 1400 einen ersten Kulminationspunkt in der Entwicklung komponierter Mehrstimmigkeit, zumal hinsichtlich der artifiziellen Anlage eines Tonsatzes, dessen akustisches Resultat mit dem kompositorischen Aufwand freilich nur mehr in geringem Maße korreliert und auch heute noch vornehmlich dem Spezialisten sich erschließen dürfte. Dass solche Ziselierung der Einzelstimmen nur auf der Grundlage einer fortgeschrittenen Technologie auch des Instrumentenbaus zu denken ist, sei wenigstens am Rande vermerkt.

Als zentrale Komponistenpersönlichkeit dieser Zeit, des 14. Jahrhunderts, in dessen Œuvre die vielfältigen Strömungen der Epoche ihren geschichtswirksamen Niederschlag fanden, gilt Guillaume de Machaut (um 1300–1377). Kleriker im diplomatischen Dienst, polyglott und weltläufig, ist Machaut wie viele seiner Komponistenkollegen als Verfasser seiner Texte auch ein Literat von Rang. Zudem gewinnt er aufgrund von Briefen und autobiografischen Schriften als Individuum Profil, nicht zuletzt durch seine freimütigen Berichte über seine späten Amouren mit einer jugendlichen Dame. So scheint eine Leidenschaftlichkeit, die seine weltlichen Werke kennzeichnet, ins Werk gesetzter Lebenserfahrung zu entspringen: Bei allen Vorbehalten gegenüber einer allzu raschen Gleichsetzung von biografischem und ästhetischen Subjekt wirkt Machaut als einer der ersten seiner selbst bewussten Künstler, der Komponieren nicht nur als Lösung einer satztechnischen Aufgabe versteht, sondern als Versuch, einer persönlichen Situation Ausdruck zu verleihen. Ein gleicher Zug findet sich in seinen Dichtungen, die doch mindestens den Ansatz erkennen lassen, eine individualisierte Position zu beziehen – wenngleich sie noch nicht frei sind von jenen weitschweifigen Allegorien und Anspielungen auf Mythologie und Geschichte, wie sie die Literatur dieser Zeit, allen voran der um

---

Der *Rosenroman*, eine enzyklopädische Darstellung aristokratischer Liebe, räumt der Musik – hier dem Lautenspiel – einen besonderen Stellenwert in der Ausbildung des Hofmannes ein. Sie hat ihren Platz in einem Garten von Sinneslust und Fest, in den eine Allegorie der *vita contemplativa* (im Vordergrund) den Dichter einführt.

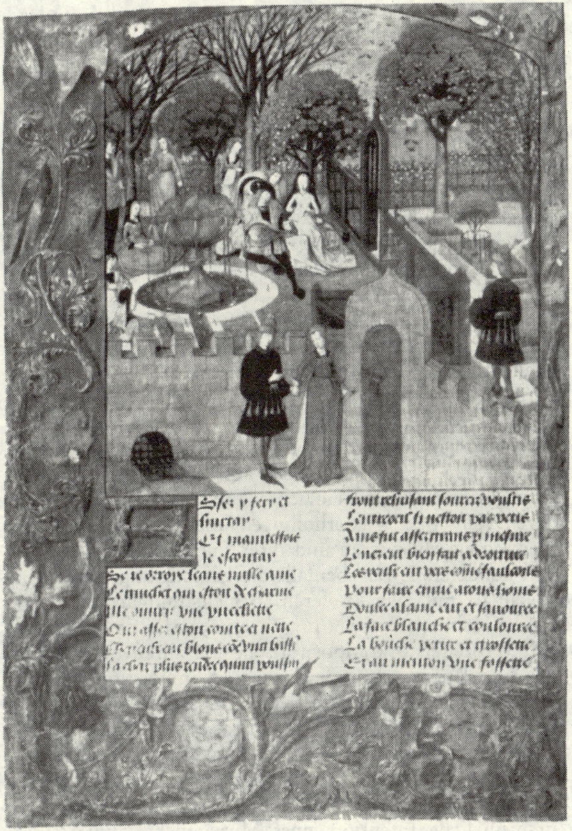

Jean de Meun, *Roman de la rose*. Miniatur aus einer Handschrift des 14. Jahrhunderts. London, British Museum, Ms. Harley 4425, fol. 12ᵛ.

1310 entstandene *Roman de Fauvel*, ein moralisierendes, mitunter sarkastisches Zeitgemälde über die zeitgenössischen (Un-)Tugenden, oder der *Rosenroman* (um 1235) als Kompendium höfischer Lebensart und Liebeskunst kennzeichnen.

Bezeichnend für Machauts Dichtungen ist der Versuch, eine Gegenposition einzunehmen und – insbesondere in seinem *Voir dit*, einer Sammlung von Gedichten, deren emphatisches Bekenntnis zur Aufrichtigkeit in einer Zeit höfisch-stilisierter Umgangsformen schon aus dem Titel erhellt – eine neue Einfachheit als zweite Natur wiederzugewinnen. Doch führt dieses Bemühen nur zu einer sublimeren Stufe künstlerischer Gestaltung, die in der Absicht, zu einer Ursprünglichkeit zurückzukehren, deren Schlichtheit verfehlt und trotz des Anscheins einer Annäherung die intellektuelle Anstrengung nicht zu verbergen vermag. Rondeaus, Virelais, Lais und Balladen, deren äußere Form Machaut als Dichter wie als Komponist den zeitüblichen Praktiken gemäß anlegt, bleiben in seiner Hand nicht mehr jene einfachen Tänze und Rundgesänge, deren vielfältige Wiederholungen und Refrains vom gemeinsamen Musizieren und ihrer Funktion der Geselligkeit kündeten. Zwar ebenfalls dreistimmig angelegt, einen Vokalpart mit zwei (tieferen) Begleitstimmen kombinierend – Heinrich Besseler prägte um 1930 für dieses seinerzeit verbreitetste kompositorische Verfahren den Begriff des Kantilenensatzes –, zeigen seine Kompositionen dieser Genres doch eine Kunstfertigkeit, die sie zu Werken eigenen Ranges macht: Tanz- und Liedsätze werden künstlerisch überformt, verlieren ihre genuine Funktionalität und geraten zu Exempeln, wie eine ehedem schlichte musikalische Form satztechnisch zu nobilitieren ist. Dass dabei die ursprüngliche Intention eines Musikstücks, zumal eines Tanzsatzes, verloren geht, mag nicht beabsichtigt sein, erschließt dem solchermaßen transzendierten Werk aber einen neuen Hörerkreis, der gerade diese Sublimation – als gesteigerte Rückkehr zu einer doch nur vermeintlichen Unmittelbarkeit – goutiert: auch dies ein neuer, bislang wenn nicht unbekannter, so zumindest nicht dokumentierter Zug in der Musik, sich mit einem Werk höheren ästhetischen Anspruchs auf eine ›populäre‹ Form des Musizierens zu beziehen und in der artifiziellen Überhöhung ein Ziel künstlerischen Gestaltens zu suchen, ein Zug, der Jahrhunderte später auch die Solosuiten eines Johann Sebastian Bachs kennzeichnen sollte oder den Rückgriff auf Volkslieder und explizit »schlicht« genannte Weisen bei Johannes Brahms und Max Reger motiviert. Adressatenkreis solcher Musik aber ist keineswegs der ›einfache‹ Hörer, sondern der Kenner, der um das Volkstümliche weiß, es aber erst in der kunstvoll überhöhten Gestaltung genießen will.

Dieses Moment von Stilisierung kennzeichnet nicht zuletzt Machauts Lais, ehedem einstimmige Gesänge in Paarreimen, in denen die Musik der Trouvères fortlebt, wenngleich auch hier die Überformung so stark ist, dass der Ausgangspunkt kaum mehr in Umrissen zu erkennen ist. Denn schon der Text ist keineswegs mehr eine bloß schwärmerische Huldigung an eine (ferne) Geliebte, sondern nimmt – zumal im *Lai de la fonteinne*, der das Bild des Brunnens beziehungsreich aufgreift – die Vorstellung von Liebesglück und -leid lediglich zum Anlass für ausschweifende Meditationen über das Wesen des Menschen und die Geheimnisse der göttlichen Natur. Diesem intellektuell weit gespannten Bogen folgt die Musik, in der traditionell einstimmig gehaltene Partien mit Kanons wechseln, die den Gesang des Einzelnen ungemein kunstvoll multiplizieren, ohne doch die Stimmungslage des Textes zu ignorieren.

Das konstruktivistische Moment von Machauts Musik, mitunter einseitig akzentuiert und als Signatur einer ganzen Epoche gewertet, findet ihre stärkste Ausprägung in der Gestaltung geistlicher Gesänge nach den Verfahrensweisen der Isorhythmie. Vor die Aufgabe gestellt, ein Werk nicht mehr auf dem Fundament lang gehaltener Basstöne eines Cantus firmus zu begründen, deren Begleitstimmen nach den wenig flexiblen Mustern rhythmischer Modi zu gestalten waren, sondern frei über die Führung der einzelnen Stimmen entscheiden zu sollen, suchte ein Komponist die äußere Anlage eines Werks zu bestimmen, indem er den Tonhöhenverlauf einer vorgegebenen Melodie (Color) – zunächst aus dem Repertoire des gregorianischen Gesangs, später auch aus eigener Produktion – isolierte und einem frei gewählten rhythmischen Modell (Talea) schematisch applizierte. Mit einer Wiederholung dieser meist nur wenige Notenwerte umfassenden Formel gewann ein Musikstück eine (Reihungs-)Form, deren Ausdehnung sich nach der Länge der zugrunde liegenden Melodie richtete. Mithin gewährleistete dieses zunächst eher statistisch anmutende Verfahren dem Komponisten nicht nur einen Überblick über den Verlauf eines Werkes, sondern definierte nun auch mit der Profilierung des Tenors dessen satztechnisches Rückgrat; dessen konstitutive Bedeutung schlug sich alsbald in der Benennung der Begleitstimmen nieder, die, sofern nicht noch in der Tradition der Motette, ihre Namen aus der relativen Position zum Tenor bezogen: *Bass*[*us*] ›tief‹, *Alt*[*us*] ›hoch‹, *Superius* (Sopran) ›weiter oberhalb‹.

Da zudem die rhythmische Gestalt, die für die erste Begleitung der Talea gewonnen wurde, auch für deren Wiederholungen Verwendung finden konnte, ergaben sich weitere Bezugsmomente, die eine Einheitlichkeit der Werkgestalt beförderten, zugleich jenes Prinzip rhythmisch gleich (griech.: *ísos*) gestalteter Partien aufnahmen, das dieser Satztechnik ihren Namen gab.

Einen ersten künstlerisch wie geschichtlichen Höhepunkt fand die Isorhythmie in Machauts *Missa de Notre Dame* (um 1340), einer Vertonung des traditionsreichen Messentextes anlässlich eines Marienfestes, das dem Werk auch seinen Namen gab, zugleich die früheste mehrstimmige Messe darstellt, deren Teilsätze bewusst als Zyklus angelegt waren. In der Folge erheblich verfeinert, galt isorhythmisches Komponieren indes noch bis zum Ende des 15. Jahrhunderts als eine der vornehmsten, weil kunstreichsten Techniken, Motetten oder Messensätze zu schreiben: Der intellektuelle Anspruch, den solch durchrationalisierte Musik ebenso zeigt wie die Künste der Kanons, der, weit mehr als ein volkstümliches Verfahren des mehrstimmigen Musizierens auf der Grundlage einer auch harmonisch einfach konzipierten Melodie, erhebliche Komplexität gewann, indem die einzelnen aus einer Stimme entwickelten Partien unterschiedlichen Metren folgen oder lediglich Teile, etwa nur jeden zweiten Ton einer Ausgangsmelodie, benutzten, führte zur besonderen Wertschätzung dieser Musik in Kreisen von Intellektuellen. Eine Trennung unterschiedlicher Segmente musikalischer Kultur zeichnet sich umso deutlicher ab, als nun zunehmend auch aus anderen sozialen Bereichen Zeugnisse des Musizierens überliefert sind: zumal in Form von Liedern zu unterschiedlichsten Anlässen und in vielfältiger Funktion – als Begleitmusik zu Arbeit und Jagd, zu Geselligkeit und Unterhaltung, für Kirche und Kneipe.

Kompositorische Anstrengung aber galt als Ausweis von künstlerischer Qualität, die noch zu steigern war, wenn die Kombination der einzelnen Stimmen nicht im selbstgenügsamen, oft wenig klangfreudigen Spiel mit Tönen sich erschöpfte, sondern weitere Ausdrucksmomente aufzunehmen wusste und der Gehalt eines Stückes mit seiner Form konvergierte: Machauts Rondeau *Ma fin est ma commencement* redet nicht nur von der eschatologischen Einsicht, dass der Anfang dem Ende gleiche, sondern setzt solche Erkenntnis auch ins Werk. In einem verwirrenden, im Hören kaum zu erfassenden Beziehungsreichtum werden Satz- und Melodieteile auch rückläufig (»Krebs«, nach dem auffälligen Bewegungsmuster dieser

Tiere genannt) musiziert: Die musikalische Fassung entspricht dem geistigen Gehalt des Textes.

Momente solcher musikalischen Kunstfertigkeit, ja Gelehrsamkeit, wie sie im 14. Jahrhundert mit einer Befreiung der Mehrstimmigkeit zur selbständigen Führung der einzelnen Partien zuerst zu finden sind, fanden in der ambitionierten Polyphonie der Johannes Ockeghem, Josquin Desprez und Pierre de la Rue ihre Vertreter noch Jahrhunderte später. Verändert wurden gelegentlich nur die Vorzeichen, den intellektuellen Reichtum nicht allzu deutlich in den Vordergrund zu rücken oder mit Ausdrucksgehalt eines Textes zu verbinden. Genialität in der Kombinatorik zahlreicher Stimmen nicht zum Selbstzweck werden zu lassen wurde im 16. Jahrhundert zum Mahnruf dann auch derer, die sich um eine Verständlichkeit des gesungenen Wortes bemühten: Die Kunst musikalischer Mathematik, als die das isorhythmische Verfahren kaum weniger als die Kanonkünste letztlich scheinen, geriet außer Konjunktur, ohne dass sie gänzlich verschwand. In ›Kunstbüchern‹ gefasst, zeugen noch die einschlägigen Werke von Romano Micheli und Johann Theile um 1670 von der Tradition eines Rechnens mit Tönen, dessen Ziel nicht ein Zugewinn an Ausdruck und Affekt, sondern der Erweis des selbstgenügsamen Reichtums musikalischer Kombinationsmöglichkeiten war. Dass der Kreis jener, die solche Künsteleien schätzten, sich verringerte und weniger Akademien als Treffpunkte der Intellektuellen denn Gesellschaften von Spezialisten sich diesem Metier widmeten, bezeugen Institutionen wie Lorenz Christoph Mizlers Leipziger »Societät der musikalischen Wissenschaften« um die Mitte des 18. Jahrhunderts: Bach als deren wohl berühmtestes Mitglied aber dürfte zugleich einer der Letzten gewesen sein, der die Idee einer musikalischen Mathematik künstlerisch zu nutzen wusste, bevor sie gänzlich zur Marotte wurde.

Neuheit

Renaissance und Geschichtsbewusstsein

Dass Musik ein Kommunikationssystem ist, wird wohl ebenso wenig jemand bestreiten wie die Überlegung, ihr Potenzial erschöpfe sich nicht im intellektuellen Diskurs jener, die sich professionell mit ihr befassen. Die Mehrzahl auch der Komponisten dürfte mehr als auf die Kommunikation unter ihresgleichen auf eine Öffentlichkeit angewiesen sein, die ihre Produktionen honoriert, indem sie ihren Lebensunterhalt finanziert. Der lediglich vom Mäzen alimentierte Künstler, der seinen eigenen Ideen nachgehen kann, ohne sich um eine Akzeptanz seiner Werke zu sorgen, bleibt die Ausnahme; selbst der am fürstlichen Hofe in feudalen Zeiten engagierte Komponist ist kaum je frei von den Wünschen und Rezeptionsmöglichkeiten seiner Auftraggeber, so weltoffen und liberal sie sich auch gerieren mögen. Wie der Künstler wird auch sein Werk in Dienst genommen: zur Repräsentation allenthalben, derentwegen ungemessener Aufwand selten gescheut wurde, und noch im ambitionierten, kaum ganz verstandenen Kunstwerk schmeichelt sich der Sponsor auch der eigenen ästhetischen Überlegenheit und Zugehörigkeit zu gesellschaftlicher Elite und künstlerischer Avantgarde.

Solchermaßen mit Musik ein Faible für Kunst und Kultur zu demonstrieren, geschieht auf zwei Ebenen, die einander ergänzen: einerseits durch intellektuelle Ambition, die sich in Kammermusik und höchst ausgearbeiteten Werken manifestiert, andererseits durch materiellen Aufwand, der sich im Engagement ›teurer‹ Virtuosen oder schlicht einer großen Zahl von Mitwirkenden (neben einer kostspieligen Ausstattung des Ensembles wie des Aufführungsortes) zeigt. Im geschichtlichen Rückblick scheint es, dass sich um 1400 eine Verlagerung innerhalb dieser Möglichkeiten abzeichnet, Kunst zu repräsentativen Zwecken in der Öffentlichkeit zu nutzen: Der intellektuell-konstruktive Aufwand, den die Huldigungsmotetten einer *ars subtilior* gezeigt hatten, wird, wie zahlreiche Beispiele belegen, zurückgestellt zugunsten einer weit mehr auf Klangentfaltung zielenden Musik, deren große Besetzung schon äußerlich vom neuen Selbstbewusstsein der Auftraggeber kündet. So lag es nahe, um die Wende zum 15. Jahrhundert von einem Epochenwechsel zu reden, der geistesgeschichtlich als Übergang von der Gotik zur Renaissance zu bestimmen wäre: als Wendung zu einem Ideal von Natürlichkeit in einem Zeitalter, das gegenüber einer ›mittelalterlichen‹ Scholastik ›die Welt‹ und ›den Menschen‹ entdeckt, als Ablösung komplexer und spekulativer Erklärungsmodelle durch eine Rückbesinnung auf eine Einfachheit und Ursprünglichkeit, die vorgeblich in einer als klassisch empfundenen Antike wiederzufinden war. Dieser Rekurs auf eine (hellenistische) Klassik zumal in Architektur und bildender Kunst konnte gegenüber den vorangegangenen Zeiten als Fortschritt verstanden werden: Die Arabeske gotischen Zierrats erschien im Hinblick auf klare Linienführung und ›harmonische‹ Massengliederung von Bauwerken als ästhetisch ebenso unbefriedigend wie Anlage, vertrackte Kontrapunktik und Ziselierungen isorhythmischer Motetten gegenüber den leuchtenden Klängen eines vertikal, mittels Akkorden konzipierten Tonsatzes, der nicht mehr das Resultat der Kombination linear entwickelter Stimmen war.

Brüche, wie sie die Geschichtsschreibung gerne akzentuiert, lassen sich beim Blick auf Werke und historische Phänomene indes nur selten konstatieren, und auch in der Musik sind es stets eher Trends, die sich zu Zeiten verstärken, als abrupte Einschnitte, die zu einem allgemeinen Wechsel von Klanggestalt und Satztechnik Veranlassung geben. Die Idee des Paradigmas indes, einer zu Zeiten verbreitet akzeptierten Ansicht über Prinzipien, Aufgaben und Ziele künstlerischen wie gesellschaftlichen Handelns, vermag Übergänge und Wechsel flexibel zu fassen, indem nicht Zäsuren, sondern Entstehen, Dominanz und Verfall einer allgemein akklamierten Auffassung fokussiert werden. So können Strukturen unterschiedlich langer Dauer beschrieben werden, die auch ein ab der Wende zum 15. Jahrhundert immer auffälligeres Nebeneinander heterogener Ausformungen von Kunst, traditionsreicher und experimenteller, keiner Entwicklung mehr fähiger und zukunftsweisender Verfahren verständlich machen. Und nur so kann eine Darstellung der Ungleichzeitigkeit von Gleichzeitigem gelingen, indem auch der geschichtlichen Entwicklung eine Vielfalt und ein Stimmenreichtum konzediert werden, die in der Musik dieser Zeit längst Realität geworden sind.

Die einseitige Akzentuierung der Innovation eines Zeitalters gegenüber einer als rückständig erachteten Vergangenheit, gewiss kein ungewöhnlicher Zug im ästhetischen Schrifttum einer Epoche seit dem 14. Jahrhundert, erhielt in Bezug auf die Renaissance jedoch eine doppelte Sanktionierung, deren geschichtliche Bedeutung kaum zu überschätzen ist: Zum einen durch Giorgio Vasari, der in seinen 1550 vorgelegten Lebensbeschreibungen berühmter Maler, Bildhauer und Architekten erst mit dem Auftreten seiner italienischen Kollegen in den vorangegangenen anderthalb Jahrhunderten den Beginn einer ›eigentlichen‹ Kunst von historischem Rang postulieren wollte; Johannes Tinctoris hatte Ähnliches für die Musik seit dem beginnenden 15. Jahrhundert behauptet. Ihnen folgte zum andern dreihundert Jahre später Jacob Burckhardt, der in einem kulturgeschichtlichen Standardwerk (*Die Kultur der Renaissance in Italien*, 1870) nicht nur die Kunst, sondern auch eine heitere, optimistische Lebensart des Südens einer als unvollkommen, ja barbarischen Kultur west- und mitteleuropäischer Gotik gegenüberstellen zu können glaubte. Die Kultur der italienischen Renaissance, exemplifiziert durch ihre ›Lichtgestalten‹ Michelangelo, Leonardo da Vinci und Raffael, sollte als Kulminationspunkt, ja als Zenit europäischer Kunstgeschichte gelten. Das vorangegangene ›Mittelalter‹ hingegen wurde ›dunkel‹ genannt – ein bis in die Gegenwart gängiges Urteil, sachlich durch nichts zu rechtfertigen, wie der Blick auf lichtdurchflutete gotische Kathedralen, farbintensive Malerei oder kunstvollste Goldschmiedearbeiten rasch zeigt.

Dieser Glorifizierung italienischer Renaissancekultur trat Johan Huizinga mit seinem *Herbst des Mittelalters* (1919) entgegen, in dem ihm mit Verweis auf die burgundische Kultur Philipps des Guten und Karls des Kühnen eine Rehabilitierung des 14./15. Jahrhunderts als Zeiten der Reife und Erfüllung, wenn auch einer gewissen Spätblüte gelang. So dürfte auch in Bezug auf die Kunstmusik unentschieden bleiben, ob die rhythmisch äußerst differenzierte Form der Motettenkunst um 1400 als Kulminationspunkt oder Irrweg künstlerischer Entwicklung zu werten ist; entsprechend ambivalent wird dann auch die Reduktion satztechnischer Komplexität im frühen 15. Jahrhundert anzusehen sein, die hinsichtlich einer späteren Favorisierung eines nach den Gesetzen der Harmonik gefügten Tonsatzes als bahnbrechende Neuerung bezeichnet werden kann, doch als unzweifelhafte Vereinfachung des Stimmengefüges, eines gewiss geringeren intellektuellen Aufwands bei der Konzeption und des ebenso niedrigeren Anspruchs bei der spielpraktischen Realisierung eher einen Rückschritt darstellt. Überdies lassen sich sowohl für eine Weiterführung isorhythmischer Verfahren im 15. Jahrhundert zahlreiche Beispiele finden als auch für die klangsinnigeren liedhaften Sätze bereits in den vorausgegangenen Jahrzehnten. So wird es zu einer Frage der Optik, wann und unter welchen Prämissen epochale Zäsuren gesetzt werden, die freilich meist weniger scharfe Einschnitte bedeuten, als Historiker zu suggerieren pflegen. Skepsis ist vor allem geboten, wenn das emphatisch proklamierte Neue, das ein Traktat oder eine Sammlung von Kompositionen im Titel trägt, einen grundlegenden Wechsel der Musikanschauung indizieren soll; denn fast aus jedem Jahrzehnt der Musikgeschichte seit dem 15. Jahrhundert ließen sich Schriften anführen, die Innovatives suggerieren, mithin als Beleg für einen mehr oder weniger fundamentalen Wandel firmieren könnten. Das Problem unterschiedlichster Bewertung historischer Sachverhalte aber resultiert aus der Menge von Quellen und Dokumenten, aus denen auszuwählen für den Historiker umso schwieriger ist, je größer ihre Zahl von Epoche zu Epoche wird. War der relativ kleine Fundus aus Antike und Mittelalter noch vergleichsweise leicht zu übersehen und zu ordnen – wobei freilich die Selektion durch (abgebrochene) Tradition den Blick stark verengt –, so wird nun mehr und mehr bereits die Auswahl von Fakten und Sachverhalten zur Interpretation, deren Prämissen ihrerseits einer Reflexion bedürfen. Wie häufig und nachgerade selbstverständlich allerdings Sichtweisen vergangener Zeiten tradiert werden, zeigt die verbreitete Gliederung der Musikgeschichte des 15. und 16. Jahrhunderts nach Generationen von Komponisten – ein Prinzip, das Raphael Georg Kiesewetter um 1830 in Anlehnung an die politische Geschichte, weniger an das Ordnungsmodell nach Schulen, das die Kunstgeschichte favorisiert, entwarf. Die Vielfalt von Gattungen und Werken, die von den Komponisten zwischen Dunstable und Gabrieli bedacht wurden, geraten dabei allerdings ebenso wenig in den Blick wie die je unterschiedliche Funktion, die ein Werk im Musikleben seiner Zeit erfüllte – von Überhängen, bewusst archaisierenden Kompositionen und Experimenten auf avantgardistischen Seitenwegen gänzlich zu schweigen.

Nicht zuletzt die Vielschichtigkeit eines kompositorischen Œuvres vermag unter solchen Vorzeichen nur unzulänglich ins Auge gefasst zu werden, weniger noch die Entwicklung, die ein Komponist im Laufe seines Lebens nahm, bzw. die Veränderungen eines musikalischen Idioms in veränderten Kontexten und Zeiten. Nichts etwa wäre verfehlter, als das Schaffen von Guillaume Dufay (um 1400–1474), dem neben Dunstable wohl bedeutendsten Komponisten des 15. Jahrhunderts, auf sein bekanntestes Werk, die zur Einweihung des Florentiner Domes 1436 geschriebene Motette *Nuper flores rosarum* zu reduzieren. Denn diese Komposition, deren Text berichtet, wie durch ein Rosenwunder der Platz für die neue Hauptkirche von Florenz bestimmt wurde, ist traditionell, in einer ungemein kunstvollen Isorhythmie angelegt; dass die Zahl von Tönen und die Länge von Abschnitten sorgfältig nach Gesetzen des Goldenen Schnitts und anderen mathematischen Reihen bestimmt sind, die ihrerseits auch die Struktur des seinerzeit als Weltwunder bestaunten Bauwerks prägen, macht diese Komposition zu einem klingenden Abbild von Brunelleschis Architektur, deren besondere räumliche Verhältnisse mit der Anlage zweier Sängeremporen kompositorisch durch einen doppelten, kanonisch geführten Cantus firmus noch besonders akzentuiert werden. Das repräsentative Kunstwerk, dessen es für diesen Anlass bedurfte, bezog seine Dignität aus einem durch Alter sanktionierten satztechnischen Verfahren, das aktuell durch einen herausragenden Komponisten eine Neuinterpretation und weitere Steigerung erhielt. Zur Schau gestellt wurde mithin nicht ein reiches, klangprächtiges Ensemble, sondern ein intellektueller Aufwand, dessen Publikumswirksamkeit gering gewesen sein dürfte, sofern sie überhaupt intendiert war.

Diese Demonstration kompositorischer Kunstfertigkeit, nicht untypisch für die Musik, mit denen auch die weltliche Obrigkeit zu repräsentieren gedachte, ist als Versuch, eine Ausnahmestellung durch einen intellektuellen Anspruch, der bewusst nicht allgemein verständlich war, und Autorität durch Rückbindung an Historie zu gewinnen, typisch für einen Habitus, der renaissancehaft zu nennen wäre gegenüber einem durch sinnenfälligen Prunk gekennzeichneten Barock. Gleichwohl war dem 15. Jahrhundert intensivierte Klanglichkeit weder fremd, noch seinen ambitionierteren Komponisten suspekt. Lediglich die Genres, in denen Wohlklang das Prinzip Konstruktion ersetzte, waren andere: Dufays Chansons, dreistimmige Lieder mit einem kaum zu übersehenden Spektrum unterschiedlichster Texte, sind von zahlreichen parallel geführten Terzen und Sexten geprägt und jenseits aller Kunstfertigkeit, die sie nirgends preisgeben, von unmittelbar anrührender Sinnlichkeit. Auffallend aber ist, dass diese Klanglichkeit, zunächst pejorativ gewertet und als typisch für volkstümliches Musizieren oder den vorgeblich niederen künstlerischen Standard diesseits der Alpen und insbesondere Englands angeführt, schließlich auch für jene Kompositionen verwandt wurde, die der Repräsentation und Selbstdarstellung der Mächtigen in Kirche und Staat dienen sollten. Diese Amalgamierung unterschiedlicher Momente wurde durch eine Komponistenklientel forciert, die sich nicht mehr regional gebunden fühlte. Die Stadt- und Hofkultur des 15. und 16. Jahrhunderts, zumal in Orten und Landstrichen geographischer Mittellage wie Burgund, war wie die Mehrzahl der renommierten Künstler polyglott und kultivierte einen internationalen Stil. Nationelle Momente, wie sie schon in dieser Zeit die Musik bestimmter Länder und Regionen unterscheiden lassen, dürfen allerdings nicht im Sinne patriotischer Geschichtsschreibung des 18. und 19. Jahrhunderts missverstanden werden.

So konvergierten Kalkül und Klangbewusstsein. Vielleicht am eindrucksvollsten in jenen 30-, 40-stimmigen, mehrere Kanons zur rauschenden Euphonie verbindenden Werken eines Johannes Ockeghem (um 1410 – um 1497) oder den kaum weniger reich besetzten Motetten eines Josquin, die klanglich ganz neue Räume eröffnen, deren Virtualität sinnlich erfahrbar wird gegenüber einer Arithmetik der Proportionen von Taktmengen und Anzahlen von Noten. Die Möglichkeit, mit Musik einer Utopie Ausdruck zu verleihen, findet im Zeitalter des Konzipierens idealer Städte und urbaner Lebensräume nun eine sinnenfällige Realisierung.

Doch ist es weder Paris, die Hauptstadt des Mittelalters wie des 19. Jahrhunderts, noch die Ewige Stadt, deren Glanz nach den Verwüstungen des »Sacco di Roma« 1527 erst unter dem Pontifikat Sixtus V. am Ende des 16. Jahrhunderts zur Kapitale des Katholizismus avancieren sollte, sondern Venedig, dessen Machtposition seit dem Untergang von Byzanz 1454 unbestritten war und zu einem glanzvollen Ausbau der Stadt führte, wo die Idee, mit großer Besetzung Reichtum vorführen zu wollen, ihre markanteste Ausprägung erhielt. In San Marco, der Hauptkirche Venedigs, fand der immense musikalische Aufwand, den man demonstrieren zu sollen glaubte, zumal im Vespergottesdienst, wo weit größere künstlerische Ausdrucksmöglichkeiten genutzt werden konnten gegenüber den engen Vorgaben zur Gestaltung von Messkompositionen, in den mehrchörigen Psalmvertonungen seine geschichtswirksame Ausformung: Denn die Möglichkeit, mit mehreren Ensembles an unterschiedlichen Stellen eines Raumes oder von verschiedenen (Seiten-)Emporen zu musizieren, hätte auch in zahlreichen anderen Kirchen bestanden. Dass jedoch dieser Ort zum Signum vielchöriger Musik wurde, ist nicht allein das Verdienst seiner Kapellmeister und Organisten, unter denen neben Adrian Willaert und dem vornehmlich als Verfasser eines klassischen Kontrapunktlehrbuchs bekannten Gioseffo Zarlino insbesondere die beiden Gabrieli, Andrea und sein Neffe Giovanni, hervorragen. Blockhaft disponiert zumal Letzterer mehrere Gruppen von Sängern und Instrumentalisten, und dass es vorzugsweise Blechbläser sind, die er heranzieht, ist nicht allein der Größe des (Kirchen-)Raumes geschuldet, sondern auch Ausdruck eines materiellen

Reichtums, kostbare Instrumente und die Kunstfertigkeit ihrer Spieler finanzieren zu können. Im Gegeneinander der verschiedenen Chöre entstand ein Prinzip des Wettstreits, den der Gattungsbegriff Konzert (von lat. *concertare* ›wettstreiten‹) für dieses abwechslungsreiche Alternieren mehrerer Klangkörper noch bewahrt: Mag zwar das Psalmodieren Ausgangspunkt solchen Gegenüberstellens zweier Chöre gewesen sein, so blieb die Erweiterung zur Vielchörigkeit, die in geistlichen Werken zur Akzentuierung herausragender Textpassagen genutzt wurde, nicht auf die Vokalmusik beschränkt. Auch rein instrumentale Stücke, dem lateinischen Wort für »klingen« folgend, Sonaten genannt (wenngleich noch ohne das erst anderthalb Jahrhunderte später ausgeprägte ›klassische‹ Formkonzept), legten Andrea und Giovanni Gabrieli vor, um dem Repräsentationsbedürfnis der wohlhabenden Handelsstadt musikalisch zu genügen.

Nicht zuletzt diese neue Technik opulenter Klangentfaltung war es auch, die zu erlernen Fürsten aus Mittel- und Nordeuropa vielversprechende junge Musiker nach Venedig schickten. Kulturtransfers, resultierend aus Reisen von Komponisten und ausführenden Künstlern, die an wirtschaftlich aufblühenden Orten bessere Arbeitsbedingungen und Honorare finden konnten, verdankten bereits die oberitalienischen Städte ihren Vorsprung in einer musikalischen Entwicklung, die zuvor von Musikern aus den Niederlanden (als Teil des Herrschaftsgebiets von Burgund) dominiert war. Doch erst mit dem Luxus, den die Kaufleute von Venedig akustisch, im flüchtigen, rasch vergänglichen Medium der Musik zumal im Gotteshaus zu demonstrieren wagten, da ihnen ein Verzicht auf allzu offenkundige Präsentation ihres Reichtums in der Öffentlichkeit und im Alltagsleben seitens der Obrigkeit als möglicherweise bei Gästen und Kunden lediglich Neid und Vorbehalte weckend empfohlen wurde, gewann die Handelsstadt an der Adria ihre hohe Attraktivität für die

Komponisten aus dem Norden, die hier, im Zentrum auch des Musikaliendrucks (durch die Offizin Petruccis) und des Notenhandels, sich nicht selten bemühten, ihre Werke zu publizieren. Aus dem deutschen Sprachraum sich nach Italien zu orientieren als jenem Land, das kulturell eine Vormachtstellung in Europa eingenommen hatte, ist ab der Mitte des 16. Jahrhunderts allenthalben zu belegen, in Bildungsreisen der Kavaliere nicht weniger als dem Versuch, italienische Künstler für den eigenen Hof zu verpflichten. Philippe de Monte (1521–1603) in Wien, Orlando di Lasso (Roland de Lettre, um 1532–94) in München oder Antonio Scandello (1517–80) in Dresden bezeichnen deutlich genug die Bemühungen von Residenzstädten im deutschsprachigen Raum, in Italien erfolgreiche Musiker für leitende Positionen an ihren Hofkapellen zu gewinnen. Noch die Namen der ersten beiden verweisen auf eine franko-flämische Herkunft, und in ihren Biografien spiegelt sich die Verlagerung der Zentren des Musiklebens nach Italien, von wo aus sie die Neuerungen reimportierten.

Lassus zumal repräsentiert jenen Typus eines in Italien erfolgreichen Künstlers, der dann am bayrischen Hof seine Weltläufigkeit und seine kompositorischen Erfahrungen dem Drang zur Selbstdarstellung Albrechts V. zu Gebote stellt – freilich auch von dessen Wunsch profitiert, mit ›seinem‹ renommierten Komponisten zu prunken. Musik, die das fast die Größe einer Hundertschaft

---

Herzog Albrecht gab 1557 bei seinem Kapellmeister Psalmkompositionen in Auftrag, um eine gewisse Bußfertigkeit zu demonstrieren: Die ungemein kunstvollen Kompositionen wurden in einer Prachthandschrift gefasst und blieben dem privaten Gottesdienst des Fürsten vorbehalten – ausgeführt von seiner Hofkapelle, deren reiche Besetzung ebenfalls in diesem prächtigen Band dokumentiert ist.

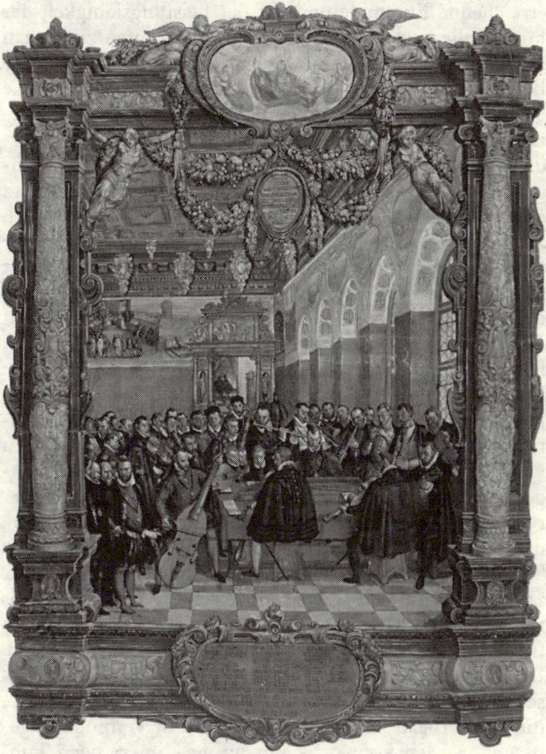

Orlando di Lasso, *Psalmi poenitentiales.* So genannter Mielich-Codex. München, Bayerische Staatsbibliothek, Handschriftenabteilung, Mus. Ms. A I.

erreichende Ensemble und mit der Leistungsfähigkeit der Hofkapelle auch die Finanzkraft des Regenten zur Schau stellen sollte, hatte er für München zu schreiben: Große Besetzungen mit der Demonstration schierer Lautstärke entsprachen feudalem Imponiergehabe, wie auch die akzidentell zu ergänzenden, künstlerisch mitunter fragwürdigen, da dem musikalischen Satz nichts Neues hinzufügenden Kapellchöre in den Werken von Heinrich Schütz erkennen lassen. Reichtum des Landesherrn sollte sich allein im äußeren Aufwand für Ephemeres zeigen; die Verschwendungssucht frühbarocker Fürsten manifestiert sich auch in der Zahl der von ihnen bestallten Musiker, und die Höhe der Honorare gab nicht nur Auskunft über Wert und Rang eines Kapellmeisters, sondern auch hinsichtlich der wirtschaftlichen Verhältnisse eines Hofes: Dass Moritz, der Landgraf von Hessen, in einer nachgeordneten deutschen Residenzstadt wie Kassel Ambitionen hatte, mit Hans Leo Hassler einen Musiker zu verpflichten, dessen Honorarforderungen selbst den Fuggern, schlechthin den Reichsten im Lande, zu hoch waren, sollte auch als Ausweis seiner Finanzkraft dienen, die er freilich stark überschätzte. Doch von dem hohen Stellenwert, den Moritz den Künsten zuzeiten einräumte, zeugt nicht nur sein Engagement von Michael Praetorius und für Heinrich Schütz, sondern auch der Bau des Ottoneums, des ersten festen Theaterbaus in Deutschland. Und wieder lassen die erhaltenen Musikalien große Besetzungen erkennen: in frühen Werken von Schütz, die mit musiktheatralischen Experimenten in Verbindung gebracht werden können, kaum weniger im riesigen Fundus von Choralbearbeitungen und -konzerten, die Praetorius als langjähriger Kapellmeister in Wolfenbüttel vorlegte.

Gewiss sollten diese reichen Besetzungen zudem eine Exklusivität suggerieren, die Schütz in seinen vielchörigen Psalmvertonungen ebenso zeigt wie im unterschiedlichste

Klanggruppen virtuoser noch disponierenden dritten Teil seiner *Symphoniae sacrae* (Dresden 1650) und die in der Vorrede seiner *Weihnachts-Historia* (Dresden 1664) explizit gemacht wird: Nur fürstliche Kapellen vermöchten ein so vielfältig besetztes Werk angemessen ausführen – weshalb Schütz denn auf eine Verbreitung im Druck verzichtete.

Solche Restriktion aber hatte ebenfalls eine reiche Tradition: Bestimmte Kompositionen sollten dem Fürstenhaus vorbehalten bleiben, wurden nur ausgewählten Gästen präsentiert oder gänzlich vor aller Öffentlichkeit verborgen. Bewusster Demonstration von Reichtum und schiere Verschwendungssucht korrespondiert eine eitel-eifersüchtige Verweigerung, Kostbarkeiten auszustellen und anderen einen Mitgenuss zu ermöglichen. Lassus' *Bußpsalmen* (um 1560) sind wohl der eindrucksvollste Beleg solcher »musica reservata«: Diese affektiv ungemein reichen madrigalischen Sätze gab Albrecht V. auf Geheiß seiner fürstlichen Räte, Reue über einen zu überschwänglichen Lebensstil zu zeigen, bei seinem Kapellmeister in Auftrag, ließ eine Abschrift dann aber von Hans Mielich auf das prachtvollste und doch nur zu seinem Privatgebrauch illustrieren. Sozialstatus äußert sich zu Zeiten auch in einer Haltung bewusster Gegenöffentlichkeit.

So manifestiert sich Repräsentationsbedürfnis in der Demonstration von Aufwand: materiell durch die Größe eines Ensembles, intellektuell in einer satztechnischen Komplexität, die allgemeinem Zugang verschlossen bleibt – nicht mangels Bildung eines Publikums, das kaum schon überhaupt als Masse anzusprechen wäre, sondern aus der Prätention, mit einem einzigartigen Kunstwerk in eine Idealkonkurrenz zu anderen Höfen und Fürstenhäuser zu treten. Zuzeiten freilich wurden solche Werke exemplarisch in Druck gegeben: Monteverdis *Orfeo* (UA Mantua 1607) wie etwa Johann Sebastian Bachs frühe Ratswahlkantate *Gott ist mein König* (BWV 70, UA Mühlhausen

1708) rechneten nicht mit Aufführungen an anderem Ort, sondern sind nur Zeugnisse einer hoch stehenden lokalen Kultur, deren ungewöhnlicher Standard anderen gezeigt werden sollte. Kompositionen sind ein Mittel der Kommunikation auch auf anderer Ebene.

Sprache

Musik und Rhetorik in der frühen Neuzeit

Über der Suche nach kunstvollster Kombinatorik der Stimmen wie im Bemühen um eine repräsentative, klangprächtige Musik war die Idee, Worte so in Töne zu fassen, dass nicht nur ihr Gehalt gespiegelt, sondern allein der Text für die Zuhörer verständlich wurde, zeitweise aus dem Blick geraten. Die Einstimmigkeit des gregorianischen Chorals hatte, wie geschildert, sehr genau Aussagen der textlichen Vorlagen umsetzen und vermitteln können. Weder die Gleichzeitigkeit des Vortrags unterschiedlicher Texte in den Motetten von Ars antiqua und Ars nova noch deren artifizielle Konstruktion zielten auf unmittelbare Verständlichkeit und leichte Fasslichkeit des gesungenen Wortes. Doch so sehr der Gedanke einer textnahen und -interpretierenden Kompositionsweise bei der Vertonung populärer, landessprachlicher Dichtungen umgesetzt, mindestens aber bereits diskutiert wurde, so wenig konnte er die Gestaltung polyphoner Musik, deren mathematisch-kunstvolles Kalkül sich im Laufe des 15. Jahrhunderts verselbständigt hatte, durchdringen. Nicht selten war ein Komponist gefangen in der Eigengesetzlichkeit des von ihm exponierten Materials, das überlegen zu disponieren erst Martin Luther einem Zeitgenossen bescheinigen wollte: Josquin Desprez, so der Reformator in einem viel zitierten Diktum, sei »der Noten Meister«, denn »die habens müssen machen, wie er wolt; die andern Sangmeister müssens machen, wie es die noten haben wöllen.« Souveräner als seine Kollegen wusste Josquin, wie ein Vergleich rasch erkennen lässt, mehrere Stimmen im kontrapunktischen Satz zu kombinieren, zumal bei der Aufgabe, den Tonsatz frei von einem Cantus firmus und ohne Kanonführungen der einzelnen Stimmen zu gestalten;

mochten solche intellektuellen Vorgaben zwar die Produktion erleichtern, so führten sie nicht selten zu Kompromissen hinsichtlich der Stimmführung, erst recht aber des Ausdrucks und nicht zuletzt auch der Textverständlichkeit.

In Josquins Messen und Motetten sind diese Probleme nun gelöst: Der Text ist sehr sorgfältig den melodischen Linien unterlegt, die Stimmen bleiben imitatorisch eng, doch zwanglos aufeinander bezogen, und das gesamte Satzgefüge vermag gleichwohl den Ausdrucksgehalt der Worte nuancenreich umzusetzen. Indem der Komponist für jeweils einzelne Abschnitte je neue musikalische Gedanken präsentierte, die im vierstimmigen Satz imitativ, im Kanon zunächst zweier, dann der beiden anderen Stimmen durchgeführt wurden, entstand in der Reihung zahlreicher kleinerer Abschnitte eine Technik der Vertonung literarischer Vorlagen, die nicht nur das Genre der Motette dominierte (ja eigentlich neu definierte), sondern auch für die musikalische Gestaltung weltlicher Dichtungen zukunftsweisend wurde.

Die Beziehungen der Stimmen untereinander regelte weiterhin ein komplexes Regelsystem von Kon- und Dissonanzen. In jenem strengen Satz, der in den Lehrbüchern als verbindlich für alle musikalischen Gattungen benannt wurde, war zunächst nur die Verwendung von Konsonanzen gestattet, neben den reinen Intervallen von Oktav (neben Prime) und Quinte lediglich Sexten und Terzen (sowie deren oktaverweiterte Varianten der Dezime usw.). Dissonanzen, also Septimen, Sekunden (neben Nonen und – stets kontrovers diskutiert – der Quarte) sowie alle verminderten oder übermäßigen Intervalle zu verwenden, unterlag engen Vorgaben. Diese dissonierenden Klänge durften allenfalls in Ausnahmen eingesetzt, niemals aber gleichzeitig angeschlagen werden, sondern konnten lediglich im Durchgang oder im stufenweisen Fortschreiten einer Stimme gegenüber einer anderen entstehen und waren nach ebenso strengen Regeln auch wieder aufzulösen. Während diese Richtlinien letztlich nur kosmologisch begründet werden konnten – im Aufbau des Himmelssystem fanden sich antiken, noch immer aktuellen Vorstellungen gemäß lediglich Proportionen, die mathematisch-akustisch Konsonanzen entsprachen –, so ist das Verbot einer unmittelbaren Aufeinanderfolge von reinen Intervallen derselben Größenordnung – auch später in der Vorschrift, Quint- und Oktavparallelen im Tonsatz strikt zu vermeiden – nur geschichtlich, in Abgrenzung zu den zuvor üblichen Techniken organalen Musizierens zu verstehen.

Diese strengen Regeln kontrapunktischer Satztechnik, für die geistliche Musik obligatorisch, wurden umso einengender empfunden, je weniger ein Text liturgisch gebunden war und je stärker er subjektiven Ausdrucksmomenten Raum ließ. Sofern die literarische Vorlage ihrerseits bewusst affektiv konzipiert war, sah sich der Komponist legitimiert, nach neuen Möglichkeiten für besonders ausdrucksstarke Wendungen zu suchen. Da umgekehrt die subjektive Interpretation des überkommenen satztechnischen Regelwerks zum Kriterium für die Beurteilung einer Komposition geriet, hatten Texte Konjunktur, die expressive Vertonungen nahe legten. Neben neuen Dichtungen eines Guarini oder Marino waren es vor allem Vorlagen von Petrarca, deren reiche Metaphernsprache, plakative Vergleiche von Liebe und Leid mit Naturerfahrungen, nun ein breites Publikum fanden (wiewohl ihre Entstehung bereits zweihundert Jahre vorher datiert). Das Madrigal, ursprünglich eine literarische Gattung, mit der die italienischen Dichter des 14. Jahrhunderts ihre Landessprache erstmals als geeignet zur künstlerischen Gestaltung zeigten, wurde zur ambitioniertesten Form polyphonen Komponierens: zum Forum möglichst ausdrucksstarker Vertonungen emotional überschwänglicher Texte, von denen eine Vielzahl häufig mehrere Musiker heranzogen, um miteinander zu konkurrieren. Nicht zuletzt deshalb wurde auch die didaktische Qualität, Madrigale zu komponieren, geschätzt: Einen meist fünfstimmigen Tonsatz, der gemäß den kontrapunktischen Regeln angelegt war, durch eine subtile Erweiterung der satztechnischen Vorgaben individuell zu gestalten, ließ die Komposition eines Madrigalbuchs zu einem Gesellenstück werden, mit der sich ein angehender Komponist der Öffentlichkeit vorstellte. Kaum zufällig ist das Opus primum, das erste im Druck vorgelegte Werk, bis in die erste Hälfte des 17. Jahrhunderts ein Madrigalbuch, das – möglichst in einer der berühmten Druckereien Venedigs, Antwerpens oder Nürnbergs herausgebracht – als Ausweis, das kompositorische Metier zu beherrschen, gelten konnte. Weder von seiner Anlage noch hinsichtlich der Intensität der Textdeutung sind Madrigale von Motetten prinzipiell zu unterscheiden. Eine Trennungslinie zwischen beiden Gattungen ist lediglich von Seiten der Poetik zu ziehen, indem Form und Gestalt von Madrigalen durch etliche Vorgaben bestimmt sind, Motetten hingegen auf (meist biblischen) Prosatexten beruhen. Mithin konnten auch Madrigale als geistliche Andachtsmusik entstehen, freilich vorzugsweise für den halböffentlichen Rahmen fürstlicher (Privat-)Kapellen, weniger schon für die Liturgie, deren Musik strengeren Vorgaben oblag. Wie eng die Gattungen benachbart sind, zeigt Johann Hermann Scheins *Israelis*

Das Spiel vom »treuen Schäfer« Mirtillo, der sich der Rache einer verschmähten Liebhaberin ausgesetzt sieht, doch der in Wahrheit umworbenen Amarilli sich zunächst nicht nähern darf, da sie einem Dritten versprochen ist, gehört mit dem glücklichen Zusammenfinden der Liebespaare zu den beliebtesten Sujets des Frühbarocks – konnten hier doch scheinbar ›reine‹ Affekte in der Ideallandschaft Arkadiens vorgestellt werden.

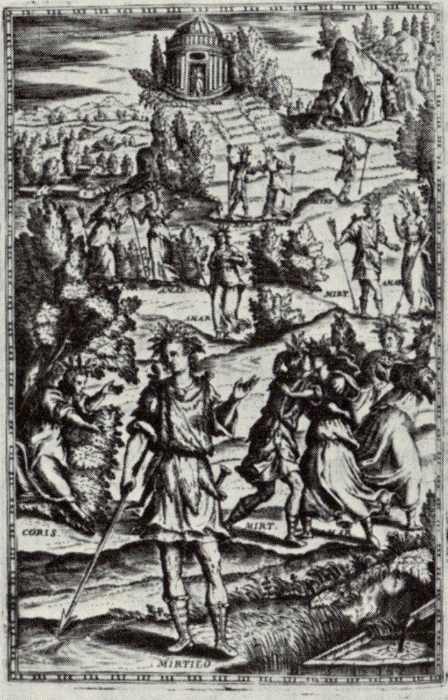

Battista Guarini, *Il pastor fido*. Kupferstich zu Beginn des 3. Aktes aus der endgültigen Ausgabe Venedig 1602. München, Bayerische Staatsbibliothek.

Brünlein (Leipzig 1623), eine Sammlung von Spruchmotetten »auf madrigalische Manier«.

Doch die Idee, gesungene Texte wieder verstehbar zu machen, keimte auch hier, nicht nur, indem landessprachliche Lieder verstärkt Aufnahme in die Liturgie fanden und, unterstützt durch die Erfindung des Buchdrucks, mit zahlreichen Gesangbüchern der zumal von Luther forcierte Gedanke einer aktiveren Beteiligung der Gemeinde am gottesdienstlichen Geschehen vielfältig umgesetzt wurde. Populär waren insbesondere liedhafte Nachdichtungen des Psalters, die selbst Calvin und Zwingli noch als Kirchenmusik konzedierten. Überdies erkannte Luther die Möglichkeit, Musik als Mittel der Verkündigung zu nutzen und durch künstlerisch anspruchsvolle Vertonungen biblischer Texte die Aussage von Bibelwort und Predigt zu intensivieren. Der Kritik gestrengerer Reformatoren, die jeden Schmuck des Gottesdienstes als Ablenkung ablehnten und auch die Kirchenräume purifizierten, entgegneten die Lutheraner mit dem Verweis aufs Alte Testament, das nicht allein in den Psalmen, sondern an zahlreichen anderen Stellen von einer Bereicherung der Liturgie durch Musik und Gesang schildert. Als selbstverständlicher, nicht mehr zur Disposition gestellter Teil des evangelischen Gottesdienstes galt, wie die häufig wiederholten Passagen theologischer, gelegentlich auch musiktheoretischer Schriften zeigen, die Musik allerdings noch bis zum Ende des 17. Jahrhunderts nicht.

Die gleiche Diskussion war im Katholizismus römischer Provenienz bereits hundert Jahre früher während des Konzils von Trient, einer Reaktion nicht zuletzt auf die reformatorischen (und emanzipatorischen) Bewegungen im deutschen Reich, aufgebracht worden. Auch hier stand bei den letzten Sitzungsperioden 1562/63 die Verwendung von Musik im Gottesdienst grundsätzlich in Frage, weniger freilich aus prinzipiellen theologischen Erwägungen als aufgrund von Bedenken, dass manche

Kompositionen der heiligen Feier nicht angemessen sein könnten. Den Kritikern zufolge war seinerzeit eine Differenz zwischen geistlicher Musik und Liedern und Gesängen, wie sie auch im Alltag oder bei geselligen Veranstaltungen gepflegt wurden, nicht mehr auszumachen. Tatsächlich hatte Luther etliche populäre Lieder aufgegriffen, um sie mit neuen, mitunter nur leicht veränderten Texten für seine reformatorischen Ideen zu instrumentalisieren. Gelegentlich mussten lediglich einzelne Wörter ausgetauscht werden, um ein Volkslied für die Liturgie verwendbar zu machen: Aus dem Gesellenlied »Innsbruck, ich muss dich lassen« wird das Sterbelied »O Welt, ich muss dich lassen«, das Weihnachtslied »Vom Himmel hoch, da komm ich her« beruht auf dem Bänkellied »Aus fremden Landen komm ich her«. Mitunter lagen die Rückbezüge versteckter, nutzten aber in der gleichen Weise Popularität und emotionales Potenzial der Vorlagen, um neue Inhalte zu transportieren. Dass die Melodie des Liebeslieds »Mein Gmüth ist mir verwirret, das macht ein Jungfrau zart« für einen der bekanntesten Passionsgesänge, »O Haupt voll Blut und Wunden« verwendet wurde, ist weit weniger schamlos, als es zunächst anmutet: Die affektive Intensität der Liebesklage sollte auch der geistlichen Intention dienen.

Diese Verwendung genuin weltlichen Liedgutes im Gottesdienst, in den vorangegangenen Jahrhunderten noch kein Grund zum Einschreiten seitens der Kirchenleitung vermutlich auch deshalb, da die Kenntnis etwaiger Konnotationen auf einen kleinen Kreis von Klerikern beschränkt blieb, wurde um die Mitte des 16. Jahrhunderts für die katholische Kirche zu einem Problem, da sie, nunmehr in unmittelbarer Konkurrenz zu anderen Konfessionen, sich auf zentrale theologische Themen konzentrieren musste, unter denen die Frage nach der Gestaltung der Liturgie erheblichen Raum einnahm. Dass die Kirchenmusik nicht geeignet sei, jene Andacht zu befördern, mit der die

Gläubigen die Transsubstantiation von Wein und Brot als Kern der katholischen Messe verfolgen sollten, vermag unmittelbar verständlich zu werden beim Blick auf die zeitgenössische Produktion von geistlichen Kompositionen, die häufig Schlager und Gassenhauer als Grundlage von Vertonungen des Messentextes nahmen. Gewiss erleichterte es die Orientierung an vorgegebenem Material, den Standardtext des Ordinarium missae immer neu vertonen zu sollen, und hinsichtlich des großen Bedarfs solcher Kompositionen erscheint der Rückgriff auf auch außerhalb der Kirche verwendete Lieder durchaus nachvollziehbar. Doch hatte sich eine Praxis verbreitet, ein Werk nicht in der vom Komponisten aufgezeichneten Gestalt aufzuführen, sondern die Notation nur als Ausgangspunkt zu nehmen für freie ornamentierende Ergänzungen, mit denen die Sänger ohne Rücksicht auf die Verständlichkeit des Textes und den Ort der Aufführung ihre Virtuosität zur Schau stellen konnten. Diesen nun als Missstand erachteten Gebräuchen sollte gewehrt werden, wobei die rigideste Methode, um des potenziellen Missbrauchs willen gleich alle Musik im Gottesdienst zu verbieten, nicht nur die Position einer Minderheit war.

In dieser Situation – während einer Pause des Konzils zwischen seinen beiden letzten Sitzungen – legte Giovanni Pierluigi (um 1525–94), der nach dem Ort seiner Geburt Palestrina genannt wird, als Leiter der päpstlichen Kapelle einige Messvertonungen vor, die dem Anspruch genügten, in Haltung und Stil Anlass und Ort des liturgischen Geschehens zu berücksichtigen sowie den Text verständlich werden zu lassen. Dass auch andere Komponisten mit ihren Werken, namentlich Jacobus de Kerles *Preces speciales* (Venedig 1562), diesen Vorgaben entsprachen, doch anders als Palestrina nicht zum »Retter der Kirchenmusik« stilisiert wurden, ist mit der Herkunft des päpstlichen Kapellmeisters zu begründen: Palestrina war der erste italienische Komponist, der nach einem Zeitalter franko-flämischer (›niederländischer‹) Dominanz eine Epoche einleitet, in dem aus Italien gebürtige Musiker in Europa den Ton angaben. Unter den Messvertonungen, die er dem Konzil vorlegte, erlangte zumal die *Missa Papae Marcelli* (entstanden um 1562) kanonischen Rang, da sie sich mit dem Namen eines Papstes verband, der bereits einige Jahre zuvor für die Reform eingetreten war. In dieser sechsstimmigen Messe ist, den Vorgaben des tridentinischen Konzils entsprechend, alles Unreine und Schlüpfrige (*impurum & lascivum*) getilgt, also alle sinnlich erregenden Dissonanzen und jeder Bezug auf weltliches Musizieren; sie illustriert zudem in hervorragender Weise die Ideale, die als charakteristisch für den Stil Palestrinas gelten können: eine möglichst klangschöne Disposition des vollständigen Dreiklangs sowie stufenweise diatonische Bewegung.

Die hier vorgestellte Kompositionstechnik in einem das gesamte Repertoire des römischen Kirchengesangs umfassenden Œuvre kultivierend, zudem mittels einer geschickten Dedikationspraxis und klugem kommerziellen Kalkül gelang es Palestrina mit Unterstützung durch die Autorität mehrerer Päpste, seinen Personalstil als Markenzeichen katholischer Kirchenmusik zu etablieren, dessen satztechnische Charakteristika im 17. Jahrhundert von Marco Scacchi, einem Enkelschüler Palestrinas, auch musiktheoretisch als verbindlich für einen *Stilus ecclesiasticus* benannt und dann in Johann Joseph Fux' Kontrapunktlehrbuch *Gradus ad Parnassum* (Wien 1725) kodifiziert wurden. Losgelöst von je aktuellen Kompositionsweisen, geriet diese Satztechnik als *Stile antico* zum Inbegriff von Kirchenmusik, dessen Vorgaben auch von protestantischen Komponisten (neben Johann Sebastian Bach auch Heinrich Schütz, der seine Begräbnismusik im »praenestinischen Stile« geschrieben wissen wollte) für die gottesdienstliche Musik adaptiert wurden.

Die satztechnische Basis dieses strengen Stils aber galt

grundsätzlich auch für die Komposition von Madrigalen, die allerdings durch eine freiere Behandlung der Dissonanz Innovationen zuließen. Ausnahmen vom Regelwerk konnten als subjektive Interpretation begründet werden, indem – in einer oft rabulistisch anmutenden Argumentation – ungewöhnliche Wendungen auf vertraute, legitimierte Gestaltungsmuster zurückgeführt wurden. Keineswegs also sollte die Gültigkeit eines kodifizierten Regelsystems in Frage gestellt werden; etabliert wurde lediglich eine alternative Praxis, keine neue Theorie, die, ungeachtet einschlägiger Ankündigungen, auch Claudio Monteverdi (1567–1643) nicht zu formulieren gelang. Der Mantuaner Kapellmeister, ab 1613 an San Marco in Venedig tätig, dürfte der vehementeste Verfechter einer neuen Lehre um die Wende zum 17. Jahrhundert gewesen sein, als er sich den Angriffen Giovanni Maria Artusis erwehren musste. Explizit aber machte er deutlich, dass seine *seconda prattica* lediglich ein neues Interpretationsmodell der konventionellen Tonsatzregeln bieten wolle, keine Revolution der satztechnischen Grundlagen. Diese Umdeutungen seien erforderlich, um den Text – den sein Gegner bei seiner Kritik schlicht ignorierte – ausdrucksstärker vertonen zu können. Denn der Rede, so Monteverdi, komme nunmehr die Herrschaft über die Musik zu, was die Freiheiten seiner Kompositionen erkläre. Nur vermeintlich seien solche Wendungen fehlerhaft, vielmehr zeige ein Vergleich mit der Rhetorik, dass auch hier Ausnahmen zulässig sein müssten, um den Hörer zu überzeugen. Dieser Bezug auf die Redekunst indiziert ein neues Paradigma innerhalb der Musikgeschichte: Nicht mehr Zahl und Proportion, sondern Sprache und Sprachcharakter der Musik werden zu zentralen Kategorien einer Theoriebildung; ehedem eine mathematische Wissenschaft, die im System der freien Künste mit der Astronomie korreliert, wird Musik nun zu einer Disziplin, deren Geschwister Grammatik, Dialektik und Rhetorik sind.

Die ›neue‹ Idee, Musik verstärkt an der Sprache zu orientieren, ließ sich mit einem Rückgriff auf die Antike begründen: Schon Plato habe postuliert, dass die Melodie dem Wort zu folgen habe und nicht umgekehrt. Eine folgenreiche Rezeption – stand doch mit der Vorgabe einer möglichst engen Anlehnung der Musik an die Sprache jegliche Polyphonie zur Disposition. Zwar versuchte man zunächst noch, den Eindruck musikalisch gesteigerter Rede bei mehrstimmig konzipierten Kompositionen durch eine Reduktion der Besetzung wie auch der Zahl der Stimmen zu erreichen, indem nur eine Partie gesungen, mehrere andere aber auf einem Tasteninstrument oder einer Laute zusammengefasst (»intavoliert«) wurden. Doch vermochte die Ausführung eines solchermaßen textlich wie musikalisch fragmentierten Werkes nur sehr bedingt zufrieden zu stellen, da neben syntaktischen auch semantische Zusammenhänge verloren gingen. Dieses »Zerfetzen der Sprache« (*laceramento della poesia*) fand denn nicht nur alsbald die vehemente Kritik eines Giulio Caccini, der in seiner *Nuove musiche* (Florenz 1602) das nun bereits gängige Verfahren einer Zusammenfassung von Begleitstimmen eines Solisten umkehrte und in dieser seiner Sammlung von Solomadrigalen der Vokalpartie nur mehr eine instrumental auszuführende Fundamentstimme beigab, die lediglich die Basstöne von improvisatorisch auszuführenden Akkorden bot. Als Pendant auf dem Gebiet der Kirchenmusik legte Lodovico Viadana fast zeitgleich *Cento concerti ecclesiastici* (Venedig 1602) vor, einen Band mit hundert geistlichen Konzerten, deren Tonsatz ihre Herkunft aus der polyphonen Motettenkomposition noch deutlich erkennen lässt, die aber ebenso wie Caccinis Madrigale musikgeschichtlich den Beginn einer neuen Epoche indizieren. Das Konzept, eine einzelne Stimme mit einem Bassinstrument zu kombinieren, das den Solopart begleitet und ihm einen harmonischen Kommentar zufügt, sollte für mindestens die nächsten anderthalb Jahrhunderte dominierend und namengebend sein: Das Generalbasszeitalter bezeichnet mit der auf einen Fundamentbass bezogenen, mithin vertikal, akkordisch konzipierten Musik eine Ablösung jener Technik des Komponierens, die einzelne Stimmen nach den Regeln von Kon- und Dissonanzen kombiniert. An die Stelle des Kontrapunkts tritt die Akkordverbindung, und der angehende Komponist lernt nicht mehr zunächst zwei, dann mehrere Stimmen gegeneinander zu setzen, sondern der Unterricht beginnt alsbald mit dem vierstimmigen (Choral-)Satz.

Die rasche Akzeptanz des generalbassbegleiteten Sologesangs war indes auch ein Resultat der Bemühungen von jenen intellektuellen Zirkeln, die eine Neuorientierung der Musik im Rückbezug auf die griechische Antike suchten. Zumal in Florenz betrieb ein Kreis von Gelehrten um den Grafen Bardi ein intensives Studium aller verfügbaren Quellen und glaubte, im Gesang zur Laute (als Surrogat der antiken Kythara) und unter Einbeziehung von enharmonischen (Viertel-)Tonstufen die freilich nur nachrichtlich bekannten wunderbaren Wirkungen von Musik auch in der Gegenwart hervorrufen zu können. Singend zu sprechen und sprechend zu singen (*cantar parlando – parlar cantando*) wurde zur Devise einer neuen Verbindung von Text und Musik, die als Erbe der griechischen Monodie (griech. *mónos* ›allein‹, *odé* ›Gesang‹) die Entwicklung des Rezitativs beförderte (das allerdings auch in den freilich unbegleiteten liturgischen Lektionstönen einen Vorläufer hat). Musikgeschichtliche Konsequenzen fand diese eher aufgewertete als eigentlich wiederentdeckte Technik rezitativischen Komponierens, als nun ganze Schauspiele solchermaßen in Musik gesetzt wurde. Verbunden mit dem Postulat, auch die Landessprache (und nicht nur das klassische Latein oder Griechisch) seien für die Produktion hochwertiger literarischer Kunstwerke geeignet, führt ein unmittelbarer Weg zum musikalischen Theater, dessen Wurzeln freilich weit verzweigter sind, als es die mitunter allzu direkt gezogene Linie zwischen der Florentiner Camerata und den ersten Bühnenwerken, bei denen der Text (ausschließlich) gesungen wurde, suggeriert. Gewiss ist eine Entstehung der Oper als musikalischer Gattung kaum zu denken ohne das Engagement der Akademien, jener nach antikem Vorbild wiederbelebten Treffpunkte von Gebildeten, in denen vornehmlich Fragen von Literatur und Sprache thematisiert wurden und wo auch ein Adressat für die ungemein kunstvollen Fassungen volkstümlicher Musik, wie sie Lasso in seinen Villanelle und Genrestücken im neapolitanischen Dialekt vorlegte, zu suchen ist. Doch intensivierten die Bemühungen einer Accademia della Crusca, einer Académie française oder der Fruchtbringenden Gesellschaft, um nur die wichtigsten der Sprachgesellschaften in der zweiten Hälfte des 16. Jahrhunderts in Italien, Frankreich und – mit der Verspätung von fünfzig Jahren – im deutschen Reich zu nennen, den Prozess einer Verbindung von Musik und Theater, für die – freilich ungleich weniger kunstvolle – Vorläufer bereits mindestens dreihundert Jahre vorher zu finden sind: Adam de la Halles *Schäferspiel von Robin und Marion*, entstanden um 1300, ist nur das erste Dokument eines Bühnenspiels, dessen Anteil an Musik besonders hoch war. Schwer vorstellbar, dass Schauspiele – nicht nur anlässlich von höfischen Festen, sondern auch am Rande der Liturgie – sich nicht musikalischer Umrahmung bedient hätten; nachzuweisen ist aber, dass eine Folge von Madrigalen dramaturgisch sinnvoll zu Komödien zusammengestellt werden konnte. Liedhafte Einlagen, oft eingesetzt, um einem Protagonisten Raum zur Reflexion über seine Situation zu geben, bieten auch in der Folge Texte des Sprechtheaters in so reicher Zahl, dass mitunter die Abgrenzung zum Libretto einer Oper nur schwer möglich ist.

Vorbilder für eine aufwendige szenische Gestaltung hingegen dürften Aufzugsmusiken höfischer Feste geboten haben, deren Folge von Auftritten unterschiedlicher

Gruppen und Gestalten, nicht zuletzt zwecks Huldigung des Regenten, mitunter bereits einem Leitthema untergeordnet war. So wurde in den berühmtesten und am besten dokumentierten Intermedien, der bei der Hochzeit von Ferdinando de'Medici mit Christine de Lorraine 1589 vorgestellten Geschichte von einer Pilgerin (*La Pellegrina*), eine Reihe von musikalischen Szenen präsentiert, die eher freilich belebten Bildern glichen, als dass sie einer schlüssigen Dramaturgie unterlagen. Ähnliche Festmusiken sind auch aus Heinrich Schütz' ersten Dresdner Jahren (ab 1617) überliefert: allegorische Szenen, die einem Zeremoniell gleich aufeinander folgten und nicht selten, zumal in Frankreich und von dort aus an anderen europäischen Höfen übernommen, in ein Ballett mündeten, an dem sich Protagonisten und fürstliche Zuhörer beteiligten. Wie auf einer Bühne bewegt sich auch der Regent: Im höfischen Fest schon des frühen Barocks zeigen die Darsteller auf dem Theater antike oder mythologische Figuren, in deren Charakteren sich die Fürsten gespiegelt sehen wollten, mindestens aber wiederzufinden hofften.

Was nun rechtfertigt, einige musiktheatralische Stücke erstmals als ›Opern‹ anzusprechen und den Beginn einer neuen Gattung zu postulieren, ist das Konzept, das diesen Werken zugrunde liegt: eine schlüssige Dramaturgie, ein auf Wiederholungen angelegtes Libretto, also nicht mehr nur eine ephemere Produktion für einen prominenten Anlass, sowie eine musikalische Gestaltung, die mehr als einzelne Nummern, nämlich den gesamten Text umfasst. Als erstes Werk dieses neuen Typus, dessen Bezeichnung als Oper erst ab etwa 1630 gebräuchlich wird, gilt eine 1598 vorgelegte Vertonung des Dafne-Stoffes von Jacopo Peri und Jacopo Corsi auf einen Text von Ottavio Rinuccini nach einer Vorlage aus den seinerzeit überaus populären *Metamorphosen* des Ovid. Kaum zufällig dürfte Heinrich Schütz 1627 auf dieses Werk zurückgegriffen haben, um eine Fürstenhochzeit in Torgau ebenfalls mit einem musiktheatralischen Stück nach italienischem Vorbild zu krönen. Dass er Martin Opitz, der 1624 mit seinem *Buch von der deutschen Poeterey* gezeigt hatte, wie in der deutschen Sprache dramatisch anspruchsvolle Werke zu konzipieren waren, um eine Übersetzung bat, zeigt, dass er nicht nur eine Kopie vorlegen wollte; zum deutschen Text hatte er dann auch eine eigenständige Musik zu verfassen. Bedauerlicherweise zeugen von diesen Schlüsselwerken des Musiktheaters in Italien und Deutschland nur mehr die Libretti. Auch von Emilio de Cavalieris drei *Favole pastorali* mit Liedern, Tänzen und Rezitativen vom Ende des 16. Jahrhunderts ist nichts erhalten; immerhin bezeugt seine *Rappresentazione di Anima e di Corpo* (Rom 1600), ein allegorisches Spiel, das den Menschen in einem klassischen Zwiespalt zwischen Vernunft und Sinnlichkeit zeigt, musiktheatralische Bemühungen auch im geistlichen Metier, die zur Gattung des Oratoriums führen sollten.

So gerät Monteverdis *Orfeo* zur Inkunabel der Oper, zumal von ihr alsbald eine Partitur gedruckt vorlag, um das spektakuläre Ereignis zu dokumentieren. Denn hier wurde nicht nur der auf fünf Akte verteilte Text von Alessandro Striggio in schlichte Rezitative versetzt: Sehr genau sind Tonarten und Instrumente zur Charakterisierung einzelner Situationen sowie der Protagonisten eingesetzt. Chöre und Tänze gliedern das Werk und schaffen wirkungsvolle Kontraste zur ungemein affektiv gehaltenen Klage des Orpheus um seine verstorbene Eurydike. Dass er kraft seines Gesangs die Geister der Unterwelt bewegen kann, die Geliebte mit sich ziehen zu lassen, bietet Raum für erste Arien mit veritablen Koloraturen, die in der Partitur auch deshalb minutiös verzeichnet sind, um die Virtuosität Francesco Rasis, des Tenors der Uraufführung, zu demonstrieren. Zugleich legitimiert die Figur des Orpheus, des klassischen Sängers, den Komponisten, auf der Bühne einen Menschen zu zeigen, der ungemein kunstvoll singt. Auch Nero, der neben seiner Grausamkeit wegen seiner Liebe zur Musik berühmte römische Kaiser, war gerade deshalb eine häufig gewählte Hauptfigur von Opern. Eine Kritik an singenden Konsuln und musizierenden Kriegshelden artikulierte sich erst im 18. Jahrhundert.

Die vokale Akrobatik aber, die diese Protagonisten in manchen Passagen zu bewältigen haben, bezeichnet ein neues Stadium in der langen, wechselvollen Geschichte der Beziehung von Musik und Sprache. Die Idee, dass die »Rede die Herrin der Harmonie« sei, ist in dem Gedanken eines intensivierten Textausdrucks aufgehoben. Dem Publikum teilen sich nicht mehr die Worte der Erzählung allein mit, sondern zugleich interessiert es die künstlerische Gestaltung, und sei es in der veräußerlichten Form Staunen erregender Virtuosität. Fast scheint es, als gewänne die Musik alsbald erneut die Oberhand.

Spiel

Klangsinn und Instrumentenbau im 17. Jahrhundert

Wann zuerst das Spiel mit schnellen Tönen, der Spaß am Rausch durch rasante Bewegung, musikalisch sich manifestierte, steht dahin. Unklar, ob fahrende Musikanten bereits in Mittelalter und Renaissance ihre Zuhörerschaft durch virtuose Kabinettstückchen zu unterhalten oder zu verblüffen wussten. Weder sind Berichte über außergewöhnliche Fähigkeiten solcher Sänger und Instrumentalisten überliefert, noch ist deren Musik dokumentiert. Was in Büchern über Musik mitgeteilt wird, bezieht sich – sofern nicht mehr nur mathematische Spekulation – aufs kompositorische Metier, auf Angaben, wie anspruchsvolle Kunst zu produzieren sei. Die satztechnische Richtigkeit steht daher im Zentrum von Lehrbüchern zur Komposition; des Weiteren wird die Frage nach Angemessenheit verschiedener musikalischer Gattungen gegenüber Ort und Anlass ihrer Aufführung zum Thema pädagogischer oder moralisierender Schriften.

Anweisungen zur Kunst des Vortrags wie Nachrichten über sensationelle Leistungen aus der musikalischen Praxis insgesamt hingegen fehlen. Bis ins 18. Jahrhundert ist diese kaum theoriefähig, und wo manche Reisende versuchten, spektakuläre musikalische Erlebnisse zu beschreiben, fanden sie selten angemessene Worte, die der Rekonstruktion einer Aufführungssituation nützen könnten. Schon die Fachbegriffe sind nur wenigen selbst unter den Gebildeten vertraut, die ihre Eindrücke zwar oft in schwärmerischem Ton, doch nur mit vagen Begriffen zu Beschreiben vermögen. Ergriffenheit und Faszination ›wunderbarer‹ musikalischer Effekte verbal genauer zu fassen, fehlen den Ohrenzeugen mitunter die Worte nicht nur der einschlägigen Terminologie.

Auch die Notentexte sagen noch um die Wende zum 17. Jahrhundert nicht viel über die Art der Ausführung. Selbst der versierte Historiker vermag nur mit Mühe Details in den Stimmen der äußerst selten nur in Partitur gefassten polyphonen Werke zu erkennen, die ihm Hinweise geben auf die Qualität der Präsentation. Kaum je protokollieren Manuskripte und Drucke Aufführungen in Einzelheiten. Oft sind sie nur mehr Erinnerungsstützen für Spieler und Sänger, denen Art und Weise des Musizierens vertraut waren, ohne dass sie jener minutiösen Hinweise bedurft hätten, die heute bedauerlicherweise fehlen, um ein Bild historischer Spielpraktiken zu gewinnen.

Nicht selten wurden solche Freiräume schriftlich überlieferter Musik im Augenblick der Ausführung spontan, improvisatorisch gefüllt. Welches Maß an Virtuosität hier der Praktiker entfaltete, ist nur dort zu rekonstruieren, wo sich der Spieler (oder Sänger) gehalten sah, seine Auszierung exemplarisch zu dokumentieren. Die besonders gelungene Gestaltung – aus singulärem Anlass oder mit Verweis auf das Renommee des Musikanten, vielleicht auch aus didaktischer Intention – konnte der Mühe wert sein, eine differenzierte Niederschrift anzulegen und eine bestimmte Fassung für eine spätere Wiederholung festzuhalten.

Organisten waren es, die diese Praxis des Auszierens eines Tonsatzes durch variierende Umspielung einzelner Stimmen als Erste auch schriftlich fixierten: Sammelbände wie das *Buxheimer Orgelbuch* (um 1470) oder der nach seinem Besitzer Antonio Squarcialupi (1416–1480) benannte Florentiner Codex belegen dieses Verfahren improvisatorischen Ornamentierens, das in ganz Europa verbreitet war. Ähnliche Konvolute mit Kompositionen unterschiedlichen Charakters – neben Tänzen und Liedsätzen auch die für das Tasteninstrument eingerichteten, »intavolierten« Motetten und Madrigale – sind zur selben Zeit oder wenig später von Danzig/Oliva bis Dublin überliefert. Häufig enthält das Repertoire dieselben Erfolgsnummern. Entlang der großen Handelswege sind Formen und Stile, die europaweit populär waren und als Mode kultiviert wurden, erstaunlich homogen.

Solche Praktiken, die Töne einer vorgegebenen Melodie oder der Einzelstimmen eines polyphonen Tonsatzes in kleinere Notenwerte aufzulösen (»diminuieren«) oder fantasievoll zu umspielen (»kolorieren«) waren indes nicht auf Tasteninstrumente beschränkt. Silvestro Ganassis *Fontegara* (Venedig 1535) zeigt am Beispiel der Flöte, wie vielfältig dieses Verfahren spielerischer Auszierung sein kann; doch die Vorschläge zur Gestaltung und die Hinweise, wie Kontrapunkt und Stimmführung dennoch nicht die Grenzen des strengen Regelwerks überschritten, zugleich die Struktur der ursprünglichen Linien erkennbar bliebe, waren leicht auch auf andere Instrumente zu übertragen. Problematisch erschien lediglich ein gleichzeitiges Kolorieren aller Stimmen, wodurch nicht allein die Konstitution des Tonsatzes nicht mehr fasslich zu werden drohte, vor allem aber – sofern auch Sänger sich dieses Verfahrens bedienten, um ihre Kunstfertigkeit herauszustellen – der Text eines Gesangsstückes unverständlich wurde. Sofern aber auf höchstem Niveau kultiviert, begründete die Praxis kunstvollster mehrstimmiger Auszierung einen Ruf von Kunstfertigkeit, der sich zumal mit dem professionellen Sängerensemble der päpstlichen Kapelle verband: Deren A-cappella-Gesang – nur hier als rein vokaler Klang, also ohne die sonst stets übliche Unterstützung von Instrumenten und Generalbass zu verstehen – war eben aufgrund der improvisatorischen Ausführungsvarianten legendär und begründete ein Kopierverbot zumal des *Miserere* Gregorio Allegris, eines Karfreitagsgesangs, von dessen spektakulärem Vortrag die nach Rom gereisten Pilger in ihrer Heimat überschwänglich berichteten. Denn war in den Gottesdiensten der Passionszeit zwar aufwendig und reich mit Instrumenten besetzte Kirchenmusik untersagt, so doch nicht die kunstvollste Ausgestaltung eines schlichten Vokalsatzes, der ein völlig unerwartetes Hörerlebnis schuf. Das päpstliche Verbot, das Werk unter Strafe der Exkommunikation zu verbreiten, galt daher weniger dem in seiner Substanz eher schlichten akkordischen Satz dieses Bußpsalms als eben der Technik des aktuellen Ornamentierens, die der Sixtinischen Kapelle vorbehalten bleiben sollte.

Der Charakter der Improvisation, der sich mit Kolorierung und Diminution verbindet, spiegelt sich in den einschlägigen Anweisungen zur Aufführungspraxis, unter denen Michael Praetorius' *Syntagma musicum* (3 Bde., Wittenberg/Wolfenbüttel 1615–19, hier vor allem Bd. 3), der großen musikalischen Enzyklopädie des 17. Jahrhunderts, aufgrund seiner Ausführlichkeit und Präzision ein besonderer Rang zukommt. In den Tabulaturen der Organisten, kaum weniger der Lautenspieler lässt sich das Schematische des Verfahrens, längere Töne in eine Vielzahl kürzerer Notenwerte aufzulösen, unmittelbar erkennen. Oft sind es stets die gleichen kleinen Motive, in die eine (Choral-)Melodie aufgelöst wird: Umspielungen der einzelnen Töne mit den benachbarten Tonleiterstufen, Dreiklangsbrechungen oder die Ergänzung von Durchgangsnoten sind Grundmuster, die später auch in Unterrichtswerken als Modelle zur Gestaltung von Variationswerken systematisiert werden sollten.

Nicht allein die reiche Systematik der Musikinstrumente aller Völker und Zeiten bezeichnet Wert und Bedeutung des zweiten Bandes einer musikalischen Enzyklopädie, die der Wolfenbütteler Kapellmeister gegen Ende seines Lebens vorlegte; singulär ist der Anhang, in dem Praetorius eine Vielzahl von Instrumenten minutiös abbildet, bevor er in einem dritten Teil seines Werks Hinweise zur Aufführungspraxis zusammenstellt.

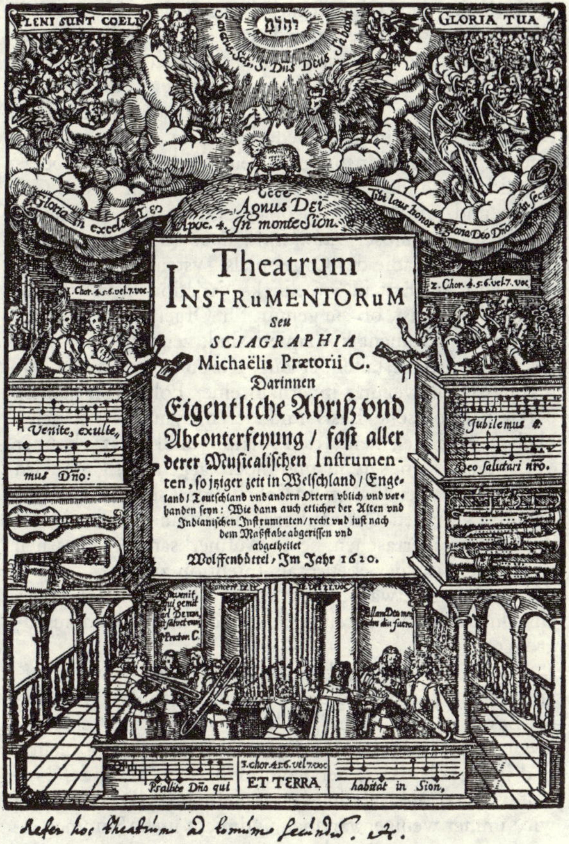

Michael Praetorius, *Theatrum instrumentorum*, aus: ders., *Syntagma musicum*, Bd. 2, Wolfenbüttel 1619.

Noch in den Choralbearbeitungen Jan Pieterszoon Sweelincks (1562–1621), der den Namen »Organistenmacher« erhielt, da eine Vielzahl von deutschen Organisten des 17. Jahrhunderts ihn als Lehrer suchte, ist diese Technik, die er selbst (als Schüler Zarlinos) aus Italien nach Deutschland und in seine niederländische Heimat brachte, eine oft nur wenig inspirierte Weiterführung von Modellen, die sich ähnlich bei Tarquinio Merula, den beiden Gabrielis und Girolamo Frescobaldi finden und in Samuel Scheidts voluminöser *Tabulatura nova* (Hamburg 1624), einer Enzyklopädie des Orgelspiels, systematisch aufgefächert wurden. Erst in Sweelincks Variationen, von denen unentschieden ist, ob sie genuin für Orgel oder ein anderes Tasteninstrument konzipiert sind, zeigt sich ein eigener, individuell gestaltender Zug. Die sukzessive Beschleunigung der Bewegung innerhalb einer Folge von Sätzen, deren harmonische Basis und deren Syntax stets gleich bleiben – ein elementares Prinzip publikumswirksamer Variationszyklen seit je und noch gegenwärtig –, wird nun, um die Wende zum 17. Jahrhundert, kompositorisch bewusst gestaltet: Den Zuhörer durch unerwartete Wendungen zu überraschen, seine Aufmerksamkeit stets neu zu wecken, ist hier ebenso als Intention zu erkennen wie das Bemühen, etwa unterschiedliche Facetten des Textes einzelner Strophen in einer Folge von Variationen aufzugreifen.

So gewinnt auch von hier aus das Jahr 1600 – wie in Bezug auf die Etablierung des Generalbasses und ein stärkeres Bewusstsein für die Sprachnähe von Musik – eine Relevanz, die eine epochale Zäsur begründen hilft. Sorgfältig und in Details fixiert der Komponist sein Werk; der Notentext lässt nun geringeren Spielraum, die Besetzung wird immer weniger variabel, und nicht mehr Stimmen eines Satzes, deren Ausführung Sängern oder Instrumentalisten anvertraut und deren Ausgestaltung ihnen anheim gestellt wird, sondern verstärkt die Bedingungen und

Möglichkeiten eines bestimmten Instruments (oder einer Stimmlage) bilden Anhaltspunkte und Bezugsmomente, ein Werk zu konzipieren.

Dem korrespondiert – als Voraussetzung wie als Konsequenz – eine fulminante Entwicklung des Instrumentenbaus, begleitet von einer Differenzierung der Spieltechnik. Die gewaltige Zunahme von Bauformen und -typen einzelner, teils schon traditionsreicher Instrumente zeigt bereits ein kurzer Blick in Praetorius' *Organographia* (Wolfenbüttel 1618), den zweiten Band seines *Syntagma musicum*, gegenüber dem bescheidenen Repertoire, das Sebastian Virdung (*Musica getutscht*, Basel 1511) einhundert Jahre zuvor hatte auflisten können.

Vielleicht am deutlichsten wird die Ausbildung unterschiedlicher Spielweisen am Beispiel der Violine, die rasch zum führenden Instrument aufsteigt und deren klangliche Perfektion in den oberitalienischen Werkstätten, vor allem bei den Familien Amati und Stradivari in Cremona, einen technologischen Fortschritt bezeichnet, dessen Grundlagen – Holzbehandlung und Lackierverfahren – bis heute weder erreicht noch schon so weit wissenschaftlich erschlossen sind, dass Geigen auf gleichem Niveau nachgebaut werden können.

Wie nun der solchermaßen zu großer Klangschönheit entwickelte Geigenton in expressiver Hinsicht differenziert wurde, macht Claudio Monteverdis *Combattimento* (1623, veröffentlicht im *8. Madrigalbuch*, Venedig 1638) deutlich. Die aus Torquato Tassos *Befreitem Jerusalem* genommene Szene vom Zweikampf Tancredis und der in ihrem Waffenschmuck nicht als Frau zu erkennenden Clorinda sucht der nun in Venedig als Kapellmeister wirkende Opernkomponist durch ein Spektrum an Spielweisen musikalisch plastisch auszudeuten, indem er die unterschiedlichen Stricharten (*legato*, *pizzicato*, *col legno* ›mit dem Holz des Bogens‹) genau vorschreibt und durch Tonwiederholungen und vehement ansetzende Akkorde weitere tonmalerische und perkussive Elemente einbezieht. Dieses Sujet der Nachzeichnung einer Schlacht in einem Musikstück erfreute sich im 17. Jahrhundert großer Beliebtheit. Einige Jahrzehnte später forcierte Heinrich Ignaz Franz Biber (1644–1704), der Salzburger Kapellmeister, in seiner *Battaglia* (1673) für Streichorchester solchen musikalischen Waffenlärm noch und versuchte die Kämpfe mit den die Mitteleuropa bedrängenden Türken nachzubilden. Dabei führt eine Schilderung des *Liederlichen Umherschweifens der Musketiere* auch musikalisch zu einem heillosen Durcheinander; den Auftritt des Mars in rasselnder Rüstung signalisieren die Klänge eines präparierten Instrumentes. Zwischen Saiten und Hals des Cellos werden Papierstreifen eingefügt, deren raschelndes Vibrieren zu ungewohnten Effekten führt. Weitere Ausdrucksmöglichkeiten suchte Biber zu erschließen, indem er die konventionelle Stimmung der Violine in einzelnen Stücken aufgab. Indem die Saiten nicht mehr in Quintabständen eingestimmt, sondern andere Intervalle, gegebenenfalls auch der Gleichklang zweier Saiten, gefordert wurden, können Passagen, deren Ausführung ehedem undenkbar war, ins spielerische und kompositorische Kalkül mit einbezogen werden. Bibers *Rosenkranzsonaten* (um 1675), 15 (+1) Meditationen über die Geheimnisse des seit der Seeschlacht von Lepanto 1572 und im Kontext der Gegenreformation ungemein populären Mariengebetes sind mit der *Scordatur* (›Verstimmung‹) der generalbassbegleiteten Sologeige Höhepunkte der Violinliteratur, deren klanglicher Reiz erst dann sich reicher erschließt, wenn die Spiritualität der Vorlage ebenfalls in den Blick genommen wird.

Ungleich stärker auf den vordergründigen Effekt zielten hingegen all jene Violinvirtuosen, die ihre Geige vorzugsweise dazu nutzten, andere Instrumente, vor allem aber Tierstimmen und Naturlaute nachzuahmen. Zu diesem äußerst beliebten Genre lieferten Johann Paul von Westhoff (1656–1705), Johann Jacob Walther (geb. 1650), Johann Schop (gest. 1667) und Johann Heinrich Schmelzer (1623–80) reiche Beiträge; die Vorbilder wären jedoch wiederum in Italien zu suchen oder dort, wo italienische Musiker um die Mitte des 17. Jahrhunderts verstärkt Anstellungen fanden. Neben Wien und München nimmt hier Dresden eine zentrale Position ein als Ort der Vermittlung von Tradition und Mode, dominiert von Heinrich Schütz (1585–1672), der mehr als ein halbes Jahrhundert der Hofmusik vorstand, selbst zweimal nach Italien reiste, um aktuelle Kompositionsweisen zu studieren, Instrumente und Musikalien zu erwerben, doch auch um Musiker als Lehrer für seine Kapelle zu verpflichten. So erweist sich die kursächsische Residenz als kunstsinnig selbst in schwereren Zeiten des Dreißigjährigen Krieges, offen für Künstler und Virtuosen, die – wie das Beispiel Carlo Farina (um 1600–40) zeigt – hier nicht nur am Hof Aufnahme fanden, sondern auch auf ein größeres Publikumsinteresse hoffen konnten. Fünf Bücher mit Violinmusik gab Farina während seines Dresdner Aufenthaltes in Druck (1626–1628), darin auch jenes *Capriccio stravagante*, das mit seiner Imitation von Hundegebell, Katzen- und Eselsgeschrei zwar ein Kuriosum ist, doch kaum eine Sonderstellung in der Geschichte des Violinspiels dieser Zeit einnimmt.

Farina, dessen Spuren sich in der Folge in Köln, Wien und schließlich in Polen finden, bildet auch hinsichtlich seiner Biografie als an vielen Städten und Höfen Europas von Engagement zu Engagement reisender Virtuose keine Ausnahme. Sein sozialer Status aber ist, ungeachtet seines Verkehrs in den ersten Kreisen, durchaus nicht der eines etablierten Künstlers. Als Nachkomme fahrender Musiker kann er nach dem Codex der Zeit weder als satisfaktionsfähig gelten, noch gehört er zu den Kreisen der Gelehrten. Selbst einem universitär gebildeten Musiker wie Heinrich Schütz war aufgrund seines Berufes der Zugang zu akademischen Zirkeln verschlossen, und der weltgewandte John Dowland (1562–1626), neben Jean Montbuyssont und

Denis Gaultier der gefragteste unter den Lautenisten des 17. Jahrhunderts, wurde aufgrund seines Aufenthaltes an miteinander rivalisierenden Höfen mitunter gar als Spion verdächtigt. Folgen des Misstrauens und mangelnder Rechtssicherheit hatten alle diese episodisch oder auf Dauer in fürstlichen Diensten tätigen Musiker zu spüren. Kaum einer, der nicht über nicht eingehaltene Zusicherungen klagte und überfällige, wiewohl eindeutig vereinbarte Honorare anmahnen musste.

Doch ihrer Dienste versicherten sich die repräsentationsfreudigen Fürsten des Barocks stets gerne, und die Virtuosen, deren Fähigkeiten zugleich dem Unterhaltungsbedürfnis genügten wie Demonstration von Kultur, Kennerschaft und nicht zuletzt auch Luxus gegenüber ranghohen Gästen waren, leisteten hier gute Dienste. Zumal bei außergewöhnlichen Anlässen, die oft Hochzeiten als Bestätigung dynastischer Verbindungen lieferten, boten mehrwöchige Feste reiche Arbeits- und Verdienstmöglichkeiten auch für die Musiker, die nicht zuletzt hier die Gelegenheit zu künstlerischem Austausch nutzten. Die Heirat der sächsischen Kurprinzessin mit dem dänischen Kronprinzen geriet so zu einem üppigen Fest im vom Dreißigjährigen Krieg unversehrten Kopenhagen. Fehlen hier zwar detaillierte Bericht über Art und Weise, wie die bei solchen Feierlichkeiten üblichen Aufzüge, Comedien und Ballette musikalisch gefasst waren, so gibt der drei Jahre später vorgelegte Druck des in Italien ausgebildeten und nun in Dresden tätigen Caspar Kittel (1603–39) Aufschlüsse über das erstaunliche Maß an sängerischer Virtuosität (*Operetta prima*, Dresden 1638), das für Aufführungen bei einer weiteren Hochzeit in ersten aristokratischen Kreisen, dem »ehelichen Beilager« des sächsischen Kurprinzen, zu nutzen war: Schnellste Bewegungszüge und rascheste Lagenwechsel der Singstimme, die nicht selten zwei Oktaven in kürzester Zeit durchmessen muss, bezeugen eine Kunstfertigkeit, die alle Reden vom Kulturverfall während der Zeit des »Teutschen Krieges« fragwürdig werden lässt. Allenfalls episodisch, für die Zeit des Durchmarsches feindlicher Heere oder größerer Kontingente eigener Truppen ist in den vom Krieg belasteten Gebieten in Mitteldeutschland eine stets nur temporäre, kaum mehr als ein Jahr dauernde Einschränkung des kulturellen Lebens nachzuweisen. Schon erreichte Standards der Ausführung waren indes rasch wiederherzustellen, und kompositorische Kompetenz erlitt durch Kriegsläufte keinen Schaden.

So jedenfalls konnte Heinrich Schütz (1585–1672) unmittelbar nach Kriegsende in Sachsen mehrere Bände mit eigenen Werken in Druck geben, die eindrucksvoll Zeugnis geben vom unverändert hohen Standard des Musizierens am Dresdner Hof. Und die Instrumentalstimmen, die er in diesen seinen *Symphoniae sacrae* obligat, also als kompositorisch selbständige Farbwerte mit den Vokalpartien kombinierte, sind inhaltlich wie von ihrer Anlage her weitgehend auf die spieltechnischen Möglichkeiten von Violine, Flöte und Zink, den verbreitetsten solistisch verwendeten Orchesterinstrumenten dieser Zeit, zugeschnitten. Noch genauer auf die Verhältnisse der Dresdner Hofkapelle abgestimmt ist dann die vielfältige Besetzung der *Weihnachts-Historia*, die neben den Passionen und dem *Schwanengesang* (1671) sein geistliches Alterswerk bilden. Zugleich nutzte Schütz die symbolische Bedeutung, die sich mit dem Klang der Instrumente verbindet: Trompeten als Zeichen des Herrschers, Flöten als Instrument der Hirten, Posaunen für die Sphäre der Schriftgelehrten, Streicher schließlich als musikalisches Indiz der Engel – die bereits in die Antike zurückreichende Tradition, dass die Saiten eines Instrumentes, ehedem der Leier, in Zahl und Stimmung den Aufbau des Himmelssystems spiegeln, wird hier ebenso beziehungsreich aufgenommen wie ein halbes Jahrhundert später im Streichersatz, der die Worte Jesu in Johann Sebastian Bachs *Matthäus-Passion* grundiert.

Eine Zusammenfassung des gesamten Instrumentariums mitsamt einer Integration aller Klangfarben bot die Orgel, die sich im 17. Jahrhundert ebenfalls als solistisches, konzertant – also unabhängig von ihrer Funktion im Gottesdienst – verwendetes Instrument etablierte. Trompeten und Flöten konnten ins Pfeifenwerk unmittelbar aufgenommen werden, doch auch die Nachahmung des Geigentons gelang als »imitatio violistica«: die Idee, durch eine periodische schnelle Unterbrechung der Windversorgung (Tremulant) und mit raschen Tonwiederholungen die lebendige Unruhe der Violine mit dem starren, gleichförmigen Klang der Orgel zu verbinden. Der Bau solch aufwendiger Werke wurde zum Stolz der norddeutschen (Hanse-)Städte, die in ihren Hauptkirchen großdimensionierte Instrumente aus teuren Materialien bauen ließen. Zudem boten die gotischen Kirchenräume hinlänglich Platz, auch die machtvollen Basspfeifen mit einer Länge von 32 Fuß – mit Pfeifenfuß mehr als 10 m hoch – aufzustellen. Selbstbewusst rücken diese Pedaltürme, oft mit Pfeifen aus reinem Zinn und entsprechend kostspielig, an die Brüstung der Emporen, wo mit reich vergoldeten Prospekten und Gehäusen der Wert, der nun dem Instrument zugemessen wurde, noch unmittelbarer ersichtlich wurde.

Hans Scherer, Arp Schnitger und ihre Schüler sind die Erbauer jener Orgeln, die auch heute noch vom Reichtum dieser Handelszentren künden, und in Hamburg und Lübeck (weniger schon in den Niederlanden) finden sich denn auch vorzugsweise die Komponisten und Organisten, deren es bedurfte, diese Werke in der Fülle ihrer spieltechnischen Möglichkeiten einer finanzkräftigen Kaufmannschaft vorzuführen. Hier sind denn auch die Anfänge eines ›bürgerlichen‹ Konzertbetriebes zu sehen, indem etwa in Lübeck die Kaufleute sich vor Markt und Börse in der Kirche sammelten und Dietrich Buxtehude (1637–1707), die zentrale Gestalt dieser norddeutschen Orgelmusik jener Zeit, engagierten, virtuose Musik vorzutragen oder geistliche Konzerte (»Abendmusiken«) zu arrangieren. Dass dabei mit komplexen Pedalsoli, gelegentlich auch mehrstimmigem Spiel beider Füße der Klang zumal der prächtigen Basspfeifen zur Geltung kommen sollte, dürfte den Sponsoren kaum weniger ein Anliegen gewesen sein als dem Organisten, konnte er doch hier seine besondere Kunstfertigkeit zeigen.

Zweifellos begünstigte der Protestantismus diese Entwicklung, da in der evangelischen Liturgie der Musik reicherer Raum als im katholischen Gottesdienst konzediert wurde, wo zudem erhebliche Vorbehalte (aus theologischen wie pädagogischen Gründen) gegenüber weltlichen Musizierformen und insbesondere der Oper formuliert wurden, die jedoch mit Beginn des 18. Jahrhunderts immer geringeren Rückhalt fanden. Zumal die lutheranische Kirchenmusik vermied Affinitäten zu opernhaftem Komponieren nicht, fand vielmehr in dem Weißenfelser Hofprediger Erdmann Neumeister einen beredten Anwalt, Kantaten nach dem Vorbild von Opern anzulegen. Die Virtuosität von Sängern und Instrumentalisten, die sich in den geistlichen Kompositionen zumal Bachs (der Neumeisters Postulat wie seine Texte gerne aufgriff) wenngleich nur als Abglanz jener (Vokal-)Akrobatik zeitgenössischer Opernarien spiegelt, war freilich nicht mehr nur Selbstzweck und diente kaum zur Demonstration spielpraktischer Kompetenz und Brillanz. In seinem gestalterischen Konzept nutzt der Komponist die neu errungenen Fähigkeiten von Sängern und Instrumentalisten zur Erhöhung des Ausdrucks und zur Vertiefung der inhaltlichen Aussage: Mittel und Zweck konvergieren.

Affekt

Rationalismus und Leidenschaft

Dass Musik geeignet sei, Freude und Leid sinnenfällig Ausdruck zu verleihen, ist eine elementare Erfahrung, deren Ursache zu begründen allerdings nicht leicht fällt. Ob es Konvention sei oder in der Sache selbst liege, wenn Zusammenklänge als angenehm oder eher unbefriedigend wahrgenommen werden, gilt als kaum entscheidbar. Die Konnotation von Kon- und Dissonanzen aber steht in der europäischen Musik gemeinhin außer Frage und kann deshalb der Kommunikation dienen. In Kenntnis und aus der Erfahrung der Wirkungen bestimmter musikalischer Phänomene und Wendungen vermag ein Komponist seine Zuhörerschaft nicht nur zu unterhalten und zu belehren, sondern auch zu bewegen: Neben einem Mittel der Geselligkeit und der Vermittlung von (geistlichen) Inhalten ist es Aufgabe der Musik gemäß der Musikanschauung des 17./18. Jahrhunderts, jener Zeit also, die unter dem aus Malerei und Architektur für die Tonkunst adaptierten Begriff des Barocks firmiert, den Menschen auch gefühlsmäßig anzusprechen.

Dieser seit der Antike bekannte Wirkungszusammenhang wurde indes nun nicht mehr mit einem Verweis auf die Kosmologie, sondern rein rationalistisch erklärt. René Descartes, wohl der methodisch strengste unter den Philosophen der frühen Neuzeit, hatte in seinem Spätwerk einen Zusammenhang zwischen externen wie internen physischen Vorgängen des als Maschine aufgefassten menschlichen Körpers und den »Leidenschaften der Seele« (*Traité des passions de l'âme*, Paris 1649) postuliert. Dieser Theorie zufolge provozieren bestimmte musikalische Wendungen (vermittelt über Trommelfell und Gehörnerven) jene »Lebensgeister«, die eine Zirkulation des Bluts im Körper steuern, in der Zirbeldrüse, seiner Auffassung nach dem Sitz der Seele, einen Affekt hervorrufen und über das Gehirn Nerven und Muskeln stimulieren. Mithin herrsche, so Descartes, ein unmittelbarer Zusammenhang zwischen der Geschwindigkeit, mit der die Lebensgeister bewegt werden, und den hervorgerufenen Affekten, deren er sechs kennt: Verwunderung (*admiration*), Liebe (*amour*), Hass (*haine*), Verlangen (*désir*), Freude (*joie*) und Trauer (*tristesse*). Da auch Varianten und Mischformen auftreten können, ist ihre Zahl allerdings prinzipiell nicht begrenzt.

Musikalisch vermögen nun diese Affekte absichtlich hervorgerufen zu werden, indem das Tempo, doch auch Intervalle, Tonart, Melodik, Dynamik sowie nicht zuletzt die Stimmung eines Instruments unmittelbar die Bewegung dieser Lebensgeister beeinflussen: Aus der Wirkung, die beim Hören unterschiedlichster Musik im menschlichen Körper zu beobachten ist, wird mit einer subtilen Differenzierung der musikalischen Parameter auf die Ursache zurückgeschlossen. Das Modell, das Descartes vorlegt, ist nicht mehr als der Versuch, für aus Erfahrung gewonnene Erkenntnisse ein rationales Erklärungsmodell vorzulegen.

Der nachhaltige Erfolg dieser Lehre von den musikalischen Affekten resultiert jedoch nicht nur aus einem allgemein begrüßten Zugewinn an Verständnis für die Wirkungsmechanismen von Musik auf den Zuhörer. Vielmehr erleichterte diese Theorie auch die Produktion ganz erheblich, da nun für zahlreiche affektive Situationen jene Parameter benannt waren, mittels deren der gewünschte Effekt erzielt werden konnte. Ungleich präziser als die vergleichsweise groben Gleichungen der Kontrapunktlehre, die Dissonanzen pauschal als Ausdruck von Emphase und Erregung konzediert hatte, doch Wirkungszusammenhänge noch nicht zu differenzieren wusste, stand nun ein System zur Verfügung, mit dem Texte unterschiedlichsten Stimmungsgehalts zu vertonen waren und beim Zuhörer sofort und unweigerlich, da physiologisch vermeintlich zwangsläufig, einen bestimmten Affekt auslösten: Dur-Tonarten, raschere Tempi, höhere Lagen, Konsonanzen und größere Intervalle etwa galten als besonders geeignet für positiv besetzte Affekte. Im Gegenzug konnten Moll-Tonarten, langsames Zeitmaß, zahlreiche Dissonanzen und Chromatik in tiefen Registern unmittelbar Trauer und Schmerz bezeichnen. Wut, Zorn, Hass, Gedanken an Rache und Vergeltung sollten, der inneren Erregung eines leidenschaftlich bewegten Menschen entsprechend, durch äußerst schnelle, durch unterschiedliche Lagen geführte Stimmen ihre musikalische Umsetzung finden.

Flankiert wurden diese Vorgaben zur Gestaltung einer Komposition durch Hinweise zur Wahl einer Tonart, deren Charaktere vor einem Zeitalter gleichstufiger Temperierung stark differierten. Denn der Aufbau des traditionellen Tonsystems wies ein Problem auf, das mathematisch ebenso wenig wie in der Praxis zu lösen war. Eine Folge von zwölf Quinten führte nicht zur siebten Oktave über einem Ausgangston, sondern wich um einen merklichen Bruchteil, das von Pythagoras bereits entdeckte und nach ihm benannte »Komma«, ab. Beim Stimmen eines (Tasten-)Instruments mussten daher einzelne Intervalle geringfügig verändert (»temperiert«) werden, um möglichst zahlreiche reine Quinten und große Terzen zu gewinnen. Mit der Menge optimal gestimmter Dreiklänge wuchs indes die Zahl der nicht oder bestenfalls bedingt akzeptablen Intervalle: Ein gis als ›reine‹ Terz innerhalb eines Durakkords etwa war innerhalb eines f-Moll-Klangs kaum verwendbar, da es eine übermäßige Sekunde statt einer kleinen Terz markierte. Indem auch andere Töne des zwölfstufigen Systems, vorzugsweise die Obertasten der »Clavierinstrumente«, eindeutig als Teile bestimmter Akkorde definiert waren, blieb das Spektrum disponibler Dur- und Moll-Tonarten bis um die Wende zum 18. Jahrhundert auf etwa fünfzehn beschränkt, die jeweils nicht mehr als vier Vorzeichen hatten. Erst mit den Berechnungen Andreas Werckmeisters fand sich ein Verfahren, alle Tonstufen gleichermaßen kompositorisch zu nutzen, indem das Intervall des pythagoreischen Kommas gleichmäßig auf die zwölf Quinten innerhalb einer Tonleiter verteilt wurde. Um den Preis, nun keine einzige reine Quinte mehr verfügbar zu haben, standen nun auch entlegenere Tonarten zur Disposition, und diesen Zugewinn kompositorisch zu nutzen, war Bach mit seinem *Wohltemperierten Klavier* (1. Teil, entstanden bis 1722) einer der Ersten, zumal er auch durch seine vielfältigen Modulationen das gesamte Spektrum von Klängen und Akkorden innerhalb der harmonischen Tonalität nutzen wollte.

Mithin hatte ein Komponist vielfältige Orientierungspunkte, wenn er sich der Vertonung eines Textes widmete; und da innerhalb der Affektenlehre die Wirkungen der einzelnen musikalischen Parameter systematisiert waren, ließ sich auch der Ausdrucksgehalt von Instrumentalwerken mit hinlänglicher Eindeutigkeit bestimmen. Dabei war ein Musikstück – die Arie einer Oper, eines Oratoriums oder einer Kantate wie der Satz eines Konzerts oder einer Suite – meist lediglich in einer affektiven Stimmung gehalten, die seinen Charakter prägte. Dieses Konzept eines Einheitsaffekts erleichterte Produktion wie Rezeption eines Werks, machte jedoch eine minutiöse Ausdeutung einzelner Wörter, wie es eine madrigalische Kompositionsweise erlaubt hatte, kaum mehr möglich. Das Verfahren einer subtilen Deutung einer literarischen Vorlage, die, basierend auf den Erfahrungen der Madrigalkomposition, vor allem im protestantischen Deutschland des 17. Jahrhunderts kultiviert worden war, um die Aussage religiöser Texte musikalisch zu intensivieren und ein geistliches Konzert zu einer Predigt in Tönen zu machen, fand ein Residuum in jenen (Teil-)Sätzen eines Werks, deren Form weder durch das Libretto noch durch Konventionen der musikalischen Gestaltung eingeengt war. In den narrativen Abschnitten zumal der Oratorien, jenen Teilen also, die nicht bereits vom Verfasser des Textes als Arie ausgewiesen waren und die nicht deren binnen kurzem auch musikalisch schematisierter Anlage folgen sollten, hatte der Komponist nicht nur die Möglichkeit, sondern allen Anlass, auf die bewährten Mittel zurückzugreifen, Worte in Musik zu setzen. In solchen rezitativischen oder ariosen Partien waren einzelne Wendungen des Textes Ausgangspunkte der musikalischen Gestaltung, indem versucht wurde, deren Inhalt oder Gegenstand musikalisch zu fassen. Bewegungsmotive wie ›laufen‹, ›gehen‹, auch ›fliehen‹ ließen sich dabei durch rasche Notenwerte ebenso unmittelbar sinnenfällig gestalten wie ›stehen‹, ›bleiben‹ oder ›schlafen‹ durch lang gehaltene Töne. Hohe und tiefe Register einer Stimme mochten räumliche Verhältnisse illustrieren, kreisende, bogenförmig geschlossene melodische Phrasen das Himmelsgewölbe nachzeichnen – die Fülle an Möglichkeiten, musikalisch Sachverhalte abzubilden, ist kaum übersehbar, zumal auch abgeleitete Begriffe mit diesem Zeichensystem leicht zu erfassen waren: Wendungen, die durch ihre tiefe Lage und Dissonanzenreichtum negativ bestimmt waren, konnten nicht nur ›Tod‹ oder ›Hölle‹ meinen, sondern auch ›Angst‹, ›Bedrängnis‹ und ›Sünde‹ in allen lasterhaften Varianten. Mit der Fülle solcher Vokabeln schien die Musik der Redekunst vergleichbar und die Abbildlichkeit zumal geistlicher Vokalwerke eine Verkündigungsintention zu bezeichnen, die von protestantischen Musikwissenschaftlern im 20. Jahrhundert (über-)stark akzentuiert wurde. Denn die Musiktheorie des Barocks kennt lediglich die Maßgabe, dass der Tonkunst wegen ihrer Nähe und ihrer Anlehnung an Sprache ein dichterisches Moment innewohne – eine bereits unscharfe Übersetzung des lateinischen Begriffs *musicus poeticus*, seinerseits bereits ein Derivat von *musica poetica*, der zunächst gegenüber der akademischen Beschäftigung mit der Musik (*musica theorica*) und ihrer

Praxis (*musica practica*) das Moment des schöpferischen Umgangs mit der Tonkunst meinte. So bezeichnet *musica poetica* auch nichts weniger als ›dichterische Musik‹, sondern lediglich das Verfertigen musikalischer Werke, das durch eine enge Rückbindung an einen Text erleichtert wird. Die hermeneutisch-exegetische Funktion, die einer musikalischen ›Figurenlehre‹ oft unterstellt wird, lassen Quellen aus dem 17. und 18. Jahrhundert nirgends erkennen. ›Figur‹ bezeichnet lediglich die Übernahme eines Begriffs aus der Rhetorik, die nicht nur für die Musik in jener Zeit das terminologische Repertoire lieferte.

Gänzlich unklar bleibt allerdings, ob der theologische Gehalt, der geistlicher Vokalmusik nach solchen Interpretationen zukommen soll, vom Komponisten intendiert ist oder lediglich das Ergebnis subjektiver Rezeption. Zudem ist der Rückschluss vom ästhetischen aufs biografische Subjekt methodologisch weit prekärer, als es zumal im populärwissenschaftlichen Schrifttum gemeinhin suggeriert wird.

Mit der Reduktion auf einen zentralen Affekt, der für einen Satz verbindlich gemacht wird, erscheint der Interpretationsspielraum, den eine ›Figurenlehre‹ bot, ungleich geringer, da die Beziehungen zwischen klanglicher Ursache und physiologischer Wirkung rational fassbar sind. Denn weit leichter dürfte Einvernehmen darüber zu erzielen sein, ob ein freudiger oder verhaltener Affekt ein Musikstück prägt, als über den Sinn einer abwärts geführten Tonlinie, die, als Hinabsteigen gedeutet, gleichermaßen auf den Tod verweisen wie die Menschwerdung Jesu als Beginn des christlichen Heilsgeschehens illustrieren kann – von der Möglichkeit, dass eine fallende Melodie keinerlei Semantik zu tragen braucht, ganz abgesehen. Dieser Arbitrarität solcher Orientierung am Einzelwort begegnet die Affektenlehre, indem sie auf eine unmittelbare, körperliche Rezeption zielt, die keiner Missdeutung unterliegt. Selbst ohne eingehendere Kenntnis des musiktheoretischen oder ästhetischen Kontextes ist solche Musik direkt verständlich – einer der Hauptgründe für die dauerhafte Präsenz musikalischer Werke des 18. Jahrhunderts im Musikleben späterer Zeiten und bis in die Gegenwart. Zumal andererseits die Harmonik in dieser Zeit noch nicht jenes Maß an Komplexität wie hundert Jahre später erreicht hatte, und die ausgeprägte Subjektivität, die den Zugang zu manchen Werken einer musikalischen Romantik erschwert, ebenfalls erst ansatzweise entwickelt war. Gerade hier aber wird die Ambivalenz einer Affektenlehre deutlich: So kurz die Wege sind, die einen Komponisten mit seinem Publikum verbinden, da die Musik keiner oder doch nur rudimentärer Erläuterung mehr bedarf, so problematisch ist eine individuelle Formulierung solcher Wendungen zum Ausdruck bestimmter Stimmungen. Dass die Verfahren, affektiven Situationen musikalische Gestalt zu verleihen, standardisiert sind, erleichtert ihre Erlernung, die auch für den minder geübten oder jungen Tonsetzer keine unüberwindbaren Schwierigkeiten bietet; die Typisierung der Methoden zwecks der Darstellung von Gefühlen aber birgt zugleich die Gefahr einer Veräußerlichung, der Pose und eines hohlen Pathos. Die exzessive Demonstration emotionaler Bewegung muss nicht aus innerer Bewegung, gar Ergriffenheit resultieren, sondern nutzt lediglich einen rational aufgedeckten Wirkungsmechanismus. Die Lehre der Darstellung von Affekten verleitet zum Klischee des Gefühls, das als Topos aufgefasst und gebraucht wird – von Seiten des Komponisten wie auch seines Publikums. Diese Tendenz zur Stilisierung zeichnete sich bereits im 17. Jahrhundert ab: Die Melancholie, die John Dowlands Ayres, seine Lieder zur Laute, in einem unverwechselbaren Tonfall kennzeichnet, mag anfänglich einer subjektiv unbefriedigenden Situation geschuldet sein: Er wurde trotz seiner Fähigkeiten erst spät zu hohen, seinem Können adäquaten Ämtern im elisabethanischen England berufen; doch diesen Ton über Jahre zu kultivieren entspringt zugleich merkantilem Kalkül, das solche Klänge als verbreiteten Ausdruck eines Lebensgefühls kommerziell verwertet.

Unübersehbar aber waren auch die Vorteile, die aus der Produktion von Werken nach den Maßgaben einer Affektenlehre entstanden. Das Verständnis von Musik blieb nicht nur auf eine vergleichsweise kleine Schicht von Gebildeten und Kennern beschränkt, sondern konnte ein ungleich größeres Publikum erreichen. Zugleich hatte der Komponist klare Vorgaben, welche musikalischen Parameter zu verwenden waren, um eine bestimmte Wirkung zu erzielen.

Diese Vorzüge zeigten sich zumal bei der Komposition von Opern, jener Gattung, deren aufwendige Verbindung von Musik und Theater, Szene und Tanz aufgrund der hohen Kosten und der künstlerischen Anforderungen anfangs nur bei repräsentativen Hoffesten realisiert wurde, zunehmend aber ein breiteres bürgerliches Publikum interessierte. Bereits 1637 wurde in Venedig ein erstes Opernhaus eröffnet, für dessen Vorstellungen Eintrittskarten im freien Verkauf erhältlich waren (und sämtliche Kosten decken sollten). Weitere Spielstätten folgten auch an anderen Orten binnen kurzem. In Deutschland, wo die Bemühungen um ein eigenständiges, deutschsprachiges Musiktheater von Seiten der Höfe in der zweiten Hälfte des 17. Jahrhunderts kaum mehr Unterstützung fanden, war es zuerst Hamburg, wo die reiche Kaufmannschaft sich 1678 den Luxus eines öffentlich zugänglichen Opernhauses (am Gänsemarkt) leistete. Der trotz der enthusiastisch aufgenommenen Werke eines Reinhard Keiser oder eines Johann Philipp Krieger nur temporäre Erfolg dieses Unternehmens dürfte weniger einem veränderten Publikumsgeschmack geschuldet sein als der Tatsache, dass für die ab der Wende zum 18. Jahrhundert stark gesteigerten aufführungspraktischen Anforderungen in Deutschland nicht genügend Sängerpersonal zur Verfügung stand. Ähnliche

Schwierigkeiten, eine eigenständige Oper als künstlerische Gattung dauerhaft zu etablieren, finden sich in England; gelungene Werke sind stets an die Ausnahmegestalten einzelner Komponisten gebunden und addieren sich allenfalls am Ende des 17. Jahrhunderts mit den Werken von Henry Purcell, John Blow oder Matthew Locke zu einem Kapitel englischen Musiktheaters, das freilich – auch dies eine Analogie zur Entwicklung im deutschen Sprachraum – Episode bleibt: ohne Tradition und ohne unmittelbare geschichtliche Konsequenzen.

Bezugsgröße und maßstabsetzend für die Entwicklung des Musiktheaters aber blieb Venedig, wo bis zum Ende des 18. Jahrhunderts sechs Spielstätten um die Gunst des Publikums warben. Diese rege Konkurrenz, deutlicher Ausweis der wachsenden Beliebtheit des Genres, war künstlerisch freilich nur bedingt von Vorteil. Denn mit dem Zwang, die Produktionen durch Eintrittsgelder zu finanzieren, gewannen Momente der Ausstattung, prachtvolle Dekorationen und spektakuläre Bühnentechnik, erheblich an Bedeutung, um mit sensationellen Effekten werben zu können. Auch die Dramaturgie wurde gelockert: Zugunsten kurzweiliger Unterhaltung kamen Nebenhandlungen hinzu, weitere Figuren kommentierten das in seinen Grundzügen meist noch auf antiken oder mythologischen Stoffen basierende Sujet, nicht freilich nur um eines besseren Verständnisses des Plots willen als vielmehr häufig genug in ironisierender Manier. Durch die wachsende Zahl solcher Interpolationen, die vom zentralen Handlungsstrang eher ablenkten, gerieten Opernproduktionen in Venedig mehr und mehr zu locker gefügten, fast revueartig zu denkenden Vorstellungen. Der Aspekt der Unterhaltung, von musikalischen Veranstaltungen kaum je zu trennen und pejorativ erst im Zuge einer auf den Künstler selbst bezogenen Ästhetik späterer Zeiten gewertet, kennzeichnet denn auch in auffälliger Weise diese Bühnenwerke am Ende des 17. Jahrhunderts, nachdem in den Opern des späten Monteverdi wie auch Cavallis (Pier Francesco Caletti-Bruni) und Antonio Cesti eine einheitliche Stilhöhe gewahrt worden war. Dass vergleichbare Erscheinungen im französischen Musiktheater dieser Zeit fehlen, dürfte mit dessen Rückbindung an den Absolutismus zu erklären sein: Die Tragédie lyrique, wie sie durch Lully ihre gültige Gestalt erhielt, ist als Musiktheater Ludwigs XIV. eine höfische Kunst, die nicht zuletzt mit dem Ballet de cour auf eine zeremonielle Repräsentation des Sonnenkönigs zielt, nicht primär seine Unterhaltung oder das Vergnügen seines Hofstaates.

Strenge in Aufbau und Anlage dieser Werke, in Frankreich ein zentrales Motiv der Kritik, galt in Italien als Beispiel, den eigenen Produktionen wieder größere Verbindlichkeit zu geben, um den Eindruck einer allzu willkürlichen Nummernfolge und des zweifellos publikumswirksamen Spektakels zu korrigieren. Um die Oper als Kunstwerk von Rang zu restaurieren, bedurfte indes nicht die Musik einer Revision, sondern zunächst und vor allem die Anlage des Librettos, dessen Neugestaltung sich mit dem Namen Apostolo Zeno (1668–1750), in einem weiteren Schritt mit Pietro Metastasio (1698–1782) verbindet. Ihre Reform zielte auf eine Reduktion des Personals auf der Bühne, um die Handlung auf einen Strang zu konzentrieren; mit den Nebenfiguren verschwand jedoch auch die kurzweilige Szenenfolge. Das Resultat war ein Stück mit ernstem Gehalt, das auch vor den strengen Maßgaben der literarischen Kritik bestehen konnte. Gemäß deren Differenzierung in Werke hoher und niederer Genres entspricht das solchermaßen konzipierte Dramma per musica, meist als Opera seria (›ernste Oper‹) bezeichnet, der Tragödie (wie in der Gattungsbezeichnung des anspruchsvollen französischen Musiktheaters auch ersichtlich). Protagonisten waren Helden der klassischen Antike oder Mythologie, denn nur diese seien – ebenfalls der Literaturtheorie zufolge – ernster, tiefer Gefühle – Mut, Tapferkeit, aber auch Trauer um das Vaterland, gerechten Zornes oder erhabener Liebe – fähig. Im Gegensatz dazu vermöge das ›gemeine‹ Volk, das in der Komödie bzw. der Opera buffa als deren Pendant auf die Bühne kommt, nichts tiefer zu empfinden, weshalb es auch ein tragisches Schicksal schlechterdings nicht erleiden könne.

Das Libretto einer Opera seria, wie es Zeno und Metastasio paradigmatisch ausprägten, folgt so engen, wenig flexiblen Vorgaben, dass sein Erfolg, ein halbes Jahrhundert lang musterhaft für das wichtigste Genre des Musiktheaters, auf den ersten Blick überrascht. In der Besetzung auf sechs Personen beschränkt, entfaltet sich die Handlung meist zwischen zwei Paaren unterschiedlicher sozialer Stellung. Die beiden weiteren Rollen bleiben variabel: Vertraute, Diener, Feldherr und Regent ergänzen das halbe Dutzend von Mitwirkenden. Auch die äußere Anlage ist mit drei Akten, in denen eine unbestimmte Anzahl von Szenen sich aneinander reihen, fest umrissen. Jede einzelne dieser Nummern kombiniert eine kurze, als Dialog gefasste Handlungsepisode mit einer Passage, in der nur mehr einer der beiden Partner die zuvor entwickelte Situation reflektiert. Anschließend verlässt auch dieser die Bühne, um einem anderen Duett Platz zu machen. Gespräche mit mehreren Teilnehmern bleiben die Ausnahme; das ganze Ensemble versammelt sich allenfalls

---

Die dramaturgische Idee der Opera seria, zwischenmenschliche Beziehungen auf einige wenige Affekte zu konzentrieren, deren musikalische Gestaltung engen kompositorischen Regeln oblag, illustrieren auch die den einzelnen Akten vorangestellten Kupferstiche des Librettos: Der Zwiespalt der Gefühle, die Zerrissenheit zwischen Pflicht und Neigung, zwischen selbstbestimmtem und der Konvention folgendem Handeln ist in den ›theatralischen‹ Posen aller Darsteller unmittelbar zu ersehen.

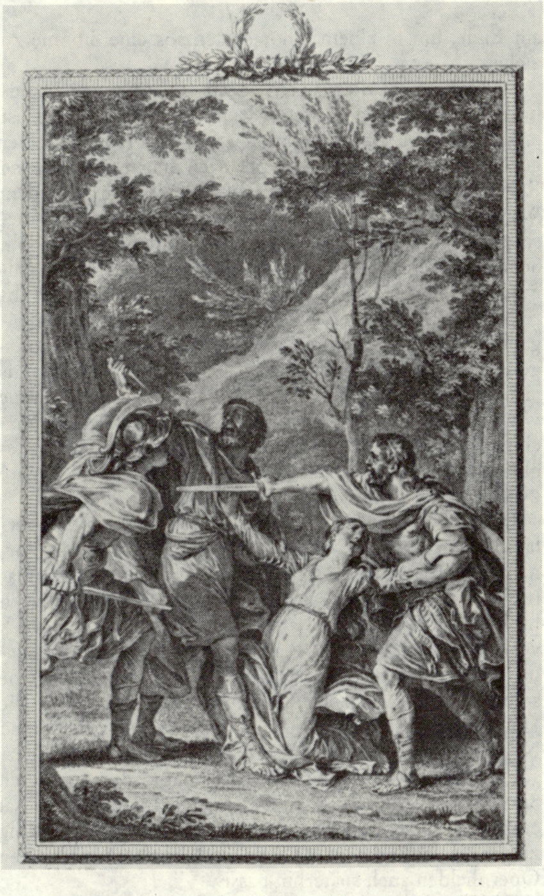

Pietro Metastasio, *Zenobia.* Kupferstich von Gabriel Jacques Saint-Aubin nach Jean Michel Moreau dem Jüngeren.

am Ende, um in einem Chor sentenziös eine Summe zu ziehen.

So eng formal dieses Gerüst, so stereotyp die Handlungsmuster. Ein verbreitetes, vielfältig variiertes Sujet ist etwa die Liebe eines Regenten zu einer Frau, die, einer gegnerischen Partei angehörend, nach einem gewonnenen Krieg zu seinen Gefangenen zählt, jedoch sich stolz dem Werben des siegreichen Fürsten widersetzt, wiewohl dieser mit einer ehelichen Verbindung dem besiegten Volk Schonung verspricht; indem nun aber seine frühere, zugunsten der neuen Geliebten zurückgesetzte Verlobte ihrerseits im feindlichen Lager Vertraute findet und intrigante Initiativen entwickelt, wird ein Handlungsknoten geschürzt, den mitunter keiner der Beteiligten mehr aus eigener Kraft lösen kann. Hier hilft oft nur eine Stimme von außen, ein Orakel oder der Spruch eines Deus ex machina, eines ›Gottes aus dem Maschinenraum‹, um jenes glückliche Ende herbeizuführen, das in diesem Genre zwingend notwendig ist.

In den besseren dieser Stücke weist der Handlungsverlauf durchaus eine Logik und Stringenz auf, die das formalisierte Raster kaum schon ahnen lässt. Ziel der Dramaturgie ist, einen Protagonisten rasch in eine Situation zu bringen, in der er einer affektiven Stimmung Ausdruck verleihen kann, bevor er Platz macht für die nächste Szene, die demselben Schema folgt. Spannung gewinnt eine solche Reihung einzelner Nummern jedoch, wenn die Hauptpersonen in einen Zwiespalt zwischen Pflicht und Neigung gebracht werden, in dem sie ihre Charakterstärke offenbaren können. Die Dramatik, die aus diesen Situationen resultiert, wird indes stets auf das Schicksal einzelner Personen reduziert, die sich oft genug unfähig zeigen, selbständig zu handeln. Nicht selten bleiben Opernhelden auch späterhin passiv.

Die Zuspitzung kurzer Szenen auf einen affektiven Höhepunkt, die das Libretto vorgab, erleichterte die musikalische Gestaltung erheblich. Denn mit dem zunehmend differenzierten Spektrum, kompositorische Parameter zur Gestaltung leidenschaftlicher Bewegung einzusetzen, bereitete die Vertonung stets auf ähnliche Affekte zielender Texte nurmehr geringe Schwierigkeiten. Für die handlungseinleitenden Dialoge konnten rezitativische Techniken genutzt werden, die jedoch umso weniger nuanciert werden mussten, als das Publikum seine Aufmerksamkeit auf jene Partien richtete, in denen die Hauptdarsteller ihrer affektiven Befindlichkeit Ausdruck verliehen. Hier, in den großen Solo-Nummern, die als Arien mit einem wiederholten Eingangsteil meist einer schlichten Dreiteiligkeit folgten, konnten die Sänger eine Bravour zeigen, die in der Wiederaufnahme des Anfangsabschnitts durch improvisierte Verzierungen noch gesteigert wurde. Diese Da-capo-Anlage (ital., ›von Beginn‹) war einer dramaturgischen Entwicklung zwar wenig förderlich, da eine Milderung affektiven Überschwangs in einem kontrastierend angelegten Mittelteil im Folgenden wieder zurückgenommen wurde. Doch einer Konzentration auf herausragende Sängergestalten, etwa die ungemein hoch dotierten Kastraten Farinelli, Carestini oder Caffarelli, kam diese Form entgegen, wenngleich solche Nummernopern gelegentlich zu jenen Konzerten mit Kostümen werden, die im 20. Jahrhundert, unter gänzlich veränderten Theatererfahrungen und Sehgewohnheiten, eine Rezeption als Bühnenwerk problematisch machen.

Das Publikum der Entstehungszeit dieser Opern achtete zeitgenössischen Berichten zufolge weniger auf die Konsistenz der Handlung als auf die Qualität der Sänger. Vor einem Zeitalter des Repertoirebetriebs, wie er gegenwärtig üblich ist, wurden einzelne Opern, an Höfen und in Residenzstädten zumal anlässlich dynastischer Ereignisse produziert, allabendlich mehrere Wochen lang in Folge (*en suite*) gespielt. Mithin waren Dramaturgie und Handlungsverlauf den Besuchern mehrerer Aufführungen bereits vertraut, und die Aufmerksamkeit konzentrierte sich auf die sängerische Leistung – sofern überhaupt das Geschehen auf der Bühne gegenüber dem gesellschaftlichen Leben Berücksichtigung fand, das sich in den für ganze Opernsaisons vermieteten Logen und (den gesellschaftlichen Status spiegelnden) Rängen des Theaters abspielte. Solch selektiver Rezeption einzelner Nummern kam das Komponieren nach festgelegten Modellen, die bestimmten Affekten zugeordnet waren, wiederum entgegen.

Auch für Komponisten und Sänger bot die starr erscheinende Form der Opera seria erhebliche Vorteile, die eine Beliebtheit der Gattung und ihren Erfolg in ganz Europa leicht verständlich machen. Denn das übliche Verfahren, eine Oper zu produzieren, begann mit der Wahl eines Librettos, das einem Komponisten zur Vertonung für ein ebenfalls meist aktuell zusammengestelltes Ensemble von Sängern übergeben wurde. Die Festlegung auf ein halbes Dutzend Mitwirkender erleichterte nun ebenfalls wie deren interne Hierarchie den Produktionsprozess ganz erheblich. Das erste Paar (ital. *Primadonna* und *Prim'uomo*) war nicht nur mit einer größeren Anzahl von Arien zu bedenken als das zweite (die Sekondarier), sondern auch mit besonders wirkungsvollen Nummern. Konflikte, wie sie immer wieder zwischen den Starsängern jener Zeit aufkamen, resultieren meist aus einer (oft nur vermeintlichen) Nichtbeachtung dieser Regeln durch den Komponisten.

Indem nun in den einzelnen Nummern lediglich ein Affekt musikalische Gestalt gewinnen musste, der Kontext aber allenfalls geringe Relevanz hatte, konnten Einzelstücke unterschiedlichster Provenienz für eine Opera seria zusammengestellt werden. Nicht nur dem Komponisten, sondern auch den Sängern war es mithin möglich, auf andernorts bereits erfolgreich verwendete Stücke für eine neue Produktion zurückzugreifen. Dass dabei auch Werke unterschiedlichster Autoren kombiniert wurden, bedeutete in einem Zeitalter, das ein Urheberrecht erst in den Anfängen kannte, und unter Komponisten, die sich nicht scheuten, auch in größerem Stil sich der Produktionen ihrer Kollegen zu bedienen, kein Hindernis. In wie reichem Maße auch unter eigenem Namen überlieferte Opere serie Werken der Zeitgenossen verpflichtet sind, ist selbst bei den großen Namen dieses Genres – Alessandro Scarlatti, Leonardo Vinci, Giovanni Bononcini, Pergolesi, Durante, Jommelli, Traetta, bis hin zu Hasse und zumal Georg Friedrich Händel – erst in den letzten Jahren ins Bewusstsein geraten. Opera seria ist auch eine Kunst des Arrangements, und die Erfordernisse der Praxis – die Rücksicht auf das aktuell verfügbare Ensemble oder die Erwartungshaltung des Publikums – überwogen offenkundig alle Bedenken hinsichtlich Plagiat und mitunter dreister Kopie, zumal eine Drucklegung auch erfolgreicher Werke seltene Ausnahme war und die Adaption umso weniger nachzuweisen, als Gerichts- und Urteilsinstanzen fehlten.

Waren die Vorteile dieses Produktionsprozesses, die zu einer europaweiten Konjunktur der Opera seria und ihrer prominentesten Komponisten und Sängerpersönlichkeiten in der ersten Hälfte des 18. Jahrhunderts führten, für die Kirchenmusik kaum zu übernehmen, da das Niveau der Musikanten einen Austausch qualitätvoller Werke nur in geringem Maße zuließ, so doch die kompositorischen Prinzipien. Dass Kantaten in ihrer Folge von Rezitativen einem Teil einer Opera seria gleichen konnten, war ein ästhetisches Postulat, das die Komponisten lutherischer Kirchenmusik bereitwillig aufgriffen. Satztechnisch wie hinsichtlich ihres Gehalts unterscheidet die Kantaten eines Bach, Telemann, Stölzel oder Graupner nichts von den zeitgenössischen italienischen Opern, deren additive Muster sie in der Zusammenstellung mitunter durchaus heterogener Einzelsätze ebenso zeigen wie mit der Unterlegung neuer geistlicher Texte zu ehedem ›weltlichen‹

Huldigungs- und Festmusiken deren geringere Relevanz gegenüber einem meist gewahrten Einheitsaffekt.

Erst recht kein Unterschied zur kompositorischen Praxis der Opera seria findet sich bei den Oratorien, die zu damaligen Zeiten – zumal im Rom des beginnenden 18. Jahrhunderts wie ehedem schon bei Giacomo Carissimi – lediglich ein Surrogat für eine aus theologischen Gründen zweifelhafte oder aus wirtschaftlichen Erwägungen untersagte Opernproduktion bildet, mitunter nur eine Fortsetzung der Praxis des Musiktheaters mit anderen Sujets darstellt: Fast alle Oratorien Händels entstanden nach seinen mehrfach gescheiterten Versuchen, italienische Opern in London zu etablieren, erfüllen mit der englischen Sprache eine Forderung des Publikums, führen musikalisch indes denselben Stil weiter, den er auch in seinen anderen Bühnenwerken kultiviert hatte.

Wie sehr selbst das traditionsreiche Genre der Passionsvertonung opernhafte Gestaltungsmittel übernahm und zunächst in der oratorischen Passion (deren Grundlage der Bibeltext blieb, ergänzt um betrachtende Texte in Form von Arien), dann dem Passionsoratorium (einer freien Nachdichtung der Leidensgeschichte Jesu) aktuelle Techniken adaptierte, zeigt jenes Diktum einer Besucherin von Bachs *Matthäuspassion*, der es nach einer Aufführung schien, sie sei nicht in der Kirche, sondern in einer »opera comedie« gewesen. Kaum anders hätte auch manch Hörer der *h-Moll-Messe* geurteilt. Der Erfolg der Affektenlehre war uneingeschränkt und grenzenlos.

Kritik

Emanzipation des Hörers im 18. Jahrhundert

Sofern ein System von Regeln vorliegt, die ein Komponist bei der Produktion zu beachten hat, bereitet die Qualifizierung eines Werkes wenig Schwierigkeiten. Zumeist ist es die satztechnische Richtigkeit, die leicht zu überprüfen ist und eine erste Instanz darstellt, allein die handwerkliche Korrektheit zu überprüfen. Auch zur Beurteilung, ob die einem Komponisten gestellte Aufgabe, einen Beitrag zu einer bestimmten Gattung zu schreiben, gelöst sei, konnten Kriterien benannt werden, die allerdings meist auf Konvention oder der mehrheitlichen Meinung von Kunstrichtern beruhte.

Erste Zeugnisse kompositorischer Kritik, der Versuche, die Werke eines Kollegen fachgerecht zu bewerten, datieren auf den Beginn des 17. Jahrhunderts. Das Motiv, in neuesten Kompositionen Wendungen auszumachen, die bis dahin allgemein gültige Vorgaben mutwillig ignorierten, so dass sich die Frage stelle, ob hier noch von Musik gesprochen werden könne und nicht vielmehr von einem Chaos von Tönen, findet sich indes schon früher – meist, wie in den päpstlichen Stellungnahmen zur Ars nova 1324 oder den Richtlinien des tridentinischen Konzils um die Mitte des 16. Jahrhunderts, von kirchlichen Stellen formuliert und stets aus der Defensive gegenüber den je aktuellen Gestaltungsweisen weltlicher Werke.

Präziser Kritik zu üben und die Mängel auch öffentlich zu machen, setzt jedoch voraus, dass die Kompositionen, an denen Fehler gezeigt werden sollen, allgemein zugänglich sind und auch ein Forum existiert, dass dieser Fachdiskussion zu folgen bereit und in der Lage ist. Dies aber lohnt erst dann, wenn das ›neue‹ Werk eine solche Verbreitung erfährt (oder mutmaßlich erhalten würde) und die innovativen Techniken als so große Gefährdung der kompositorischen Fundamente erscheinen, dass die Mühe einer minutiösen Auflistung vorgeblich unzulänglicher Sachverhalte gerechtfertigt ist. Diese Voraussetzungen schienen – wohl das erste Beispiel eingehender kompositorischer Kritik – mit einigen Madrigalen Claudio Monteverdis gegeben, die Giovanni Maria Artusi zu einer Darstellung über die »Unvollkommenheiten der modernen Musik« (*Delle imperfettioni della moderna musica ragionamenti due*, Venedig 1600) veranlasste. Dass er lediglich einige Wendungen aus zudem noch unveröffentlichten Kompositionen eines Kollegen heranzog, um seine Position zu untermauern, ist gewiss ebenso wenig ein Zeichen von Fairness wie der polemische Ton, dessen er sich dabei bediente. Doch hatte Artusi die Gewandtheit seines Kontrahenten unterschätzt: Sehr wohl, so Monteverdi, entsprächen die kritisierten Wendungen den auch von ihm akzeptierten Regeln, die er lediglich in einer alternativen Weise interpretiere – um einer intensiveren Textdarstellung willen. Mithin erledige sich der Disput.

Formal gesehen, gewiss. Doch mit der Möglichkeit der subjektiven Deutung von Regeln war ein Moment eingeführt, das weitreichende Folgen haben sollte. Denn Bezugsgröße für die Beurteilung von Kompositionen bildete nun nicht mehr ausschließlich die Einhaltung von satztechnischen Vorgaben, sondern explizit deren individuelle Interpretation, die ihrerseits als Grundlage weiterer Auslegungen dienen konnte. Der Verweis auf das Werk eines allseits akzeptierten Komponisten sollte eigene Abweichungen von ehedem verbindlichen Regeln legitimieren. Damit aber war die Frage aufgeworfen, nach welchen Kriterien ein Werk noch zu beurteilen sei: Die Satztechnik als Instanz der Kritik bedurfte der Ergänzung durch weitere Kategorien, die eine Überprüfung der Qualität einer Komposition ermöglichten; denn dass ein Werk jenseits formaler Richtigkeit an Schönheit gewinne, wenn Regeln absichtlich verletzt würden, war wie in der Malerei auch den Manieristen in der Musik durchaus bewusst. Ein erhebliches Problem ergab sich indes daraus, dass solche Überschreitungen von Konventionen gerade nicht systematisierbar waren. Andererseits führte nicht jeder subjektive Mutwillen in der Gestaltung eines Kunstwerks zu einem ästhetisch befriedigenden Ergebnis: ein Dilemma, das sich mit der Vergrößerung des Spektrums kompositorischer Möglichkeiten ab dem Beginn des 17. Jahrhunderts abzeichnete und bis in die Gegenwart virulent ist.

Eine erste Lösung dieser Schwierigkeit, zwischen Richtigkeit (verstanden als Einhaltung von satztechnischen Regeln) und individuellen Gestaltungsvorstellungen zu vermitteln, bot eine Differenzierung unterschiedlicher Stile und Stilhöhen. Dieses Modell, eine im Nachhinein selbstverständlich anmutende Unterscheidung zwischen den kompositorischen Mitteln, die für Kirchenmusik oder Madrigale und später die Oper zur Verfügung standen, erhielt seine allgemeine europaweite Akzeptanz durch eine Kontroverse, die der Warschauer Kapellmeister Marco Scacchi mit Paul Siefert, dem Organisten an der Marienkirche in Danzig um die Mitte des 17. Jahrhunderts ausfocht. Siefert hatte eine Sammlung von Psalmmotetten vorgelegt, die mit einem Cantus firmus im Tenor eine um 1640 bereits ›alte‹ Technik benutzten, doch zugleich eine Vielzahl moderner Wendungen einbezog, wie sie auch in der geistlichen Musik eines Monteverdi, Peter Philips oder Heinrich Schütz durchaus üblich und vielfältig verwandt worden waren.

Diese Verbindung von konventionellen Momenten eines A-cappella-Stils des 16. Jahrhunderts mit aktuellen Madrigalismen schien Scacchi schlechterdings »stillos«, wiewohl sein Gegner auf Werke namhafter Kollegen verweisen konnte, die ähnliche Gestaltungsmittel verwandten. Scacchi indes postulierte – nicht als Erster zwar, doch mit nachhaltiger Geschichtswirksamkeit –, dass ein ›alter‹

Stil, wie er zumal in den Kompositionen Palestrinas zu finden ist, für polyphone Kirchenmusik unhintergehbar sei, größere Freiheiten aber, die sich bei Siefert in solchen Werken eines traditionsreichen Genres fänden, nurmehr in Kammermusik und Oper zugelassen werden könnten. Zudem irrten auch die von seinem Gegner angeführten Autoritäten, wenn sie ihre Individualität über die Regelkonformität stellten; es gehe nicht an, sie als Referenz anzuführen, da auch diese *classici autores*, wie Scacchi die ›großen Komponisten‹ des vergangenen Jahrhunderts als Erster im Schrifttum über Musik nannte, zunächst die Eigenheiten der verschiedenen Stile und deren Regeln hätten beachten müssen.

Dieses System unterschiedlicher Stile, nur wenige Jahre nach Scacchis Entwurf von Athanasius Kircher in seiner monumentalen *Musurgia universalis* (Rom 1650), einer imponierenden, 1100 Folioseiten umfassenden Gesamtschau dessen, was Musik historisch, praktisch und theoretisch ausmachte und mit ihr zu bewirken war, noch weitergehend ausgearbeitet, übernahm auch Christoph Bernhard, als Schüler von Giacomo Carissimi in Rom und Dresdner Hofmusiker (später Vize-Kapellmeister) unter Heinrich Schütz ein weiterer Vermittler italienischer Neuerungen ins mittlere Europa, in seine weit verbreiteten Unterrichtswerke. Welche Stilmittel in der zweiten Hälfte des 17. Jahrhunderts für die verschiedenen Gattungen zu verwenden waren, oblag nun einem Regelwerk, das wie in der bildenden Kunst die Theorie des Dekorum eine Qualifizierung von Kompositionen leicht zuließ. Ungeachtet aller musikalischen Neuerungen, nicht nur hinsichtlich der Satztechnik und der Verwendung von Dissonanzen, sondern auch in der Entwicklung von Formen und Spielpraktiken, war dieses System Basis und Bezugsgröße der musiktheoretischen wie -ästhetischen Auseinandersetzung bis weit ins 18. Jahrhundert: Noch Johann Mattheson sollte sich in seinem *Vollkommenen Capellmeister* (Hamburg

1739), einer groß dimensionierten Kompositionslehre mit ausschweifenden Exkursen und ästhetischen Raisonnements, auf diesen Entwurf beziehen, wenngleich mit der eher resignativen Feststellung, dass in der Gegenwart die Weiterführung einer solchen Stilhöhenregel ebenso wenig möglich sei wie die Etablierung einer neuen. Immerhin gebe es jedoch Konventionen, die das Komponieren in unterschiedlichem Metier regelten: Die Differenzierung von kompositorischen Stilen weicht einer Etablierung musikalischer Gattungen, die ihre eigenen Traditionen ausbilden.

Die Erkenntnis, dass nicht schon die Einhaltung der Vorgaben eines Stilsystems hinreichten, Musik zu entwerfen, die über jede Kritik erhaben sei, formulierte als erster Johann Beer (1655–1700), der weniger in seiner Funktion als Konzertmeister in Weißenfels einen Platz in der Musikgeschichte beanspruchen kann denn als Autor einiger kleinerer musiktheoretischer Schriften – neben einer Unzahl unter Pseudonym veröffentlichter Romane, die ihn zu einem wichtigen Vertreter der deutschen Barockliteratur machen. Als Schulrektoren in seiner Nachbarschaft den Wert von Musik für die Ausbildung junger Menschen grundsätzlich in Frage stellten, da die Tonkunst nicht nur eine moralisch erhebende Funktion habe, sondern auch zu Verweichlichung und Müßiggang führen könne, verwies Beer mit Nachdruck darauf, dass erst die Verwendung einer Sache über ihren Wert und Nutzen entscheide. Grundsätzlich zu differenzieren sei zwischen einem Ding selbst und seinem Gebrauch; selbst ein potenzieller Missbrauch entwerte nicht einen Gegenstand oder ein Phänomen von vornherein und prinzipiell. Eine Verwendung obliege vielmehr subjektiver Einstellung, sei auch von der ursprünglichen Intention des Produzenten unabhängig. Mithin wird eine richtige oder angemessene Rezeption zur Aufgabe der Erziehung, entzieht sich aber dem Einfluss und letztlich auch der Verantwortlichkeit eines Urhebers.

Diese Verlagerung der Perspektive, von Beer zunächst fast beiläufig nur in den Blick genommen, dann aber mit dem Grundsatz, nicht *definitive*, sondern *discursive* philosophieren zu wollen, deutlich akzentuiert, bedeutet nichts Geringeres als einen Paradigmenwechsel von einer Produktionsästhetik hin zu einer Beobachtung von Rezeptionsmustern und Publikumsverhalten. Und wiederum im Nebenbei ist jene Methode benannt, die zum Schlagwort neuzeitlichen Denkens werden sollte: Im Diskurs entsteht ein Konsens. Nicht mehr Verweise auf die Transzendenz sichern Orthodoxie und Wahrheiten auch in der Kunst. Die Regelpoetik mitsamt ihrem System verschiedener Stile und ihrer Theorie des Dekorum wird durch das selbständige Urteil des Autors wie des Rezipienten ersetzt. Dieses nun zu bilden wird Aufgabe musikalischer Erziehung nicht primär und ausschließlich schon in der Schule, sondern mittels Medien, die neue Formen der Öffentlichkeit stiften: Die Zahl gelehrsamer Traktate in lateinischer Sprache vermindert sich zugunsten leicht verständlicher und zugänglicher Schriften in den Landessprachen, nicht zuletzt auch von Zeitungen und Journalen, die auch den Bürger mit Umgangsformen und kultiviertem Verhalten vertraut machen sollen. Matthesons drei *Orchestre*-Schriften (Hamburg 1713–21) schaffen wie seine *Critica musica*, eine erste populäre

---

Das neue Musikverständnis um 1700 hat gleichwohl antike Wurzeln: Die Fülle ikonographischer Details – der von einem Delphin gerettete Sänger Arion, der unmittelbar vor seinem Tod besonders klangvoll singende Schwan usw. – verdeutlichen eine Tradition, die nur noch im Hintergrund wirksam ist, doch von der aufwendig gekleideten Dame – Personifikation der ›modernen‹ Musik – ebenso aufgenommen wird wie in den posthum erschienenen *Discursen* des Weißenfelser Konzertmeisters und Romanciers Beer.

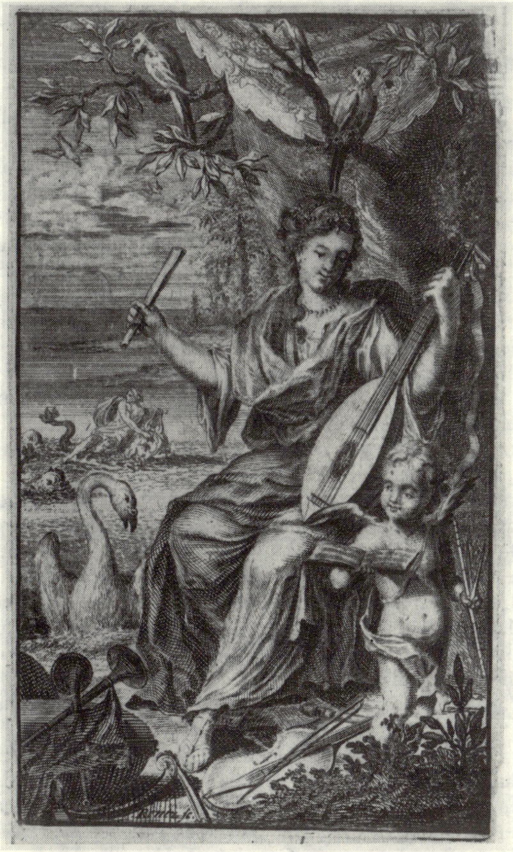

Johann Beer, *Musicalische Discurse*, Nürnberg 1719. Titelkupfer. Berlin, Staatsbibliothek zu Berlin, Preußischer Kulturbesitz, Musikabteilung mit Mendelssohn-Archiv.

Musikzeitschrift, von der allerdings nur zwei Jahrgänge (1722 und 1725) erschienen, Grundlagen, auf denen der gebildete, freilich keineswegs mehr in privaten oder halböffentlichen Akademien gepflegte Diskurs aufbauen kann. Als Gegenstand von Disputen rücken satztechnische Details oder dass ein Werk den Vorgaben theoretischer Systeme entspricht in den Hintergrund gegenüber Fragen, wie Musik ihre Wirkung auf den Zuhörer entfalte und Erfolg haben könne bei einem Publikum, das, sich rasch vergrößernd und dank breiterer Bildung und in einer Zeit wachsenden Wohlstands in Europa auch zunehmend kritischer, musikalische Aufführungen nun zahlreicher und häufiger besucht.

Unumstritten aber war diese neue Musikanschauung keineswegs. Residuen der traditionellen Idee, dass die Tonkunst den Aufbau des Himmelssystems spiegele, finden sich, wenngleich kaum mehr denn als totes Bildungsgut, noch in Schriften aus dem universitären Umfeld, in denen das Akademische mehr und mehr negativ konnotiert wird. Doch auch die Gegenseite konnte ein bereits seit der Antike bekanntes Argument wiederholen, indem das Gehör als Urteilsinstanz favorisiert wird: Kaum zufällig zeichnete Mattheson, der publizistisch eifrigste Verfechter einer Musikauffassung, die das individuelle Urteilsvermögen akzentuierte, als ein »Aristoxenos junior«, der wie sein klassischer Vorgänger Musik als sinnlich wirkende, nicht allein intellektuell konzipierte Kunst verstand.

Für die Position einer rationalistischen Musikästhetik hatte Gottfried Wilhelm Leibniz (1646–1716) ein konsistentes Modell bereitgestellt, demnach die Musik eine geheime Übung des Zählens des dieser Tätigkeit sich allerdings nicht bewussten Geistes sei. Unwillkürlich, weil physiologisch bedingt, nehme der Mensch beim Hören eines Musikstücks arithmetische Operationen vor, indem er Intervalle auf ihre zahlhaften Proportionen reduziere; je einfacher diese Zahlenverhältnisse seien, also je stärker sie reinen Konsonanzen sich annäherten, desto mehr Annehmlichkeiten empfinde der Zuhörer. Auch die affektive Wirkung ließ sich seinen Überlegungen zufolge zahlhaft fassen, wenn biochemische Vorgänge in ähnlicher Weise auf mathematisch darstellbare Verhältnisse und Beziehungen einzelner Substanzen im Körper aufgefasst werden.

Dass diese mechanistische Auffassung weiterhin prominente Vertreter fand, dürfte nicht allein aus ihrer Tradition resultieren, sondern dem weiterhin verfochtenen Anspruch geschuldet sein, lediglich Musik, die sich mittels dieser Kategorien verstandesmäßig fassen lasse, könne ästhetisch bedeutsam sein und »schön« im platonischen Sinne genannt werden. Kompositionen, die nicht nur »interesseloses Wohlgefallen« erregten (Immanuel Kant) und anderes als ein »harmloser Luxus« (Roger North) seien, galten in dieser Optik als minderwertig, da den Hörer gegebenenfalls – im wahrsten Sinne des Wortes – fesselnd. Dieses niemals verkannte Potenzial der Musik aber schien (nach d'Alembert) nicht allein politisch gefährlich, sondern mit Selbstbestimmung und subjektiver Autonomie, den zentralen Ideen der Aufklärung, schlechterdings nicht vereinbar.

Gleichwohl erschloss sich einer solchen Position nur ein Teilbereich musikalischer Realität. Dass Musik eine Kunstform sei, die eine verstandesmäßige Betrachtung zulässt, bedeutet mit der Verabsolutierung dieses Standpunkts eine erhebliche Reduktion des Spektrums ihrer Möglichkeiten. Und ihre unverkennbare emotionale Wirkung auf die Zuhörer nurmehr rational erklären oder gar als defizienten Modus ansehen zu wollen, wird dem Rezeptionsverhalten der überwiegenden Mehrheit des Publikums schlechterdings auch kaum gerecht. Ebenso wenig konvergiert ein monokausales Erklärungsmodell von Ursache und Wirkung musikalischer Phänomene mit der Erfahrung, ein Musikstück in unterschiedlichen Aufführungskontexten und Lebenssituationen zu hören.

In dieser Gegenüberstellung, welche Funktion Musik haben könne, ja übernehmen solle, ist der Kern einer Auseinandersetzung zu sehen, die über die Frage nach der Berechtigung des subjektiven Standpunkts das Zentrum des die Aufklärung kennzeichnenden Diskurses erreicht: Die Behauptung typisierter Affekte, deren physiologische Wirkung man eindeutig fixieren zu können glaubte, kontrastiert individueller Empfindung, die sich nicht von Regeln und Wahrnehmungsmustern leiten lassen will. Dass mittels solcher Vorgaben nicht nur ästhetische Regulative verfestigt werden sollten, sondern auch – nicht zuletzt über Pädagogik und offiziöse Meinungsbildung – gesellschaftliches Verhalten, geriet zum Kritikpunkt jener, die auf Natürlichkeit und Unmittelbarkeit auch als Kategorien musikalischer Erfahrung rekurrierten. Zumal die Affektenlehre verfiel auf diese Weise rasch der Kritik, die neben Mattheson auch Johann David Heinichen und Christian Gottfried Krause – freilich mit unterschiedlichen Akzenten – besonders nachdrücklich vortrugen. Musikalische Wahrnehmung sei zu differenziert, um sie auf so wenige standardisierte Muster zu reduzieren, wie sie die Theorie der Affekte bereitgestellt hatte.

Die Folgen für die musikalische Praxis waren immens. Denn mit der Regelpoetik verfiel eine Ordnung der Kritik, die auch gesellschaftlich und sozialpolitisch regulierend gewirkt hatte, indem Gefühle als Affekte rationaler Kontrolle unterworfen waren. Nun eine Unmittelbarkeit und Ursprünglichkeit emotionaler Bewegung zuzulassen, barg nicht nur ästhetisch ein Risiko, da eine Bewertung von Musik erschwert war und ihre Wirkung nicht mehr zu steuern. Posen und Gesten konnten als erlernte, einstudierte Attitüden und Verhaltensweisen dekuvriert werden, und mit der Entlarvung schwanden Respekt und Autorität. Wenn Gefühle individueller Disposition überantwortet wurden, war auch jene Differenz von Affekten hinfällig, die ehedem gesellschaftliche Gruppen unterschied, indem das Vermögen, tragische Situationen in ihrer ganzen Intensität zu erfassen, nur sozial höherstehenden Personen konzediert wurden, hingegen das ›einfache‹ Volk nur vordergründige Gefühle zu erfahren fähig sei.

Musikalisch wird dieser Disput in den Auseinandersetzungen um den Vorrang alter und moderner Musik greifbar, der zumal in Frankreich hartnäckig und über Jahrzehnte ausgefochten wurde. Veräußerlichte Virtuosität und Lust am Effekt kontrastierten mit Wahrheit, Natürlichkeit des Ausdrucks, Geschlossenheit der Konzeption und dramaturgischer Stringenz: Frontstellungen, die sich im Gegenüber genuin italienischen und französischen Musiktheaters ebenso festmachen lassen wie in den nachgerade ridikül wirkenden Diskussionen, ob ein römischer Kaiser auf der Bühne singen dürfe und insbesondere ein instrumentales Vorspiel abzuwarten habe, bevor er einer leidenschaftlichen Gefühlsbewegung Ausdruck verleihe. Zumal die immer unflexibler gewordene Form der Opera seria, ehedem in ihrer durch Metastasio und Zeno definierten Gestalt als großer Erfolg gefeiert, der die Produktion von Werken des Musiktheaters erheblich erleichterte und eine verbindliche Struktur etablierte, wurde zunehmend zum zentralen Gegenstand der Auseinandersetzung, die sich auch an den immer gleichen Sujets aus Antike und Mythologie entzündete. Ineins mit dieser aristokratischen Ausprägung des Musiktheaters gerieten auch die veranstaltenden Instanzen in Misskredit, der sich im Schrifttum vielfältig abzeichnet, bevor er bei einer Pariser Aufführung von Pergolesis *La serva padrona* 1752 zum Skandal führte. Das Spiel von der Magd, die selbstverständlich und erfolgreich die Rolle der Herrin zu übernehmen weiß, barg eine soziale Brisanz, die bereits als Menetekel des revolutionären Sturms auf die Bastille gedeutet werden kann. In den Querelles der Ästhetiker und dem Raisonnement der Publizisten freilich ist dieses Konfliktpotenzial schon lange vor dem geschichtsträchtigen Datum des 14.

Juli 1789 zu greifen, und kompositorisch bezeichnen bereits Lully und Rameau konträre Positionen, die im Streit zwischen Piccinni und Gluck eine Fortführung mit nur graduell veränderten Akzenten fand.

Auch die berühmte Auseinandersetzung zwischen Johann Sebastian Bach und Johann Scheibe beruht auf derselben Gegenüberstellung einer durch Regeln und Gesetze geordneten Tonkunst und einer spontan, unmittelbar erlebbaren Musik: Dass Bachs Kompositionen verworren, zopfig, barock im abwertenden Sinne des Wortes seien, konnte Scheibes Kritik nur in einer Zeit Zustimmung einbringen, die bereits die Kategorien von Natürlichkeit und Originalität – Letztere insbesondere wiederholt und in positiver Absicht für Carl Philipp Emanuel Bach (1714–1788) herangezogen, doch mehr als einen Generationenunterschied bezeichnend – als Leitinstanzen ästhetischen Werturteils favorisierte.

Die Konsequenzen auch für den ausführenden Künstler reichten weit: Wer als Musiker sein Publikum rührend erreichen wolle, müsse selbst innerlich bewegt sein, postulierte der Bach-Sohn. Was hier noch als Verlagerung der künstlerischen Intention, bestimmte affektive Wirkungen beim Zuhörer zu erzielen, von einer physiologischen Mechanik auf die Beziehung zwischen Interpret und Rezipient erscheint, sollte wenig später als völlige Offenheit des Kunstwerks für den Modus seiner Wahrnehmung proklamiert werden: Antonio Eximeno (1729–1808), ein spanischer Jesuit, überließ in der Erkenntnis, Wirkungsweisen von Musik beim Hörer nicht mehr eindeutig bestimmen zu können, die auditive Wahrnehmung (in: *Dell'Origine e delle regole*, Rom 1774) vollständig subjektiver Einstellung und Interpretation.

Umso problematischer freilich geriet die Aufgabe kompetenter Beurteilung von Kompositionen. Fantasien, aus dem Augenblick und der individuellen Emotionalität des Spielers (oder mittelbar eines Komponisten) entstandene

Werke, entzogen sich objektivierbarer Kritik. Doch auch die Öffnung einer Komposition für den je unterschiedlichen Wahrnehmungshorizont einzelner Hörer erschwerte eine adäquate, für weitere Kreise konsensfähige Bewertung. Die Verständlichkeit von Musik wurde zum Problem – nicht allein für die Rezensenten und Kritiker, sondern nicht weniger für die Komponisten: zu förmlich gefasst, bliebe seine ins Werk gesetzte Aussage ohne individuellen Gehalt und galt auch daher als ästhetisch fragwürdig; forcierte Individualisierung aber führte zur Hermetik, zu einer Limitierung der Zahl derer, die eine genuine Intention von Verfasser und Werk nachzuvollziehen in der Lage wären.

Originalität

Genie, Stil und Gedanke

Mangelnder Austausch, dem abseits gelegenen Wirkungsort geschuldet, habe bewirkt, dass er auf sich selbst zurückgeworfen worden sei, doch zugleich hinlänglich Freiräume zum Experiment und Möglichkeiten, seine Werke zu optimieren, erhalten habe – deshalb sei er, fast zwangsläufig, »original« geworden: Eher entschuldigend als mit Prätention verwies Joseph Haydn (1732–1809) auf die Voraussetzungen, die seine Bedeutung als Leitfigur für die Komponistenkollegen des ausgehenden 18. Jahrhunderts bedingten. Carl Philipp Emanuel Bach, der andere Komponist, dem in der Musikgeschichte gerne das Epitheton des ›Originals‹ verliehen wurde, hätte seine Ausnahmestellung gewiss nicht auf eine unfreiwillige Isolation zurückgeführt, vielmehr als Resultat des Bemühens verstanden, in unmittelbarer Nachbarschaft renommierter Kollegen eine eigene Tonsprache auszubilden. Originalität, eine unzweifelhaft positiv besetzte Eigenschaft, erscheint mithin als Ergebnis sowohl von fehlenden wie allzu reichen künstlerischen Begegnungen – nur scheinbar ein Widerspruch, da der Kommunikationskontext gleich ist, innerhalb dessen Originalität goutiert wird: als originelle Interpretation eines vertrauten Musters, aber nicht als dessen radikale Negation. (Der Revolutionär ist nicht ›original‹.) Diesen Kommunikationskontext garantieren Tradition (das kommunikative Gedächtnis, konkret für Carl Philipp Emanuel Bach: der Vater) bzw. Konvention (das kollektive Gedächtnis, konkret wiederum für Carl Philipp Emanuel Bach: der Markt), und die Instanz, die hier regulierend wirkt, ist die Öffentlichkeit.

Von hier aus wird dann sofort verständlich, warum Haydn und Carl Philipp Emanuel Bach als Original gelten konnten, nicht aber etwa Wilhelm Friedemann Bach, über den die Zeitgenossen keineswegs so vorteilhaft dachten; wohingegen die Gegenwart sicherlich nicht zögern würde, ihn ebenfalls in die Reihe der ›Originalgenies‹ aufzunehmen. Denn Wilhelm Friedemann Bach verstand ganz offensichtlich diese Mechanismen nicht zu nutzen oder zu beherrschen, deren es im 18. Jahrhundert bedurfte, um den Rang eines Originals zu gewinnen. Weder ließ er sich instrumentalisieren, noch verstand er es, seine Werke geschickt auf dem Markt zu platzieren. Seine Musik – paradigmatisch nicht allein das Genre der Fantasie – negiert Erwartungskontexte des zeitgenössischen Publikums, sie wird zu einer privaten Kunst, er selbst zum Sonderling, dem defizienten Modus des Originals.

Jene Öffentlichkeit, in der seine Werke als perspektivenreiche Innovation hätten annonciert werden können, fand Wilhelm Friedemann Bach nicht – im Gegensatz zu seinem Bruder, der strategisch ungleich geschickter Markt und Publizistik zu nutzen wusste. Zu weit, vermutlich auch zu willkürlich – für den Kommunikationskontext des 18. Jahrhunderts – wich er von jenen Konventionen ab, die einzuhalten waren, um Kunst im emphatischen Sinne zu konstituieren. Die gewiss schwer auszutarierende Balance zwischen Regel und Neuheit verschob sich in seinen Werken sehr zu ungunsten des Neuen – ob von ihm forciert oder von der Öffentlichkeit nur so gewertet, ist dabei irrelevant.

Nicht schon das Individuelle allein macht mithin den Künstler aus. Vielmehr müsse er die Neuheit mit Schönheit verbinden, wie es Klopstock in seinem Grabspruch für Carl Philipp Emanuel Bach formuliert. Das heißt: Carl Philipp Emanuel Bachs Werke waren im Kommunikationskontext des 18. Jahrhunderts mühelos verständlich, ihr Neuartiges konnte als angenehme Abweichung vom Bekannten empfunden werden. Weder war seine Sprache allzu individualisiert, noch zu manieriert.

Regelbeherrschung und intellektuelle Reflexion – in der zeitgenössischen Terminologie: »Wissenschaft« und »Raisonnement« – bilden indes wiederum lediglich Grundlage und Voraussetzung für das eigene künstlerische Handeln, das eine weitere Eigenschaft erfordert: Mut. Eine Kategorie, die im 18. Jahrhundert von prominenteren Autoren als Carl Philipp Emanuel Bach benannt wird, um die Grenzen des Denk- und Erfahrbaren auszuloten, die in seinem Lehrbuch, dem *Versuch über die wahre Art, das Clavier zu spielen* (2 Teile, Berlin 1753 und 1762), keinen geringeren Stellenwert einnimmt als in den Schriften der philosophischen Aufklärer. Wiederum: Die alternative Interpretation eines vertrauten Kontextes wird zur Aufgabe des Künstlers, einer Aufgabe, die Eigenständigkeit – eben: Mut – erfordert, doch ebenso die Berücksichtigung der Konvention. Die Schwierigkeit intersubjektiver Kommunikation einer allzu individualisierten Sprache kann dabei in Kauf genommen werden, da allein im Vertrauen auf die Unmittelbarkeit des Empfindens die Mitteilung gelingen wird. Das Risiko mangelnder Rezipierbarkeit, die das künstlerische Selbstgespräch, manifest zumal im Genre der Fantasie, kennzeichnet, wird kalkulierbar, wenn die individuelle Aussage nur hinlänglich authentisch ist.

Dieses Selbstbewusstsein mangelte den Komponisten vorangegangener Zeiten weniger, aber ihre ästhetischen Maximen forcierten eine allzu individuelle Gestaltung nicht. Die Regelpoetik, in Deutschland zudem eine strenge Orientierung am Leitbild Italien, das man bis zur Mitte des 17. Jahrhunderts lieber kopierte als selbstständige, auch die eigene Tradition produktiv integrierende Lösungen in den Blick zu nehmen, bot kompositorische Möglichkeiten, die individuell zu interpretieren keineswegs oberstes Ziel eines Künstlers war. Den Mut, ›ich‹ zu sagen, forderte erst ein Zeitalter der Aufklärung, wenngleich dieses Postulat, auf die Musik bezogen, auch vorher nicht unbekannt war. Doch waren es singuläre Gestalten, die ihre Individualität zu artikulieren sich trauten, und Mitteilungen über das unkonventionelle oder gar renitente Verhalten einzelner Komponisten wurden mit Respekt nicht weniger als mit einem gewissen Unbehagen über die Unbotmäßigkeit des seiner selbst bewussten Künstlers überliefert und aufgenommen. So hieß es schon von Josquin, dem Zeitgenossen Luthers, dass ihn zu engagieren nicht unproblematisch sei, da er komponiere, wann er wolle, und nicht, wenn sein Dienstherr es wünsche. Solche Attitüden wie auch die mitunter maßlos wirkenden Honorarforderungen mochten den Renommierteren unter den Komponisten zugestanden werden, deren Personen wie auch ihre Werke einen – auch von den Urhebern selbst gerne lancierten – legendären Rang gewannen. Dass Palestrina und Lasso zu Klassikern der Vokalpolyphonie des 16. Jahrhunderts wurden, resultiert auch aus den Geschichten, die sich mit ihren Kompositionen verbanden, der Entstehung der *Missa Papae Marcelli* als einer Eingebung des Heiligen Geistes dem über dem Kompositionsauftrag verzweifelnden Tonsetzer wie einer Fronleichnamsmotette des Münchner Hofkapellmeisters, deren Musizieren ein Unwetter abgewendet habe.

Noch freilich führt der Weg vom außergewöhnlichen Werk zur Ausnahmegestalt seines Urhebers: Als ästhetisches Subjekt sind die Komponisten selbst der Hochrenaissance des 16. Jahrhunderts ebenso wenig präsent wie durch Hinweise zu ihrer Biografie, zu denen kaum mehr als amtliche Schriftstücke, selten schon Korrespondenzen mit Auftraggebern zur Gestaltung einzelner Werke vorliegen. Erst von Monteverdi sind um die Wende zum 17. Jahrhundert Schreiben überliefert, in denen ästhetische Probleme in Form von Selbstzweifeln und erster Kritik an einengenden Regeln erkennbar werden. Das Subjekt, das seine eigene Befindlichkeit ins Werk setzt, bleibt indes Ausnahme, und die exzessive Chromatik der Madrigale eines Gesualdo da Venosa scheint gemeinhin als Reflex jener Leidenschaft, die diesen extravaganten Principe im wirklichen Leben seine Frau samt Nebenbuhler umbringen ließ – doch mehr als solch pauschale Verweise auf Jähzorn und eine nachfolgend kaum weniger intensive Sühne, die den Aristokraten ins Asyl einer einsamen Insel verschlug, liefern weder Zeitzeugen noch Musikanalytiker. Das außergewöhnliche Schicksal und die romanhafte Verbindung von Kunst und Verbrechen sollen hier zur Erklärung eines unkonventionellen Œuvres dienen, das in seiner Singularität nicht nur quer zu seiner Zeit steht, sondern auch keine Konsequenzen in der Geschichte der Komposition gezeitigt hat.

Zu Subjekten im neuzeitlichen, modernen Sinne, die ein Kunstwerk als Ausdruck seiner selbst zu nutzen wissen, werden auch diese Komponisten noch nicht. Die gewiss kühne Madrigalistik der Monteverdi, Belli oder Gesualdo bleibt ein Spiel mit Tönen und ihr Ausdrucksgehalt gebunden an Regeln und Konvention. Von der Individualität ihrer Werke, so pointiert sie auch ausformuliert werden, führt kein Weg zu ihrer Person, der sie als biografisches Subjekt konturierte.

Dies zu leisten entspricht freilich zu jener Zeit weder dem Selbstverständnis des Komponisten noch seiner Vorstellung von der Aufgabe eines Kunstwerks. Angestrebt ist die Übereinstimmung der Gestaltungsmittel mit den theoretisch fest umrissenen Vorgaben, deren subtiler Neuinterpretation enge Grenzen gesetzt sind, zumal auch die Effekte, die mit musikalischen Mitteln zu erreichen sind, mit hinlänglicher Eindeutigkeit fixiert werden konnten. Zweifel an der Virulenz solcher Mechanik der Affekte wie umgekehrt die Erfahrung, dass sich Wirkungen einstellen, deren Ursachen nicht mehr bestimmbar sind, keimen allerdings bereits in der Mitte des 17. Jahrhunderts. Athanasius Kirchers »nescio quid«, das mit auffallender Häufigkeit in seinen Schriften zu findende Eingeständnis der Grenzen rationalistischer Erklärungsversuche für Phä-

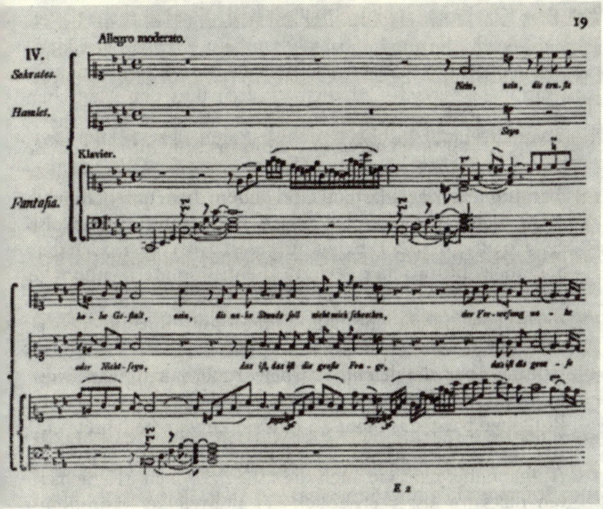

Carl Philipp Emanuel Bach / Heinrich Wilhelm von Gerstenberg, Fantasie c-Moll, aus: *Flora*, 1. Sammlung, Kiel 1787.

Instrumentalmusik – Musik ohne Bindung an einen Text – war für das Publikum des 18. Jahrhundert ungewohnt und erschloss sich, sofern auch – wie in der freien Fantasie – keine Formvorgaben erfüllt wurden, leichter, indem man einzelnen Phrasen Worte unterlegte. Dass hier oft auf Passagen aus Shakespeares Dramen zurückgegriffen wurde, entsprang einer Begeisterung für den englischen Dramatiker, der aufgrund der innovativen Gestaltung seiner Schauspiele als früher »Romantiker« rezipiert wurde.

nomene der Ästhetik, ist um 1650 die frühe Antizipation eines Topos, dessen französische Fassung im folgenden Jahrhundert zum Schlagwort wird: »Je ne sais quoi« beschreibt eine prinzipielle Unbestimmtheit der Wirkung von Kunst und in Sonderheit der Musik, deren Fähigkeit, irrationale Bereiche zu thematisieren und den Menschen emotional anzusprechen, zunächst umso mehr für Irritation sorgte, desto weniger eine Komposition auf literarische Vorlagen rekurrierte oder sich Texte bediente, die über ihre Intention aufklärten. Und indem Instrumentalmusik nicht mehr ausschließlich funktional gebunden war, also etwa dem Tanz, der Begleitung von Aufzügen oder dem Schmuck liturgischer Feiern diente, sondern nunmehr selbstreferenziell ihre eigene Form und Struktur thematisierte, gewann sie eine neue Dimension, über die sich zu verständigen not tat. Dass Musik jenseits ihrer Anlage und Faktur, über die leicht Klarheit zu erhalten war, Stimmungsgehalte transportierte und zudem ein emotionales Potenzial barg, das nicht zu ignorieren war, bedeutete eine Erfahrung, die ernst zu nehmen und zu konzedieren ihren Aufgabenbereich wie auch die künstlerischen Möglichkeiten ihres Verfasser erheblich erweiterte. Der Komponist bildet nicht mehr ab und versucht, Wirkungsweisen der Natur künstlich zu reproduzieren, sondern wird selbst zum Akteur, dessen Werk als ›Schöpfung‹ zu bezeichnen die grundlegend veränderte Zielrichtung seines Handelns nun bald auch begrifflich fasst.

Gleichwohl ist die Freiheit, die der Komponist nun bei der Gestaltung eines Werks hat, nicht grenzenlos. Dem Publikum, das im Konzert noch nicht wieder zur Gemeinde geworden ist, sondern sich aus Individuen zusammensetzt, sich mitzuteilen, bedarf eines verbindenden Codes, den musikalisch Gattungs- und Formkonventionen stiften. Diese Modelle liefern Anhaltspunkt auch für den Produzenten, der sich der Vorgabe zur formalen Anlage bedienen kann, um sie, gegebenenfalls individuell gefasst, neu zu präsentieren. Doch erleichtert die Orientierung am Muster die Komposition nicht unerheblich. Manufakturhafte Produktion, wie sie die nach Hunderten zählenden Konzerte Antonio Vivaldis, die kaum geringere Zahl von Klaviersonaten Domenico Scarlattis oder die in ihrer Menge kaum mehr zu übersehenden Kantaten protestantischer Kantoren Mittel- und Norddeutschlands bezeichnen, ist nicht denkbar, ohne dass Formkonzepte eingeführt sind, die immer wieder neu zu erfüllen sind, dabei nicht einmal originell interpretiert zu werden brauchen. Hier findet der schöpferische Komponist sein Korrektiv, zugleich die Leitschnur fürs professionelle, kunsthandwerkliche Verfertigen von Musik, die in ihrer gottesdienstlichen oder unterhaltenden Funktion aufgeht.

Dass Komponieren nun mitunter zum schlichten Produzieren von Musik depraviert, ist die Kehrseite auch eines erheblichen Bedarfs an Werken, die kaum anders als in Serien zu schreiben wären und von denen einen gesteigerten subjektiven Gehalt zu erwarten ins Leere zielt. Kaum je zuvor wurden jene ökonomischen und merkantilen Erwägungen bei der Produktion von Musik bedacht, die nun die gewaltigen, nicht selten Tausende Werke umfassenden Œuvres mancher Komponisten verständlich machen. Dass ihnen das Schreiben von Musik flink von der Hand ging, ist ein Resultat schematisierten Komponierens, das seinerseits erst diese Fülle musikalischer Produkte ermöglicht.

Dabei erheben gewiss nicht alle Kompositionen den Anspruch an Opusmusik und genügen keineswegs immer der Vorstellung vom in sich geschlossenen, ausgearbeiteten Werk. Die Masse solch musikalischen Kunsthandwerks aber illustriert ein Niveau, das zumal in der ersten Hälfte des 18. Jahrhunderts beachtlich hoch ist. Komponisten vom Rang der Vivaldi, Händel und Bach sind nur denkbar vor dem Hintergrund einer Unzahl namentlich kaum mehr bekannter Musiker, die jene Gattungstraditionen konstituierten, die den ›großen‹ Komponisten ihre individuellen Erweiterungen oder singulären Lösungen ermöglichten. Was dabei normativ wirkt und lediglich einen

Standard bezeichnet, vor dem umgekehrt exzeptionelle künstlerische Lösungen die Aufmerksamkeit nicht nur der Zeitgenossen, sondern auch der Historiker finden, die mit der Maßgabe, eine Problemgeschichte des Komponierens zu rekonstruieren, alle Werke eines Genres in die ideale Gleichzeitigkeit eines musikalischen Museums setzen, unterliegt seinerseits einer Entscheidung einer Gemeinschaft von Forschern und Kollegen, deren Kriterien keineswegs immer explizit gemacht werden. So bezeichnet gewiss Bach eine kompositorische Ausnahmegestalt in seiner Zeit, und doch ist es möglich, eine Musikgeschichte des 18. Jahrhunderts zu schreiben, in der sein Name kaum mehr als eine Fußnote einnimmt. An der Entwicklung jener repräsentativen Gattungen, denen sich der ästhetische Diskurs vornehmlich widmete – der Oper, der Symphonie und dem Streichquartett –, hat Bach bekanntermaßen keinen Anteil. Ihn zur überragenden Musikerpersönlichkeit zu stilisieren, resultiert aus der Bedeutung, die ihm für die Komponisten des 19. Jahrhunderts zukommt, einem Zeitalter, das seine Legitimation verstärkt in der Historie suchte und dessen nationaler Impetus, vorgetragen zumal in einer preußisch-protestantisch dominierten Geschichtsschreibung, im Œuvre des Thomaskantors einen Nukleus fand, dessen satztechnische Qualitäten zudem mühelos einen Primat postulieren ließen.

Demgegenüber rückten Gestalten wie Jan Dismas Zelenka mit seinen ebenso originellen wie innovativen Werken oder Georg Philipp Telemann, dessen reiches Œuvre jenseits mancher Serienproduktion eine kaum schon zu übersehende Vielfalt von Formkonzepten bietet, in den Hintergrund: Ersterer aufgrund seiner Herkunft, die ihn in einer mit nationalen Vorzeichen verfassten Musikgeschichte nur mehr als Nebenfigur dulden konnte, Letzterer disqualifiziert als ›Vielschreiber‹, der er, selbstgefällig vorgebend, er könne selbst die Zettel, mit denen an den Stadttoren Neuigkeiten annonciert würden, in Musik setzen, zweifellos war; seine Funktion als Ideengeber und Katalysator unterschiedlichster Stilistiken, mit der er zu einer der zentralen Musikerpersönlichkeiten der ersten Hälfte des 18. Jahrhunderts wird, vermag nur in jener Optik erkennbar zu werden, die sich von den unausrottbar scheinenden Anekdoten um seine Person löst und die Werke selbst wieder in den Mittelpunkt der Betrachtung rückt.

So relativ mithin die Frage nach Norm und produktiver Abweichung erscheint, so willkürlich dann auch die Akzentuierung einzelner Leistungen, die unter dem Vorzeichen romantischer Genieästhetik ein gänzlich anderes Gewicht erhalten als unter Berücksichtigung von Gattungskonventionen und zeitgenössischen Produktionsbedingungen. Nur unter Verkennung der Marktgesetze und der kunsthandwerklichen Standards erscheint dann der lediglich drei Wochen umfassende Kompositionsprozess von Händels *Messias* (August/September 1741) als jene exzeptionelle Leistung, die zumal in schwärmerischer Biografik hervorgehoben wird. Wie sehr sich Händel selbst bei diesem Werk zeitgenössischer Topoi und auch thematischen Materials von Kollegen bediente, wird gerne verdrängt – doch ist das Urteil des Librettisten, Charles Jennens, der sich über manche Flüchtigkeit und Ungenauigkeit der Textumsetzung seiner Vorlage beschwerte, ein beredtes Zeugnis, dass hier keineswegs alle Hörer schon jenes ›Meisterwerk‹ erkannten, als das der *Messias* dann nicht zuletzt aufgrund der Erhebung Händels zum englischen Nationalkomponisten rasch wurde. Ebenso wenig spektakulär erscheint auch die Notiz, Mozart habe die Ouvertüre des *Don Giovanni* (UA Prag, 29. 10. 1787) erst am Vorabend der Premiere komponiert: Alle anderen Partien, zumal der Akteure auf der Bühne, hatten längst fertig zu sein, um überhaupt eine Einstudierung zu ermöglichen; der einleitende Orchestersatz aber wurde, ebenfalls zeitgenössischem Gebrauch gemäß, nach kurzer Verständigung in der üblicherweise hektischen Schlussphase einer Uraufführung fast vom Blatt gespielt, da für eine längere Probenphase schlechterdings keine Zeit blieb. Hinsichtlich solcher Praktiken relativiert sich manch singuläre Leistung exzeptioneller Künstler – unbeschadet freilich des ästhetischen Ranges einzelner Werke. Erneut ist auf den Kontext zu verweisen, die Produktionsbedingungen für Komponist und Ausführende, um die Lösung, die mit einem bestimmten Musikstück vorlag, adäquat bewerten zu können: Originalität, die manchem Künstler zugeschrieben wird, ist nicht selten das Resultat einer isolierten Perspektive des Betrachters, der Kontexte nicht beachtet.

Als ästhetische Kategorie dienlich aber ist Originalität, um Konstanz und innovative Kraft, mit der einzelne Künstler sich einer Gattung und deren (Weiter-)Entwicklung gewidmet haben, zu fassen, und im Blick auf die Vielfalt von Formen und Konzeptionen, die zumal Haydn in seinen Symphonien und Quartetten zeigt, ist seine Apostrophierung als ›Original‹ nichts weniger als unberechtigt. Problematischer wird der Terminus allerdings in Bezug auf den Modus praktischer Aufführung. Denn die Sprache von Innerlichkeit, und das ist ein neues Kalkül Carl Philipp Emanuel Bachs, vermag zur zitierbaren Geste zu werden: Originalität wird zum Habitus, verfällt potenziell zum Stil oder zur Manier.

Spätestens hier zeigt sich dann aber ein verändertes Bild des Künstlers von Öffentlichkeit (und der Öffentlichkeit von einem Künstler), wenn Authentizität einerseits gefordert wird, zugleich aber auch als Mittel zum Zweck dienen kann und damit sich selbst negiert. Die Möglichkeit, solchermaßen Innerlichkeit nurmehr als eine Modalität zu nutzen, die ihrerseits eine Funktion der Aufführungssituation und der jeweiligen Öffentlichkeit ist, erscheint zugleich als Reflex eines veränderten Status des Künstlers, seiner verstärkten Selbstorganisation und seiner normativtheoretischen Selbstverständigung. Gerade diese emanzipatorischen Tendenzen aber spiegelt Carl Philipp Emanuel Bachs *Versuch* kaum weniger als seine Biografie.

Originalität wird mithin ein Mittel künstlerischer Selbstbehauptung, dann aber auch des Wettbewerbs innerhalb einer Öffentlichkeit, die Vermarktungsstrategien erst ansatzweise und anfänglich reflektiert. Dass Carl Philipp Emanuel Bach dieses Spiel mit Markt und Öffentlichkeit virtuos beherrschte, zeigen nicht nur seine vielfältigen Publikationen allenthalben.

Doch jenseits solcher merkantilen Ambitionen, die sicherlich nicht zu unterschätzen sind, und abgesehen vom Postulat einer Ausbildung individueller Persönlichkeit war die Kategorie des Originals in der Publizistik zu forcieren: Neben ›neu‹ wird ›originell‹ im Zeitalter der Periodika zum verkaufsfördernden Parameter.

Allerdings eröffnet der Begriff noch eine weitere Dimension, wie rasch zu erkennen ist, wenn man den Gegenbegriff des Originals in den Blick nimmt, als der das Epigonale firmiert. Zumal im deutschen Schrifttum meint dies jedoch nicht nur das Konventionelle, sondern das Nachahmen insbesondere französischer und italienischer Schreibarten. Deren Stil entspreche Regeln, sei erlernbar, mithin zu imitieren und eben nichts weniger als original. Mit der Prämisse, dass man indes aus allem lernen und Nutzen ziehen könne, wird die individuelle Interpretation solcher Konventionen aber zu neuen, originalen und diese Lesart einer Verquickung von Parametern unterschiedlichster Provenienz zum ästhetischen Postulat. Zunächst hinsichtlich verschiedener Stilebenen, dann aber auch in Bezug auf die unterschiedlichen als national determinierten Stile. Originalität, die den italienischen und französischen Künstlern abgesprochen wird, erscheint als deutsche Qualität, wird mithin zum Korrelat des »vermischten Geschmackes«, der nach Johann Joachim Quantz, dem Flötenlehrer Friedrichs II. in Potsdam, eben nur von jenen

Künstlern beherrscht werde, die nicht in den Konventionen ihres (National-)Stiles befangen seien. Auf solche Weise kann nur ein deutscher Musiker ›original‹ sein – eine überraschende Wendung, die den europäischen Vorrang ›deutscher‹ Musik ab der zweiten Hälfte des 18. Jahrhunderts ins Recht setzen soll.

Öffentlichkeit

Institutionalisierung bürgerlichen Musiklebens im 18. Jahrhundert

Gewiss hat Musik, die in der Kirche erklingt, seit je ebenso eine Öffentlichkeit wie jene, die ein Regent nutzt, um seinen Kunstverstand im höfischen Musiktheater unter Beweis zu stellen. Auch das Singen der Musikanten auf Straßen, Plätzen und Kneipen rechnet mit einer Hörerschaft, die nicht limitiert ist. Doch bei der Repräsentation des Hofes wie auch im Gottesdienst und selbst gegenüber dem Straßenmusikanten bleibt das Publikum passiv; es wird unterhalten, belehrt oder moralisch erhoben, doch seine Reflexion erscheint keineswegs notwendig. Was auf der Bühne höfischen Theaters oder im geistlichen Spiel der Liturgie geschieht, ist nichts, was die Belange jener immer größer werdenden Zahl gebildeter Bürger anspricht, denen die gesellige Kunst der fahrenden Musiker, meist allenfalls Kabinettstückchen, ästhetisch wie intellektuell kaum mehr genügt. Mit dem wachsenden Selbstbewusstsein eines städtischen Bürgertums aber wandelt sich auch die Öffentlichkeit – mit nachhaltigen Folgen für das Musikleben. Ehedem nur teilnehmende Beobachter, suchen die Stadtbürger nach Veranstaltungsformen, in denen Musik nicht mehr funktional zugunsten Dritter genutzt wird. Jenseits usuellen Musizierens bei Handwerk und Arbeit wie auch im privaten Rahmen vor einem Zeitalter der Hausmusik entwickelt sich eine Praxis, Musik um ihrer selbst willen, als Gegenstand ästhetischer Reflexion und Raisonnements, zu hören. Mit dem Wandel von der repräsentativen Öffentlichkeit des Hofes zur bürgerlichen (die gegenwärtig durch eine weit unverbindlichere, in Bezug auf Kunst zudem ungleich weniger ambitionierte Zivilgesellschaft ersetzt wird) entstehen nicht nur neue Formen institutionalisierter Musikdarbietung, sondern ändern sich auch rasch musikalische Gattungen und mit ihnen zugleich deren Intention und Inhalte. Musik – ihre Produktion wie die Modi ihrer Aufführung – wird nunmehr den Gesetzen des Marktes unterworfen, Angebot und Nachfrage werden zu Kategorien, die ein nicht mehr ausschließlich von Hof oder Kirche alimentierter Komponist zu berücksichtigen hat, Veranstaltungen müssen kostendeckend sein: Schon aus merkantilen Erwägungen wird zunehmend auf den Geschmack des Publikums Rücksicht genommen, das nun auch in der Kunst, die es finanziert, seine eigene Identität finden will, ja eigentlich erst begründet.

Äußeres Symbol solch erstarkenden Bürgertums ist die Einrichtung von Räumen zur Aufführung von Musik neben den repräsentativen Bauten höfischer Theater und abseits der Kirchen. Dienten dabei zunächst Zunfthäuser als Versammlungsorte, deren Namen – etwa das Leipziger Gewandhaus als eine der ersten Institutionen dieser Art im 18. Jahrhundert – mitunter auf Veranstaltungen wie auf das Orchester übergingen, so wurde bald – wieder ist die sächsische Universitäts- und Messestadt ein frühes Beispiel – die Bezeichnung einer Gattung zum Synonym eines gesellschaftlichen Ereignisses: Konzert meint nicht mehr allein eine kompositorisch fest umrissene Form des Ensemblemusizierens, sondern zugleich die Veranstaltung

---

Dem Titel des Bildes entsprechend steht das Cembalo im Mittelpunkt eines Ensembles, dessen farbenreiche Besetzung wohl der Praxis geschuldet ist, mit den je aktuell verfügbaren Instrumenten zu musizieren – weniger für ein Publikum als innerhalb eines Kreises von ›Kennern und Liebhabern‹, die sich in der Pflege von Musik, aber auch Literatur und Schauspiel gewidmeten Gesellschaften des 18. Jahrhunderts fanden.

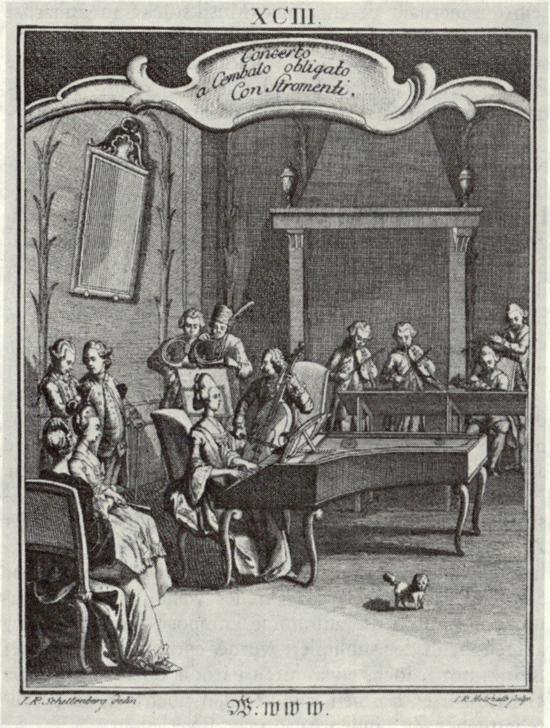

Johann Rudolf Holzhalb, *Klavierkonzert in der Zürcher »Gesellschaft auf dem Musiksaal«*. Kupferstich von 1777. Zürich, Graphische Sammlung der Zentralbibliothek.

selbst, innerhalb deren einige Musikstücke in zunächst unverbindlicher, ab dem 19. Jahrhundert dann schematischer Folge von Ouvertüre, Solokonzert und – durch eine Pause getrennt – einer Symphonie, dem typischen Ausdruck einer musikalischen Öffentlichkeit, in der das Bürgertum sich zur neuen, säkularen Gemeinde sich sammelte, vorgestellt wurden. ›Ins Konzert gehen‹ bedeutete mithin nicht nur Hörer einer Aufführung sein, sondern eine Institution aufsuchen, wo Musik um ihrer selbst willen gehört wurde: ein in der Folge so selbstverständlicher Sachverhalt, dass es schwer fällt, ›Konzert‹ in seiner Bedeutung als Ort eines sich etablierenden Bürgertums noch in seiner ganzen Tragweite nachzuvollziehen. Dass gegen eine Eintrittsgebühr ein Liebhaberpublikum Werke hörte, deren Gegenstand nicht mehr nur Herrscher- oder Gotteslob war, sondern einer gebildeten Unterhaltung diente, deren Kritik jeder Kundige formulieren konnte, bezeichnet die Basis emanzipatorischer Bewegungen, die auch in anderen musikalischen Formen ihren Ausdruck suchten. Nicht zu unterschätzen ist dabei die Bedeutung, die instrumentaler Musik in einem Zeitalter allgegenwärtiger Zensur zukam. Was und in welcher Weise hier in ›neutralisierter‹ Gestalt gespielt wurde, indem eine ursprüngliche Semantik funktional-musikalischer Wendungen angedeutet, doch durch die autonome kompositorische Fassung aufgehoben oder sublimiert wurde, entzog sich offiziöser Kritik, bot jedoch, etwa durch Parodie oder Destruktion sanktionierter Formen, ein Ventil, Unbehagen an gesellschaftlichen Zuständen Ausdruck zu verleihen.

Zeugnisse dieser ab der Mitte des 18. Jahrhunderts stark verbreiteten Anteilnahme an Musik als bürgerlicher Kultur sind nicht nur eine stark anwachsende Publizistik: Zeitungen und Zeitschriften, in denen Musik nun auch ausschließlich thematisiert wird, erscheinen zumal in den europäischen Hauptstädten. Anteilnahme und Interesse, die sich an ihrer Zahl und Auflagenhöhe ablesen lassen, spiegeln sich auch in der Lebhaftigkeit, mit der musikalische Themen auf hohem intellektuellen Niveau behandelt werden. *Der critische Musicus*, der Name von in Leipzig und Berlin erscheinenden Periodika, wird zum Inbegriff des verständigen Hörers, der auch nach dem Konzert sich der Reflexion öffnet und sein kritisches Urteilsvermögen entwickelt.

Auch das praktische Musizieren, gemeinsames Singen und Ensemblespiel, gerät als Hausmusik zum selbstverständlichen Bestandteil bürgerlicher Lebensführung. Laute und Violine, die Modeinstrumente des 17. Jahrhunderts, werden von Flöte und insbesondere dem immer populäreren Clavier (vom Clavichord über Cembalo und Tafelclavier zum Pianoforte) abgelöst, das auch die heimische Reproduktion großbesetzter Werke des Konzert- und Opernrepertoires ermöglicht. Mit dem Klavierauszug oder Arrangements beliebter Einzelnummer für zwei, drei Instrumente können musikalische Eindrücke aus Konzertsaal und Theater erinnert und vertieft werden. Gegenüber solch in ihrer Vielfalt kaum annähernd zu ermessenden Bearbeitungspraxis für Soloinstrument und Klavier bezeichnen Trios, Quartette und Quintette für Streicher eine ungleich gehobenere Form häuslichen Musizierens, die zum Inbegriff auch kompositorisch ambitionierter Kammermusik wurde.

Diesem Bedürfnis eines zunehmend anspruchsvolleren privaten Musizierens entsprach eine Produktion von Lehrwerken, die nicht nur im Spiel auf dem Instrument unterwiesen, indem sie eine Folge in ihrer Schwierigkeit gestaffelter Stücke (darunter nicht selten vereinfachte Fassungen bekannterer Werke zum Zwecke des Unterrichts) boten, sondern auch zahlreiche aufführungspraktische Hinweise enthielten, die zu einer stilistisch angemessenen Ausführung anleiten sollten. Mit der Flötenschule von Quantz, den Klavierschulen von Carl Philipp Emanuel Bach und Daniel Gottlob Türk sowie der Violinschule von Leopold Mozart lagen dabei Unterrichtsbücher vor, die rasch zu Standardwerken wurden, weil sie jenseits der Grundlagen des Instrumentalspiels zur kritischen Beurteilung von Musik anregten. In einem Zeitalter wissenschaftlich ambitionierter Pädagogik, die sich nichts Geringeres als die Erziehung eines neuen Menschengeschlechts auf die Fahnen schrieb, war selbst in Lehrbüchern für Flöte, Geige und Klavier aufs aufklärerische Raisonnement nicht zu verzichten. Doch auch vornehmlich didaktisch intendierte Sammlungen mit Kompositionen werden nun in großer Zahl publiziert, und die Titel »Clavierübung« oder »Esercizi«, wie selbst Johann Sebastian Bach oder Domenico Scarlatti ihre Veröffentlichungen nannten, zielten, so unprätentiös sie klingen und so wenig sich Bachs Partiten und *Goldberg-Variationen* oder Scarlattis Sonaten in etüdenhafter Propädeutik erschöpfen, auf ein Publikum, das die Unterrichtsliteratur auch zur Ausbildung des Geschmacks suchte. Dem diente ferner die Lektüre von Romanen, in denen der Musik gesteigerter Rang zukam. Wilhelm Heinse und Karl Philipp Moritz verwandten in ihren am Ende des 18. Jahrhunderts ungemein populären Büchern die Musik als Sprache des Herzens, die in ihrer Unmittelbarkeit auch dort noch Verständigung ermögliche, wo verbale Kommunikation ende: So kurios es auch anmutet, wenn Andreas Hartknopf, Titelheld eines Romans von Karl Philipp Moritz, einen Vordersatz spricht und den Nachsatz auf seiner Flöte anschließt – in der Verquickung einer kompositorischen Terminologie mit allgemeinem Wortgebrauch wird nicht nur der hohe Anspruch deutlich, der Musik im Zeitalter früher Romantik zukommt, sondern auch die Qualität, die privates Musizieren als Medium der Kommunikation gewinnen kann.

Neben der Instrumentalmusik, zumal der solistisch gespielten Flöte als Ausdruck eines empfindsamen Zeitalters, wird das Lied zum bevorzugten Genre eines Bürgertums. In choralhaftem Melos gehalten, kommt dabei insbesondere den Volksliedern aus dem Umkreis der Berliner Liederschulen in einer Zeit zunehmender Säkularisierung jene Funktion von Moralität und religiöser Erbauung zu, die dem Kirchenlied ehedem innewohnte und – wie Johann Abraham Peter Schulz' populäres *Der Mond ist aufgegangen* (1790) zeigt – nun zumal in der Schlussstrophe solcher Volkslieder aufgehoben ist.

Schlichtheit und Volkstümlichkeit, der ›Schein des Bekannten‹ in der melodischen Führung wie eine Harmonik, die kaum über die tonalen Grundfunktionen hinausreicht, gelten als kompositorische Ideale. Die Möglichkeit, mühelos mitsingen zu können, soll die unterschiedlichsten gesellschaftlichen Gruppen verbinden. Humanität ist der allen gemeinsame Nenner, auf den sich auch die philosophischen Antinomien reduzieren lassen. Das privat, allein zur Begleitung am Klavier, dem neuen Modeinstrument, gesungene Lied, noch nicht zum kunstvollen Gesang mit einem instrumentalen Kommentar ausgebildet, wird, mehrstimmig mit einfachen Harmonien gefasst, zum Chorsatz, den gemeinsam zu singen sich das Bürgertum nun vereint. Gegenüber den Kantoreien, in denen sich Knaben und Männer einer Gemeinde nicht nur zum Musizieren für den Gottesdienst fanden, sondern auch soziale Aufgaben übernahmen und Verantwortung fürs Gemeinwesen teilten, sind die Singakademien, die gegen Ende des 18. Jahrhunderts in den größeren Städten Nord- und Mitteldeutschlands entstehen, offen auch für Frauen, die in diesen Gesellschaften nicht mehr zu schweigen brauchten. (Mit den Liedertafeln und Männergesangvereinen wurde freilich in der Folge ein Stück ihrer gesellschaftlichen Emanzipation rückgängig gemacht.) Dass in solchen bürgerlichen Chorvereinigungen dann auch verstärkt Musik der Vergangenheit aufgeführt wird, ja hier eine entscheidende Instanz zur Wiederentdeckung ›alter‹ Kirchenmusik des 16. und 17. Jahrhunderts zu sehen ist, resultiert aus dem Versuch dieser Singakademien, sich historisch zu legitimieren: Im Verweis auf eine – letztlich doch nur usurpierte – Tradition soll der Chorgesang als feste Größe bürgerlicher Kultur seit der Reformation postuliert werden. Singen wurde im deutschen Sprachraum ungleich stärker als in den romanischen, aber auch den slawischen Ländern als gemeinschaftsbildende Macht in politischer Intention verstanden.

Im Chorgesang fand nicht zuletzt patriotisches Pathos seinen Ausdruck. Die geordneten Reihen der Sängerschar waren leicht auch als musikalisches Analogon militärischer Geschlossenheit zu deuten. Wenn Männergesangvereine nationale Insignien als Inbegriff absoluter Werte in künstlerisch wenig anspruchsvoller Emphase zu behaupten suchen, liegt die Gefahr eines totalitaristischen Missbrauchs chorischen Singens nahe.

Die Identität, die aus dem gemeinsamen Singen für ein Bürgertum zu beziehen war, artikulierte sich auch in der Suche nach einer eigenständigen Form des Musiktheaters. Gegenüber dem europaweit dominierenden Erfolgsmodell der Opera seria, deren Schematisierung in Libretto und musikalischer Anlage zahlreiche Vorteile insbesondere für Komponisten und Ausführende bot, formierte sich im Laufe des 18. Jahrhunderts allerorten ein Widerstand, der nicht nur an ihren ästhetischen Prinzipien, der Affektenlehre und der starren Da-capo-Arie, sich entzündete. Denn eine gewisse Natürlichkeit und Einfachheit mochte diese Gattung noch zu integrieren, wie zahlreiche Arien Händels, die ungemein große Popularität gewannen, weil sie auf eine vordergründige Virtuosität exzessiven Koloraturgesangs verzichteten, ebenso zeigen wie die Werke Glucks, der selbst in seinen Reformopern sich keineswegs aller Gestaltungsmittel des bewährten Genres entledigte. Zum Gegenstand der Kritik gerieten vornehmlich die Sujets, deren ostinates Herrscherlob in einer Zeit offensichtlicher Willkür und den noch auffälligeren Versuchen, emanzipatorische Bestrebungen des Bürgertums zu beschneiden, sich als Mittel plumper Propaganda entlarvte, bevor es gänzlich zur Farce wurde. In dieser Antipathie gegen die Opera seria als Theater der Mächtigen konvergieren die in den einzelnen Ländern je unterschiedlichen Initiativen um ein Musiktheater, das es ermöglichte, den gesellschaftlichen Vorstellungen breiterer Teile der Bevölkerung Ausdruck zu verleihen.

In Italien war es die Opera buffa, hervorgegangen aus dem Stegreifspiel der Commedia dell'arte, die mit ihren stereotypen Figuren und einer leicht zu übersehenden Dramaturgie und der unmittelbar verständlichen Musik etwa eines Cimarosa oder Paisiello rasch Popularität gewann: Geschichten um einen begüterten älteren Herrn, der sich um die Gunst eines hübschen Mädchens bemüht, das allerdings seinen Bräutigam benutzt, um listenreich das Vermögen des senilen Liebhabers für die eigene Zukunft zu gewinnen, erfreuten sich allenthalben großer Beliebtheit. Sujets ähnlich komödiantischen Zuschnitts kennzeichnen auch das deutsche Singspiel, das in seiner musikalischen Gestaltung meist schlicht war, da meist Schauspieler, nicht Sänger als Protagonisten wirkten. Doch finden sich neben den ungemein volkstümlichen Werken Johann Adam Hillers in Leipzig, aus dessen Erfolgsnummern veritable Gassenhauer herrührten, auch Singspiele anspruchsvolleren Zuschnitts, die – die *Alceste* (UA Weimar 1773) von Anton Schweitzer und Christoph Martin Wieland mag nur als ein Beispiel figurieren – kompositorisch wie sängerisch Differenzen zu den ambitionierteren Werken des höfischen Musiktheaters kaum erkennen lassen.

Nicht die Schlichtheit der Gestaltung bezeichnet den Gegensatz zur Opera seria, sondern die Landessprache und die Einfügung des (gesprochenen) Dialogs, nicht zuletzt dann auch der Ort ihrer Aufführung. Schauspielhäuser und Privattheater, Versammlungsräume literarischer oder Lese-Gesellschaften bilden den Rahmen für diese

Singspiele, bei denen durchaus auch die Mitglieder von Hoftheater und -kapelle als Akteure mitwirken können. Neben dem Ambiente ist es der Modus der Repräsentation, der diese Werke des Musiktheaters von der italienischen Oper höfischen Zuschnitts scheidet: Nicht der Regent, sondern die Bürgerschaft schafft sich im Singspiel Öffentlichkeit.

Dieser Impetus als Kritik der höfischen Repräsentation und der Versuch, städtischem Bürgertum eine Gelegenheit zu geben, sich öffentlich als gesellschaftlich formierte Gruppe zu zeigen, trägt dann auch in England die oft überzeichneten Anfeindungen gegen die Opernakademien, deren Versuche – zumal unter der Direktion Händels – es waren, mit der italienischen Oper Musiktheater von europäischem Rang auf der britischen Insel heimisch zu machen. Wo jedoch die Kastraten und Starsängerinnen, die einen Publikumserfolg allein ihrer Virtuosität wegen garantieren konnten, ausblieben, wurden die Schwächen der Opera seria unübersehbar. Doch die berühmte *Beggar's opera*, von John Gay und Christopher Pepusch 1729 in einer Krise der institutionalisierten Opernproduktion vorgestellt, konnte ihren Erfolg nur aus jener eingehenden Kenntnis des italienischen Genres beziehen, das sie parodierte: Ohne das Wissen um den Typus des stets zur Gnade geneigten Regenten, der auch intriganteste Umtriebe duldet und gottgleich verzeiht, ist auch die rasch ungemein populär gewordene Geschichte um den sentimentalen Berufsverbrecher und die korrupte Amtsgewalt nicht zu verstehen. In der musikalischen Gestalt auf eingängige Lieder zurückgreifend, kann die Ballad opera englischer Ausprägung ebenfalls nur als Gegenentwurf zum höfischen Musiktheater verstanden werden: als Abgrenzung vornehmlich durch die gesellschaftliche Stellung ihrer Protagonisten, weniger schon durch das Sujet, von dessen Grundzügen und dramaturgischer Struktur sie weit mehr abhängig ist, als historiographische Untersuchungen, die eine eigenständige Entwicklung postulieren, glauben machen wollen.

In England zumindest gelang die Etablierung einer autochthonen Form des Musiktheaters nicht – zugunsten des Oratoriums, das den Platz einer ausbleibenden landessprachlichen Oper einnahm. Dass lediglich die Texte englisch waren, die musikalische Gestaltung indes – zumal in den Werken, mit denen Händel das Genre begründete – weitestgehend den italienischen Vorbildern folgte und allenfalls durch die Integration von Chören einen eigenen Akzent ausprägte, übersah man gegenüber dem Vorteil, hier ein nationales musikalisches Genre etablieren zu können, geflissentlich.

Nicht auszudenken, die Musik könne auch ›deutsch‹ sprechen – Mozarts (1756–91) Vision einer landessprachlichen Oper irritierte den in Fragen von Autorität und Ästhetik ebenso konservativen wie beflissenen Vater so sehr, dass er zur Zurückhaltung mahnte. Der Sohn aber, erfahren in Fragen aktueller Operngestaltung mindestens seit seinem Pariser Aufenthalt und vertraut mit der modernen Orchesterbehandlung durch seine Arbeit mit dem Mannheimer Ensemble (das 1780 jenes kurfürstlich-bayerische Orchester wurde, das ihm für seine Produktion des *Idomeneo* zur Verfügung stand), dachte über Gattungskonventionen und Sprachgrenzen hinweg. Zudem ungemein politisch: Hunderte von Textbüchlein habe er durchgesehen, bis er ein halbwegs akzeptables Libretto habe finden können, ließ er Leopold Mozart, Rechtfertigungsinstanz des Sohnes weit mehr als Mentor selbst in emanzipierten Zeiten, wissen – ein deutliches Indiz, dass er weder die dramaturgische Qualität noch den gesellschaftspolitischen Sprengstoff eines Sujets je verkannt hätte. Und mindestens seit der Wiener Zeit, den letzten zehn Jahren seines Lebens, sind Mozarts Opern keineswegs nur jene heiter unbefangenen Stücke des Musiktheaters, zu denen sie im Laufe ihrer Rezeption und unter den Vorzeichen des unbedarft-genialischen, immerjungen Komponisten allzu rasch gerieten. Schon *Die Entführung aus dem Serail* (UA Wien 1782), Mozarts Wiener Debüt, ist hinsichtlich ihres Stoffes alles andere als eine Abenteuergeschichte in Form eines Singspiels um die Rettung einer Braut aus einem Harem. Denn keineswegs inhuman wird der türkische Emir gezeigt, der die Schiffbrüchigen bei sich aufnahm. Vielmehr kommt die mitteleuropäisch-abendländische Kultur auf den Prüfstand, wenn gegenüber den listenreichen, lediglich auf ihren Vorteil bedachten Eindringlingen der orientalische Herrscher Gnade vor Recht walten lässt, zumal er bereitwillig konzediert, dass er die Liebe, die ihm seitens Konstanzes nicht gewährt wird, auch nicht erzwingen kann. Belmonte, der flagrant ertappte Entführer, erhält seine Lehre stellvertretend für die Kultur, die er vertritt: Befriedigender und erhabener als Rache zu üben sei es, Gnade aus Souveränität walten zu lassen. Mithin zeigt sich der vermeintlich ungeschlachte Haremsbesitzer, ganz im Kontext zeitgenössischer europäischer Zivilisationskritik, die nicht nur in Rousseaus Schriften, sondern auch in zahllosen Türkenopern omnipräsent ist, als ›edler‹, moralisch wie charakterlich überlegener ›Wilder‹.

Deutlicher noch als hier verfällt das Gebaren der Aristokratie in *Figaros Hochzeit* (UA Wien 1786) einer Kritik, die bereits in der Schauspiel-Trilogie von Beaumarchais vorgebildet war und Mozart nicht zufällig zu dieser Vorlage greifen ließ. Denn das Insistieren auf dem Recht der ersten Nacht, das ein Graf gegenüber der Frau seines Bediensteten durchsetzen will, obwohl ihm die Kränkungen, die sein ebenso ungeheuerliches wie anachronistisches Verhalten provoziert, nicht unverborgen sein können, führt dank der geschickten Machenschaften der Gegenpartei unter Führung des listenreichen Figaro zu einer solchen Düpierung des Aristokraten, dass es der Wiener Obrigkeit geboten schien, die Besucherzahl durch eine Limitierung der Zahl der Aufführungen gering zu halten. Die

Frage nach der Legitimität von Herrschaft und der Verhaltensweisen von Regenten gegenüber ihren Untergebenen fand hier eine allzu unmittelbare Thematisierung. Die Sprengkraft der musikalischen Fassung Mozarts mit ihren Brüchen metrischer Konventionen und der gänzlich unorthodoxen Gestaltung von Haupt- und Nebenrollen wird durch das Diktum Napoleon Bonapartes, die Revolution, faktisch erst vier Jahre nach der Wiener Uraufführung ausbrechend, sei hier bereits in Aktion, satztechnisch wie anhand der Aussage eines prominenten Zeitgenossen plastisch illustriert.

Kaum weniger sollte in *Don Giovanni* (UA Prag 1787) die Frage, wie sich Herrschaft legitimiere und Gesellschaft konstituiere, ins Zentrum der Dramaturgie rücken: In der Festszene am Ende des ersten Aktes, einem kompositorischen Kabinettstückchen, in dem ein Menuett als traditionsreiche Tanzweise der Adligen mit Ländler und »Deutschem« Tanz als Ausdruck der Geselligkeit anderer in der Oper vorgestellter gesellschaftlicher Gruppen simultan kombiniert werden, gelingt die Harmonie der unterschiedlichen sozialen Ebenen nur für einen Augenblick: Mit der Entlarvung des Edelmanns, der die Differenzen der verschiedenen Schichten zu nivellieren sich anschickt, scheitert auch der Entwurf einer neuen, klassenlosen, nur durch die Ordnungskraft der Musik homogenisierten Gesellschaft des 18. Jahrhunderts.

Auch in *Così fan tutte* (UA Wien 1790), der letzten der drei Opern, für die Lorenzo da Ponte Mozart das Libretto lieferte, ist die Frage, wie sich Gesellschaft konstituiert, virulent. Denn in der Wette, die Don Alfonso mit den beiden Edelleuten abschließt, steht mit der Treue der Verlobten auch zur Disposition, ob sich Emotionalität gesellschaftlicher Konvention unterzuordnen habe. Erst mit dem Tausch der Rollen, der ebenso mutwillig wie doch für jede Frau leicht zu durchschauen inszeniert wird, entdecken die kurzfristig Verlassenen die Partner ihres Herzens, denen zu folgen sie sich gleichwohl nicht trauen. Die »Schule der Liebenden«, so der Untertitel des Werks, absolvieren alle Protagonisten keineswegs mit Erfolg. Die Entdeckung wahrer Liebe bleibt zwangsläufig Episode, da Emotionalität zu leben die Regeln geordneten Zusammenlebens gefährdete. Das Potenzial immerhin ist aufgezeigt, und so subversiv, wie Mozart die Modalitäten, auf welche Weise sich Gesellschaft konstituiere und wie Herrschaft ihre Legitimation gewinnt, kompositorisch illustriert, gerät auch in *Così* ein abgründiger Tonfall zum musikalischen Programm. Allein durch die Möglichkeit, dass Phrasen und melodische Wendungen ironisch gebrochen sein könnten, gerät kaum eine einzige Passage mehr unzweideutig affirmativ. Hier hat sich eine neue, kritische Öffentlichkeit endgültig Gehör verschafft.

Diskurs

Kompositorische Strategien und musikalische Formenlehre

So verbindlich Affektenlehre und musikalische Rhetorik Sinn und Gehalt eines Musikstücks bestimmen ließen, so offen war nun, um die Mitte des 18. Jahrhunderts, was eine Komposition beim Zuhörer auslöste. Die Erkenntnis, individuelle Rezeptionsweisen weder systematisieren noch vorschreiben zu können, implizierte die Frage, mittels welcher Kategorien Musik, die funktional nicht gebunden war und deren Absicht nicht durch einen Text erläutert wurde, gefasst, aber auch produziert werden konnte. Die Emanzipation der Instrumentalmusik, die, ihrer Aufgabe zur Begleitung von Aufzügen und Tänzen entledigt, nun einen immer größeren Teil musikalischer Praxis – im Konzert wie in der Hausmusik – einnahm, würde zu einer Kunst der Beliebigkeit führen, wenn allein die Emanation des Subjekts die ästhetische Richtschnur bildete. Denn die Freiheit subjektiver Gestaltungsweisen, das Fehlen einer Orientierung für den Hörer, der gleichwohl persönlich angerührt war, schuf eine Irritation, der um die Mitte des 18. Jahrhunderts Fontenelle mit seiner erregten Frage, was die Sonate von ihm wolle, paradigmatisch Ausdruck verlieh.

Dass Musik rational nicht mehr fassliche Bereiche beim Hörer erreichte, bezeichnete eine neue Erfahrung, die nicht vorbehaltlos akzeptiert wurde. War zwar die Möglichkeit, von Tönen im Innersten ergriffen zu werden, durchaus vertraut, so konnte sie doch, wie Händels *Alexanderfest* mit dem Untertitel »Die Macht der Musik« (UA London 1736) zeigt, selbstreferenziell thematisiert und somit noch in ein Ordnungssystem gebracht werden. Aufgrund des Fehlens verbaler Erläuterung aber und einer

Erweiterung der Tonsprache wie auch der Rezeptionsmodi schwand solche Verbindlichkeit. Offenkundig reichte das Potenzial der Musik weiter, und in der Unübersichtlichkeit ihrer Wirkungsmöglichkeiten lag ein Moment der Gefährdung – gesellschaftlich kaum weniger als in Bezug auf das Individuum, dessen Spielraum, sich gegenüber einem Kunstwerk zu verhalten, eingeschränkt schien. Solch mangelnde Freiheit bei der Rezeption von Musik konnte als ästhetisches Defizit deklariert werden, wo die Autonomie des Subjekts als höchstes Erziehungsziel wie zugleich als humanistisches Axiom galt: »Interesseloses Wohlgefallen« solle Kunst, so Immanuel Kant, auslösen, nicht aber jene emotionale Bewegung, die in einem Zeitalter von Galanterie und Empfindsamkeit als alternatives Ziel des Komponisten formuliert wurde.

Was hier einander kontrastiert, kann erneut als Fortsetzung der bereits in der Antike virulenten Gegenüberstellung der Auffassung von Musik als einer nach rational (ehedem und noch bis zum Beginn des 18. Jahrhunderts) zahlhaft bestimmten Kunst und der Position, Hörvermögen und Klangeindruck entschieden über die Qualität einer Komposition, verstanden werden. Nun mit den Schlagworten ›Klassizismus‹ und ›Romantik‹ benannt, sind hier Verhaltensweisen gegenüber Musik zu finden, deren ästhetische Grundlegung in dieser Zeit, gegen Ende des 18. Jahrhunderts, kaum mehr als in Umrissen und eher in literarischen Texten als im musiktheoretischen Schrifttum im engeren Sinne gelang. Überraschenderweise dürfte als fundamentale Explikation klassischer Musikästhetik erst Eduard Hanslicks Programmschrift *Vom Musikalisch-Schönen* (Leipzig 1854) zu werten sein, eine Studie, die Jahrzehnte nach einem Zeitalter einer vornehmlich durch Haydn, Mozart und Beethoven repräsentierten musikalischen Klassik den Entwurf einer Tonkunst leistet, die als »Arbeit des Geistes mit geistfähigem Material« eine idealistische Position musiktheoretisch fundiert. Dass Inhalt und Gegenstand der Musik »tönend bewegte Formen« (und nicht eine Darstellung von Gefühlen) seien, begründet um die Mitte des 19. Jahrhunderts einen Klassizismus, als dessen Ahne kaum zufällig Beethoven firmiert, dessen Symphonien, zumal die *Eroica* (UA Wien 1805) und die *Pastorale* (UA Wien 1808), dann allerdings auch von Verfechtern einer inhaltlich bestimmten Musik zur Legitimation ihrer Auffassung herangezogen werden sollten.

Mit einer Fokussierung lediglich auf diese Position gelingt dann relativ leicht eine Kritik des kompositorischen Metiers, mehr noch der Entwurf von Geschichte als sukzessive Differenzierung satztechnischer Parameter – eine Optik, die einerseits die behauptete Vorrangstellung ›deutscher‹ Musik erlauben sollte, andererseits eine Teleologie der Musikgeschichte suggerierte, die im Werk Beethovens kulminierte, bevor sie mit dessen Erben Brahms und Schönberg eine Fortsetzung fand. Gewiss fasst diese noch am Ende des 20. Jahrhunderts weithin verbreitete, zuletzt von Carl Dahlhaus im Gefolge von Theodor W. Adorno formulierte Auffassung einige zentrale Züge musikhistorischer Entwicklungen, zumal die Idee einer Ausbildung musikalischen Bewusstseins, das sich in einem höchst subtil differenzierten Tonsatz manifestiert – um den Preis freilich aller alternativen Ansätze, Musik als Klangkunst zu gestalten.

Wie nun kompositorische Arbeit – ein Begriff, den Adolf Bernhard Marx (1795–1866), neben Johann Nikolaus Forkel einer der Gründerväter akademischer Musikwissenschaft, in seiner groß angelegten Kompositionslehre (*Die Lehre von der musikalischen Komposition*, 4 Bde., Berlin 1837ff.) für die Durchführungstechniken zumal der Beethovenschen Sonaten und Symphonien prägen sollte – zu beschreiben sei, wurde Aufgabe von Lehrbüchern, die nicht mehr nur elementare Satztechniken oder Klangverbindungen, sondern die Gestaltung von Kompositionen insgesamt thematisierten – insbesondere von Instrumentalmusik, deren Form nun verbindlicher Vorgaben bedurfte, um den Komponisten zumindest Anhaltspunkte zur Gestaltung zu geben und dem Hörer Hinweise, was er erwarten konnte, wenn ein Werk auf dem Programm stand, dessen Titel lediglich die Zugehörigkeit zu einer Gattung signalisierte. Waren bis dahin Aufbau und Ablauf instrumentaler Kompositionen kaum schon in Umrissen geregelt – eine Canzone, ein Ricercare (als Vorläufer der Fuge) und selbst Sonaten betitelte Werke reihten meist kurze Satzteile in unverbindlicher Folge aneinander, wobei vielfältige Abwechslung der Teile in Faktur, Metrum und Tempo die einzige Maßgabe gewesen zu sein scheint –, so nahmen in einer Epoche der Emanzipation der Instrumentalmusik, als die das 18. Jahrhundert im Rückblick gekennzeichnet werden kann, rasch jene kompositorischen Gattungen Gestalt an, deren Ausbildung und Differenzierung die nächsten anderthalb Jahrhunderte der Musikgeschichte nachhaltig bestimmen sollten. Dass dabei Konzeptionen funktionaler Musik virulent blieben, erhellt unmittelbar beim Blick auf die Entwicklung der Sonatenform aus der Suite: Ehedem eine Reihe von Tanzsätzen, deren Folge Allemande – Courante – Sarabande – Gigue bei Hofe in Frankreich ausgeprägt und schon um 1700 zur Norm erhoben war, wird im Alternieren langsamer und schneller Sätze ein erstes Prinzip erkennbar, das zum elementaren Gestaltungsmuster mehrsätziger Werke wird. Bewegte, zumal im Finale rasante Sätze rahmen agogisch wie in der Besetzung zurückgenommene Binnenteile. Indem alle Teilsätze in derselben Tonart stehen und meist auch identisches oder zumindest verwandtes motivisches Material benutzen, werden weitere Elemente deutlich, die eine Folge von einzelnen Stücken zum Zyklus runden. Dass mit einer Ausdehnung der Anlage und einer zunehmenden Differenzierung der motivisch-thematischen Arbeit die Suite sich von ihrer funktionalen Bindung emanzipiert und aus einem Stück Gebrauchsmusik nun autonome Kunstwerke zu werden vermögen, zeigen nicht zuletzt die Cellosuiten und Violin-Partiten Johann Sebastian Bachs, die als kompositorische Kommentare zu konventionellen Tänzen jenen Prozess der Emanzipation der Instrumentalmusik illustrieren, der binnen kurzem zur Ausbildung selbständiger Formen und musikalischer Diskurse führen sollte.

Zwei andere, ähnlich elementare Strategien, Kompositionen zu strukturieren, bieten die Prinzipien von Konzert und Variation. Das Alternieren mehrerer Klangkörper oder die Gegenüberstellung einzelner Akteure und eines Ensembles ist mit solistisch vorgetragener Strophe, der eine Gruppe einen Refrain anschließt, ein in der Vokalmusik seit je geläufiges Verfahren gemeinschaftlichen Musizierens, das auf instrumentale Werke zu übertragen keine Schwierigkeiten bildet. Dabei kontrastiert in der Orchestermusik zunächst eine kleinere Gruppe von Solisten mit dem Tutti aller Ausführenden. Das Concerto grosso, paradigmatisch ausgeprägt von Arcangelo Corelli zu Beginn des 18. Jahrhunderts, geht dem Solokonzert, wie es seine klassische Form in Antonio Vivaldis annähernd sechshundert Kompositionen dieses Typs fand, voran. Die Beliebtheit dieses Genres dürfte in seiner leichten Fasslichkeit liegen. Einem Ritornell mit einem markanten Motiv folgen in der Anzahl nicht begrenzte Episoden eines immer virtuoser geführten Soloinstruments (zumal der Violine), und so effektvoll diese Partien gestaltet sind, so dankbar wird jeder neue Einsatz des Ritornells mit seinem signifikanten Beginn aufgegriffen. Was dem Komponisten ein Mittel zur Gliederung der formalen Anlage ist, erlaubt dem Hörer zugleich eine schnelle Orientierung über den Aufbau des Werks.

Kaum größere Probleme für die Komposition wie auch die Rezeption bietet das Verfahren der Variation, zumal in der publikumswirksamen Ausprägung, dass ein Thema oder eine allseits bekannte Melodie zunächst mit einem harmonisch schlichten Satz vorgestellt wird, der dann sukzessiv beschleunigt und durch Figurationen aufgelöst wird. Der Effekt, der entsteht, wenn eine noch schnellere Folge von Tönen als jene, die bereits das Publikum staunen machte, demonstriert wird und der Virtuose mit immer neuen Bravourleistungen aufzuwarten vermag, ist kompositorisch weit weniger schwierig zu produzieren als seitens des Solisten, der in solchen Werken weit stärker dominiert als im Konzert: eine Kunst der Unterhaltung, in der die Artistik der Ausführung kompositorische Substanz in den Hintergrund rückt. Groß angelegte Variationenwerke, die jenseits der Idee, immer rasanter bewegte Stücke aneinander zu reihen, einer kompositorischen Konzeption folgen, bleiben Ausnahmen selbst im Œuvre von Bach und Beethoven, die mit *Goldberg-* und *Diabelli-Variationen* wohl die artifiziellsten Beiträge zu einer quantitativ nicht zu übersehenden Gattung geliefert haben.

Selbst gegenüber solch wenig spezifizierten Vorgaben, wie Suiten, Sonaten, Konzerte und Variationen anzulegen seien, finden sich zur Gestaltung von Fantasien und Fugen kaum schon Anhaltspunkte zu Form und Anlage. Als ursprünglich improvisatorisches Genre folgt die Fantasie keinem verbindlichen Plan; dass mit der Wiederholung einzelner musikalischer Gedanken und einer großräumigen harmonischen Disposition strukturierende Momente eingeführt werden, bleibt ein Merkmal der ambitionierteren Werke einer Gattung, deren Selbstverständnis in einer Freiheit von Vorgaben gründet. ›Fuge‹ hingegen bezeichnet – entgegen verbreiteter Ansicht – keine Form, sondern eine Technik polyphoner Ausarbeitung eines Satzes über (meist) ein Thema. Mehr als Hinweise zu einzelnen Gestaltungsmitteln – etwa zur Exposition des Themas und der Art und Weise, es in allen Stimmen einzuführen – finden sich selbst bei Friedrich Wilhelm Marpurg nicht, dessen *Abhandlung von der Fuge* (2 Bde., Berlin 1753/54) zum Standardwerk der Fugenkomposition wurde. Aus persönlicher Bekanntschaft und einer (zumindest behaupteten) Schülerschaft bei Bach bestens mit dem Werk des Thomaskantors, zumal den beiden Teilen des *Wohltemperierten Klaviers* und der *Kunst der Fuge* als Kompendium der Fugenkomposition vertraut, konnte der Berliner Theoretiker und Publizist doch kaum mehr als einige vergleichsweise unverbindliche Vorgaben anbieten, wie eine Fuge zu gestalten sei. In diesen berühmtesten Fugen-Sammlungen war vielmehr ein Reichtum der Gestaltung zu finden, der eine Systematisierung nicht zuließ und auch die Komponisten nach Bach verzweifeln ließ, in diesem Metier noch neue Wege zu erkunden.

Das Dilemma, das sich hier abzeichnet, ist ein Grundproblem aller Versuche, musikalische Formen zu systematisieren und propädeutisch aufzubereiten: Denn die Regeln, wie eine Komposition anzulegen sei, können nur jeweils Eckwerte bestimmen, die für Komponisten und Hörer erste Orientierungspunkte bilden. Mittels der Vorgaben, wie sie zur Gestaltung aller dieser elementaren musikalischen Formen die einschlägigen Lehrbücher bieten, sind kaum mehr als Werke zu verfassen, deren rasch offensichtlich werdende Formelhaftigkeit mit einem gleichermaßen postulierten künstlerischen Anspruch konfligiert. Aufgabe des Komponisten wird es daher, den Rahmen, den Kompositions- und Formenlehre umreißen, individuell zu füllen, mithin eine subjektive Interpretation jener für die einzelnen Gattungen konstitutiven Gestaltungsmittel zu finden, deren Kenntnis selbstverständliche Voraussetzung auch für den Hörer wird, um ein Werk adäquat rezipieren zu können. Auch hier – ja eigentlich erst in dieser historischen Situation – wird Musik geschichtlich. Ohne Wissen um vorangehende kompositorische Lösungen bei der Gestaltung von Fugen, Konzerten oder Sonaten ist der Beitrag eines Komponisten kaum mehr verständlich.

Zugleich stellt sich dem Produzenten der Anspruch, die Kompositionsgeschichte zu studieren, die das eigene Werk bereichern und weiterzuführen hat, um nicht als epigonal disqualifiziert zu werden. Die Suche nach dem neuen Musikstück im emphatischen Sinne ist mithin nicht mehr nur Erfordernis eines nach Sensationen gierenden Marktes, sondern zugleich Verpflichtung für den Komponisten, sich mit der Geschichte eines Genres auseinanderzusetzen. So obligatorisch das Studium früherer Beiträge zu einer Gattung, um ein neues Werk sinnvoll gestalten zu können, so unverzichtbar aber auch die Kenntnis musikhistorischer Zusammenhänge für das Publikum. Nicht den geringsten Reiz einer Uraufführung oder einer Neuerscheinung bildet die Frage, wie das neue Werk sich zu den Konventionen eines Genres verhält. Dass die Voraussetzung, um solche geschichtlichen Bedingungen und Kontexte zu wissen, einen unmittelbaren Zugang zu zeitgenössischer Musik allein aufgrund eines im Laufe der Zeit anwachsenden Repertoires zunehmend erschwert, ist eine Konsequenz, die solche Kennerschaft fordert; sie rückgängig zu machen, erscheint schlechterdings unmöglich, schon aus Gründen des Selbstverständnisses der Komponisten wie der Erwartungshaltung eines gebildeten Publikums. Doch eine Komposition lediglich aufgrund der Kategorie, einen innovativen Beitrag zu einer musikalischen Gattung zu leisten, ästhetisch qualifizieren zu wollen, wird im Rückblick rasch fragwürdig: Ein Werk, das zu Zeiten als avanciert galt, mag von der Entwicklung ebenso überholt sein, wie umgekehrt Kompositionen, denen auf den ersten Blick nichts Originelles anhaftet und die bereits von den Zeitgenossen ihrer Entstehung kaum beachtet wurden, mit der Preisgabe der Forderung unbedingten Fortschritts durchaus ästhetische Qualitäten offenbaren können, die ihre Aufnahme in einen Kanon ›klassischer‹ Werke legitimieren. Die Idee, nur die jeweils forciert innovative Komposition ästhetisch gültig erscheinen zu lassen, ist konstitutiv für eine Problemgeschichte des Komponierens, deren methodologisches Repertoire aus der Geschichte der Naturwissenschaften adaptiert wurde. Der Fortschritt, der in diesen Disziplinen stückwerk-technisch zu leisten und historiographisch zu rekonstruieren ist, führt in einer Übertragung auf die Musikgeschichte zu einer Einschränkung der Optik auf die Darstellung einer Suite bedeutender Werke, deren Ordnung suggeriert, ihre Verfasser hätten auf die Produkte der Kollegen unmittelbar reagiert: zutreffend gewiss für eine bestimmte Klientel von Komponisten und den Stand einer Entwicklung musikalischen Bewusstseins, doch problematisch hinsichtlich der Frage nach der ästhetischen Relevanz dieser selektierten Werke zu anderen Zeiten oder in der Gegenwart, gänzlich ungeeignet aber, um das Spektrum von Möglichkeiten und Aufgaben, die Musik in bestimmten Epochen zukamen, angemessen zu erfassen und zu beschreiben.

Die Kommunikation zwischen Komponist und Publikum, Voraussetzung zum Verständnis eines Werks, kann im 18. Jahrhundert für eine breite Hörerschaft gelingend genannt werden. Was Suite oder Sonate meinte, bedurfte ebenso wenig einer Erläuterung wie die ambitioniertere Gestalt, die manche Komponisten ihren Beiträgen zu diesen Gattungen gaben, schon eines eingehenderen Kommentars. Gesichert war ein Standard, der die Rezeption noch völlig unproblematisch geformter Sonaten mühelos erlaubte: Zwei Themen werden einander gegenübergestellt (Exposition), und der Gegensatz, den sie zunächst und vor allem harmonisch bezeichnen, wird in einer Durchführung vermittelt, bevor er in einer Wiederholung (Reprise) nivelliert erscheint. Die Musik des 18. Jahrhunderts ist harmonisch konzipiert, an diesem Schema ebenso zu erkennen wie im Aufbau von Konzerten, deren Ritornelle eine Tonstufe ausprägen, wohingegen die (solistischen) Episoden modulieren – von einem Gegensatz der Charaktere zweier Themen, erst recht deren pädagogisch wohlmeinender, doch nichts als peinlich-naiver Kontrastierung als ›männlich‹ und ›weiblich‹ finden sich kaum schon Anhaltspunkte.

Auch Fugen werden im 18. Jahrhundert auf dem Grundriss der Harmonik angelegt: Der Exposition eines Themas in der Grundtonart folgen Durchführungen, in denen wiederum harmonisch entferntere Stufen angesteuert werden, bevor mit dem Wiedereintritt des Themas in Ausgangstonart und Originalgestalt – oft derselben Lage wie zu Beginn oder durch einen Einsatz im Bass, besonders pointiert im Orgelpedal – ein letzter, reprisenartiger Teil ansetzt. Doch fehlen distinkte Hinweise zum Aufbau der Fuge als polyphon streng gefügtem Stück, dem ein in der Faktur freierer Satz eines Präludiums, einer Fantasie oder einer Toccata, für deren Gestaltung keinerlei Vorgaben bestanden, vorangeht, so dass die Finessen, die ein Komponist etwa mit Umkehrung, Vergrößerung oder Verkleinerung des Themas sowie dessen Engführung – vor der vollständigen Wiedergabe des Hauptthemas in einer Stimme setzt es bereits in einer anderen ein – disponiert, weit weniger unmittelbar zu vergegenwärtigen sind als etwa hinsichtlich der in ihrer formalen Anlage fester gefügten Sonate. Hier eröffnete sich der größte Spielraum zur kompositorischen Gestaltung, zumal hinsichtlich einer motivisch-thematischen Durchdringung des Tonsatzes. Die Vorgabe, zwei Themen einander gegenüberzustellen und für ihre Vermittlung in einem kompositorisch anspruchsvolleren Durchführungsteil zu sorgen, war verbindlich genug, um dem Komponisten mehr als eine grobe Orientierung zu geben, zugleich hinlänglich offen für eine subjektive Interpretation.

Diese leisteten insbesondere Haydn, Mozart und Beethoven, nicht allein in ihren Sonaten betitelten Werken für Klavier, sondern auch in ihren Streichquartetten und Symphonien, die in ihren Grundzügen ebenfalls auf der Sonatenform basieren. Zumal im Werk von Haydn ist die sukzessive Umdeutung des konventionellen Konzepts eindrucksvoll zu verfolgen. Ist in seinen frühen Symphonien das Gerüst der Sonatenform deutlich zu erkennen, so wird ab etwas 1760 eine zunehmend freiere Interpretation des Rasters erkennbar: ein Spiel auch mit Hörerfahrungen und -erwartungen seines Publikums, das zumal in jenen Symphonien, deren sprechende Titel die ungewöhnliche Konzeption wie zugleich ihre Popularität bezeugen, erkennbar wird. Den Höhepunkt seines symphonischen Komponierens – eine Synthese von galantem und gelehrtem Stil (Ludwig Finscher) – dürften dann die »Pariser« und »Londoner« Symphonien darstellen, deren formale Anlage das Gerüst teilweise schon nur mehr in Umrissen erkennen lässt.

Die Idee des Diskurses, im symphonischen Apparat des Orchesters vorzugsweise zwischen Komponist und Publikum zu führen, verlagert sich in der Kammermusik. Zumal das Streichquartett wird, einem vielzitierten Diktum Goethes zufolge, zum vernünftigen Gespräch, zu dem ein jeder Spieler seinen Beitrag leistet. Dass diese Gattung zum Inbegriff ambitionierter Kammermusik wurde, verdankt sich Haydn – allerdings nicht schon seinem Opus 1 (1755–60), einer ersten Sammlung von einem halben Dutzend Quartetten, mit denen der Kapellmeister des Fürsten Esterházy wie viele seiner Zeitgenossen zuerst an die Öffentlichkeit trat. Erst die Entwicklung, die Haydns spätere Quartette, namentlich op. 33 (1781) und 76 (1796/97) leisteten, bezeichnet einen qualitativen Sprung. Nicht mehr konstituiert sich der Tonsatz aus einer der ersten Geige zugewiesenen Melodie mit Begleitung dreier, oft nur akkordisch geführter Unterstimmen. Vielmehr wird das ›Accompagnement‹ obligat: Im durchbrochenen Satz ist die Differenz von Haupt- und Nebenstimmen aufgehoben und jede Stimme gleichberechtigt im motivisch-thematischen Gewebe.

Ähnlich der klassischen Vokalpolyphonie des ausgehenden 16. Jahrhunderts, doch erheblich bereichert durch die größere spieltechnische Beweglichkeit der Instrumente entsteht auch hier eine Faktur, die auditiv nur bedingt zu erfassen ist. Kaum zufällig kursierten bald Studienpartituren der immer komplexer werdenden Werke, deren Lektüre und Analyse nicht nur einen erhöhten Genuss versprachen, sondern zur Voraussetzung einer angemessenen Würdigung der Musik wurden. Dass diese im Voraus zu erbringende intellektuelle Leistung den Hörerkreis nicht unbeträchtlich einschränkte, bedarf keiner weiteren Begründung – Kammermusik solch kompositorischer Komplexität erschließt sich weder im spontanen Zugriff noch ohne Kenntnisse satztechnischer Konventionen.

Mit diesen freilich spielen die Komponisten nun zunehmend. Seien es ›falsche‹ Reprisen, die nur scheinbar den Anfang aufgreifen, doch sich rasch als weitere Teile von Durchführung entpuppen, sei es die ungewöhnliche Exposition eines Seitenthemas oder nur die aparte Inszenierung eines dominantischen Akkordes in einer langsamen Einleitung: Das Verfahren, den Hörer zu irritieren, ihn aufgrund seiner Hörgewohnheiten einen Augenblick lang zu täuschen oder ihn im Unklaren zu lassen, an welchem Punkt der formalen Entwicklung er sich befinde, macht nun den besonderen Reiz eines Werkes aus. Der ›Witz‹ des Komponisten, der sich in solchem Spiel manifestiert, bezeichnet seinen Rang und die Qualität seiner Musik,

Die Umschlagseiten eines Druckwerkes dienten seit dem 18. Jahrhundert der Auflistung ähnlicher, bereits verfügbarer Werke und illustrieren sinnenfällig die Popularität bestimmter musikalischer Genres: hier der Symphonie concertante, des Streichquartetts sowie des Steichtrios.

Simp.^e Concertant

Titel	Preis
Cambini 1.re suite.	
id... N.º 2. a 2. V. et Alto	4
id... N.º 4. a 2. Viol.	4
id... N.º 6. a. 2. Viol.	4
id... N.º 8. a 2. Viol.	4
id... N.º 10. a 2. Viol.	4
id... N.º 12. a 2. Viol.	4
id... N.º 14. a 2. Viol.	4
id... N.º 16. a 2. Viol.	4
id... N.º 18. a 2. Viol.	4
id... N.º 20. a 2. Viol.	4
id... N.º 22. a 2. V. et Alto	4
id... N.º 24. a 2. V. et V.^{lle}	4
id... N.º 25. a 2. Viol.	4
id... N.º 26. a 2. Viol.	4
id... N.º 27	4
id... N.º 28	4
id... N.º 29	4
Chartrain N.º 1 a. 2. V. et A.	4
id... N.º 2. a 2. V.	4
Gossec N.º 1. a V. et V.^{lle}	4
id... N.º 2 a V. et V.^{lle}	4
St George N.º 12 a. 2. V.	4
id... N.º 13 a 2. V.	4
Bach... N.º 1. a. 2 V.	4
id... N.º 3. a V. et V.^{lle}	4
Abel... N.º 1. a 2 V. et Ob.	4
Stamitz... N.º 15 a 2. V. et V.^{lle}	4
id... N.º 16 a. 2. V.	4
id... N.º 17. a. 2. V.	4
id... N.º 24 a. 2. V.	4
id... N.º 25. a. 2. V.	4
id... N.º 26. a 2 V.	4
Cambini 2.e suite.	
id... N.º 7 a 2 V.	4
id... N.º 8 a. 2. V.	4
id... N.º 9 a V. et V.^{lle}	4
id... N.º 10. a V. et Alto	4
id... N.º 11 a 2 V. et A.	4
id... N.º 12 a 2. V.	4
id... N.º 13. a. 2 V. fla	4

Sonate et Air Varié
Pour Violon

Titel	Preis
Berghi 1.er p.^r V. et B.	7
Giardini 6	7
[illegible]	

Quatuor

Titel	Preis
Gossec 13.e a 2. V. alto et B.	9
Vanhal 7.^e	9
Bach 8.^e	9
Giordani 2.^e	9
Allexandre N.º 1. 3. 5. 7.	9
9	
S. George 1.er	9
Hayden XI	9
Giordani 3.^e	9
Cambini 2.^e	9
Stamitz XIIe	9
Kammell XIIe	9
Abel XIIe	9
Pugnani XIIIe	6
Sirmen	9
Stamitz XII V. 2. Alto et B.	9
Cambini 5	9
Bach et Abel 14	9
Kammell XXI	9
Chartrain 1	9
Chartrain 4	9
Haydn 17	9
Chartrain 8	9
Delph. Ballan 2	9
Cambini 10.^e	9
Rauzzini 2	9
Boccherini 27	9
Sacchini 2	9
Stamitz 29	9
Cambini XIII	9
Kreutzer 1.^e	9
Vanhal 26	9
Rosetti 2.^e	9
Cambini 16	9
Blasius 1.^e Cla. ou V.	6
Lachnit 7.^e	9
Nicolay 3	9
Stamitz 3. L.	9
Cambini 21	9
Cambini air Var. 5	9
Fachon XI	9
Bruni 1. L.	9
C. Stamitz 22	9
Cambini 4. airs Var.	9
Haydn 33	9
Cambini 18. Livre	9
Viotti 1	9
Pleyel 1.^e	9
Cambini 20	9
Pichl 2.^e	9
Bruni 4.	9
Fiorillo 1	9
Fodor 3. L.	9
Pleyel 2	9
Pleyel 3	9
Viotti	9

Trio.

Titel	Preis
Schendl 6. a 2. V. et B.	7
Sirmen 1.er id	7
Le Duc 3.^e id	7
Kammell 8.^e id	7
Vanhal XIe id	7
Cramer 3. id	7
Hemberger 1.er id	7
Delphin 1.er pour 2. V. et B.	7
Demaky VIIIe p. 3. V.	7
M. Dalerac p. 2. V. et B.	7
Cambini 6.^e p. V. et B.	7
Le Brun 2. p. flaut. V. et B.	7
Raimondi p. V. Alto et B.	7
Stamitz XI II	7
Sacchini 1.er	7
Sterkel 6.^e	7
Cambini XIe	7
Stamitz 21.^e	7
Pichl 4. V. Alto B.	7
Kammell 23	7
Fiorillo	7
Lachnit 3	7
Cambini 33. V. Alto B.	7
Cambini 34. V. et Alto	7
Kammell 25	7
Cambini. airs	7
Viotti 2.^e	9
Cambini 40. V. Alto B.	7

Concerto.

Titel	Preis
Gavinies p. Violon chaq. N.º 1. 2. 3. 4. 5. 6.	4
Lolli 4. 5. 7.	4
De S. George p. Violon N.º 10. 11.	4
Cramer p. V. N.º 1. 2. 3. 4. 5. 6. 7.	4
A. Stamitz p. V. N.º 3. 4. 5. 6.	4

Katalog der Fa. Sieber, aus: Ignaz Pleyel, *Quartette* op. 1, Paris 1788.

und insbesondere die Kammermusik Haydns ist es, mit der sich diese Kategorie verbindet.

Dass auch Mozarts Symphonien und Streichquartette kaum geringeren ›Witz‹ zeigen, wird von der ebenso falschen wie hartnäckig sich haltenden Vorstellung des heiteren Wunderkindes, das den Widrigkeiten der Welt nicht gewachsen gewesen und in Armut verstorben sei, verdeckt und durch das Bild des renitenten, halbirren Genies, das die *Amadeus*-Verfilmung Milos Foremans zeigt, weniger korrigiert als durch neue Bizarrerien ersetzt. Die ingeniöse Satztechnik etwa seines *Dissonanzenquartetts* (1785) fasst das alte Klischee so wenig wie das neue; die Bedeutung seines kompositorischen Genies aber erhellt schlaglichtartig das Diktum des Grafen Waldstein, der dem jungen Beethoven bei seiner Übersiedlung nach Wien ein Jahr nach Mozarts Tod auf den Weg gab, hier erhalte er »Mozarts Geist aus Haydns Händen«. Pointiert verbinden diese Worte die drei ›Wiener Klassiker‹ miteinander, und ungeachtet der Überlegung, dass auch andere Komponisten im Wien des ausgehenden 18. Jahrhunderts eine bedeutende musikalische Kultur konstituierten und die Symphonik Haydns wie Mozarts ohne die Leistungen der ›Mannheimer Schule‹ und zahlreicher italienischer und böhmischer Komponisten kaum denkbar wäre, erscheint die geläufige Reduktion auf die Namen dieser drei geeignet, um die in ihren Werken besonders auffällige Qualität nicht allein der satztechnischen Gestaltung, sondern eines musikalischen Bewusstseins, einer intelligiblen Durchformung aller Parameter des Tonsatzes, zu fokussieren.

Diese Dimension sollte Beethoven (1770–1827) noch weiter steigern. Schon seine Werke ab der Wende zum 19. Jahrhundert bezeichnen nach seinen eigenen Worten einen »neuen Weg«, der eine intensivierte Auseinandersetzung mit den Kompositionen seiner Vorläufer bezeichnet und in Bach-Rezeption wie innovativen Konzepten der Komposition von Variationen zu gänzlich neuen Werken führt, wie zumal die *Eroica-Variationen* op. 35 (1802) zeigen. Welches Spektrum die Sonatenform einnehmen kann, zeigt sich nicht allein in seinen Klaviersonaten, deren klangvolle Beinamen (*Sturm*, *Appassionata*, *Mondschein* etc.) bereits erkennen lassen, dass die konventionelle Form durch poetische Momente bereichert wird. Ähnlich sollte auch die Symphonie sich nicht mehr auf eine Erfüllung des traditionsreichen Formkonzepts beschränken, sondern programmatische Ideen aufnehmen. Eine letzte Überhöhung leistet dann das Spätwerk der Klaviersonaten und Streichquartette: Eine Musik, deren Rezeption die Mehrzahl der Zeitgenossen überforderte, deren Intensität und Komplexität der Gestaltung des Tonsatzes nachzuvollziehen freilich erst gelingt, wenn die Summe satztechnischer Möglichkeiten, die traditionelle Formkonzepte bieten, in den Blick genommen wird, um die individuelle Lösung, die Beethoven hier visiert, zu begreifen. Die ›Form‹, die Musik in diesen letzten Werken Beethovens gewonnen hat, ist zugleich deren Inhalt, der vernünftige Diskurs des Idealismus zu einer äußersten Abstraktionsebene geführt.

Gesellschaft

Selbstdarstellung auf klassischer Bühne

Nicht alle Musik hat den Einzelnen, der sich hörend in sie vertieft und ihre Komplexität studierend ergründen will, zum Adressaten. Dem Kenner und Liebhaber, der selbst im zahlreich besetzten Auditorium den individuellen Zugang sucht, korrespondiert ein Publikum, das als Kollektiv sich fühlt und angesprochen werden will. Musik als Ausdruck des Gemeinschaftsgefühls, zur Identitätsstiftung großer gesellschaftlicher Gruppen oder einer Nation verlangt andere kompositorische Mittel; diese wirkungsvoll zu disponieren ist eine Aufgabe, die zu Zeiten einer Konstituierung bürgerlichen Selbstbewusstseins eigenständige Lösungen forderte, zumal wenn die Zahl von Mitwirkenden und Zuhörern die Grenzen des Konzertsaals zu sprengen drohte.

Gewiss waren auch schon in früheren Jahrhunderten Musiker in größerer Zahl aufgeboten worden, wenn es galt, Eindruck durch Lautstärke zu machen. Denn die bis zu hundert Mitglieder (früh-)barocker Hofkapellen etwa Albrechts V. in München dürften sich nicht nur aus Solisten rekrutiert haben. Anzunehmen ist, dass dieses große Ensemble auch engagiert war, um in aufwendiger Klangpracht Status und Machtfülle des Regenten zu demonstrieren. Zeugnisse freilich sind selten über eine eher geräuschvolle denn kompositorisch gestaltete Kulisse. Erst aus dem 17. Jahrhundert liegt Aufführungsmaterial vor, das einen aus einer Einzelstimme bedarfsbedingt entwickelten Bläsersatz belegt: Da Trompeten und Fanfaren nur über eine begrenzte Anzahl von Naturtönen verfügten, wurden mehrere Instrumente in unterschiedlichen Stimmungen kombiniert, um die schlichte Dreiklangsharmonik einer festlichen Aufzugsmusik mit jenen Tönen lautstark zu unterstützen, die jeweils innerhalb der Naturtonreihe des Instruments disponibel waren. Statt einer kontinuierlichen Stimme übernahmen diese Blasinstrumente mithin nurmehr Einzeltöne, deren Zahl freilich variierte, doch in der Summe vieler Instrumente das Klangvolumen zu mehren.

Ein größeres Ensemble von Musikern zu organisieren und das klangliche Resultat in seiner Wirkung auf ein Publikum, das nach Tausenden zählte, zu planen, gelang erst mit der Wende zum 18. Jahrhundert. Für Händels Musiken zu den königlichen Wasserfahrten auf der Themse wie anlässlich der spektakulären Feuerwerke bedurfte es einer Unzahl von Mitwirkenden, um im Freien eine wirkungsvolle Klangkulisse herzustellen, und die *Coronation Anthems*, die er in den 1720er Jahren für das englische Königshaus schrieb, rechnen nun auch mit einem Chor, dessen Stärke die Masse der Untertanen und das Maß ihrer Zustimmung symbolisieren soll. Anders als im römischen Kolossalstil und der venezianischen Mehrchörigkeit repräsentieren die Sängerinnen und Sänger nun das Volk, das der Aufführung nicht mehr nur lauscht, ästhetisch befriedigt und moralisch erhoben sein will, sondern sich mit dem Chor, der es vertritt, identifiziert.

Patriotisches Pathos, das hier aufkeimt, indem mit der Huldigungsmusik auch das Volk als Nation zu sich selbst findet, trägt die Konzeption des Oratoriums, wie es Händel in England entwickelte. Entstanden aus Frömmigkeitsübungen zu Beginn des 17. Jahrhunderts, kultiviert als geistliches Pendant zum stets von Seiten moralischer Instanzen kritisch beargwöhnten Musiktheater, geriet das Oratorium, zumal mit der Integration groß dimensionierter Chorsätze, die den hymnischen Stil anglikanischer Kirchenmusik aufnahmen, zu einer Gattung, die es dem englischen Volk ermöglichte, eine eigene Kunstform auszubilden, die, in der Landessprache gehalten und somit allgemein verständlich, sein gesellschaftspolitisches Selbstverständnis auszudrücken vermochte. Dies unterstützten alttestamentliche Texte, die das unterdrückte, doch stets von Gott begünstigte und daher letztlich siegreiche Volk Israel zeigten, mit dem sich zu identifizieren umso näher lag, als die Religion in England Staatsangelegenheit und der König zugleich Oberhaupt der Kirche war. Nichts bezeichnet die Verquickung von Kunst und Politik mehr als die Anekdote, dass beim Erklingen des »Hallelujah« aus dem *Messiah* das der Londoner Premiere 1743 (UA Dublin 1742) beiwohnende englische Königshaus sich erhob, in der Meinung, hier einen Finalsatz in jener Art zu hören, wie er auch Händels *Anthems* als Staatsmusik beschloss. Kompositorisch unterscheiden sich die Chorsätze Händelscher Oratorien in nichts von den Krönungshymnen. Auch ihr Gehalt ist derselbe: Die machtvolle Akklamation des Volkes ist Ausdruck seines eigenen Wunsches, musikalisch Identität zu gewinnen.

Ähnliches hatte der Choral im Protestantismus geleistet, und in dieser Funktion fand er Eingang in die figurale Kirchenmusik des 18. Jahrhunderts. Zunächst Erfordernissen von Liturgie und Pastoral geschuldet, hatten Choralsätze die oratorischen Passionen Bachs durchzogen, und die Verbindung von aktuellen Kunstformen, wie sie Arie und Rezitativ markierten, mit dieser traditionsreichen Form gemeinschaftlichen Singens mochte ästhetisch ein problematisches Amalgam zeitigen – die Idee einer

---

Da man das Geburtsjahr falsch überlieferte, wurde bereits 1784 des 100. Geburtstags Georg Friedrich Händels gedacht, dessen Oratorien als Nationalmusik Englands akklamiert wurden und der als Staatskomponist in Westminster Abbey, der Grablege der englischen Könige, beigesetzt wurde. Bei diesem Konzert, das einer Huldigung der Nation für ›ihren‹ Komponisten gleichkam, wirkten 251 Instrumentalisten und 274 Sänger mit, geleitet von Joah Bates, dem drei *Subdirectors* assistierten.

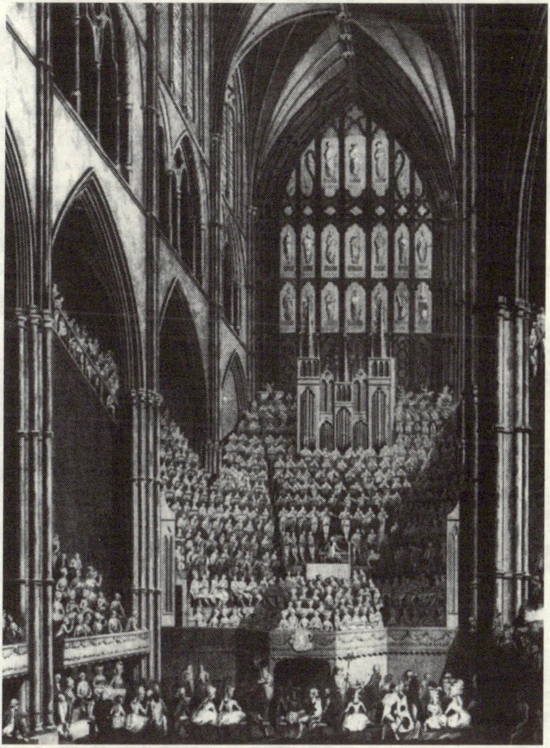

John Spilsbury, *Aufführung des »Messiah« anlässlich der Zentenarfeiern 1784.* Kupferstich nach einer Zeichnung von Edward Francis Burney; in: Charles Burney, *Account of the Musical Performances in Westminster Abbey and the Pantheon of Commemoration of Handel,* London 1785.

Rückbindung von funktional intendierter Kunst an eine breite Basis gelang in der Rezeption dieser Werke im 19. Jahrhundert. In der katholischen Kirche fehlt ein Pendant nicht nur wegen einer individualisierten Frömmigkeitshaltung, sondern auch wegen der engen Limitierung kompositorischer Gestaltungsmittel: Kirchenmusikalische Richtlinien römischer Provenienz liefern neben einer Verpflichtung auf eine bereits im 18. Jahrhundert unaktuelle, nurmehr intellektuell tradierte Gregorianik und einen vage umrissenen Palestrina-Stil lediglich Verbote, die freilich in der Praxis stets nur bedingte Gültigkeit hatten.

Wie intensiv ein erstarkendes Bürgertum auch in Deutschland ein musikalisches Idiom suchte, das kollektivem Empfinden künstlerischen Ausdruck verlieh, zeigt die rasche Adaption Händelscher Oratorien, unter denen *Messias*, *Alexanderfest* und *Judas Maccabäus* (in Fassungen von Johann Adam Hiller und Mozart, mit Texten u. a. von Klopstock) umso größere Popularität gewannen, als sie Chorsätze enthielten, die – zumal im Vergleich mit Kompositionen Bachs – aufgrund ihres Textes und ihrer Sujets keinerlei Verständnisprobleme boten, zudem leicht und besonders wirkungsvoll von groß besetzten Chören aufgeführt werden konnten. Mochte die Kritik an unbefriedigenden gesellschaftlichen Zuständen auf der Bühne des (Musik-)Theaters darzustellen sein und hier ein dankbares Publikum finden und das Bedürfnis nach anspruchsvoller geistiger Unterhaltung im Konzertsaal wie besonders durch Kammermusik gestillt werden können – eine ähnlich gemeinschaftsbildende Funktion, wie sie das Singen oratorischer Werke leistete, konnten diese Gattungen nur mittelbar übernehmen.

Dass durch Lied und Gesang bei öffentlichen Veranstaltungen ein Auditorium auf eine gemeinsame Idee einzuschwören war, bildet eine Urerfahrung kollektiven Musizierens, die zu unterschiedlichen Zeiten für wechselnde Ideologien und Zwecke genutzt wurde. Da die Fähigkeit mitzusingen kaum einer Vorbildung bedarf, eignete sich diese musikalische Ausdrucksform ganz besonders, um binnen kurzem auch größere Gruppen für ein gemeinsames Ziel zu begeistern, ja gegebenenfalls auch zu instrumentalisieren. Kampf- und politisches Lied begleiten die emanzipatorischen Bewegungen des Bürgertums seit je, und dass mehr oder minder anspruchsvolle Gesänge als Erkennungszeichen fungieren können, zeigt sich von kirchlichen Vereinigungen bis hin zu Jugendkulturen und Fanklubs im Stadion.

Kompositorisch aufwendiger gefasst, wird das Lied zum Chorsatz, in dessen Vielstimmigkeit die Idee gemeinsamen Singens harmonisch gesteigert wird. Dabei garantiert ein schlichter Tonsatz erneut leichte Ausführbarkeit, erlaubt zudem eine Zusammenführung zahlreicher Chöre in Musikfesten, deren nach Tausenden zählende Teilnehmer sich der meist patriotischen Inhalte der Gesänge versichern. Bürgerliche Revolution und Befreiungskriege wären ohne den Rückhalt einer Kultur von Männerchören und Gesangvereinen kaum denkbar, und es sind keineswegs nur Randfiguren der Musikgeschichte, die sich der Komposition solchen Liedguts widmen.

Vollends im Kontext der Französischen Revolution gewann die Musik für die Massen an Bedeutung, um dem neu erwachten Selbstbewusstsein des Volks musikalisch Konturen zu verleihen. Die Wucht riesiger Besetzungen und ihre stimulierende Funktion wurden vermutlich erst in diesem Zusammenhang erkannt und genutzt, und mit einer Masse von Ausführenden, die ein absolutistischer Regent schlechterdings zu organisieren nicht in der Lage gewesen wäre, gelang es Grétry, Gossec und Méhul, in ihren Werken jene Grandiosität der Revolution sinnenfällig darzustellen, die mit dem Directoire alsbald kolportiert werden sollte.

Doch der Gedanke, dass Musik ein Medium sei, sich jenseits aller gesellschaftlichen Unterschiede an alle, die

Menschheit schlechthin, zu wenden, trug weiter, als es die Chorlieder der Wende zum 19. Jahrhundert ahnen lassen. Zumal die Symphonie als jene Gattung der Instrumentalmusik, die ein großes Ensemble von Mitwirkenden vereinte, sei vorzugsweise geeignet, die Idee einer Kunst, die über alle sprachlichen Grenzen hinweg die Menschen in ihrem Innersten erreiche, zu transportieren, da ihre Dimensionen das Großartige und Erhabene, das sich mit den neuen Idealen verband, in besonderer Weise repräsentiere. Eine Fülle von ›heroischen‹ Symphonien, von denen Beethovens *Dritte* wohl die Einzige ist, die überdauert hat, entstand in diesem Zusammenhang zu Beginn des 19. Jahrhunderts, und von der Emphase, die seinerzeit der groß dimensionierten Instrumentalmusik als einer Kunst der Massen zugeschrieben wurde, vermittelt das blechgepanzerte Pathos von Ouvertüren zu Tragödien und Heldendramen noch einen in seiner naiven Martialität fast schon wieder kurios anmutenden Eindruck. Geblieben von diesem Optimismus, dem Gedanken einer alle Menschen in Freiheit verbindenden Kunst, ist kaum mehr als Schillers *Ode an die Freude* mit ihrer Beethovenschen Vertonung: eine Symphonie, deren kompositorische Qualität selten gewürdigt wird, da letztlich meist auf ihren oratorischen Schlusssatz reduziert, und deren Hymnus zum Signum einer Ideenmusik schlechthin wurde.

Die Dimensionen, die Beethovens Symphonien allein aufgrund ihrer Ausdehnung wie ihres gewaltigen Aufführungsapparates einnehmen, sollten repräsentativ werden für eine Kultur des 19. Jahrhunderts, die sich im Großen und Kolossalen zu gefallen begann. Ein rasch anwachsendes Publikum erforderte neue Räume für die Darbietung von Musik, zudem für umfangreicher besetzte Ensembles, ja allein klangstärkere Instrumente. Die Zahl der Mitglieder eines Symphonieorchesters verdoppelte sich gegenüber barocken Zeiten auf etwa 80. Reicher disponierte Blechblasinstrumente sorgten ebenso wie die sukzessive

Einführung von Stahl- anstelle der bis dahin gebräuchlichen Darmsaiten für einen voluminöseren, brillanteren Klang. Tafelklaviere und Kielflügel erhielten im modernen Konzertflügel einen Stahlrahmen, dessen höhere Belastbarkeit ebenfalls der Steigerung von Virtuosität und Lautstärke diente. In Konzerten, ehedem Kammermusik, hat nun der Solist sich gegenüber dem Symphonieorchester zu behaupten und wird zum gefeierten Star, der das Publikum, längst nicht mehr nur Kenner und Liebhaber versammelnd, auch wegen seiner Attitüden und Lebensgewohnheiten zu interessieren beginnt.

Die neuen Dimensionen des Orchesters erforderten zudem eine andere Kultur des Zusammenspiels. War es im 18. Jahrhundert noch seltene Ausnahme, dass die Stricharten der Violinen an allen Pulten einheitlich vorzunehmen seien – zumal die Dresdner Hofkapelle wurde aufgrund solch hoher Disziplin, der zu besonders kultiviertem Klang führte, gerühmt –, und hatte das Spektrum an dynamischen Differenzierungen, das die Kapelle des Mannheimer Hofs im gesamten Orchester gemeinsam auszuführen wusste, den Ruf dieses Ensembles als einer »Armee von Generälen« begründet, so waren diese spektakulären Neuerungen nunmehr selbstverständliche Voraussetzung, um die Hundertschaft des romantischen Symphonieorchesters zu organisieren. Binnen kurzem zeigte sich auch, dass eine Leitung des in seiner Zahl stark angewachsenen Ensembles von einem Continuo-Instrument aus kaum mehr möglich war: Die Verständigung der Musiker untereinander, im Kammerorchester durch Blickkontakt und gelegentliche sparsame Handzeichen völlig unproblematisch, gelang beim großen Apparat schlechterdings nicht mehr. Der Spieler des Klaviers, bis um 1820 selbstverständliches Generalbassinstrument, wurde zum Dirigenten, der zunächst mit einem zugesammengerollten Notenblatt, dann mit einem Stab das Orchester leitete und rasch mehr als nur für einen korrekten Ablauf sorgte, sondern eine eigene Interpretation eines Stückes vorstellte. In diesem Sinne wurden Carl Maria von Weber, Felix Mendelssohn Bartholdy, Richard Wagner und Franz Liszt die Ersten, die das Dirigieren zu einer Kunst eigenen Rechts entwickelten. Solche Professionalisierung der Aufführung tat umso mehr not, als die Veranstaltungen nun meist kommerziell erfolgreich sein mussten. Um große Häuser zu füllen, waren nicht nur perfekte Inszenierungen erforderlich, sondern auch Stücke und Themen zu berücksichtigen, die hinlänglichen Publikumszuspruch garantierten.

Dies gelang in der Oper mit der Wahl von Sujets, die populäre Handlungsmuster aufwiesen und zugleich das Volk als Masse auf der Bühne zeigten, um einem möglichst zahlreichen Publikum Motive anzubieten, mit dem es sich identifizieren konnte. Neben den Rettungsopern, in denen ein despotischer Regent von einem Held aus dem Volk düpiert wird, damit Gerechtigkeit, Freiheit und Humanität letztendlich siegen können, gewannen historische Stoffe an Beliebtheit, in denen ganz ähnlich das Pathos der Revolution sedimentiert war und die Bedeutung der bürgerlichen Emanzipation in immer neuen Varianten – von Beethovens *Fidelio* (UA Wien 1805) bis zu Rossinis *Guillaume Tell* (UA Paris 1829) – präsentiert wurde. Selbst Webers *Freischütz* (UA Berlin 1821) erlangte seine Popularität und seine Akklamation als deutsche Nationaloper nicht allein wegen des ›deutschen‹ Waldes, der mehr als Kulisse fast schon ein Akteur des Stückes wird, und auch nicht lediglich aufgrund der ungemein volkstümlichen Melodien, über deren Omnipräsenz im Musikleben des Berliner Vormärz schon Heinrich Heine spottete. Vielmehr zeigt die Geschichte um den verzweifelten Bräutigam, der zu dubiosen, gar teuflischen Mitteln greift, um das Preisschießen, von dessen erfolgreichem Ausgang seine glückliche Vermählung abhängig gemacht wird, zu manipulieren, in der Annullierung der menschen- und insonderheit frauenverachtenden Vorgabe ein Moment von Kritik und Destruktion obrigkeitlicher Willkür.

Unmittelbarer noch auf die aktuelle gesellschaftliche Situation reagierte Aubers *La muette de Portici* (UA Paris 1828): Die Nachricht, seine stumme Schwester sei von einem Aristokraten verführt worden, ermutigt den neapolitanischen Fischer Masaniello, seine Mitbürger zu einem Aufstand anzustacheln, der nach der Opernpremiere Realität wurde. Das Publikum, nach zeitgenössischen Berichten elektrisiert durch rhythmisch pointierte Musik, Zitate aus der Marseillaise und das Schlussbild eines Vulkanausbruchs, setzte die Vorgabe des Opernsujets spontan in politische Aktion um und griff den Impetus, den das Volk auf der Bühne gezeigt hatte, sofort auf, indem es nach einer Aufführung am 25. August 1830 in Brüssel revolutionäre Umtriebe eröffnete, die zur Loslösung Belgiens von Holland führten.

Weitere Beispiele aus der Operngeschichte des 19. Jahrhunderts anzuführen, gelänge mühelos. Berlioz' *Trojaner* (1855–58, UA Paris 1863), Verdis *Rigoletto* (UA Venedig 1851) oder Wagners *Meistersinger* (UA München 1868): Stets steht das Volk als Masse auf der Bühne, stellvertretend für ein Publikum und immer mit der Intention, kollektive Identität zu stiften. Intrigen und amouröse Verwicklungen, die diesen Opern ebenfalls den Zuspruch zahlreicher Zuschauer sicherten, sind dabei dramaturgisches Vehikel. Ziel ist, einer sozio-politischen Befindlichkeit Ausdruck zu verleihen.

Dazu ist das Spektakel der Grand opéra, wie sie sich in Paris um 1830 ausbildete, ein probates Mittel. Doch sollte sich die Darstellung auf der Bühne keineswegs in abwechslungsreicher Unterhaltung erschöpfen – so sehr etwa Giacomo Meyerbeer, gemeinsam mit seinem Librettisten Eugène Scribe und nach Rossini die prägende Gestalt der Oper in Paris wie der gesamten Gattung im zweiten Drittel des 19. Jahrhunderts, sich eine bis ins kleinste

Detail perfektionierte Aufführung angelegen sein ließ. Diese Sorgfalt im Kalkül publikumswirksamen Musiktheaters, dessen Affinität zu Revue und Varieté mit zirzensischen Einlagen den künstlerischen Anspruch nicht beeinträchtigt, aber lediglich merkantilem Interesse geschuldet zu sehen, wird der Dimension, die der Grand opéra als gesellschaftlichem Phänomen mit politischer Sprengkraft zukommt, kaum schon gerecht. Indem historische Sujets bühnengerecht aufbereitet, einem nach Tausenden zählenden Publikum vorgestellt und darüber hinaus durch eine ungemein vive Publizistik zum allgemeinen Tagesgespräch werden, erlangt das große Musiktheater eine Bedeutung, die lediglich unter Vorzeichen der Ästhetik oder mit den Kategorien einer musikalischen Gattung zu fassen ihre geschichtliche Virulenz verfehlt.

Dass Musik in jener Zeit nicht nur ein gebildetes Publikum, sondern eine breite Öffentlichkeit der Stadtbevölkerung anzusprechen und gegebenenfalls sogar zu aktivieren vermag, bezeichnet ein neues Potenzial, dessen politische Implikationen freilich nicht ungefährlich waren, wie die Möglichkeit des Missbrauchs in autoritären Systemen erkennen lässt. Noch freilich bediente man sich unbekümmert dieser Macht der Musik: Die Idee einer Menschheitsmusik, einer über Standesgrenzen hinweg homogenisierend wirkenden Tonkunst, nicht selten – wie das Beispiel von Musikfesten und Jahresfeiern revolutionärer Daten zeigen – auch umsonst und draußen veranstaltet, um eine möglichst große Zahl von Teilnehmern und Zuhörern zu einen, hatte in dieser Zeit einen uneingeschränkt positiven, idealistischen Klang.

Kommerz

Kunst und Vermarktung

Dass die Kunst nicht nach Brot gehe und Musik eine brotlose Kunst sei, sind Binsenweisheiten, die von unterschiedlichen Seiten denselben Sachverhalt spiegeln: Die Leistung eines Musikers, eines praktizierenden Künstlers wie die des Komponisten, ist finanziell nicht angemessen zu honorieren. Dem entsprachen fürstliche Auftraggeber seit je, indem sie die Künstler für herausragende Arbeiten mit Sachwerten entlohnten. Dass ausübende Musiker mit solcherlei Honoraren nur bedingt ihren Lebensunterhalt zu bestreiten wussten, da Geschenke von Potentaten schlechterdings nicht – oder allenfalls weit unter Marktwert – zu veräußern waren, beklagte bereits Leopold Mozart: Die Vielzahl von Uhren und goldenen Angebinden, die sein Sohn als pianistisches Wunderkind erhielt, erhöhten das Renommee, wie sie zugleich die Unkosten der aufwendigen Reisen kaum zu decken vermochten. Kunst und merkantiles Kalkül konvergierten hier keineswegs – wie in der Mehrzahl der Fälle, wo Eltern ihre ›Wunderkinder‹ um des schnöden Profits präsentierten oder gar Söhne bereits in der vagen Aussicht auf eine Sängerkarriere kastrieren ließen.

Gleichwohl war, um beim Beispiel zu bleiben, zumal Mozart gewiss nicht ein Musiker, der verarmt und von seiner Umwelt verkannt starb. Kaum je hatte ein Komponist von Rang, wie ein genauerer Blick auf die Lebensumstände berühmter Musiker zu allen Zeiten der Musikgeschichte zeigt, um sein Auskommen Sorge zu tragen. War von den mitunter überzogenen Honorarvorstellungen mancher Musiker der Renaissance bereits die Rede, so belegen die Biografien von Palestrina und Schütz einen hohen Lebensstandard, der auch ihren Kollegen aus späterer

Zeit eignet. Wirtschaftliches Geschick, das auch zu äußeren Zeichen von Wohlstand – etwa eigenem Briefpapier, umfangreichem Grundbesitz oder verzweigten finanziellen Transaktionen – führte, lässt sich in den Dokumenten und Lebenszeugnissen fast aller Komponisten nachweisen. Selbst Johann Sebastian Bach, einer jener Musiker, bei denen soziale Stellung und kompositorische Kompetenz besonders stark auseinander zu klaffen scheinen, gehörte, wie das Verzeichnis seines Nachlasses zeigt, zu den wohlhabenderen Bürgern der Messestadt Leipzig, und Mozarts wirtschaftliche Notlage am Ende seines Lebens war einer ungünstigen Auftragslage seitens der Adligen Wiens, die am Vorabend revolutionärer Umtriebe die Stadt verlassen hatten, sowie erheblichen Spielverlusten geschuldet, die seine Vermögensverhältnisse so weit belasteten, dass sie die bis dahin gewohnte aufwendige Lebensführung nicht mehr erlaubten und zur Aufnahme von Krediten nötigten.

Auch dass ein Komponist sich bei seinen Werken an den Gesetzen des Marktes orientiert, ist kein neuer Zug des 19. Jahrhunderts, ebenso wenig die Aufmerksamkeit, am merkantilen Erfolg eines Stückes beteiligt zu sein. Sorgten bereits seit dem 16. Jahrhundert fürstliche Privilegien für die Wahrung von Urheberrechten vor einem Zeitalter institutionalisierter Verwertungsgesellschaften, so waren die Komponisten nicht erst zu Zeiten einer beginnenden Massenkultur durchaus darauf bedacht, aus Verbreitung und Bearbeitung ihrer Werke finanziellen Vorteil zu ziehen. Schon Schütz ließ das Abschreiben seiner Werke mit einer Gebühr belegen, und Wilhelm Friedemann Bach benannte gegenüber Johann Nikolaus Forkel, der sich einen Überblick über die ihm zugeteilten Werke aus dem väterlichen Nachlass verschaffen wollte, eine Summe für das schlichte Ausleihen eines Konvoluts von Kantaten, die sich von der für einen Ankauf nur unwesentlich unterschied: Nach der Einsichtnahme durch einen Dritten und dessen anzunehmender Abschrift wäre die singuläre Bedeutung des Originals vernachlässigenswert gering geworden – ungeachtet des Werts der Autographen, die als Zimelien erst allmählich bibliophilen Rang gewannen, bevor sie als Objekt von Anlage und Spekulation genutzt wurden. Dass in diesem Falle allerdings vermutlich der gesamte Bestand an Kirchenkantaten, den der älteste Bach-Sohn aus dem väterlichen Erbe erhalten hatte, verloren ging, ist ein betrübliches Kapitel fehlgeschlagenen Kalküls auf wirtschaftlichen Zugewinn.

Solches Reagieren auf einen Marktwert von Musik und die Sorge vor unautorisierter Verbreitung bezeichnen ebenfalls keine neuen Züge des 18. Jahrhunderts, wenngleich sie nun weit öfter nachzuweisen sind als in vorangegangenen Zeiten. Denn vormals hatte die Mehrzahl von Komponisten durch eine Anstellung am Hofe oder bei der Kirche ein hinlängliches Auskommen gehabt; nicht selten boten Optionen weiterer Fürsten auf eine Tätigkeit an ihren Residenzen zusätzliche Einnahmen, wie der Titel »Kapellmeister von Haus aus« o. ä. erkennen lässt. Dass durch Veröffentlichung und Drucklegung von Musikalien Gewinne zu erzielen waren, zeichnet sich allerdings erst langsam ab. Einer der ersten Komponisten, die mit diesen Möglichkeiten eines Marktes virtuos zu spielen wusste, war Palestrina, der die Druckausgaben seiner geistlichen Werke verschiedenen Kardinälen in ganz Europa widmete, um auf diese Weise eine Verbreitung seiner Musik auch in deren Heimatländern zu erreichen. Doch blieb dieses Kalkül noch auf einen vergleichsweise kleinen Publikumskreis begrenzt – ähnlich wie die Einzeldrucke von Hochzeits- und Funeralkompositionen, die etwa Johann Hermann Schein, Thomaskantor in Leipzig zu Beginn des 17. Jahrhunderts, für renommierte Bürger der Handelsstadt schrieb und veröffentlichen ließ.

Mit der Entwicklung bürgerlicher Hausmusik im 18. Jahrhundert stieg wie mit der Vermehrung des Schrifttums über Musik (nicht zuletzt in Zeitungen und Zeitschriften) der Bedarf an Musikalien. Dass hier Unterrichtswerke und propädeutische Literatur einen vorrangigen Platz einnahmen, bedarf ebenso wenig einer Erklärung wie die Publikation einer Fülle von Arrangements und Bearbeitungen, mit denen Konzerteindrücke im häuslichen Musizieren erinnert werden konnten. Auf das Erfordernis nach anspruchsvolleren Kompositionen, die auch den Dilettanten (ein seinerzeit keineswegs pejorativ gebrauchter Begriff, der den nicht-professionellen Musiker als Liebhaber guter Kunst meinte) ansprach, reagierte mit bemerkenswertem Erfolg zumal Carl Philipp Emanuel Bach, dessen Sonaten bereits mit dem Effekt des ›Markenzeichens‹, der Wiedererkennbarkeit und Kultivierung eines bestimmten Standards, rechnen, indem die Machart seiner Werke nur geringfügig variiert.

Solchermaßen Musik weniger aus künstlerischem Anliegen, sondern den Gesetzen eines Marktes von Angebot und Nachfrage entsprechend zu produzieren, kennzeichnet eine veränderte Einstellung eines Komponisten, der Aufträge auch deshalb annimmt, weil sie lukrativ sind, und nicht allein, da die Aufgabe, die sich mit der Anfrage stellt, reizt. Diesen und ähnlichen Überlegungen sollten dann in der Folge alle Musiker verpflichtet sein, die als freie Künstler vom Verkauf ihrer Werke zu leben hatten und das Honorar, das mit bestimmten Produktionen verbunden war, akzeptierten, ohne darum besorgt zu sein, sich mit Kompositionen minderwertig erachteter Genres zu kompromittieren. So zögerten weder Haydn noch Beethoven um die Wende zum 19. Jahrhundert, Bearbeitungen englischer Lieder vorzunehmen, da es die Bezahlung für diese künstlerisch nicht sonderlich attraktive Aufgabe durchaus lohnte.

Der Bedarf an solch vergleichsweise schlichter Musik aber korrespondierte nicht allein mit einem wachsenden bürgerlichen Bildungsstandard, dessen integraler Bestandteil Hausmusik war. Auch eine immer größere Schicht des

›dritten‹ und bald des ›vierten‹ Standes fand Zugang zu einer musikalischen Kultur, die Klavier und (temporär) Gitarre als leicht erlernbare Modeinstrumente favorisierte und eine unübersehbare Fülle von Arrangements populärer Werke hervorbrachte, von flacher Unterhaltungsmusik, die im 19. Jahrhundert immer häufiger zum Trivialen tendierte, abgesehen: ein musikalisches Genre, das heute fast nur noch in den Katalogen der Musikverlage nachzuweisen ist, da eine Konservierung in Bibliotheken kaum zu rechtfertigen schien. Besonders beliebt in diesem Metier war neben der Variation über Themen aus den aktuellen Erfolgsnummern das Potpourri, das die schönsten Melodien erfolgreicher Werke aneinander reihte. Dabei bauten die Bearbeitungen auf Popularität und weiter Verbreitung der oft nur ephemeren Produktionen auf und zielten lediglich auf eine schnelle finanzielle Teilhabe an der Hausse eines Titels.

Dass in diesen Gattungen aber auch kompositorisch Anspruchsvolleres entstand, zeigen die Opernparaphrasen Franz Liszts. Lange als Werke geringeren Ranges erachtet – als sei es eines ›großen‹ Komponisten unwürdig, sich mit derartigen Arrangements zu befassen, und nur zu rechtfertigen mit dem Hinweis, der virtuose Pianist habe sein künstlerisches Renommee genutzt, um Produktionen seiner Zeitgenossen zu popularisieren –, wird die Bedeutung dieser Kompositionen, die ihrerseits den Erfolg aktueller Opern voraussetzen, um verständlich zu werden, erst auf der Folie von Liszts Biografie als höchst subtiler (und individueller) musikalischer Kommentar erkennbar. An der Marktgängigkeit publikumswirksamer Produktionen wollte auch ein Franz Liszt teilhaben, wiewohl seine Beiträge zum Genre von Potpourri und Bravour-Variationen diese Gattung auf ein gänzlich anderes Niveau hoben.

Nicht zu vernachlässigen freilich ist auch die verlegerische Intention, künstlerische Sensationen gewinnbringend zu verwerten. Publikationen, deren Titel die Tatsache, ein berühmter Künstler habe gerade mit diesem Stück in seinen Konzertprogrammen brilliert, ebenso reflektieren wie die später verbreiteten Interpretationsausgaben, in denen die individuelle Auffassung (meist eines Pianisten) fixiert wird, sind in kaum unterscheidbarer Weise zugleich Devotionalien wie seriöse Versuche, die persönliche Auffassung eines Virtuosen vor einem Zeitalter technischer Reproduzierbarkeit eines Kunstwerks festzuhalten. Dazu waren Aufführungssensationen ein Anlass und Mitteilungen aus dem Privatleben der Künstler willkommen, um für Verlagsprodukte zu werben, deren Titelseiten ähnlich wie Schallplatten-Cover in späteren Zeiten gegebenenfalls aufwendig illustriert wurden, um die Aufmerksamkeit der potenziellen Käufer zu wecken. Insbesondere über die Starvirtuosen der ersten Hälfte des 19. Jahrhunderts – neben Liszt und Sigismond Thalberg als Pianisten insbesondere der »Teufelsgeiger« Niccolo Paganini – kursierten Geschichten, die dem Klatsch der Regenbogenpresse in nichts nachstehen: Von dem Gedärme der ermordeten Geliebten, aus dem die Saiten seiner Violine gewonnen seien, als Begründung für den besonderen Klang des Instruments bis hin zu drastischen Berichten über amouröse Capricen reicht das Spektrum einer Berichterstattung, zu deren Standards während eines Konzerts in möglichst großer Zahl ekstatisch zertrümmerte Klaviere ebenso gehören wie Nachrichten über die Menge ohnmächtig gewordener

Stets in schwarzer Kleidung auftretend, zudem grell geschminkt, kultivierte Niccolò Paganini den Mythos eines »Teufelsgeigers« durch sein dämonisches Auftreten und sein legendäres Spiel; zugleich dürfte er der Erste gewesen sein, der gezielt das Sensationsbedürfnis eines Massenpublikums nutzte, um mit abenteuerlichen Geschichten aus seinem Privatleben das Interesse an seiner Person wachzuhalten.

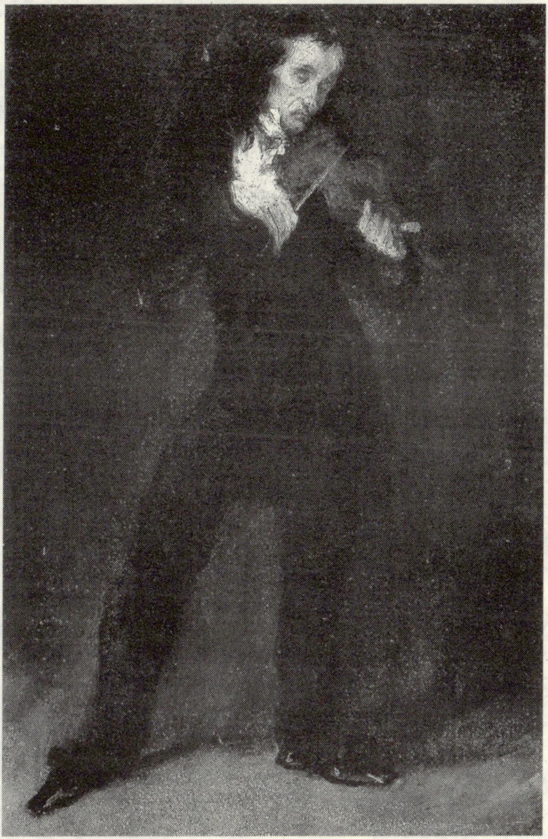

Eugène Delacroix, *Paganini*. Ölgemälde von 1831.
Washington D.C., The Phillips Collection.

Zuhörerinnen. Die nicht selten halbseidene, mitunter auch schwüle Aura der großen Virtuosen des 19. Jahrhunderts steht dem Glamour gegenwärtigen Kults um Popstars in nichts nach. Virtuosenmusik hat nicht allein künstlerischen Ansprüchen zu genügen, sondern Erfordernisse von Unterhaltung auf unterschiedlichsten Ebenen abzudecken. Legendär sind in diesem Zusammenhang dann auch die Summen, die den Spitzenkräften bezahlt wurden; deren Engagement freilich rechnete sich stets, da sie ihrerseits das Publikum in Scharen anzogen.

Zumal in der Grand opéra Pariser Zuschnitts vermischen sich Kunst und Business ununterscheidbar: Das riesige Auditorium bedurfte zugkräftiger Namen, die hoch bezahlt aber auch die Kassen füllen konnten. Dabei hatte der Komponist Anteil am Gewinn, den er durch sekundäre Verwertung seiner Musik – etwa durch Arrangements und Klavierauszüge (nicht selten um einer größeren Klangfülle willen vierhändig gesetzt), die er freilich zu Zeiten noch fehlenden Urheberrechtsschutzes selbst anfertigen und als Erster auf den Markt bringen musste – noch steigern konnte. Bis weit ins 19. Jahrhundert hinein wurden Opern und symphonische Werke auch und vorzugsweise für Bläserquintette bearbeitet, die sich aus den allerorts präsenten Militärmusikkapellen rekrutierten und deren Bedarf nach einer Musik außerhalb ihrer dienstlichen Verpflichtungen deckten: ein Phänomen der Popularisierung von Werken des ›klassischen‹ Konzertrepertoires auch insofern, als diese Ensembles sonn- und feiertags in Gaststätten nicht nur zum Tanz aufspielten.

Gioacchino Rossini (1792–1868), nach dem Sensationserfolg seines *Tancredi* (UA Venedig 1813) der unumschränkte Herrscher auf der europäischen Opernbühne des ersten Drittels des 19. Jahrhunderts, vermochte dank der Popularität seiner Opern wie nicht zuletzt aufgrund seiner geschickten Geschäftspraktiken binnen kürzester Zeit solchen Reichtum anzuhäufen, dass er bereits als kaum Dreißigjähriger sich privatisieren konnte. Ähnliche Summen vermochte auch Giacomo Meyerbeer (1791–1864) zu kapitalisieren, wenngleich der Überschuss seiner Produktionen durch den Aufwand, den er bei der Einstudierung walten ließ, um kein Risiko einzugehen, gering blieb. Dass allerdings erhebliche Summen auch zum Zwecke einer wohlgefälligen Berichterstattung der Presse genutzt wurden, war in der Kalkulation ebenfalls bereits berücksichtigt – und sollte zur Vorsicht bei der Lektüre zeitgenössischer Pressestimmen Anlass geben.

Die Demokratisierung ehedem in ihrem Zugang limitierter Kunstformen, allen voran der Oper, und das wachsende Interesse immer breiterer Schichten der Bevölkerung für Musik flankiert jedoch – wie in den Hinweisen auf Starkult und popularisierende Bearbeitungen bereits zu erkennen – eine Orientierung von Komponisten und Interpreten auf Effekte, die nicht nur publikumswirksam waren, sondern zugleich das Gespräch in der Masse der Bevölkerung bestimmen konnten. Hatte schon Händel bei seinen Londoner Opernproduktionen den Nutzen erkannt, den spektakuläre Szenen auf der Bühne für den Besuch seines Unternehmens bewirkten und immer wieder durch Ankündigungen »neuer« Konzertnummern zwischen den Akten selbst abgespielten Werken aufgeholfen, so richtete sich das Interesse breiterer Publikumsschichten nun zugleich auf die Musikerpersönlichkeit selbst. Mitteilungen aus dem Privatleben der Stars gewannen eine Relevanz, die auch ihre Akzeptanz als Künstler nicht unbeeinflusst ließ. Umgekehrt suchten Komponisten und Interpreten die Aufmerksamkeit der Masse auf sich zu ziehen, indem sie ihr Leben so eng nach dem Vorbild populärer Romane gestalteten, dass im Nachhinein kaum mehr entscheidbar ist, ob der literarische Text die Realität nachzeichnet oder der Künstler das erzählte Modell zu leben versucht.

Zumal beim Blick auf Leben und Werk Franz Liszts, seiner Flucht mit Marie d'Agoult, einer im Pariser Hochadel verheirateten Gräfin, verwirren sich Fiktion und Lebenswirklichkeit zu einem kaum mehr auflösbaren Gewebe, und mitunter scheint es geradezu, als sei diese Konvergenz von biografischem Entwurf und literarischem Modell Programm. Biografisches und ästhetisches Subjekt werden in diesen Sphären romantischer Kunstauffassung deckungsgleich, und die Produktion von Musik – des Komponisten wie des Interpreten – gerät zu einer kulturellen Praxis, die diese Durchdringung von Kunst und Leben voraussetzt und umgekehrt auch befördert.

Nur vor diesem Hintergrund ist dann das vielgestaltige Œuvre eines Franz Liszt (1811–86) zu verstehen, das von brillanter Konzertmusik bis zur kargen, auf einzelne Töne reduzierten Askese des Spätwerks reicht und gesellschaftskritischen Impetus der Juli-Revolution mühelos mit musikalischen Ergebenheitsadressen an Pius IX., den wohl reaktionärsten Papst des 19. Jahrhunderts, verbindet. Indem Liszt die heterogensten Erwartungshaltungen eines Publikums zu bedienen suchte und sie zugleich mit eigenen künstlerischen Idealen zu vereinen trachtete – etwa die Erziehung der Zuhörer zur Aufnahme der Musik Bachs und Beethovens oder dem Plan, in Weimar das Erbe literarischer Klassik gemeinsam mit Richard Wagner kompositorisch aufzunehmen –, wurde er freilich nicht nur zum Opfer seiner Biografen, sondern auch seines selten glücklich aufgelösten Anspruchs, populäre Massenwirksamkeit mit künstlerischer Seriosität zu verknüpfen.

Dass Liszt – einem Bonmot der 1830er-Jahre zufolge – der »einzige« Pianist seiner Zeit gewesen sei, Sigismond Thalberg, ein brillanter Spieler, aber der »erste«, kennzeichnet den außergewöhnlichen Rang, den man Ersterem als Interpreten von Werken unterschiedlichsten Genres zuschrieb. Solch Gegenüberstellung hatten sich die beiden Starpianisten ihrer Epoche nicht allein in der Kritik und dem Diskurs im Salon auszusetzen. Auch unmittelbar sollten sie gegeneinander antreten, um dem ebenso fachkundigen wie sensationslüsternen Auditorium den Vergleich zu erleichtern. Diese Form des Wettspiels aber hatte zu dieser Zeit bereits Tradition. Auch von Händel und Bach ist bekannt, dass sie sich mit Domenico Scarlatti und Louis Marchand in ihren instrumentalen Fähigkeiten messen lassen sollten. Grund solcher Gegenüberstellung waren indes nicht nur Unterhaltung und Spektakel. Im Vergleich der deutschen Musiker mit Künstlern Italiens oder Frankreichs war die Überlegenheit der Musik einer Nation zu demonstrieren. Endete dabei die Konkurrenz 1708 zwischen Händel und Scarlatti unentschieden – die vollstimmige, auch satztechnisch anspruchsvolle Kunst des Sachsen war gegen den galanten, feinziselierten Stil des Italieners kaum glücklich auszuspielen –, so setzte sich der in Deutschland gerne verbreiteten Überlieferung nach 1717 Marchand in Dresden gar nicht erst dem Vergleich mit Bach aus, dessen Solokonzert dann umso glanzvoller wirken konnte.

Solche Gegenüberstellungen waren jedoch nicht nur für einen mitunter weniger künstlerisch als politisch motivierten Entscheid zu instrumentalisieren, sondern konnten auch genutzt werden, um die Leistungsfähigkeit einer Gruppe von Musikern zu demonstrieren, deren gemeinschaftlich vorgestelltes Werk mehr als den Beitrag nur eines Einzelnen das Spektrum gestalterischer Möglichkeiten eines Zeitalters präsentierte. Mit dieser Intention hatte bereits Anton Diabelli 1819 fünfzig Komponisten seiner Wiener Umgebung gebeten, je eine Variation zu einem von ihm verfassten, relativ schlichten Walzer zu schreiben. Das Sammelwerk dieser Variationen, zu dem u. a. Schubert und – als erstes von ihm gedrucktes Werk – auch Liszt einen Beitrag leisteten, überbot freilich Beethoven, der statt der gewünschten Einzelnummer gleich ein 33 Sätze umfassendes Werk (op. 120) ablieferte und damit die Idee der Anthologie ebenso sprengte, wie er seine schon zu Lebzeiten historische Ausnahmeposition auch dem Auftraggeber vor Augen führte.

Die Verbindung von Kunst und finanziellem Kalkül, das Beethoven in diesem seinem Spätwerk gänzlich ignorierte – womit er ein weiteres neues Paradigma schuf –, konnte zu erheblichem Gewinn nur führen, wenn Produktidee und -konzept hinlänglich Akzeptanz bei einem Publikum fanden, das keineswegs stets nur auf die Sensation und den Augenblickseffekt schielte. Dass jedoch die Berücksichtigung der Interessen einer großen Zuhörerschaft zwangsläufig zu einer Reduzierung des künstlerischen Anspruchs führen müsse, ist die Ideologie elitär sich gerierender Kennerschaft. So wenig ohne einschlägige Vorkenntnis Form und Gehalt ambitionierter Kammermusik und Sonatenkompositionen des 19. Jahrhunderts zu würdigen sind, so rasch führt der Gedanke, ein erfolgreiches Werk könne, ja dürfe keine sonderliche ästhetische Qualität besitzen, ins Abseitige. Mögen auch die Bedingungen, nach denen ein Musikstück marktgängigen Prinzipien gehorcht, um ein möglichst zahlreiches Publikum zu bewegen, mit dem konventionellen Kategoriensystem musikalischer Analyse kaum zu fassen sein. Mindestens denkbar, wenn nicht gar wahrscheinlich aber ist auch, dass jene Kriterien, die nach einer strukturellen Analyse einer Komposition ein ästhetisches Werturteil begründen sollen, zwar korrekt satztechnische Momente fassen können, indes versagen, wenn die Frage nach der Popularität eines Werkes oder Stils zu einer bestimmten Zeit aufgeworfen wird.

Überraschend ist zudem die Ambivalenz in der Bewertung. Kompositionen Bachs und Beethovens etwa sind durchaus populär, obwohl ihre Struktur keineswegs leicht sich erschließt; gilt hier das Artifizielle als Ausweis künstlerischer Qualität, so verfällt es andernorts als Manier und Akademismus schnell der Kritik. Umgekehrt vermögen etwa Händels bei den Musikfesten des 19. Jahrhunderts ungemein beliebte Oratorienchöre einer eingehenderen kompositorischen Kritik kaum standzuhalten, wiewohl doch an ihrer Publikumswirksamkeit ebenso wenig Zweifel herrschen kann wie an der Dignität ihrer Faktur. Mithin entscheiden zu sollen, ob die kompositorische Gestaltung eines Werks die Voraussetzung für seinen Erfolg ist oder dieser sich anderen, mit musikalischen Kategorien nicht zu fassenden Parametern verdankt, dürfte auch deshalb kaum möglich sein, da bereits die musikimmanenten Analysekriterien allenfalls hinreichende Bedingungen formulieren, die Qualität einer Komposition zu bestimmen.

Gewiss lassen sich einige Kategorien benennen, um Werke zu kennzeichnen, die bewusst auf den Geschmack eines Massenpublikums zielen: eingängige periodische Melodik, möglichst mit knappen, oft wiederholten motivischen Gesten, eine Harmonik, die lediglich großräumig wechselt und wenig mehr als eng benachbarte Tonarten einbezieht, ferner Rhythmik und Metrik, die, von Lied und Tanz abgeleitet, den Hörer nirgends verunsichern, sondern stets Vertrautes, bereits Bekanntes suggerieren. So sehr mit diesen Parametern die fundamentalen Charakteristika populärer Musik unterschiedlichster Zeiten und noch der Gegenwart zu beschreiben sind, so wenig freilich lässt sich mit ihnen eine Differenz zwischen einer ins Großartige gesteigerten Schlichtheit zahlreicher oratorischer Werke des 19. Jahrhunderts und jener Trivialmusik formulieren, die durch die Art und Weise eines prätentiösen Vortrags die Grenze zum Kitsch mindestens erreichen. Kompositionstechnisch wenigstens ist schwerlich ein Unterschied zwischen dem *Gebet einer Jungfrau* (1856), dem wohl populärsten Stück Salonmusik des 19. Jahrhunderts, dessen Berühmtheit auch darauf beruht, dass seine Verfasserin, Tekla Badarzewska, selbst im jugendlichen Alter verstarb, und weiten Teilen des zweiten Satzes von Johannes Brahms' *Deutschem Requiem* auszumachen. Letztlich ist es nicht mehr als Aura und Rezeption, was diese beiden Werke zu Exempeln unterschiedlichster musikalischer Kulturen werden lässt, die gleichwohl subtil aufeinander reagieren: Erst als Gegenbild zur bildungsbürgerlichen Attitüde oratorischer Werke gewinnt die sentimentale musikalische Meditation, ihrerseits Vorbild noch für Charles Gounods *Ave Maria*-Bearbeitung (1852/59) des ersten Präludiums aus Bachs *Wohltemperiertem Klavier*, historischen Rang und Bedeutung. Und erst von hier aus werden Entstehung und Erfolg populärer Genres verständlich, die ohne die Fallhöhe ›großer‹ Kunst schlechterdings undenkbar wären.

Schon Gays und Pepuschs *Beggar's opera* verdankten ihre hohe Attraktivität für das Londoner Publikum am Ende der 1720er-Jahre lediglich der vorangehenden Konjunktur von Händels *opere serie*, als deren Parodie sie doch die Kenntnis des Originals voraussetzen. Kaum weniger sind Popularität und Erfolg der Operette, jenes ›neuen‹ Genres des 19. Jahrhunderts, dem mit Possen, Musicals sowie späterhin Rockopern weitere Gattungen derselben Stilhöhe folgen sollten, kompositorisch durch das Gegenüber des Musikdramas und der Großen Oper bedingt, als deren Revers sie zumal im 19. Jahrhundert durch textliche, aber auch musikalische Parodie erscheinen. Dabei braucht die kommerzielle Intention nicht einmal den Kunstcharakter von Musik zu kolportieren: ›Hohe‹ und ›triviale‹ Musik konstituieren sich im 19. Jahrhundert im Gegenbild.

Gegenwelt

Romantik und Klassizismus

Dass Musik Bereiche im Menschen anspreche, die dem Verstand nicht zugänglich sind, ist eine Erfahrung seit je. Nur jene Segmente von Musik zuzulassen, die sich rational erschließen, galt als Konsens jener, die eine sinnenhafte und emotionale Wirkung von Tönen und Klängen zwar nicht leugneten, doch aus der intellektuellen Betrachtung, dem ästhetischen Diskurs wie nicht zuletzt auch der Pädagogik ausgeschlossen wissen wollten. Dabei wurde die suggestive Macht der Musik keineswegs ignoriert: Als Mittel, Menschen zu bewegen, konnte die Tonkunst so lange konzediert werden, wie die Gefühle, die sie hervorrief, einer rationalen Kontrolle unterworfen waren, die mittels der Standardisierung von Affekten und einer Erklärung der körperlichen Wirkungsmechanismen gelang. Riskant und problematisch – politisch nicht mehr beherrschbar und mit dem Vokabular philosophischer Ästhetik kaum noch zu beschreiben – wurde das emotionale Potenzial von Musik allerdings, indem die Möglichkeit, Subjektivität in Tönen zu formulieren, auf die Erwartungshaltung eines Rezipienten traf, der sich mit den vorgestanzten emotionalen Identifikationsangeboten nicht länger begnügte, sondern die eigene Individualität und die persönliche Hörerfahrung und -erwartung zum keineswegs immer schon bewussten Maßstab seines Umgang mit Musik machte. Dies freilich bedeutete für den Komponisten gleichermaßen eine Verpflichtung, seine Subjektivität ins Kunst-Werk zu setzen, um das Publikum unmittelbar ansprechen zu können: Carl Philipp Emanuel Bachs Diktum, ein Musiker müsse selbst gerührt sein, wolle er auch seine Zuhörerschaft rühren, greift zwar auf einen klassischen Topos antiker Poetik zurück; doch war eine Übertragung dieses Postulats auf die Tonkunst Epoche machend. Denn rasch wurde erkennbar, dass die Musik ein Spektrum an Möglichkeiten besaß, einen Hörer anzusprechen, das weit größer war als das Potenzial aller anderen Künste. Im Wettstreit der künstlerischen Disziplinen wurde ab dem Ende des 18. Jahrhunderts der Musik die führende Position immer weniger bestritten.

Diese Wirkungsmacht der Musik zu beschreiben, gelang freilich nicht mit musiktheoretischem Vokabular. Wie Kompositionen anzufertigen seien, um eine bestimmte emotionale Regung beim Zuhörer notwendig zu erreichen, dürfte verbal kaum möglich sein. Entsprechend fehlt nun für solche Musik auch jegliche Produktionsästhetik, die kompositorische Mittel fachspezifisch benennt. Beschreibungen dieses Potenzials der Tonkunst finden sich nurmehr in Werken der Literatur: in Novellen, Erzählungen und Romanen, von denen die Bezeichnung des Romantischen auch für die Musik abgeleitet wurde. Gegenbegriff zum Klassischen, dessen Formensprache sich analytischem Vokabular mühelos fügt, ist Romantisches zeitgleich dessen Pendant. Vom ausgehenden 18. bis zum frühen 20. Jahrhundert dominiert diese Dichotomie die europäische Musik, ausgeprägt in unterschiedlichen Spielarten einer mehr oder minder stark subjektiv durchdrungenen Romantik und eines wechselnde historische Bezugspunkte wählenden Klassizismus.

Den Reichtum, der Musik als Sprache des Herzens gegenüber verbaler Kommunikation auszeichne, versuchte zuerst Wilhelm Heinrich Wackenroder (1773–98) in Worte zu fassen. Solches freilich gelingt ihm nur negativ, wie die Fülle von Adjektiven mit der Vorsilbe »un-« in seinen Schriften erkennen lässt. Dieses Manko aber bezeichne einen Vorzug der Musik, die sich sprachlicher – und damit rationaler – Erfassung entziehe, weil sie unmittelbar ans »Herz«, die seitdem geläufige Metapher für die emotionale Disponiertheit des Menschen, sich richte. Dass die Tonkunst aber solches zu leisten imstande sei, ist für Wackenroder – kaum weniger für Ludwig Tieck (1773–1853), den zweiten Gründervater einer romantischen Musikästhetik – ein »Wunder«, eine Wendung, deren religiöser Gehalt durchaus intendiert ist. Musik erfasst mithin nicht allein eine Ganzheit des Menschen und erschließt ihm auch bis dahin nicht bewusste Bereiche, sondern ist aufgrund dieser Qualität der Bewusstseinserweiterung eine Sprache, die in solcher Unmittelbarkeit auf einen göttlichen Ursprung verweist. Musik wird zur Erfahrung von Religion: In einer letzten Überhöhung der emotionalen Virulenz von Musik wird das bis dahin noch keineswegs unbestrittene Primat, lediglich rational fassliche Tonkunst für den intellektuellen Diskurs zuzulassen, eingeholt und zugleich ein alternatives Paradigma etabliert. Indem die Musik religiöse Dimensionen erschließt, wird ihre Praxis – aktiv wie passiv – zur Frömmigkeitsübung. Diese Möglichkeit, Transzendentes zu offenbaren, lässt eine solchermaßen metaphysisch aufgeladene Tonkunst zur Musikreligion werden, als die sie sich rasch auch im Musikleben geriert: Das Publikum wird zur Gemeinde, der Konzertsaal zum auch architektonisch mit sakralen Versatzstücken ausgestatteten Raum, in dem Kompositionen kultisch gleichsam zelebriert werden. Zumal den Werken der Musik die Prosa des Alltags auf das Entschiedenste kontrastiert. Die Tonkunst ist Gegenentwurf zur Realität, nirgends deren Abbild. Die von Klängen eröffnete Möglichkeit, den Menschen in eine andere Welt zu geleiten, wird schließlich gar eschatologisch gedeutet. Zumal von Richard Wagner als Erlösung verstanden, übernimmt Musik genuine Aufgaben der Religion – ansatzweise schon in einem Zeitalter von Aufklärung, in dem religiöse Praktiken weithin der Kritik verfielen. Der Säkularisierung des Sakralen korrespondiert eine Sakralisierung säkularer Phänomene – ein Prozess, innerhalb dessen die Musik jenen exzeptionellen Rang gewann, den ihr die deutschen romantischen Musikästhetiker nunmehr zusprachen. Unter ihnen gelang es in den ersten Jahren des 19. Jahrhunderts zumal E. T. A. Hoffmann (1776–1822), in seinen Musikkritiken die Grundzüge einer neuen Musikanschauung zu formulieren, in deren Zentrum nun die Instrumentalmusik rückt, die als »absolute« Musik – »losgelöst« von aller Funktion, jeder verbalen Erläuterung und insbesondere ohne Text – »das eigentümliche, nur in ihr zu erkennende Wesen der Kunst rein ausspricht«. Musik sei die »romantischste aller Künste, – fast möchte man sagen, allein *rein* romantisch.« Denn die Musik schließe dem Menschen ein unbekanntes Reich auf, eine Welt, die nichts gemein habe mit der äußeren Sinnenwelt, die ihn umgibt, und in der er alle durch Begriffe bestimmbaren Gefühle zurücklasse, um sich dem Unaussprechlichen hinzugeben. »Jede Leidenschaft – Liebe – Hass – Zorn – Verzweiflung etc. wie die Oper sie uns gibt, kleidet die Musik in den Purpurschimmer der Romantik, und selbst das im Leben Empfundene führt uns hinaus aus dem Leben in das Reich des Unendlichen.« Inbegriff solcher Tonkunst war für Hoffmann die Symphonie, und Beethovens *Fünfte* (UA Wien 1808) geriet ihm hier zum Paradigma. Zur Menschheitsmusik wird ihm die Symphonik insofern, als sie eine universale, allen Menschen unmittelbar verständliche Sprache auspräge. Diese ideale Welt, die in der instrumentalen Musik zum Vorschein komme, zeige sich auch in der Kirchenmusik, freilich lediglich den geistlichen Werken früherer Zeiten, die nicht nur die gottesdienstliche Handlung begleiteten. Kultus selbst nannte Hoffmann die altklassische Vokalpolyphonie, und im Vortrag der überaus langsam, die langen Notenwerte als Tempovorgabe und nicht als Notationskonvention deutend, gesungenen Messen und Motetten insbesondere Palestrinas erschlössen sich Klänge »aus einer anderen Welt«: einer der Ausgangspunkte für die Wiederentdeckung der Musik aus Renaissance und Frühbarock um die Wende zum 19. Jahrhundert, die noch »reiner« – mithin von allen Dissonanzen befreit – nachzuahmen dann Anliegen kirchenmusikalischer Restaurationsbestrebungen des von München und Regensburg ausgehenden Cäcilianismus werden sollten.

Die Gegenwelt, die Hoffmann in diesen Tönen vernahm, beschreibt er auch in seinen Romanen: Feen und Magier, die überraschende Wendungen des Geschehens provozieren, seltsame Begebenheiten, die den Protagonisten widerfahren und sie an ihrem Verstand zweifeln lassen, finden sich in seinen Schriften allenthalben. Wirklichkeit konstituiert sich erst, indem auch die irrationalen Seiten des menschlichen Wesens zugelassen werden. Der Zauber der Romantik entfaltet sich in Traum und Realität und nur in der Akzeptanz von deren Dialektik. Die Wassergeister von Hoffmanns *Undine* (UA Berlin 1816) sind kaum weniger real als die »Wolfsschlucht« in Carl Maria von Webers *Freischütz* (UA Berlin 1821), und das kunstvolle Spiel von Virtualität und Lebenswirklichkeit treibt Webers *Oberon* (UA London 1826) auf die Spitze. Grenzerfahrungen des Bewusstseins, wie sie Thomas de Quinceys Opiumesser analysiert, sucht auch der Künstler: im einsamen Gang in die Natur, deren Gewalten – ob Gebirge, Unwetter oder Eismeer – er unbehaust gegenüber steht, wo er blaue Blumen hatte finden wollen, oder – wie Schuberts Wandergeselle auf seiner *Winterreise* – in der leblosen Flora Spiegelbilder seiner eigenen Desolatheit entdeckt und im scheinbar nutzlosen Geleier des Drehorgelmanns zumindest einen Rest von Sinnstiftung durch Musik.

So erweitert sich der Ambitus emotionaler Gestimmtheit wie zugleich die Dynamik abrupter Wechsel. Hoffmanns Figur des Kapellmeisters Johannes Kreisler, Vorbild für Schumann wie zumal Brahms, dem sein mit der Romangestalt identischer Vorname die Wahl des Pseudonyms erleichterte, spiegelt in seinen Wirrungen den Künstler zwischen jenen Welten begeisterter Künstlerschaft und armseliger Lebenswirklichkeit, die literarisch sich in den Ansichten des Kater Murrs mit den Tagebuchnotizen des Musikers höchst kunstvoll vermischen. Solche Vexierbilder auch kompositorisch zu gestalten, bedurfte es einer souveräneren Handhabung musikalischer Mittel, als Hoffmann sie aufzubieten in der Lage war. Doch die Richtung hatte er vorgegeben.

Eine musikalisch konsistente Umsetzung solcher Brüche gelang kaum schon Weber mit seinen romantischen Opern, und auch Heinrich Marschner, Albert Lortzing wie selbst der Richard Wagner der Dresdner Jahre, der Komponist von *Fliegendem Holländer* (UA Dresden 1843), *Tannhäuser* (UA Dresden 1845) und *Lohengrin* (UA Weimar 1850), vermochten sich von den Konventionen des kompositorischen Metiers nicht zu lösen: Harte Schnitte fehlen, stets sind die Harmonien noch nach den Regeln der Kunst vermittelt, und auch instrumentationstechnisch wird, ungeachtet der Raffinesse in der Kombination der Klangfarben, doch alles Grelle und Bizarre vermieden.

Im Gegensatz zu Hector Berlioz, dessen Leidenschaftlichkeit des Erlebens auch künstlerisch neue Ausdrucksformen fordert. So unkonventionell die Sujets, die er, sich selbst thematisierend, findet, so ungewohnt ist die Zusammenstellung orchestraler Farben, die Einbeziehung neuer, vorsätzlich – in einer *Ästhetik des Häßlichen* (Karl Rosenkranz) – verstörender Klänge auch durch innovative Spielweise, Disposition und selbst Manipulationen, die er am herkömmlichen Instrumentarium vorschreibt. Enfant terrible, das er bis zur Sensation der *Symphonie fantastique* (UA Paris 1832) und nicht zuletzt aufgrund ihrer in der Musikgeschichte ist, provoziert er durch den radikalen Exhibitionismus, den er in seinem ersten veritablen Chef d'œuvre zum Programm macht. Zwar sind die Bezüge in Fünfsätzigkeit und detailliertem Programm zu Beethovens *Sechster* (UA Wien 1808) unübersehbar. Doch ihr Inhalt ist so neu wie die Form, die er wählte. Stationen aus dem Leben eines Künstlers sollen die einzelnen Sätze bezeichnen, Leidenschaften (*passions*) und mit Weltschmerz gepaarte Langeweile (*ennui*) – die Modekrankheit der Pariser Bohème –, ausgelöst durch eine ferne, unerreichbar geglaubte Geliebte, deren Gestalt als eine »fixe Idee« auch thematisch allgegenwärtig bleibt. Sie begegnet dem Künstler permanent, zöge er sich selbst aufs Land zurück oder suchte er Zerstreuung im gesellschaftlichen Amüsement. Traumwelten und Nachtseiten des menschlichen Wesens thematisieren die letzten Sätze, in denen der Künstler, der wähnt, zum Mörder seiner Geliebten geworden zu sein, der eigenen Hinrichtung beizuwohnen sich vorstellt: ein Pandämonium, das auch Berlioz' Interpretation des Faust-Sujets beschließt. Doch hofft wie in *Lélio*, dem ungleich weniger bekannten zweiten Teil der *Symphonie fantastique*, der die »Rückkehr zum Leben« beschreibt, der faustisch-strebende Künstler auf eine Erlösung, die ihm der Tod aus Liebe bietet: *das* romantische Sujet schlechthin, nicht erst des *Tristan*, sondern auch der Märchen- und Geisteropern, von *Undine* (Hoffmann) bis *Vampyr* (Marschner, UA Leipzig 1828), mit Bezug auf die Gegenwart in Verdis *Traviata* und noch Mascagnis *Cavalleria rusticana* (UA Mailand 1890), historisch gewandet in den *Les Huguenots* (Meyerbeer, UA Paris 1836) und zahllosen weiteren Bühnenwerken des 19. Jahrhunderts. Erlösung sollte allen diesen Leitfiguren der Romantik zuteil werden, und vom Prozess der Überwindung irdischen Leids und finalem Sieg – »durch Nacht zum Licht« – kündet auch die Symphonik bereits seit Beethovens *Eroica*.

Ob freilich die Instrumentalmusik solche Programmatik mit hinlänglicher Eindeutigkeit zum Ausdruck bringen könne, war eine Frage, die Robert Schumann in seiner Rezension von Berlioz' *Symphonie fantastique* aufwarf. Die künstlerische Qualität nicht bezweifelnd, erachtete Schumann, als Begründer der *Neuen Zeitschrift für Musik* ein

Literat und Musikjournalist kaum geringeren Ranges denn als Komponist, die minutiöse Wegweisung, die Berlioz seiner Symphonie als Programm beigab, als Scharlatanerie, dessen ein Publikum nicht bedürfe. Nicht, als ob Schumann um den Vorrang ›absoluter‹ Musik gefürchtet hätte. Vielmehr sei die Tonkunst einerseits inhaltlich bereits hinlänglich bestimmt, als dass es einer Erklärung des musikalisch ausgedrückten Gegenstandes überhaupt noch bedürfe, andererseits aber könne ihr Inhalt sprachlich schlechterdings nicht gefasst werden. So führt denn auch der poetische Überschuss Heinescher Gedichte, des nicht allein von ihm bevorzugten Dichters des jungen Deutschland, in seinen Liedern zu einem Weiterklingen des Klavierparts über das Ende des Textes der Vorlage hinaus, ins Offene, ins Freie, ins Weite: Zu reich ist der Gehalt dieser Dichtungen, als dass er nur durch die Vertonung der Worte zu vermitteln wäre. Hatte ehedem Carl Friedrich Zelter, Goethes Brieffreund und musikalischer Mentor, als Ideal des Liedes vorgegeben, aus der vielfachen Lektüre des Gedichts entwickle gleichsam von selbst sich ein Klangleib, der den Text trage, doch keineswegs zu erweitern oder gar zu kommentieren habe, so erschöpfen sich Schumanns wie Schuberts Vertonungen nicht in solcher Darstellung der Vorlage. Ihre Lieder werden zu Gesängen, und ihre Musik unterstützt nicht allein den Vortrag eines Gedichts, sondern bietet zugleich eine Interpretation. Statt der Stimmung, die Zelter lediglich in der Vertonung eingefangen wissen wollte, entsteht ein Drama in nuce, und die Sinnschichten, die im Text angelegt seien, habe der Komponist nun freizulegen. Denn das Potenzial der Musik erlaube es ihm nun – allem klassizistischen Postulat einer Ausgeglichenheit zum Trotz, das Zelter Schuberts Vertonung des *Erlkönigs* (1815) ablehnen ließ – von seinem völligen Unverständnis gegenüber Berlioz' Faust-Deutung zu schweigen. Dass Felix Mendelssohn Bartholdy dann ganz auf den Text verzichten zu können glaubte und unmittelbar

Lieder ohne Worte (1829–32) schrieb, ist die letzte Konsequenz, die sich aus der neuen musikalischen Poetik der Romantiker ergab.

Deren philosophische Grundlegung lieferte Arthur Schopenhauer in seinem philosophischen Hauptwerk *Die Welt als Wille und Vorstellung* (Leipzig 1819, ²1844). Seiner als Fortsetzung der Ansätze Hoffmanns zu verstehenden Musikanschauung nach repräsentierten bildende Künste und Sprache Sachverhalte mit hinlänglicher Begrifflichkeit, scheiterten jedoch bei dem Versuch, Gefühlszustände und Leidenschaften unmittelbar zu vergegenwärtigen. Dies gelinge allein der Musik, die mithin tiefere Schichten nicht nur der Wahrnehmung, sondern auch menschlichen Ausdrucksvermögens erreiche und diesem umgekehrt auch sinnlich fassbare Gestalt zu geben in der Lage sei.

Ihre konziseste Ausprägung sollte dieser Ansatz in Wagners *Tristan und Isolde* (UA München 1865) finden, einem Schlüsselwerk der Musikgeschichte auch in anderer Hinsicht. Denn die auf eine mittelalterliche Erzählung zurückgehende Geschichte, dass die vom Ritter eines fremden Königs umworbene Isolde im Brautwerber Tristan den Mörder ihres vormaligen Verlobten erkennt, an dem sie Rache zu nehmen gedenkt, doch aufgrund der Substitution eines giftigen Trunkes durch ein Aphrodisiakum ihren eigentlichen Geliebten findet, ist nicht nur die letzte sublime Ausprägung des Topos, dass der Tod die Liebenden vereine. Erst angesichts des Gifttodes gestehen sich beide, um den Austausch der Getränke durch die Bedienstete nicht wissend, ihre Liebe, die zu leben Konvention und treuloser Verrat am Ende der Liebesnacht ihnen nicht gestattet; dem toten Geliebten folgt Isolde freiwillig – unbewusst, in höchster Lust – in den Tod.

Diese subtilen psychischen Prozesse musikalisch nachzuzeichnen, entwickelte Wagner eine »Kunst des Übergangs« auch kompositorisch. Hervorgerufen durch ein

Orchester, dessen einzelne Instrumente nicht mehr differenziert werden sollen, dessen Töne vielmehr indirekt, aus dem fast geschlossenen Orchestergraben (des Bayreuther Festspielhauses) das Publikum erreichen, changieren Farben und Klänge, deren satztechnisches Äquivalent eine Harmonik ist, die zu einer Krise der harmonischen Tonalität führt, indem sie chromatische Durchgänge und Leittöne in denkbar weitester Weise nutzt. Die reiche Nuancierung von Klangfarben lässt nicht nur den dramatischen Prozess unmittelbar verfolgen, sondern – nach Wagner – den ohnehin mitunter nur schwer verständlichen Text überflüssig werden, ja selbst das Spiel auf der Bühne. Die gezeigte Handlung illustriere und verdeutliche nur mehr die Aussage der Musik. Auf der Bühne dargestellt werden mithin die »ersichtlich gewordenen Taten der Musik«, deren ein kundiger Hörer freilich entraten könne. In einer Übersteigerung der Instrumentalmusik zur Metaphysik (gemäß Philosophemen Schopenhauers) war dies die radikalste Umsetzung romantischer Musikästhetik, deren Konsequenzen für den Tonsatz auch in einer Preisgabe klassischer Periodik in der Themenbildung – von Wagner abschätzig wegen ihres Addierens jeweils gleicher Mengen geradtaktiger Phrasen »quadratische Syntax« genannt – sowie, damit notwendig korrespondierend, einem Verzicht auf traditionelle Melodik und Formkonzeptionen bestanden.

Zu sagen, die Musik folge dem Wort unmittelbar, je aktuell und mit größtmöglicher Intensität, mag den Kompositionsprozess beschreiben; intendiert ist allerdings eine entgegensetzte Richtung der Wahrnehmung, da die Töne den Gehalt der Worte vollständig absorbierten. Das Problem, musikalische Form zu gewinnen, wenn die formbildenden Tendenzen der Harmonie aufgehoben sind und auch die Melodik kaum mehr syntaktisch nachvollziehbare Abschnitte generiert, gelingt mittels einer ungemein differenzierten Technik, Leitmotive auszuprägen und dem dra-

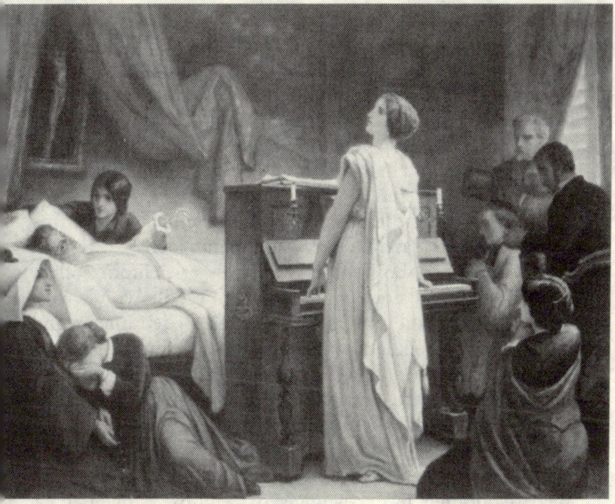

Felix J. Barrias, *Chopins letzte Stunden*. Gesang der Delfina Potocki. 1885. Krakau, Muzeum Narodowe.

Dass – mehreren glaubhaft überlieferten Äußerungen zufolge – an Chopins Totenbett die mit ihm befreundete Gräfin Potocka einige Arien sang, illustriert sinnenfällig die Verbindung von Liebe und Tod – einem romantischen Topos, der in Richard Wagners *opus metaphysicum*, der Oper *Tristan und Isolde*, seine paradigmatische Ausprägung fand.

matischen Verlauf entsprechend aneinander zu fügen und zu entwickeln. Denn nicht nur für einzelne Gestalten und Gegenstände werden sprechende musikalische Motive formuliert, die wiederum nicht als Vokabeln vom Hörer zunächst erlernt werden müssen, sondern die auf eine Ursprünglichkeit von Musik zielen, die unmittelbares Verständnis erlaubt. Konfigurationen von rhythmisch profilierten Dreiklängen oder komplexen chromatischen Schichtungen sind mehr als zeichenhafter Ausdruck von Heroik respektive listiger Verschlagenheit musikalische Repräsentationen der Phänomene selbst, die weder einer Erläuterung noch eines Kommentars bedürfen, da sie aus sich selbst heraus verständlich sind.

Indem nun diese Leitmotive, deren elementare Zusammenstellung in Tafeln dem Wagnerianer den Einstieg in die Sprache des ›Bayreuther Meisters‹ erleichtern sollen, vielfältig variabel sind, ergeben sich eine Fülle von Nuancen, mit denen die unterschiedlichsten Bedeutungen und Kontexte differenziert werden können. Und durch ein Aneinanderfügen solcher Motive in einem subtil durchbrochenen Tonsatz, der im Gegensatz zum breiten Pinsel der zeitgenössischen italienischen und französischen Oper die kammermusikalische Faktur einer Wiener Klassik zum Vorbild nimmt, entsteht eine »unendliche Melodie« – eine Begriffsbildung, an der weniger das endlose Schweifen eines symphonisch dimensionierten Satzes, sondern das Substantiv ein Nachdenken lohnt. Melodie meint als Trägerin des je relevanten Leitmotivs die Hauptstimme, die durchaus auf eine Vielzahl von Stimmen verteilt sein kann.

Solchermaßen entsteht eine ›musikalische Prosa‹, die alle herkömmlichen Formen und Gestaltungsmittel der Opernkomposition ersetzt. Die Gegenüberstellung von Rezitativ und Arie, schon in der französischen Oper durch unterschiedlichste Varianten von Ensemblenummern und zumal in den Finali auch des italienischen Musiktheaters durch eine Vielzahl kleinerer Teilsätze häufig nivelliert, wird nun gänzlich preisgegeben. Konsequenterweise bezeichnet Wagner seine Bühnenwerke ab dem *Tristan* dann auch nicht mehr als Oper, und mit der Benennung als Musikdrama wird die Idee einer innovativen Verbindung von Musik und Sprache, Orchestersatz und (akzidenteller) Bühnenhandlung umrissen, die ein neues Zeitalter der Opernkomposition einleiten sollte. Auch hinsichtlich der äußeren Dimensionen und des intellektuellen Anspruchs, der mit Musiktheater nach Wagner verbunden wurde. *Der Ring des Nibelungen*, zunächst ein germanischer Epos, gerät in Wagners Konzeption eines vier Abende füllenden Gesamtkunstwerks (UA Bayreuth 1876) zu einem Gesellschaftsentwurf, dessen politischer Gehalt, im Werk angelegt und vom Autor durch zahlreiche Programmschriften erläutert, in der Vielzahl seiner Deutungsperspektiven erst im Laufe der Rezeptionsgeschichte freigelegt wurde. Allein der Gedanke, für ein eigenes Werk neue Aufführungsorte zu schaffen, um eine andere Klientel als Publikum anzusprechen und dessen Hörgewohnheiten zu ändern, vor allem aber die Idee, qua Musik und Drama einen Welterschaffungsmythos zu proklamieren, innerhalb dessen dem Verfasser die heilsgeschichtliche Rolle eines Erlösers zugedacht war, sollte Nachahmer finden, unter denen Komponisten wie August Bungert mit seinem Entwurf, die homerische Welt in ähnlichen Tetralogien in einem Festspielhaus in Bad Godesberg vorzuführen, oder Felix Draeseke, dessen *Christus*-Oratorium in vier Teilen ein geistliches Gegenstück bildete, ungleich unproblematischere historische Gestalten sind als jene Megalomanen, die das Konzept einer Führung des Volkes mit explizitem Bezug auf Wagner politisch missbrauchen sollten.

Geschichte

Historismus und Zukunftsmusik

Der Aplomb, mit dem Richard Wagner auf der ästhetischen wie gesellschaftspolitischen Bedeutung seiner Konzeption des Musikdramas insistierte, indem er sie als »Zukunftsmusik« – die Adaption eines in Deutschland zunächst negativ konnotierten Schlagworts der intellektuellen Avantgarde der Juli-Monarchie – propagierte, illustriert ein Selbstverständnis des Komponisten als Repräsentanten seiner Zeit, das weit über das Metier hinausgeht. Der Künstler leistet demnach mit seinem Werk mehr als nur einen Beitrag zu einer Gattung oder innerhalb eines Diskurses, dessen Rekonstruktion als Problemgeschichte des Komponierens die Kehrseite einer Auseinandersetzung um den aktuellen Stand von Material und musikalischem Bewusstsein bezeichnet. Der Status von Reflexion und Theoriebildung aber, die sich im Werk manifestieren, bedarf einer historischen Verortung, um das je Neue so emphatisch als Fortschritt proklamieren zu können, wie es im 19. Jahrhundert so selbstverständlich war wie in der Gegenwart der Rekurs auf die »Grenzen des Wachstums« – jenes Diktum, mit dem in den 1960er-Jahren der Club of Rome die westliche Zivilisation schockieren konnte. Zu legitimieren waren solche Prognosen freilich nur aufgrund einer sorgfältigen Analyse geschichtlicher Prozesse, innerhalb deren der eigene Standpunkt bestimmt werden sollte. Ohne die Rückbindung an die Vergangenheit und ihre Lehren wäre keine Vision zu formulieren.

Als Revers der Idee einer Zukunftsmusik im 19. Jahrhundert und als Reaktion auf das Fortschrittspathos erscheint mithin ein Historismus – der Beginn einer Auseinandersetzung mit der Geschichte in ihren unterschiedlichsten Facetten, vorzugsweise zur Legitimation der eigenen Position. Dass Menschen Geschichte machen, war zwar seit Giambattista Vico zur Signatur der Neuzeit geworden, doch die Erkenntnis, dass es des historischen Studiums bedürfe, um eine Zukunft zu entwerfen, kennzeichnet nunmehr ein Zeitalter, das sich ungleich selbstbewusster, als es die Renaissance je vermochte, der Vergangenheit zuwandte, um aus den Versatzstücken älterer Zeiten ein Konzept für die Zukunft zu entwerfen.

Dies gelang – zumal in Deutschland – im Rekurs auf Bach, dessen Œuvre ebenso wie das Werk Beethovens als Legitimationsinstanz für die unterschiedlichsten ästhetischen Positionen reklamiert wurde. Zunächst, und keineswegs auf den deutschsprachigen Bereich beschränkt, firmierte Bach als Garant satztechnischer Dignität. Der Reichtum der Fugenkomposition, den die beiden Bände des *Wohltemperierten Klaviers* offenbarten, war auch in England und Frankreich selbstverständlich bekannt, wo ebenso wie in den deutschen Verlagen bereits um 1800 erste Neuausgaben Bachscher Klaviermusik neben dem ambitionierten Projekt einer Edition sämtlicher Werke vorgelegt wurden. (Bachs Orgelmusik hatte eine kontinuierliche Rezeption in Abschriften seiner Schüler, die Kopien in Sachsen und Thüringen verbreiteten.)

Selbst die Kammermusik war bei den Kennern präsent, nicht zwar beim großen Publikum, das erst in der zweiten Hälfte des 19. Jahrhunderts den Bach der Passionen entdeckte. Das Fehlen der *Matthäus-Passion* im Repertoire nach Bachs Tod ist indes weder Ignoranz noch Kleinmut geschuldet, sondern schlicht unzulänglicher Kenntnis des Werkes, zumal außerhalb Leipzigs und jenes konservativen Berliner Kreises um die Prinzessin Anna Amalie, dem Carl Philipp Emanuel Bach, Johann Philipp Kirnberger und Baron van Swieten, der österreichische Gesandte und Vermittler einer Bach-Tradition nach Wien angehörten, und mangels Verfügbarkeit von Aufführungsmaterial.

Dass Felix Mendelssohn Bartholdy sich der »Großen

Passionsmusik« annehmen konnte, ist Resultat langen Studiums eines Privatexemplars des Werks, dessen Drucklegung sich der legendären Wiederaufführung 1829, hundert Jahre nach der mutmaßlichen Erstaufführung, anschloss. Keineswegs aber war Mendelssohn Bartholdy der Erste, der um die Bedeutung dieser oratorischen Passion wusste. Nur wenige Wochen nach der von Adolf Bernhard Marx und seiner *Berliner Allgemeinen Musikalischen Zeitung* weithin als Sensation propagierten »Wiederentdeckung« hatte Johann Nepomuk Schelble in Frankfurt am Main die *Matthäus-Passion* herausgebracht; seine Vorbereitungen datierten zudem länger zurück als Mendelssohn Bartholdys Unternehmen, der das Projekt freilich rascher und publikumswirksamer mit der Singakademie in Szene zu setzen wusste. Selbst Zelter, der langjährige Leiter des Instituts und Lehrer Mendelssohns, hatte den Rang der geistlichen Musik Bachs nicht verkannt, allerdings die Leistungsfähigkeit seines Chores, den sein Schüler erheblich besser für das Unternehmen zu motivieren verstand, ebenso unterschätzt wie Bereitschaft und Fähigkeit des Berliner Publikums, sich einem so ausgedehnten Werk in einer ihm bereits fremden Tonsprache zu widmen. Immerhin aber war es Zelter gewesen, der die Singakademie mit dem Vokalwerk Bachs vertraut gemacht hatte: Teile der *h-Moll-Messe*, die aufgrund ihrer Psalm- und Bibeltexte auch in verändertem theologischen Umfeld völlig unproblematisch zu rezipierenden und deshalb auch bereits 1802/03 im Druck erschienenen Motetten sowie allenthalben Choräle lassen sich in den Tage- und Probebüchern des Ensembles bereits um 1810 nachweisen.

Der patriotische Impetus, den die »Bach-Bewegung« (ein am Ende des 19. Jahrhunderts geprägter Begriff) bereits seit ihren Anfängen, der Programmschrift des ersten Bach-Biographen Johann Nikolaus Forkel (1802), eignete, indem die Pflege der musikalischen Vergangenheit als Verpflichtung, aber auch als Ruhmesblatt nationaler Geistes-

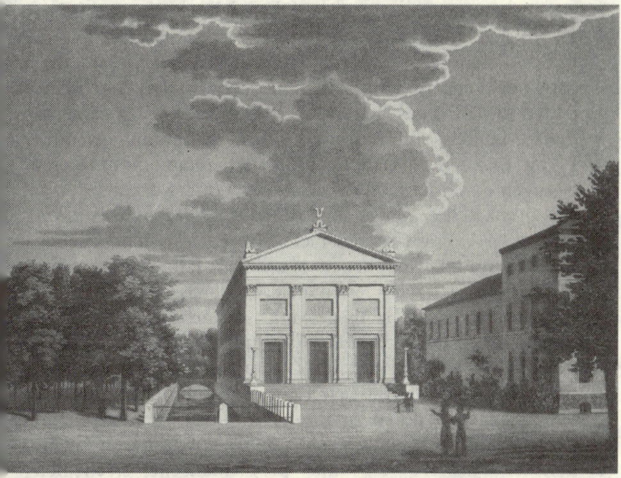

Singakademie in Berlin (heute: Maxim-Gorki-Theater). Aquatinta Blatt von Thiele nach einer Zeichnung von Johann Matthäus Mauch, um 1830. Berlin, Bildarchiv Preußischer Kulturbesitz.

Der klassizistische Stil des zunächst von Karl Friedrich Schinkel konzipierten Gebäudes fügt sich in die Idee eines Spree-Athens, derzufolge die preußische Hauptstadt um die Wende zum 19. Jahrhundert zu einem neuen Zentrum der Wissenschaften und Künste avancieren wollte. Musikalisches Pendant dieser retrospektiven Haltung ist die verstärkte Pflege der (Vokal-)Werke Johann Sebastian Bachs, der sich die Berliner Singakademie unter Carl Friedrich Zelter und Felix Mendelssohn Bartholdy annahm: In diesem Gebäude fand am 11. März 1829 die legendäre Wiederaufführung der *Matthäus-Passion* statt.

geschichte verstanden wurde, führte jedoch erst nach 1850 zu einer verstärkten Pflege der Musik des Thomaskantors in der Öffentlichkeit. Noch das Projekt einer Gesamtausgabe der Werke Johann Sebastian Bachs, in den ersten Anläufen um 1800 gescheitert, drohte trotz des Engagements Felix Mendelssohn Bartholdys, Robert Schumanns oder Franz Liszts ein Misserfolg zu werden und konnte erst gelingen dank der zahlungskräftigen Unterstützung durch das preußische Königshaus, das die in der Subskription fehlenden Exemplare zeichnete, um eine kostendeckende Produktion zu ermöglichen. Wurde das Jahr 1850 als Start für das Projekt der Gesamtausgabe gewiss mit Blick auf den 100. Todestag Bachs gewählt, so dürfte die Konjunktur, die das Unternehmen gerade in diesen Jahren erfuhr, musikgeschichtlich auch im Zusammenhang mit der nun immer heftigeren Diskussion um die »Zukunftsmusik« zu verstehen sein, deren politische Implikationen in einem Zeitalter der Restauration nach den revolutionären Unruhen der Jahre 1848/49 immer problematischer erscheinen mussten. Eine Wiederauflage klassizistischer Tendenzen, die sich in der zweiten Hälfte des 19. Jahrhunderts allenthalben abzeichnen und die das Fortschrittspathos des Jahrhundertanfangs seltsam konterkarieren, ist ebenso eine Konsequenz neuerlicher staatlicher Restriktionen und längst überwunden geglaubter Zensurmaßnahmen wie das Bemühen um eine nationale Musik, die von beiden Seiten der auf dem Gebiet musikalischer Ästhetik rivalisierenden Parteien bedient wurde: Kein Zufall der Geschichte dürfte es sein, dass *Die Meistersinger von Nürnberg*, Wagners Eloge auf eine »deutsche Kunst«, und das *Deutsche Requiem* von Johannes Brahms, lange Zeit und gegen den Willen des Komponisten als Ikone des preußischen Protestantismus rezipiert, im selben Jahr, 1868, ihre Uraufführung fanden.

Wagner und Brahms: Mit den Namen dieser beiden auch in ihrem persönlichen Habitus so gegensätzlichen

Komponisten verbindet sich die Gegenüberstellung von Fortschrittsidee und Klassizismus in der musikästhetischen Kontroverse der zweiten Hälfte des 19. Jahrhunderts, die vor allem von den Parteigängern beider Richtungen vehementer ausgetragen wurde, als durch die unterschiedlichen Ansätze gerechtfertigt. Wagner, gewiss ein Egomane, der ebenso genialisch wie rücksichtslos seine Vorstellungen im künstlerischen Metier, aber auch privat, unter radikaler Missachtung gesellschaftlicher Konventionen, durchsetzte, postulierte, mit seinem Konzept des Musikdramas genau jenes Erbe Beethovens anzutreten, das auch Brahms, ungleich weniger gewandt, für sich reklamierte, indem er eine symphonische Tradition der ›Wiener Klassik‹ fortzusetzen suchte. Beide fanden im Œuvre Beethovens, dessen Schatten Schubert, Schumann und Mendelssohn noch verunsichert hatte und die Frage aufkommen ließ, was nach ihm noch kompositorisch geleistet werden könne, Momente, deren Weiterführung als konsequente Fortsetzung seines kompositorischen Wegs zu verstehen war. Beiden diente dabei das Spätwerk als Anknüpfungspunkt: Denn indem Beethoven im Schlusssatz seiner *Neunten Symphonie* den Orchestersatz um einen Chor ergänzte, habe er keinen Zweifel gelassen, dass die absolute Musik als Tonkunst, deren Inhalt – wie Eduard Hanslick, der Parteigänger von Brahms in seiner Schrift *Vom Musikalisch-Schönen* (Leipzig 1854) es nannte – nichts anderes als »tönend bewegte Formen« seien, der Vergangenheit angehöre. Im Bezug auf Text und/oder ›außermusikalische‹ Ideen, die etwa für die *Eroica* und zumal die *Pastorale* konstitutiv sind, sei dieses Konzept auch in früheren Werken schon vorgebildet; weitere Kompositionen anzuführen, zu denen Hinweise auf literarische Quellen von Beethoven überliefert waren, bereitete durch Nachrichten aus seinem Umkreis keine Schwierigkeiten. So wusste Anton Schindler, Beethovens enger Vertrauter der letzten Lebensjahre, zu berichten, dass der Komponist selbst nahe gelegt habe, zum Verständnis der hinsichtlich ihrer formalen Anlage ungewöhnlichen Klaviersonaten op. 31,2 und 57 (*Appassionata*) Shakespeares *Sturm* zu lesen – eine Verbindung zu Werken der Weltliteratur, die Arnold Schering in den 1930er-Jahren mit dem Postulat, alle Sonaten und jeder Satz Beethovenscher Kammermusik basiere auf einem klassischen Drama, so stark strapazierte, dass hinfort nahezu alle hermeneutischen Überlegungen diskreditiert waren.

Ungeachtet der Authentizität von Beethovens Äußerungen, die Schindler, als Gesprächspartner des tauben Komponisten nach Ausweis der von ihm fingierten Konversationshefte keineswegs stets zuverlässig mitteilte, fühlte sich Wagner durch solche Bemerkungen veranlasst, dem späten cis-Moll-Quartett op. 131 ein dezidiertes Programm zu supponieren, das wiederum seine eigene Idee einer inhaltlich determinierten Musik legitimieren sollte.

Unter ähnlichen Vorzeichen stand die französische Beethoven-Rezeption, innerhalb deren Berlioz seine *Symphonie fantastique* ebenfalls als Fortsetzung des klassischen Erbes verstehen konnte und die auch das Beethoven-Bild von Franz Liszt bestimmte: Der Gedanke, eine Verbindung von Literatur und Tonkunst im Werk Beethovens vorgezeichnet zu finden, trägt seine Konzeption der »Symphonischen Dichtung«. Der Musik sei es möglich, die Meisterwerke der Dichtkunst wie auch der Malerei und der Plastik in sich aufzunehmen, war Liszts Postulat, das jenseits aller plakativen Programmatik etwa von musikalischer Naturschilderung nicht nur Kompositionen symphonischen Zuschnitts in der Nachfolge Beethovens zu produzieren ermöglichte, sondern mit dem er zugleich das ebenso offene Erbe der Weimarer Klassiker antreten könne. Dass er mit Wagner das ›silberne Zeitalter‹ einer erneuerten Kunst in der kleinen thüringischen Residenzstadt so zu bestimmen vermöchte, wie es ehedem die ›goldenen‹ Jahre enger Zusammenarbeit von Goethe und Schiller zwischen 1800 und

1805 in der Geschichte der Stadt bezeichneten, war Liszts Plan, den er mit einer Goethe-Stiftung und nach antikem Vorbild gestalteten künstlerischen Wettkämpfen allerdings vergeblich umzusetzen versuchte; denn Wagner, in dieser Zeit sein enger Mitstreiter für eine »neudeutsche« Musik, die das Pathos des ›jungen Deutschland‹ des Vormärz aufnahm, war aufgrund seiner Beteiligung an den Barrikadenkämpfen der Revolution 1849 in Dresden steckbrieflich verfolgt und nicht nur an mitteldeutschen Residenzen *persona ingratissima*. Liszts Vorhaben, Weimar zu einem kulturellen Zentrum Europas zu machen, überforderte freilich auch das Publikum der thüringischen Kleinstadt, so dass er sich bereits am Ende der 1850er-Jahre resigniert zurückzog.

Liszts Konzept der Symphonischen Dichtung rekurrierte lediglich auf das Sujet der Vorlage, zudem den Plot eines Dramas: Weder *Tasso* (1849) noch *Hamlet* (1858), um nur zwei der bekannteren Werke diese Genres zu nennen, sind musikalische Nacherzählungen der Handlung, wie sie in den Schauspielen von Goethe oder Shakespeare vorgegeben sind. Vielmehr versucht Liszt, ein Charakterbild der Protagonisten dieser Dramen zu geben, indem er zentrale Züge ihrer Persönlichkeit musikalisch schildert und Grundlinien ihrer Entwicklung, dem Originalwerk analog, nachzeichnet. Triumph und Tod des Helden, Leiden und postumer Sieg werden zu Momenten, die in Übernahme von Motiven der Vorlage auch musikalisch unmittelbar verständlich zu machen waren: prinzipiell kein innovatives Konzept, da die Opern- und Konzertouvertüren (entwickelt aus Schauspielmusiken, die jede Theatervorstellung bis ins 20. Jahrhundert selbstverständlich eröffneten und begleiteten) ähnlich die Handlung zu illustrieren wussten und in Mendelssohn Bartholdys einschlägigen Werken auch die Idee wechselnder Tonfälle und der Integration mehrerer heterogener Teilsätze innerhalb einer großen, symphonisch dimensionierten Komposition sich bereits realisiert fand.

Konsequenter war lediglich die Umsetzung, zudem die Verselbständigung des Stückes, seine Lösung aus der Funktion einer Begleitmusik zu einem Theaterspiel sowie der Verzicht auf alle illustrativen Momente zugunsten einer Konzentration auf Plot und Hauptfiguren der Handlung. Auch der *Faust*-Stoff, den Liszt 1857 für eine dreisätzige Symphonie heranzog, schildert nicht einzelne Szenen des Dramas als Oper ohne Text. ›Thema‹ der Sätze sind vielmehr die drei Protagonisten mitsamt ihren charakteristischen Eigenschaften. Faust wird mit artifizieller, chromatisch reicher Motivik als gelehrt, grüblerisch, mit glanzvollen Klängen aber auch energisch zur Tat schreitend gezeigt, Gretchens Unschuld repräsentieren Dur-Melos und sangliche Melodik, Mephistopheles schließlich ist »der Geist, der stets verneint« – Fausts Themen werden grotesk verzerrt –, aber über Gretchen »keine Gewalt hat« – ihre Motive mithin unberührt lässt. Der Destruktion aller Faust-Themen im Schlusssatz folgt dann – entsprechend der Vorlage, in der die Versuche Fausts, den glücklichen Augenblick finden und festhalten zu wollen, trotz der Versuche Mephistos scheitern – der »Chorus mysticus«, der den zweiten Teil von Goethes *Faust*-Dichtung beschloss.

Franz Liszt freilich zeigte sich in der Diskussion um die Frage, ob Musik inhaltlich bestimmt sei oder – um eine ästhetische Autonomie zu wahren – keine Orientierung an ›außermusikalischen‹ Sachverhalten finden dürfe, ungleich konzilianter als Richard Wagner. Einen ähnlich exklusiven Anspruch, dass seine Symphonischen Dichtungen aus sich selbst verständlich seien, wie es Wagner für seine Musikdramen forderte, erhob er umso weniger, als er zugleich eine Tradition ›großer‹ autonomer Musik beerben wollte, die auch immanent, ohne Rekurs auf ein Programm, Bestand haben musste. Seine einsätzigen, kompositorisch Konzepte von Sonatenform und viersätzigem Symphoniezyklus verbindenden Symphonischen Dichtungen sollten auch als ›absolute‹ Musik, die sie nicht waren, rezipiert werden können, und eine Verlaufsskizze, die in Stichworten das musikalische Geschehen in Form einer Geschichte erläutere, könne hier gegebenenfalls flankierend herangezogen werden.

Dass Liszt keineswegs ausschließlich oder gar kompromisslos eine inhaltsästhetische Position bezog, zeigt zumal seine *h-Moll-Sonate* (1852/53), das einzige Werk dieses Genres in seinem reichen Klavierœuvre (neben einigen Frühwerken ungleich geringeren kompositorischen und spieltechnischen Anspruchs.) Schon die Widmung an Robert Schumann, Brahms' Wegbereiter, bezeugt eher die Suche nach Gemeinsamkeiten als schroffe Distanz gegenüber konkurrierenden Positionen. Bereits mit dem Beginn scharf punktierter verminderter Septimen zielt Liszt offenkundig auf einen Anschluss an Beethovens letzte Klaviersonate op. 111, und unschwer ist auch seine Sonate mit konventionellen Kategorien der Gestaltung von Werken dieses Genres zu analysieren. Nichts deutet auf eine Alternative, gar bilderstürmerische Destruktion klassischer Traditionen, die freilich selbstbewusst, mit dem neuen Konzept der Verbindung von Ein- und Mehrsätzigkeit, fortgeführt werden.

Gegenüber diesen innovativen Ansätzen, das Erbe Beethovens, der Überfigur der Komponisten des 19. Jahrhunderts, anzutreten, scheint Johannes Brahms' (1833–97) Beharren auf den überkommenen Formen und Gattungen eine restaurative Position einzunehmen, was ihm nicht nur die Partei der Neudeutschen vorhielt. Mühsam nur, erst nach 25-jähriger Inkubationszeit, sei es ihm gelungen eine Symphonie vorzulegen, deren Diktion doch so sehr an das Beethovensche Vorbild gemahne, dass man sie – Zeichen der Reverenz wie der Epigonalität gleichermaßen – dessen »Zehnte« nannte. So wenig originell die Tradierung klassizistischer Formensprache im letzten Viertel des 19. Jahrhunderts gelten mochte – auch Brahms konnte sich auf Beethovens letzte Schaffensperiode berufen. Lagen doch von dessen Hand Skizzen zu einer zehnten Symphonie vor, die als Widerruf der in der *Neunten* gezeigten Wendung zu Chor und Programm erachtet werden konnten.

Überdies vermochte Brahms sehr wohl zu zeigen, dass selbst in den als überlebt und nicht mehr zukunftsfähig erachteten Formen und Gattungen von Symphonie und Kammermusik allein mit musikalischen Mitteln, also im Verzicht auf alle Bezüge zu Dichtkunst und ›außermusikalischen‹ Ideen, »neue Bahnen« – so Schumanns emphatische Ankündigung der ersten Werke in der *Neuen Zeitschrift für Musik* – zu beschreiten waren. Im Selbstverständnis des 19. Jahrhunderts machte die Tatsache erstaunen, dass es Brahms gelang, mit seinen Werken ein »zweites Zeitalter der Symphonie« (Carl Dahlhaus) zu eröffnen, nachdem gegenüber den ungleich reichere Perspektiven eröffnenden Gattungen von Symphonischer Dichtung und Musikdrama in den 1850/60er-Jahren nur mehr Komponisten, deren Namen ebenso wie ihre Werke kaum schon Marginalien in der Musikgeschichte bilden, dieses Genre bedacht hatten. Die historische Bedeutung, die Brahms' symphonischen Kompositionen wie auch seiner Kammermusik zukommt, ist jedoch nicht in einer Integration jener avancierten Harmonik zu suchen, wie sie Wagner in seinem *Tristan* gezeigt hatte; auch die formale Anlage seiner Werke bietet kaum je überraschende Lösungen. Neu indes war eine außerordentlich dichte motivisch-thematische Arbeit, eine Kunst, thematische Gestalten überreich zu variieren und so die Implikationen des musikalischen Materials in einer ungeahnten Intensität zu demonstrieren. Dieses Verfahren, nicht zuletzt Brahms' eingehendem Studium Bachscher (neben zahlreicher anderer »alter«) Musik und Beethovens Spätwerk geschuldet, sollte Arnold Schönberg 1933 mit besonderem Nachdruck fokussieren: Schien ihm doch hier jener Reichtum »entwickelnder Variation« thematischen Materials vorgebildet, der die Basis für seine Methode bildete, Motive innerhalb eines Themas oder einer Zwölftonreihe zu isolieren und mit abstrakt anmutenden Techniken Konfigurationen weniger Töne in unterschiedlichster Weise zu variieren.

Doch auch dieser Fortschritt, den Schönberg bei Brahms feststellte, um seine eigene Position nicht als voraussetzungslos erscheinen zu lassen, war bereits historisch gebunden. Als Fortsetzung kompositorischer Verfahren von Bach und Beethoven sollte Brahms gelten. Methoden intensiver motivisch-thematischer Arbeit, die sich bei diesen prominentesten Komponisten des 18. und frühen 19. Jahrhunderts zeigen ließen, wurden herangezogen, um das eigene Vorgehen zu legitimieren und zugleich eine veritable Fortsetzung dieser Stilhöhe zu suggerieren. Dass mit einer solchen Konstellation auch eine Vorrangstellung ›deutscher‹ Musik postuliert wurde, war noch für Schönberg eine schiere Selbstverständlichkeit.

Bach und Beethoven als Ahnherren zu nennen, deren Erbe im eigenen Œuvre eine Fortsetzung, wenn nicht gar eine Synthese fände, wurde freilich nicht allein Brahms attestiert, sondern – mit je wechselnden Vorzeichen – auch Liszt und Wagner (der seinerseits nicht zögerte, auch Palestrina zu seinen geistigen Vätern zu rechnen, da die Idee »unendlicher« Melodie in dessen ungehemmt strömender Vokalpolyphonie vorgebildet sei). Bach als Meister des Kontrapunkts und harmonischer Finessen, Beethoven als derjenige, in dessen Werk musikalische Form – zumal in Sonate und Symphonie – ihre vielseitigste Ausprägung gefunden habe: Wer nun in der zweiten Hälfte des 19. Jahrhunderts diese zwei »Kulturen der Musik« (August Halm) nicht allein fortsetze, sondern kongenial vereine, blieb strittig. Auch Anton Bruckner wurde als Kandidat genannt, da seine großen Symphonien ebenfalls die klassische Tradition aufnähmen, doch zugleich inhaltlich neu definierten, indem er mit Choralintarsien, Allusionen an

Wagnersche Musikdramen oder kaum weniger umstrittenen ›politischen‹ Programmen – seine Symphonie Nr. 8 c-Moll thematisiere des deutschen Michels Erwachen – sich Positionen der Neudeutschen annähere.

Außer Zweifel aber stand für die Komponisten in Deutschland der Rang von Bach und Beethoven als Leitfiguren, deren Hauptwerke als heilige Schriften galten, wie Hans von Bülows gern zitiertes Wort, das *Wohltemperierte Klavier* sei das Alte Testament der Musik, Beethovens 32 Klaviersonaten das Neue, unmittelbar zeigt. Neben dem Fortschrittspathos werden hier zugleich konservative und patriotische Züge erkennbar, eine Dignität ›deutscher‹ Musik bezeichnend, die auch anderen Nationen anempfohlen wird, gleichzeitig aber in der Übermacht der Tradition sedierend wirkt. Die Orientierung an solchem Kanon führte etwa am Leipziger Konservatorium, der ersten veritablen Musikhochschule, 1843 von Felix Mendelssohn Bartholdy gegründet, zu einem Akademismus, dessen handwerkliche Basis zu großem Zustrom vor allem aus den skandinavischen Ländern sorgte, doch nicht ohne Kritik blieb und alsbald sezessionistische Bewegungen begünstigte. Und zumal in der Kirchenmusik bildete die von Philipp Spitta als Impetus seiner Bach-Studien (*Johann Sebastian Bach*, 2 Bde., Leipzig 1873–80) proklamierte Idee, durch eine Rückwendung zur geistlichen Musik Bachs und seiner Vorgänger, unter ihnen namentlich Heinrich Schütz und Dietrich Buxtehude, zu einer Erneuerung von Religiosität und Frömmigkeit zu gelangen, ein Hindernis, neue Wege in der Gestaltung von liturgischen Kompositionen zu visieren. Dass die katholische Kirche sich Neuerungen gegenüber noch weitgehender verschloss und ausschließlich Werke im Palestrina-Stil konzedierte, ist kaum mehr als die Konsequenz von über Jahrhunderte hinweg stets nur in Abgrenzung zu allem als sinnlich-verderblich scheinenden Wirkungspotenzial von Musik formulierten Vorgaben zur Produktion geistlicher Kompositionen, die in einem Zeitalter politischer Restauration am Ende des 19. Jahrhunderts auf breite Zustimmung rechnen konnten.

Die Idee, sich an der Geschichte zu orientieren, nicht allein um das eigene Schaffen zu legitimieren und sich des eigenen individuellen Standpunkts zu vergewissern, sondern auch zur Gewinnung nationaler Identität war indes kein Phänomen, das auf deutsche Komponisten und Komponisten in Deutschland beschränkt blieb. Auch in Frankreich und Italien keimten Bemühungen, die Musik der Gegenwart historisch zu begründen, die Geschichte der Musik ihrer Länder zu erforschen und die Werke der bedeutenderen Komponisten der Vergangenheit in Gesamtausgaben zu publizieren. Deren noch heute geläufige Bezeichnung als ›Denkmal‹-Editionen, als ›Erbe‹ oder ›Monument‹, spiegelt die Funktion, die solchen Projekten eignet, unmittelbar.

Nation

Kollektive Identität qua Musik

Dass in verschiedenen Regionen Europas ein Musikstück in unterschiedlichster Weise interpretiert wurde, obwohl der Notentext, der den Aufführungen zugrunde liegt, keinerlei Varianten und keine Hinweise auf eine andere Praxis aufweist, ist eine Erfahrung, von der bereits die Musiktheoretiker des Mittelalters in Bezug auf das Repertoire des gregorianischen Gesangs berichten, der in Italien melodisch geschmeidiger erklinge als nördlich der Alpen und zumal im deutschen Sprachraum. Klima und Lebensgewohnheiten, wirtschaftliche Verhältnisse und soziokulturelle Gepflogenheiten seien für derlei Differenzen verantwortlich, meinte mit Athanasius Kircher denn auch einer der prominentesten Autoren der frühen Neuzeit zu diesem allenthalben zu beobachtenden Sachverhalt. Eher pittoresk erschienen ihm um 1650 diese Unterschiede, die sich am nachhaltigsten in den verschiedenen Tänzen ausdrückten, die sich am Ende des 17. Jahrhunderts zur Suite formten. In den Namen ihrer Teilsätze ist die Herkunft aus der Volksmusik der einzelnen Länder oft noch unmittelbar abzulesen. So verweisen Allemande, Polonaise oder Ecossaise auf den Ursprung tänzerischer Gesten und Rhythmen aus Deutschland, Polen oder Schottland, weniger deutlich macht die Sarabande ihre Provenienz aus Spanien oder die Gigue (Jig) aus England kenntlich. Niemand aber hätte die Reihung solch einzelne Nationen bezeichnender Tänze als Versuch verstanden, qua Musik die Ursprungsländer in eine wenig sinnvolle Konkurrenz zu verwickeln.

Dies freilich änderte sich ab dem 18. Jahrhundert rasch. Zumal zwischen Deutschland, Frankreich und Italien, nach eigenem Selbstverständnis die drei ›großen‹ Musikländer Europas, entspannen sich Rivalitäten, die immer stärker auf einen Nationalcharakter als Kriterium der Überlegenheit der Musik eines Landes rekurrierten. Pose versus Natürlichkeit bezeichnet die Gegenüberstellung französischer und italienischer Musik, und beider Länder vorgebliche Oberflächlichkeit gab in Deutschland wiederholt der Kritik Anlass, ganze musikalische Kulturen zu diskreditieren. Der gewiss gefälligen, doch ›seichten welschen‹ Art von Komponisten und Ausführenden wurde die Kategorie der Arbeit gegenübergestellt, die nach verbreiteter Ansicht ein besonderes Merkmal ›deutscher‹ Tonkunst sei.

Motiviert war die Kritik gegenüber den Italienern gewiss auch wegen der ungleich höheren Honorare, die man ihnen im 18. Jahrhundert nördlich der Alpen zahlte und die umso ungerechtfertigter erschienen, als es nicht immer die besten Künstler waren, die ihr Glück fern von ihrer Heimat suchten. Grund ihres Engagements bildete ihre Virtuosität, deren Publikumswirksamkeit nicht zu bestreiten war, wenngleich die Musik, die sie vorführten, kompositorischen Ansprüchen nicht immer genügen konnten. Hier anzusetzen bereitete der Fachkritik wenig Schwierigkeiten; dass jedoch der Eindruck, den eine musikalische Aufführung macht, nur bedingt eine Funktion des künstlerischen Aufwands ist, dessen es zur Herstellung eines Kunstwerks bedurfte, stellt eher die Kategorien, die zur Beurteilung etwa eines Musikstücks herangezogen werden, in Frage als die präsentierte Leistung selbst. Doch indem vorrangig der Aspekt der kompositorischen Arbeit in den Mittelpunkt des ästhetischen Raisonnements gestellt wurde, fiel es den Musiktheoretikern und insbesondere den Publizisten in Deutschland leicht, die italienische wie auch die französische Musik als eine Kunst der Ausführung abzuwerten. Deren Vorzüge vermöchten die einheimischen Komponisten mühelos zu kopieren, doch indem sie die Stilmittel anderer Länder weit artifizieller umzusetzen wüssten, gebühre ihnen unzweifelhaft der erste Platz in einem Wettstreit der Musiknationen. Diese Syntheseleistung, von Johann Joachim Quantz um die Mitte des 18. Jahrhunderts als »vermischter Geschmack« propagiert, begründe – so die lange verbreitete und auch heute noch populäre Auffassung – eine Vorrangstellung deutscher Musik, deren geschichtliche Stunde spätestens mit dem Beginn der ›Wiener Klassik‹ geschlagen habe und sich in der Dominanz von Beethoven im 19. Jahrhundert unverkennbar manifestiere.

Der patriotische Impetus, der solche Ansichten anfänglich begründete, schlug indes in einem Zeitalter der Nationalstaaten zunehmend in einen Superioritätsdünkel um, der auch die Musik nutzte, um eine politische Vorrangstellung zu postulieren – ein Konzept, das andere europäische Länder adaptierten und das noch in der Gegenwart die wiederentstehenden osteuropäischen Staaten nutzen, um eine eigene Identität zu entwickeln: Mit den Mitteln der Musik ein nationales Bewusstsein zu schüren, ist kein Phänomen, das auf Deutschland beschränkt bleibt, wiewohl es hier wohl am aggressivsten vorgetragen erscheint. Eine Reduktion Giuseppe Verdis auf die Leitgestalt des Risorgimentos, die er gewiss auch war und für dessen Ziele er sich auch bereitwillig instrumentalisieren ließ, wird zwar der Bedeutung seiner ungemein populären Musik für die Entwicklung eines italienischen Nationalgefühls gerecht, nicht aber ihren kompositionsgeschichtlichen Wurzeln, die in der Grand opéra Pariser Provenienz zu finden sind, und erst recht nicht seinen dramaturgischen Innovationen.

Zumal in den Schriften und Äußerungen Richard Wagners findet sich dieser Ansatz, ›deutsche‹ Kunst und insonderheit seine eigene Konzeption des musikalischen Dramas als Kulminationspunkt der Musikgeschichte zu postulieren – zu Lasten der Bühnenwerke von Gioacchino Rossini und Giacomo Meyerbeer, den Protagonisten der Grand opéra. Ungeachtet der Tatsache, dass Wagner deren

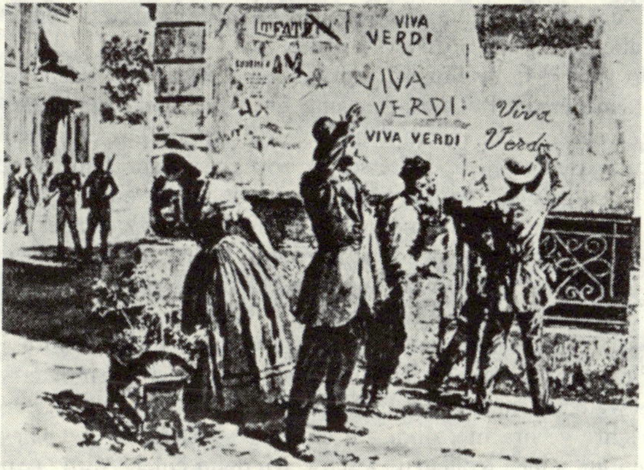

Viva V.E.R.D.I. Stich, um 1859.
Parma, Istituto nazionale di studi verdiani.

Nicht nur als Komponist Verdi stand seit der spektakulären Aufführung des *Nabucco* für das Risorgimento, die italienische Freiheitsbewegung des 19. Jahrhunderts. Als Akrostichon dienten die Buchstaben seines Namens zumal im Kontext des Krieges Piemont/Frankreich gegen Österreich 1859 einer Parole (**V**ittorio **E**manuele **R**e **D**'**I**talia), mit der ein freies, national eigenständiges und geeintes Italien unter einem König Viktor Emanuel aus dem Haus Savoyen proklamiert wurde.

Gestaltungsmittel in seinen romantischen Opern bruchlos adaptierte (und zudem nur auf Empfehlung Meyerbeers 1842 die Kapellmeisterstelle an der gerade neu eröffneten Semperoper in Dresden erhielt), nahm seine Polemik gegen die Kollegen gerade jene Motive auf, die bereits hundert Jahre zuvor Konjunktur hatten: Die sängerischen Leistungen auf der Bühne entbehrten des dramaturgischen

Rückhalts und dienten lediglich der Demonstration einer überdies fragwürdigen Brillanz. Sei dort ein Mittel des Ausdrucks, die Musik, zum (Selbst-)Zweck geworden, so kehre er die Relation nun um: Die Musik, ein Mittel des Zwecks, nutze er, um den Text in all seinen Dimensionen umzusetzen. Jede Note seines Tonsatzes finde seine notwendige Begründung, wohingegen die Musik zumal Meyerbeers nur auf einen vordergründigen Effekt ziele, dessen Erklärung rational schlechterdings nicht zu leisten sei. Das Schlagwort »Wirkung ohne Ursache« sollte weniger die Opern eines Gegners, der sich ihm gegenüber stets konziliant zeigte, in Misskredit bringen als dessen Einfluss in Paris ›entlarven‹, jener Hauptstadt des 19. Jahrhunderts (Walter Benjamin), wo Wagner selbst entbehrungsreiche Jahre verbrachte, ohne im entferntesten Glanz und Glamour seiner Kollegen, geschweige denn einen Auftrag an einem renommierten Opernhaus erreichen zu können. War mithin seine Antipathie vornehmlich ein Resultat seines Neids auf den Erfolg anderer, so verstärkte er sie in Bezug auf Meyerbeer durch antisemitische Ausfälle, die freilich seine eigene Position im deutschen Kaiserreich keineswegs schwächten – vom Nutzen solcher Pamphlete für die Rezeption seines Œuvres zu Zeiten des Nationalsozialismus zu schweigen.

Doch war seine Position nicht nur negativ definiert. Mit dem Rückgriff auf die deutsche Mythologie, dem Entwurf einer Alternative zu den konventionellen Schemata der Operngestaltung und der Weiterführung einer romantischen Musikästhetik, die bei E. T. A. Hoffmann und seiner Beethoven-Deutung anschließt, konnte Wagner die Idee einer emphatisch ›deutschen‹ Kunst formulieren, die in den *Meistersingern von Nürnberg* sich selbst und ihre handwerkliche Ehrbarkeit feierte. Zerginge auch das deutsche Reich in Dunst, so bliebe doch die hohe deutsche Kunst – die Parole, die am Ende der Oper die Bürgergesellschaft auf der Festwiese lautstark proklamierte, wurde zum Diktum, das erfolgreich war, weil es jene identitätsstiftenden Momente akzentuierte, die über gesellschaftliche Missstände hinwegsehen ließen. Die Ehre, die den ›deutschen Meistern‹ geschuldet werden sollte, rückte dabei nicht nur den Komponisten ins rechte Licht, sondern fokussierte in ihm auch die Gestalt eines Volkstribuns, dem zu folgen so selbstverständlich war, wie es not tat.

Gekoppelt mit einem Mythos, der sich um die Figur Ludwig van Beethovens rankte, indem dessen Rebellion gegen gesellschaftliche Zwänge, seine unbedingt behauptete persönliche Freiheit und sein Trotz gegenüber Obrigkeit und Schicksal hervorgehoben wurden, verband sich mit dem Bild der Künstler als Titanen ein Pathos, das die Heroen der Tonkunst als Nationalhelden verklärte, da sie es ermöglicht hätten, innerstem Empfinden und Wünschen des Volkes Ausdruck zu verleihen. Dieses Bedürfnis wusste Wagner ungemein geschickt zu bedienen, wie der Erfolg seiner Initiative zeigt, die Abgeordneten des deutschen Reichstags für den Bau eines neuen, abseits der kulturellen Zentren des Landes gelegenen Festspielhauses zu gewinnen, dessen Architektur die antike Idee eines demokratisch, ohne Rücksicht auf Rang und Stand versammelten Auditoriums aufgreift. Nicht erst in den 1930er-Jahren wurde Bayreuth so zum Wallfahrtsort eines deutsch-national gesinnten Publikums.

Die Dominanz ›deutscher‹ Musik gegen Ende des 19. Jahrhunderts war indes mehr als eine Schimäre oder die Prätention einiger allzu ambitionierter Komponisten. Zumal in Frankreich sah man sich nach dem verlorenen Krieg 1871 bemüßigt, auf dem Gebiet der Tonkunst eine Eigenständigkeit zu postulieren, um einen gegenüber dem Nachbarland auch auf diesem Gebiet empfundenen Rückstand zu kompensieren. Überraschend genug, blieb Beethoven unumstrittene Leitfigur auch hier auf den Konzertprogrammen. Seine Begeisterung für die Ideale der Französischen Revolution, seine zwar widerrufene, später aber restituierte Widmung der *Eroica* an Napoleon verschafften ihm Sympathien, die sein Werk durch eine kontinuierliche Pflege der Symphonien wie seiner Kammermusik – Werke, deren Vielfalt der formalen Anlage faszinierte – zu einer festen Größe im Musikleben gemacht hatten. Die Konsequenzen aber, die Brahms aus diesen Vorlagen ›absoluter‹ Musik gezogen hatte, schienen in Frankreich suspekt. Der Begriff der ›Arbeit‹, deren Aufwand nicht nur in der Partitur nachzuvollziehen, sondern beim Hören unmittelbar präsent ist und eine Tradition emphatischer Kammermusik begründet, fand hier kaum je nachhaltigeren Rückhalt. Kennzeichen französischer Kammermusik gegen Ende des 19. Jahrhunderts sind neben großer klanglicher Raffinesse eine Luzidität der Faktur bei gleichzeitig klarem, übersichtlichem Aufbau.

Umgekehrt zeigten sich selbst die Vertreter einer »Ars gallica« stark beeindruckt von dem Klang- und Farbenreichtum des Wagnerschen Orchestersatzes. Nach Bayreuth zu ›pilgern‹, widersprach selbst für Debussy der Intention, eine eigenständige musikalische Sprache zu entwickeln, keineswegs. Der politischen oder nationalistischen Implikationen nicht achtend, rezipierten Camille Saint-Saëns, Vincent d'Indy oder Gabriel Fauré den *Ring* und entwarfen (Bühnen-)Kompositionen, deren Sujets von Morbidität und Verfall wie auch die Leitmotiv-Technik eine eingehende Auseinandersetzung mit Wagners Musikdramen verraten. Die schwüle Atmosphäre der Verbindung von Tod und Liebe war für die Boheme des Fin de Siècle, die erst über Wagners Musik die Philosophie Friedrich Nietzsches und Arthur Schopenhauers rezipierte, außerordentlich attraktiv – und nicht nur für Komponisten, wie ein Blick auf das dichterische Werk von Charles Baudelaire oder Stéphane Mallarmé rasch erkennen lässt.

Ob freilich der Einfluss einer zu Zeiten dominierenden Ästhetik, die sich mit dem Namen eines einzelnen Komponisten verbindet, mehr ist als nur ein durchaus notwendiger Impuls, der dann zur Ausbildung einer eigenständigen Musikanschauung führt, dürfte eine Frage der Optik sein – historiographisch wie ideologisch, um einen Primat der Tonkunst eines Landes zu postulieren. Denn auch Wagners oder Beethovens Ansätze, um die gewählten Beispiel fortzuführen, waren nicht voraussetzungslos und könnten unschwer auf Wurzeln in der französischen Musikanschauung des ausgehenden 18. Jahrhunderts oder der Zeit der Juli-Monarchie zurückgeführt werden, die selbstverständlich ihrerseits nur in Abhängigkeit – und sei es im Kontrast – zu anderen ästhetischen Konzeptionen zu denken sind: ein Regress ins Unendliche, dessen Nutzen für eine Geschichtsschreibung freilich noch fraglicher ist als ideengeschichtlich.

Immerhin wird man sich rasch darauf verständigen können, dass zu allen Zeiten Tendenzen und Leitgestalten auszumachen sind, die zu einer Auseinandersetzung herausforderten. Beethoven-Erbe und klassizistische Gediegenheit der Faktur, Grand opéra und Musikdrama dürften im 19. Jahrhundert Momente sein, die für das Schaffen einer überwältigenden Mehrheit von Komponisten in Europa bestimmend waren, doch zugleich hinlänglich offen, in einer Verbindung mit nationalen Traditionen ein Idiom zu entwerfen, das als Musik ihrer Heimatländer zu proklamieren war und nicht nur als Derivat einer ›deutschen‹ Tonkunst.

So sind sowohl ein ›nordischer‹ Ton skandinavischer Komponisten, die wie Gade, Grieg, Kjerulf und Nielsen am Leipziger Konservatorium eine handwerklich gediegene Grundausbildung erhielten, als Integration von harmonischen und melodischen Momenten in einen ›klassischen‹ Tonsatz von Sonaten, Streichquartetten und Symphonien zu verstehen. Und sowohl Carl Maria von Webers *Freischütz* wie Bedřich Smetanas *Verkaufte Braut* (UA Prag 1866), aufgrund der ›Hauptrollen‹, die in diesen Opern dem deutschen Wald und dem böhmischen Bier zugewiesen werden, als Nationalopern akklamiert, basieren kompositorisch auf Traditionen der Opéra comique. Mehr noch als die Sujets sind nationale Töne lediglich Dialekte einer gemeinsamen, in ganz Europa verbindlichen Sprache.

Mitunter prägen die Musik einzelner Länder nur wenige Komponisten, nicht selten lediglich ein einziger: Frédéric Chopins Klaviermusik repräsentierte seit je in ihrem herbmelancholischen Tonfall ein lange Zeit nurmehr virtuell existierendes Polen, das seine Gestalt als selbständiger Staat erst nach dem Ersten Weltkrieg wiederfinden konnte, mehr noch als die Nationaloper *Halka* (UA Wilna 1848) Stanisław Moniuszkos. Russlands Musik soll gängigen Darstellungen zufolge durch das »Mächtige Häuflein« der am St. Petersburger Konservatorium wirkenden Komponisten konstituiert sein, ohne dass deren Verbindungslinien zu ›westlichen‹ Konventionen, die in den Opern Tschaikowskys ebenso unüberhörbar sind wie Mussorgsky, explizit gemacht werden. Die Mittlergestalt Anton Rubinsteins, des in Berlin ausgebildeten Gründers des kaiserlichen Konservatoriums in St. Petersburg und einflussreichen Lehrers Tschaikowskys, wird bis heute weitestgehend ignoriert – freilich von russischer ebenso wie von deutscher Seite.

Unter dem Vorzeichen, eine Geschichte der Musik als Problemgeschichte des Komponierens zu schreiben, erscheinen die Beiträge, die seitens der Komponisten aus Nord- und Osteuropa im 19. Jahrhundert zu einem imaginären Museum der Musikgeschichte geliefert wurden, gewiss als marginal. Offen und völlig unbestimmt ist allerdings, ob sich diese Prämisse prinzipiell zum historiographischen Entwurf eignet, da sie alle Musik auf kompositionstechnische Parameter reduziert und sozialgeschichtliche wie aufführungspraktische und funktionale Aspekte gleichermaßen ignoriert. Die Frage, auf die ein Komponist mit seinem Werk eine Antwort zu geben sucht und die zu rekonstruieren Aufgabe des Historikers ist, mag außerhalb immanent musikalischer Probleme zu suchen sein. Mit dem Ansatz eines emphatischen Fortschrittsbegriffs in der Musik, manifestiert im ›Stand des Materials‹ als möglichst hohe Differenzierung aller Parameter des Tonsatzes, lässt sich zwar in der Rekonstruktion eines (virtuellen) Diskurses zwischen den Komponisten eine Höhenlinie historisch ›relevanter‹ Werke rekonstruieren, die mit den Fixpunkten Bach – Beethoven – Brahms/Wagner/Liszt – Schönberg eine scheinbare Dominanz ›deutscher‹ Musik suggeriert und vermutlich auch deshalb im deutschsprachigem Raum gerne tradiert wurde. Doch zeichnet sich zumal im Rückblick der Gegenwart immer mehr ab, dass Impulse aus einer mittel- und/oder südeuropäischen Tradition an Komponisten der Nachbarländer weitergegeben wurden, sich dort indes – nicht zuletzt aus der Amalgamierung mit autochthonen Techniken des Musizierens – eigene Kulturen entwickelt haben, die keineswegs mehr nur »liebliche Seitentäler« (Hugo Riemann) eines Hauptstroms musikalischen Fortschritts bilden, sondern nach einer Phase der Emanzipation und Etablierung ihrerseits produktiv rückzuwirken in der Lage sind.

Dies zeigt zumal der Blick auf die Geschichte einer amerikanischen Musik, die nicht als Derivat europäischer Tonkunst verstanden werden kann. Mit einer Nobilitierung des Jazz durch die Integration in die Symphonik leistete George Gershwin die Grundlegung einer Kunstform, in der sich autochthones Musizieren, als das die Spielarten von Ragtime, New Orleans und Dixieland um die Wende zum 20. Jahrhundert außerhalb Amerikas galten (ungeachtet dessen, dass die Wurzeln dieser Musik wiederum in anderen Erdteilen zu finden sind), mit dem europäischen Anspruch an ›klassische‹ Musik verband. Die Verspätung eines Jahrhunderts, die hier in der Ausprägung einer eigenen, den Erfordernissen ästhetischer wie kompositionstechnischer Diskurse genügender Kunst zu erkennen ist, lässt sich auch in Aaron Coplands Versuch ablesen, mit

Vertonungen von Texten Emily Dickinsons das Genre des Kunstlieds um einen amerikanischen Beitrag zu bereichern. Wie stark allerdings die fehlende Tradition eine Unbefangenheit im Umgang mit konventionellen Gattungen ermöglicht, zeigen jedoch nicht nur Gershwins symphonischer Jazz und die Kultivierung von Songs (neben Spirituals und Gospels das amerikanische Pendant zum europäischen Volkslied), sondern auch die neuen Formen des Musiktheaters, das mit dem (Broadway-)Musical eine ähnliche Popularität gewann, wie sie in Europa Singspiele, komische Opern in der Landessprache sowie Operetten bereits seit dem 18. Jahrhundert hatten, und zumal die zunehmend selbständige Auseinandersetzung mit überkommenen Modi der Rezeption bei Charles Ives, John Cage, Philipp Glass oder Terry Riley, deren künstlerische Konzepte lediglich in nationale Kontexte einordnen zu wollen oder gar in eine Debatte um den Vorrang einzelner Länder auf dem Gebiet der Tonkunst ins Absurde entglitte.

Der Gedanke, ›nationale Schulen‹ in der Musik zu isolieren, resultiert aus einem Nationalstaatsgedanken des 19. Jahrhunderts, dessen Virulenz – trotz oder gerade wegen einer fortschreitenden Globalisierung – nicht zu unterschätzen ist. Bereits die Erfahrung außereuropäischer Musik, einer größeren Öffentlichkeit erst bewusst gemacht durch die Weltausstellungen in London wie vor allem Paris, bei denen neben den landwirtschaftlichen und industriellen Produkten die einzelnen Länder auch ihre Kultur vorstellten, eröffnete Komponisten wie Claude Debussy gänzlich neue Klangwelten, deren kompositorischer Niederschlag ebenso rasch folgte wie die Reaktion einer akademischen Musikwissenschaft, die einen Primat der im Abendland gebräuchlichen siebenstufigen Tonleiter und der harmonischen Tonalität, die prätendierten Höhepunkte musikalischer Entwicklung schlechthin, nicht preisgeben wollte – der Konstruktion eines Geschichtsbildes wegen, das von der Wirklichkeit schon längst widerlegt worden war.

Realität

Kunst und Wirklichkeit

Dass der Musik die Möglichkeit innewohne, eine andere Welt zu eröffnen, war ein Topos, den die romantische Musikästhetik besonders stark akzentuiert hatte. Die Gegenwelt, die sie zur Prosa des Lebens entwarf, bezeichnete eine Form des Eskapismus, die nur pejorativ zu werten Funktion und Potenzial von Musik, zur trostlosen Wirklichkeit eine Alternative zu bieten, zynisch fast ignoriert. Doch dass Musik solche Räume der Verheißung zu eröffnen vermag, ist nur eine Facette des breiten Spektrums ihrer Wirkungsmöglichkeiten, die zudem weitestgehend dem Rezipienten, seinen Hörgewohnheiten und seinen Konsumweisen überantwortet wird. Ihre Intention kann mitunter ungleich konkreter gefasst sein: Empfindungen Ausdruck zu verleihen – systematisiert ehedem in einer Affektenlehre, offener und doch keineswegs unverbindlich gefasst in einem komplexen Zeichensystem, das den Komponisten im 19. Jahrhundert zu Gebote stand, um emotionale Befindlichkeiten und elementare Ausdruckswerte musikalisch zu gestalten –, ferner eine Unmittelbarkeit der Tonsprache, die in direktem Abbild von Vorgängen keinen Zweifel am Inhalt eines Musikstückes lässt. Die Nachzeichnung von Naturereignissen oder Kampf- und Schlachtszenen kannte bereits das 17. Jahrhundert; nun aber erscheint das Repertoire dessen, was Musik illustrieren kann, kaum mehr begrenzt: Kompositionen, die nicht nur Bilder aneinander reihen, sondern die einem detaillierten Verlaufsplan folgen, finden sich in so hoher Zahl, dass die Kritik Eduard Hanslicks und sein Insistieren auf der Idee einer ›absoluten‹ Musik, die keinen anderen Inhalt habe als das Spiel mit Tönen in Form eines Spiels mit der Zeit (wie es Hans Heinrich Eggebrecht in Weiterführung solcher formalästhetischen Positionen nannte), keineswegs unberechtigt erscheinen.

Dass mancher Komponist bei der Konzeption eines Werkes sich an einem minutiösen Programm – als literarischer Vorlage oder Ideenskizze – orientierte, bezeichnet einen Sachverhalt, dessen Relevanz für die ästhetische Geltung nicht unproblematisch ist. So unzweifelhaft etwa Berlioz' *Symphonie fantastique* eine detaillierte Folge von Ereignissen musikalisch nachzeichnet, so wenig ist diese Erläuterung des Komponisten unverzichtbar. Und dass die Teilsätze von Franz Liszts *Les Préludes* so genau einem Gedicht von Alphonse de Lamartine entsprechen, kann nur den überraschen, der nicht um die spätere Hinzufügung des Textes durch den Komponisten selbst weiß. Als Hilfestellung, Form und Gehalt eines Werkes zu verstehen, wollte Liszt die Möglichkeit, auf ein Programm, das die Grundzüge einer Komposition einem musikalisch weniger gebildeten Publikum erläutert, nicht vorschnell verzichten. Den Anspruch seiner »Symphonischen Dichtung«, als Beitrag zur höchsten Gattung der Instrumentalmusik zu firmieren, sah er durch ein solches Vorgehen nicht relativiert. Auf solche Weise wollte er die Spannung, die in einer zu Zeiten außerordentlich vehement geführten Diskussion um eine inhaltliche Bestimmtheit von Musik aufgekommen war, mindern. Denn so wenig bereits ein Programm allein die ästhetische Qualität einer Komposition garantiert, so leicht sind auch nahezu allen Werken ›absoluter‹ Musik Vorlagen zu unterlegen, die ihren Verlauf erklärten.

Umstritten – und von den Gegnern aller Programmmusik als wichtigstes Argument angeführt – ist freilich, inwieweit sich mittels Tönen und Klängen Aussagen konkretisiert fassen. Dass etwa das Rauschen eines breiten Stromes musikalisch Gestalt annehmen kann, erweist Smetanas *Moldau* (1875) hinlänglich; auch lässt das Kolorit – harmonische und melodische Wendungen aus der böhmischen Volksmusik – den Fluss in einer bestimmten Region lokalisieren. Doch präzisere Eigenschaften der Moldau vermag die Musik so wenig zu vermitteln, dass die gewiss zunächst polemisch formulierte Forderung, auf alle klangliche Darstellung ›außermusikalischer‹ Sachverhalte verzichten zu sollen und sich nurmehr auf die Eigengesetzlichkeit des musikalischen Materials und seiner Formung zu konzentrieren, nichts weniger als abwegig erscheint.

Andererseits hatte bereits Beethoven schlichte Abbildlichkeit von Musik verworfen. Seine Vorgabe zur *Pastorale*, »Mehr Ausdruck der Empfindung als Tonmalerei«, verdeutlicht die Tendenz, eine zu große Präzision der Darstellung von der Tonkunst nicht zu fordern – im Gegensatz zu zeitgleichen Bestrebungen, im Titel eines Musikstücks derart minutiöse Vorgaben über Ort und Zeit zu machen, dass ein detailliertes Bild zu erstellen möglich wäre: ein Maß an Konkretheit, das mittels Klängen schlechterdings nicht zu leisten ist.

Die Möglichkeit indes, mittels Musik Assoziationen zu wecken, die unmittelbar mit bestimmten topographischen Situationen verbunden sind, wurde nicht in Frage gestellt. Folkloristische Momente – Motive und Rhythmen, Klangfarben und Besetzungen –, mit denen Vorstellungen von fremden Ländern und Menschen sich einstellten, waren zumal in der Oper vielfältig zu verwenden. Türkische Klänge (»Janitscharen-Musik«) ähnlich wie arabisches Melos und afrikanische Rhythmen (oder das, was man nach ersten ethnologischen Untersuchungen, etwa im Kontext von Napoleons Ägypten-Feldzügen, als repräsentativ für die Musik dieser Völker zu erkennen glaubte) finden sich um die Wende zum 19. Jahrhundert in großer Zahl, und Inszenierungen möglichst authentisch auszustatten, also mit größter Sorgfalt ein historisches Kolorit, das ein Libretto vorgab, bis in die kleinsten Requisiten hinein vorzuführen, war für größere Opernhäuser selbstverständlich.

Neben der »Couleur locale«, der (Klang-)Farbe eines Ortes, die zu immer neuen Besetzungen und Spielweisen führte, erlaubte eine »Couleur historique« eine breite Verfügbarkeit über kompositorische Stile der Vergangenheit. Was in der Begleitmusik zu einer Opernhandlung keiner Legitimation bedurfte, wurde andernorts zum Zitat – und erlaubte wiederum, nun von anderer Seite, autonomen Kompositionen musikalische Inhalte zu unterlegen.

Mithin stand ein zunehmend breiteres Spektrum an Möglichkeiten zur Disposition, klanglich unmittelbar bestimmte regionale und historische, aber auch soziale Sphären zu evozieren: nicht allein zur Illustration von Bühnenhandlungen oder zur Charakterisierung von Herkunft und Rang einzelner Personen auf dem Theater, sondern auch als Genre- oder Stimmungsbilder. Der Reiz des Exotischen, bereits im 18. Jahrhundert in Chinoiserien und einer Mode, gehobene Interieurs mit Fernöstlichem zu dekorieren, vielfach gegenwärtig, fand nun verstärkt in der Musik einen Widerhall, zumal die Grenzen des traditionellen Tonsystems mitsamt seinem Repertoire von Harmonik und Melos erreicht schienen. Das Fremde, das solchermaßen klanglich bezeichnet war, wirkte pittoresk, kaum mehr denn als Abwechslung in einer überfeinerten Kultur. Der Gedanke des ausgehenden 18. Jahrhunderts, im Blick auf die Lebensformen und Gewohnheiten anderer Völker eine Alternative zur abendländischen Zivilisation entdecken zu wollen, war in einem Zeitalter des Kolonialismus allenfalls Programm einer Minderheit. Zu ungetrübt galt ein Fortschritts-Optimismus, der von technologischen Errungenschaft der industriellen Revolutionen aus auch eine kulturelle (und moralische) Überlegenheit implizieren ließ, als dass künstlerischen, musikalischen oder auch religiösen Gepflogenheiten fremder Länder und Menschen gemeinhin mehr als ein freundliches Interesse entgegengebracht worden wäre. Die ungewohnte Tonsprache eröffnete eine andere Welt, die durchaus selektiv rezipiert werden konnte, unter genau denselben Prämissen einer musikalischen Romantik, wie sie bereits zu Beginn des 19. Jahrhunderts formuliert worden waren: als Gegenbild einer »Kunstwelt«. Kaum anders, als E. T. A. Hoffmann die altklassische Vokalpolyphonie Palestrinas unter ästhetischen Vorzeichen hörte, blieb auch der Zugang zu indischer und fernöstlicher Musik am Ende des 19. Jahrhunderts auf den Klangreiz beschränkt. Ohne Ziel scheinendes Melos und mit den Begriffen harmonischer Tonalität nicht mehr fassliche Akkordverbindungen eröffneten in einem musikalischen Impressionismus neue Erfahrungsräume, die umso weniger ignoriert werden konnten, als auch eine experimentelle Psychologie Modi der Wahrnehmung wissenschaftlich erforschte und den Primat physiologischer Erklärungsansätze in Frage stellte.

Nunmehr standen auch die Gesetze musikalischer Logik, bis dato auch von den Komponisten kaum je bezweifelt, zur Disposition. Subordination von Klängen in einer funktionalen Harmonik, das ausschließliche, nicht zu hintergehende Paradigma abendländischer Mehrstimmigkeit seit dem frühen 17. Jahrhundert, konnte einer Parataxe von Akkorden weichen, wobei gegebenenfalls der explizite Verweis auf die Vorbilder solcher Gestaltungsmittel in der Musik anderer Kulturen das eigene Vorgehen legitimierte. Doch die neue Freiheit der Gestaltung, gleichermaßen durch die Erfahrungen außereuropäischer Musik wie der Folklore, der Erkundung musikalischer Traditionen von Minderheiten und bodenständigen Gruppen auch innerhalb der Länder Europas erreicht, umgekehrt aber auch die Erkenntnis, bisherige kompositorische Verfahrensweisen ließen weitere Differenzierung und infolgedessen weiteren Fortschritt nicht zu, bedurften der programmatischen Rückbindung allenfalls in ihren Anfängen – mehr zur Erleichterung der Rezeption denn als Rechtfertigung des Komponisten. Dass andererseits der Wunsch, bestimmten Sachverhalten Ausdruck zu verleihen, zur Erweiterung musikalischer Gestaltungsmittel führte, da mit dem überkommenen Vokabular moderne Phänomene nur unzureichend darzustellen waren, bezeichnet nur mehr die Kehrseite derselben Medaille: Neue Sujets erfordern neue Ausdrucksformen, und unkonventionelle Verfahren – vorgebildet in alternativen musikalischen Kulturen – erlauben die Darstellung von Inhalten, die mit den traditionellen Techniken nicht oder doch nur unzulänglich oder fragmentarisch zu fassen waren.

Dies reicht vom silbrigen Glitzern von Fontänen bis zu Fantasie-Bildern versunkener Kathedralen, von venezianischen Trauergondeln bis zu arabischen Schleiertänzen, von Pagoden bis zum Wiegenlied eines Elefanten, Portraits des Don Juan oder ungarischer Nationalhelden: Debussy, Ravel, der späte Liszt wie Richard Strauss, Mussorgsky wie Respighi sind die Vertreter einer inhaltlich bestimmten Musik, die klangliche Pendants zu impressionistischer Malerei vorlegten. Ungemein weit reicht das Spektrum von Themen und Motiven, die musikalisch illustriert werden, meist klar erkennbar durch Tonmalerei oder klangliche Metaphern, deren Identifizierung keinerlei Probleme bereitet. Gelegentlich auch stimmungshaft emotional, symbolistisch vieldeutig und bewusst unscharf, wirft solche Musik auch hier wieder die Frage auf, inwieweit es die Tonkunst vermöge, Sachverhalte klanglich so präzise zu beschreiben, dass sie ohne Mühe und mit hinlänglicher Genauigkeit von einem Auditorium identifiziert werden können.

Noch am leichtesten gelingt die Umsetzung von Phänomenen, die mit Bewegungen und/oder Geräuschen unmittelbar verbunden sind. Saint-Saëns *Karneval der Tiere* (1886) und Prokofieffs *Peter und der Wolf* (UA Moskau 1936) sind gewiss nicht zufällig die populärsten Werke solchen Genres; und die musikalische Illustration von Motor und Maschinen – von Alkans pianistischem Omnibus bis zu Honeggers kompositorischer Darstellung einer

Schnellzuglokomotive (*Pacific 231*, UA Paris 1924) finden sich immer wieder Stücke, die jene seinerzeit neuen Erfahrungen von Technik thematisieren, ja zu ganzen Kunstrichtungen ausbauten – aus Freude an den perspektivenreich erscheinenden Erfindungen (so im italienischen Futurismus) wie um einer Eloge auf die Fähigkeiten einer neuen ›kommunistischen‹ Gesellschaft willen (so im nachrevolutionären Russland).

Die ganz selbstverständliche Aufgeschlossenheit von Komponisten gegenüber einem technologischen Fortschritt, dem keineswegs sogleich misstraut wurde, sondern der zu künstlerischer Auseinandersetzung anregte, wirkt am Beginn des 21. Jahrhunderts seltsam naiv. Wie weit solche Ansätze, wiewohl mitunter kaum schon hundert Jahre alt, von gegenwärtigen Konzepten entfernt sind, erhellt der bloße Gedanke, neueste Verkehrsmittel könnten Titel oder Gegenstand einer zeitgenössischen Komposition seriösen Anspruchs sein.

Von der künstlerischen Überhöhung von Alltagsphänomenen, als Sujet im Titel von Kompositionen konventioneller Genera aufscheinend, die mit herkömmlichem Instrumentarium klangliche Eindrücke von Maschinen und Fabrik zu reproduzieren suchten, bis zur Entdeckung von Lärm und Geräusch als sinnvoll verwendbaren musikalischen Mitteln waren der Weg kurz und die Übergänge weniger abrupt, als es in der Gegenüberstellung der Ansätze erscheinen mag. Denn sowohl die Idee, die Arbeitswelt einer Eisengießerei zum Gegenstand einer symphonischen Dichtung zu nehmen (Aleksandr Mossolow), als auch die bruitistischen Konzepte etwa Luigi Russolos, Motorenlärm als kompositorisches Ausgangsmaterial zu nutzen, zielen noch nicht auf eine Kritik fortschreitender Technologien. So ungewohnt Sujet und Klangbild solcher Kompositionen erscheinen mögen, so wenig sind diese Konzepte von Vorbehalten gegen eine zunehmende Industrialisierung getragen.

Dass die Neuerungen, die mit einer immer offensiveren Präsenz von Maschinen und Technik im Alltagsleben einhergehen, zum Gegenstand von Kunst werden können, bezeugt gegenüber der Freude am stereotypen Rhythmus ein erst ansatzweise entwickeltes Bewusstsein von der Problematik, die dem Prozess einer rationalisierten Umwelt innewohnt. So gab sich Avantgarde bis weit in die erste Hälfte des 20. Jahrhunderts hinein uneingeschränkt fortschrittsfreundlich und zukunftsgläubig. Eine neue Idylle zu proklamieren und in Kunst das Gefährdungspotenzial wachsender Technisierung anzusprechen, blieb die Position einer Minderheit. Noch geringer artikulierte sich das Postulat einer Rückkehr zu ›Natur‹ in intellektuell ambitionierteren Kreisen.

Selbst die Musique concrète eines Pierre Schaeffer, die Idee, Alltagsgeräusche aus ihrem Kontext zu lösen und in dieser Isolation zum Gegenstand künstlerischer Darstellung und Erfahrung zu machen, zielt wie aller Suprematismus und Realismus auf eine Ästhetisierung des Gewöhnlichen. Kunst (und damit auch Musik) bleibt trotz einer Ästhetik auch des Hässlichen, die ab der Mitte des 19. Jahrhunderts keinen Einzelfall darstellt, sondern vielmehr einen zentralen Zug der Moderne bezeichnen sollte, in der Schaffung einer Distanz zur Prosa des Alltags stets auf einer Metaebene: von Abstraktion und Reflexion.

Ihre genuine Funktion, Bewusstsein zu schärfen, ja mitunter erst zu schaffen, ist dabei zunächst wertfrei. Die Möglichkeit, von einem Werk angesprochen zu werden, impliziert die Bereitschaft, sich betreffen zu lassen – eine Entscheidung, die indes jederzeit reversibel ist, da neben allem emotionalen Zugang zu Kunst und ihren Emanationen kritische Distanz gewahrt bleiben kann. Dass Musik anrührt und bewegt, mag die Absicht eines Komponisten sein, die jedoch durch die Objektivierung, die der Prozess des Ins-Werk-Setzens notwendigerweise impliziert, eine prinzipielle Offenheit für die Rezeption erhält. Die Wirk-

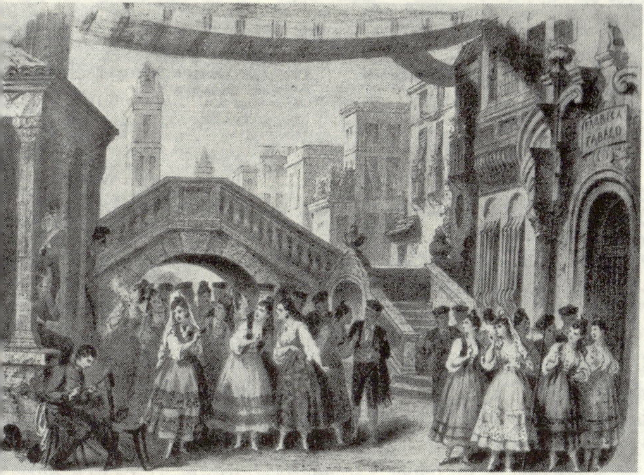

Auguste Lamy, *Carmen*. Szenenbild des 1. Aktes.
Lithographie 1875.

Georges Bizets *Carmen* war eine der ersten Opern, die auf Schauplätzen des Alltags spielte und deren Protagonisten Fabrikarbeiter waren. Ihre Popularität gewann sie zudem wegen des tragischen Schicksals der Titelfigur – und eines musikalischen Lokalkolorits, das ein spanisches Idiom nachhaltig befestigte.

lichkeit vermag Kunst nur um die Preisgabe ihrer selbst einzuholen.

Daher wird der graueste Alltag, die Schilderung von Missständen und Unbilden wie noch die Darstellung größten individuellen Leides in der künstlerischen Sublimation zum ästhetischen Ereignis, das nicht nur wie von Ferne sich betrachten lässt, sondern auch unter dem Vorzeichen, ob die Präsentation gelungen sei und den Regeln des Metiers entspreche. Die Verzweiflung der Heroine, das Scheitern der zur Umkehr bereiten Kurtisane, wird in

Verdis *La Traviata* (UA Venedig 1853), der vom »rechten Wege« Abgekommenen, ebenso zum Bühnenereignis wie das Sterben der schwindsüchtigen Mimi, mit dem in die scheinbar ungekümmerte Idylle des Pariser Künstlervölkchen der *Bohème* Puccinis (UA Turin 1896) ein Moment der Realität Einzug hält. Liebe und Tod, beide Male auch hier miteinander verknüpft in der melancholisch-anrührenden Version einer *femme fragile*, finden musikalisch Gestalt in unmittelbar anrührender Klanglichkeit, die das Trotzdem aller Musik, zu singen angesichts des Todes, zu einem letztmöglichen, ästhetisch schönen Kulminationspunkt führt.

Dass im entscheidenden Moment Puccinis Liebhaber der Gesang versagt, bezeichnet mit dem Einbruch der Wirklichkeit ein Ende musikalischer Kunst. Auch Mascagni hatte in seiner *Cavalleria rusticana* (UA Mailand 1890) das mörderische Geschehen nicht mehr auf der Bühne gezeigt, und wie wenig Töne ihm allein für den Bericht zu Gebote standen, zeigt sein Rückgriff auf die nackte, musikalisch unkommentierte Sprache, der dramaturgisch umso krasser ist, als er in einem voraufgehenden »Intermezzo symfonico« die Katastrophe kaum schon ahnen ließ und immerhin die Möglichkeit eines wenn nicht glücklichen, so doch tröstlichen Finales zu eröffnen schien.

Solche Brüche erst verweisen auf ein Ende von Kunst, deren schöner Schein dekuvriert wird: Die Wirklichkeit ist anders, als die Musik in einer Gegenwelt schildert. Nichts aber nimmt diese Erfahrung von der Möglichkeit, klanglich Alternativen aufzuzeigen, und wäre es nur um des Trostes willen.

Spätestens mit dem Beginn des 20. Jahrhunderts versagt sich kein Komponist von Rang mehr diesem Anspruch, Musik für eine Welt zu schreiben, deren Heillosigkeit immer offensichtlicher ist. Ungetrübte Klanglichkeit, wie sie romantische Werke volltönend und träumerisch in

»himmlischen Längen« – so Schumann über Schuberts Symphonien – aufwiesen, werden in Mahlers Beiträgen zum Genre groß dimensionierter Orchesterkomposition auf ›schöne Stellen‹ verkürzt, die nurmehr Erinnerungen sind, stehen gelassene Konventionen. Sie zur Rekreation zu isolieren, verkennt den Kontrast, den Mahler, schroffe Brüche nicht scheuend, kompositorisch bereits bedacht hat. Seine langsamen Sätze zu Begleitmusik zu elegischen Filmen herabzustufen, wird ihm nur gerecht in der Intention des schmerzlichen Abschieds. Ein letztes Mal findet Musik zu einer Schönheit, die in der Gegenwart lediglich als freundliche Reminiszenz, gewärtig des Eskapismus und bewusst als Alternative zur nicht mehr schönen Welt, Raum haben kann.

Nicht weniger als Mahler weiß auch Richard Strauss um dieses Dilemma, wenngleich er es noch zu kaschieren sucht: Dass die *Frau ohne Schatten* (UA Wien 1919) die »letzte romantische Oper« sein solle, wie er gegenüber Hugo von Hofmannsthal, dem Librettisten seiner erfolgreichsten Bühnenwerke, äußerte, besagt genug über seinen Blick auf die Realität des beginnenden 20. Jahrhunderts. So unmöglich es ihm schien, sich noch in eine Märchenwelt zurückzuziehen, so wenig fand Strauss allerdings – vom *Intermezzo* (UA Dresden 1924) abgesehen – zu einer neuen Form des Musiktheaters, mit dem er den Erfordernissen von Zeit und Kunst hätte gerecht werden können. Die dramatische Wucht von *Salome* (UA Dresden 1905) und *Elektra* (UA Dresden 1909), den in Tonsprache und im Sujet der den Skandal nicht scheuenden, triebhaft ihre Sexualität lebenden Frauengestalt Epoche machenden Werken der Jahre vor dem Ersten Weltkrieg, zügelte er wie deren expressionistische, mitunter aggressive Klanglichkeit zu einem wohlgefälligen, handwerklich ungemein kunstvollen Sound, der – um des Publikumszuspruchs und merkantilen Erfolgs willen – die Dissonanzen so scheut wie die Auseinandersetzung mit der Wirklichkeit.

Umso schroffer erfuhr Strauss, ein Komponist des 19. Jahrhunderts, dessen Werke schon um 1910 nicht mehr zeitgemäß waren, dann die Unmöglichkeit, eine Illusion von Musik als heiterer Gegenwelt weiterzuführen, nach 1945. Der Schock des Ersten Weltkriegs, der weit mehr als die Jahrhundertwende eine Zäsur auch in der Musikgeschichte bezeichnet, findet wie die Erfahrung von nationalsozialistischer Diktatur, Genozid und Holocaust in seinem Œuvre keinen unmittelbaren Niederschlag.

Dass Kunst auf eine Gegenwart zu reagieren habe, die sich politisch und gesellschaftlich binnen kürzestem radikal wandelte, übersahen freilich nicht alle Komponisten so nonchalant wie Richard Strauss. Zumal auf der Bühne des Musiktheaters fanden traditionelle Sujets – mythologische oder historische Stoffe, Märchen oder Sagen – immer weniger Raum. Dass Begebenheiten aus dem Alltag nun Gegenstand musikdramatischer Behandlung sein könnten, zudem die Illusionswelt des Theaters aufgegeben wurde zugunsten einer Darstellung der Wirklichkeit, bezeichnet einen grundlegenden Wandel der Ästhetik, der im Schauspiel zu ungleich weitreichenderen Konzepten etwa Bertolt Brechts oder Wsewolod Meyerholds führte als im Musiktheater, wo vergleichbare Ansätze von Paul Hindemith, Kurt Weill oder Arnold Schönberg lediglich nachvollzogen wurden.

Solche neue Sachlichkeit, schonungslos mit allem schönen Schein brechend, den das 19. Jahrhundert noch ernsthaft geglaubt hatte vorspiegeln zu können, führt auch in anderen Parametern musikalischer Gestaltung zu einschneidenden Veränderungen: reduzierten Besetzungen, knapperen Formen, Verzicht auf Pathos und luxuriöse Klangschwelgerei, Abkehr von chromatischer Raffinesse zugunsten einer Nüchternheit des Tonsatzes, dessen schlichte Handwerklichkeit zum neuen Ideal wurde, schließlich eine provokant unkünstlerische Diktion in unbefangener, mitunter allzu schlichter Direktheit der Aussage. Preisgegeben wurden metaphysischer Anspruch von Instrumentalmusik nicht minder als jede Form einer Ästhetik, die den Künstler als Genie, als Übermittler transzendenter Wahrheiten oder Offenbarungen verstand.

Im Gegenteil: Zum Programm wurde, Äußerungen Arthur Honeggers zufolge, der für die eher locker kooperierende Künstlergruppe »Les Six« sprach, das Leitbild, ein Komponist solle in einer arbeitsteilig strukturierten Gesellschaft einen ähnlichen Platz eingeräumt erhalten wie ein Metzger und sein Produkt in derselben Weise hergestellt und genutzt werden wie die Erzeugnisse seiner Handwerkskollegen. Radikaler war ein Bruch mit romantischen Musikanschauungen kaum zu formulieren als mit seinem Diktum, dass Musik einem Stuhl vergleichbar sein müsse, ein Phänomen des Alltags mithin, das man selbstverständlich gebrauche und dessen möglichst unkomplizierte Verwendung im täglichen Leben das Ziel des Komponisten sein müsse. Nicht mehr ist die Rede von Kunst als Vorschein einer Gegenwelt. Dass sie in der gegenwärtigen einen Platz habe, der das Leben angenehmer mache, so wie auch ein geschmackvolles Möbelstück im Alltag erfreue, mag als letztes Residuum der Idee romantischer Musikidealisierung scheinen – die Vorstellung, Kompositionen nicht mehr als erhabene und integre ›Schöpfungen‹ musikalischer ›Genies‹ zu betrachten, erfährt hier eine Absage, die radikaler kaum denkbar wäre.

Macht

Musik auf Befehl

Dass gesellschaftliche Gegebenheiten und machtpolitische Konstellationen die Produktion von Kunst nicht unbeeinflusst lassen, wussten bereits jene Komponisten des 16. Jahrhunderts, die souverän mit den Gesetzen des Marktes, von Angebot und Nachfrage jonglierten. Unbenommen aber war ihnen die Freiheit in der Wahl der Gattungen, die sie kompositorisch bedachten; und die Gestaltung der Sujets, die ihnen ein Auftraggeber vorschrieb, konnte handwerklich korrekt, doch ohne innere Anteilnahme erledigt werden, ohne dass Repressionen zu gewärtigen waren. Kritik an Vorgaben, mutwillige Destruktion eines Auftrags durch Kolportage aber lag außerhalb des Denkhorizontes eines Künstlers, der kaum schon die ironische Brechung konventioneller Gestaltungsmomente bedachte.

Berichte über Komponisten und Musiker, die es wagten, Unmut und Vorbehalte gegenüber einem Dienstherrn auch kompositorisch zu formulieren, datieren erst aus dem 18. Jahrhundert, und nicht Beethoven, der schon zu Lebzeiten zum Inbegriff des freien Künstlers avancierte, sondern Haydn dürfte mit seiner *Abschieds-Symphonie* eines der frühesten Exempel statuiert haben, Renitenz in einem Musikstück zu fassen.

Ungleich selbstverständlicher war indes eine affirmative Haltung der Komponisten, die nachgerade unkritisch das Lob dessen sangen, der sie honorierte. Mehr noch: Weit stärker als je gefordert zeigte sich die Mehrzahl der Künstler mit den herrschenden Verhältnissen nicht nur einverstanden, sondern in seltsamer Devotion und oft vorauseilendem Gehorsam dienten sie der Stabilisierung politischer Gegebenheiten, als dass sie Vorbehalte – wie subtil auch immer – anmeldeten. Gesellschaftskritik qua Musik zu üben, fiel nur den wenigsten unter ihnen ein. Mozart wäre gewiss als einer jener Komponisten zu nennen, die aus ihrer kritischen Haltung gegenüber den Zuständen im Lande keinen Hehl machten, doch schon Beethoven erwies mit der *Schlacht bei Vittoria* (UA Wien 1813) dem martialischen Gehabe der Zeit ebenso seine Reverenz wie Brahms mit seinem *Triumphlied* (entstanden 1870/71), dessen deutschnationaler Gestus sich seltsam zu einem Sarkasmus – auch in religiösen Angelegenheiten – fügt, von dem seine Freunde und Bekannten vielfach berichten. Wagner wiederum gerierte sich in seinen Schriften weit revolutionärer als in seiner Musik trotz aller Innovationen und hatte überdies nicht die geringsten Schwierigkeiten, seine kommunistischen Ideen zu geeigneter Zeit gegen ein Bekenntnis zur Monarchie einzutauschen, sobald sich von dieser Seite eine nachhaltigere Unterstützung seiner Projekte abzeichnete. Von Widerstand jedenfalls, sei er Ausweis einer politischen Überzeugung oder entwüchse er lediglich einer privat unbefriedigenden Situation, tönt seine Musik nirgends.

So selbstverständlich heute die Forderung anmutet, ein Komponist habe mit seinem Werk eine kritische Position gegenüber gesellschaftlichen Zuständen zu formulieren, so wenig trugen Musiker noch weit nach der Wende zum 20. Jahrhundert Bedenken, ihre Kunst in Dienst zu stellen und ihre Kompositionen als Mittel der Identifikation ihrem Vaterland anzubieten. Kein Bühnenwerk wurde gegen den Willen seines Autors als Nationaloper akklamiert, kein Komponist des 19. Jahrhunderts fügte sich nicht bereitwillig in die Rolle des Patrioten, mochte auch der Habitus, den er an den Tag legte, kosmopolitisch erscheinen. Kompositionen, die zu nationalen Gedenktagen dienen konnten, finden sich im Œuvre fast aller Tonkünstler von Rang, und keineswegs sind es nur Gelegenheitsarbeiten von Märschen und Huldigungsmusiken, deren Entstehung mit zeitweise ungünstigen wirtschaftlichen Verhältnissen begründet werden könnten. Unter den Komponisten, die sich ohne Vorbehalte loyal gegenüber den unterschiedlichsten Regierungsformen gaben, dürften im frühen 20. Jahrhunderts Max Reger und Richard Strauss die vordersten Plätze einnehmen. Die Verwendung des Deutschlandliedes nicht nur als motivisch-thematisches Ausgangsmaterial groß dimensionierter Orchesterwerke erscheint 1914 in Regers *Vaterländischer Ouvertüre* heute fast als Karikatur, war jedoch ebenso wenig ironisch gemeint wie die choralhafte Überhöhung der Hymne am Ende auch eines seiner Orgelwerke (*Siegesfeier*, 1916) – finales Stadium der im protestantischen Preußen nicht nur populären, sondern für das Selbstverständnis der Nation essenziellen Konjunktion von Thron und Altar.

Solchermaßen als Staatskünstler zu firmieren, mag manchem Komponisten zu Zeiten der Renaissance gefallen haben; die neuerliche Konjunktur solcher Ambitionen im Zeitalter der Nationalstaaten greift indes ungleich weiter, als nach einer Epoche von Aufklärung zu erwarten war: Kaum ein Komponist, der sich nicht mindestens loyal gegenüber der Obrigkeit zeigte und ähnlich wie Reger imperialistischem Gebaren musikalische Unterstützung angedeihen ließ, nicht zuletzt, um einer eigenen prominenten Position im gesellschaftlichen Gefüge der neuen Reiche und Staaten willen. Richard Strauss' *Panathenäenzug* (entstanden 1926), ein Klavierkonzert, mit dem die Idee griechischer Festspiele auf der Akropolis unter bayrischer Ägide wiedererstehen sollte, seine *Festmusik* zur 2600-Jahrfeier des japanischen Königshauses (1940) wie seine gänzlich unbefangene Übernahme des Amtes eines Präsidenten der Reichsmusikkammer 1933 illustrieren nicht allein den egomanen Zug eines in seiner Machtfülle selbstgefälligen Komponisten. Die Zahl der Zeitgenossen und Kollegen, die sich ähnlich vorbehaltlos selbst dem verbrecherischsten Regime andienten, ist so groß, dass die kleine Gruppe derer, die explizit eine kritische oder gar widerständige Haltung einnahmen, kaum ins Gewicht fällt. Verfolgung und Verfemung traf Musiker zudem in den meisten Fällen aus rassistischen, religiösen oder ethnischen Gründen. Denn aus politischen Gründen als Künstler zum Dissidenten werden zu können setzt voraus, dass eine konsistente ästhetische Position seitens des Staates formuliert worden sein müsste.

Das Selbstverständnis von Komponisten als gesellschaftlichen Faktoren von Rang, die durch ihre Kunst einem Volk die Identitätsstiftung erleichterten, war ein Erbe des 19. Jahrhunderts, das anzutreten so lange unbedenklich schien, wie die barbarischen Auswüchse eines totalitären Regimes noch nicht allzu offensichtlich waren. Die Vision einer Volksgemeinschaft, in der die Komponisten eine Sonderstellung einnahmen, da das Potenzial von Musik zur Lenkung von Massen längst in seiner Bedeutung erkannt war, hatte so hohe Attraktivität, dass weder die Affinität von Musikern zum Faschismus oder Stalinismus verwundern kann. Der Musik kam in diesen Gesellschaftssystemen ein fester Platz zu, und die Vorgaben, denen die Komponisten gegenüberstanden, kontrastierten jenen Konventionen, die ihnen seit je vertraut waren, anscheinend nirgends: Volkstümlichkeit, Integration von nationalem Erbe (gegebenenfalls auch Folklore), allgemeine Verständlichkeit, Vermeidung von Exklusivität und allzu artifizieller Faktur – all dies konnten Komponisten, die sich in der Rolle eines Volkstribuns gefielen, mühelos adaptieren.

Das Problem freilich, dass in autoritären Systemen ›Nation‹ als essenzielles Bestimmungsmerkmal so eindeutig instrumentalisiert wurde, dass eine alternative Interpretation, so sehr sie auch von einflussreichen Gruppen von Musikern geteilt wurde, schlechterdings nicht mehr möglich war, erkannten die Komponisten zumal im Deutschland des Jahres 1933 zu spät. Dort, wo in ›deutschem‹

Namen Verbrechen und Barbarei gerechtfertigt werden sollten, bestand die Möglichkeit nicht mehr, eine andere Konnotation nationaler Momente zu proklamieren. Nicht Tollkühnheit, sondern die Überzeugung von der Virulenz der Tradition ›großer Kunst‹ dürfte es gewesen sein, was eine Vielzahl von Komponisten (sofern nicht Parteigenossen) um 1933 sich mit den nationalsozialistischen Machthabern arrangieren ließ, denen schlicht nicht zugetraut wurde, eine ›große‹ Geschichte emphatisch deutscher Kunst und Musik für ihre Zwecke zu missbrauchen. Aus solcher Gutgläubigkeit, weniger einem Missverständnis nationalsozialistischer Intentionen als der durch nichts als der eigenen geschichtlichen Erfahrung begründeten Meinung, selbst Diktatoren würden historische Größe respektieren, resultierte 1933 das vollständige »Fiasko der deutschen Kultur« (Albrecht Riethmüller).

Dem leistete Vorschub, dass nun die 1920er-Jahre – im geschichtlichen Rückblick mit der Gründung von Gesellschaften für neue Musik und der Einrichtung etlicher Festivals, etwa in Donaueschingen, eine faszinierend reiche Epoche unterschiedlichster, perspektivenreicher Ansätze – als eine Phase der Beliebigkeit und wenig sinnvoller (da nach Meinung vieler zwangsläufig in eine Sackgasse führender) Experimente beendet waren und eine neue Verbindlichkeit etabliert zu sein schien. Ansätze, mit Reihen von zwölf nur aufeinander bezogenen Tönen zu komponieren, wurden nun ebenso wie Versuche, Skalen, die auch Drittel- und Vierteltöne enthielten, musikalisch nutzbar zu machen, als obsolet abgetan, da offenkundig musikalisch wenig ergiebig und vom breiten Publikum nicht ohne Mühe zu rezipieren.

Der neuerliche Rekurs auf eine – zumal durch die harmonische Tonalität gekennzeichnete – ›Natur‹ von Musik, deren essenzielle Aufgabe es sein solle, elementaren kollektiven Emotionen leicht fasslich Ausdruck zu verleihen, erleichterte einerseits die Polemik gegen alle Artifizialität, die den ambitionierten Konzepten nach einer Erweiterung des Tonsystems und dem Postulat fortschreitender Differenzierung musikalischer Parameter innewohnte, fand andererseits starken Rückhalt bei der Vielzahl jener Erneuerungs-›Bewegungen‹ der 1920er-Jahre, die sich faschistischen Intentionen nahtlos fügten.

Die Rückwendung zu ›natürlichen‹ Lebensweisen, gespeist aus einer Antipathie gegen die sich ›humanistisch‹ gerierende Zivilisation der Jahrhundertwende, die doch die hunderttausende Menschenleben fordernden Materialschlachten des Ersten Weltkriegs geduldet hatte, fand musikalisch ihren Niederschlag in einer Abwehr von »Reizharmonik« und schillernden Klangvaleurs mitsamt all jener Momente, die sie ermöglichten. Handwerklichkeit schien ein Ideal, das ›alte‹ Instrumente, mechanische Orgeln, Blockflöten und Lauten, verbürgten. Ihm entsprach die klare Faktur »simpliciter« (im Sinne Hans-Leo Hasslers) gesetzter Musik des 16./17. Jahrhunderts: Michael Praetorius, Heinrich Schütz und Dietrich Buxtehude galten als neuerliche Garanten einer Reinheit der Tonkunst, und die mangelnde Präzision, die sich bei der Verwendung von ›historischen‹ Instrumenten zeigte – der auf Betreiben von Hans Henny Jahnn restaurierten Schnitger-Orgel in Hamburg wie der Rekonstruktion eines Positivs, das Michael Praetorius beschrieben hatte, durch Wilibald Gurlitt und Oscar Walcker in Freiburg im Breisgau –, schien in gesteigertem Maße eine Ursprünglichkeit zu suggerieren.

Den Unvollkommenheiten des Instrumentariums entsprach weithin ein reduzierter Anspruch an die Qualität der Ausführung. Dass Laienmusiker sich in großer Zahl in Sing- und Spielkreisen zusammenfanden, galt im Sinne eines Gemeinschaftsideals mehr als die Perfektion des Vortrags. Pädagogisch gegebenenfalls noch zu rechtfertigen, verband sich freilich mit einem verblüffend selbstgenügsamen Lob des Musikanten eine Abwehrhaltung gegen jedweden intellektuellen Anspruch zeitgenössischer Kompositionen, die umso fataler war, als sie von geistfeindlichen Machthabern mühelos adaptiert werden (und zugleich auf breiten Rückhalt rechnen) konnte.

Gewiss wäre es zu einfach, Wandervogel, Jugend-, Orgel- und kirchenmusikalische Erneuerungsbewegung als geistige Wegbereiter des Nationalsozialismus bezeichnen zu wollen (auch Neue Sachlichkeit und die verbreiteten, keineswegs auf Deutschland beschränkten Tendenzen des »zurück zu ...« neoklassizistischer Initiativen müssten hier zu historischer Verantwortlichkeit herangezogen werden). Vielmehr fand sich mit dieser in großen Teilen der Bevölkerung – von aktiv musizierenden Laien wie dem Gros des Publikums von Symphonie- und Kirchenkonzerten – selbstverständlich akzeptierten ästhetischen Grundhaltung ein Bodensatz, der ohne Schwierigkeiten für eine ebenso restaurative wie restriktive ›Kulturpolitik‹ genutzt werden konnte.

Die Überraschung nicht weniger Komponisten nach 1945, die Deutschland nicht verlassen und weitergearbeitet hatten, ohne dass sie schon als Parteigänger der Diktatur diskreditiert werden müssten, war keineswegs gespielt. Hatte man doch lediglich eine Ästhetik verfolgt, die, in den 1920er-Jahren noch gänzlich unverdächtig, nun in einen Zusammenhang mit Völkermord und Endlösung gebracht wurde. Ob diese Verbindung so unverfänglich war, wie zahlreiche Musiker 1945 glauben machen wollten, oder aber so zwangsläufig, wie ihre Kritiker postulierten, sei dahingestellt. Unzweifelhaft war, dass ein totalitäres Regime Ideen von Gemeinschaft und Volkstümlichkeit usurpiert und in rassistischem Sinne missbraucht hatte.

Diese offiziöse Übernahme von Positionen einer Laienmusikbewegung der 1920er-Jahre aber war 1933 auf breiten Konsens gestoßen – zumal in protestantischen Kreisen, die alsbald auch eine ›judenreine‹ Kirchenmusik forderten. Dass ihre Protagonisten in den Amtsstuben sich nach 1945 nicht zu einer kritischen Revision ihres Verhaltens bereitfanden, vielmehr Komponisten wie Hugo Distler, der sich zunächst als Garant einer neuen Musik dem NS-System anempfohlen hatte, bevor er, als Barbarei und Kriegsverbrechen nicht mehr zu übersehen war, sich das Leben nahm, zum Märtyrer stilisierten, war ein unheilvolles Signal von Kontinuität, die – kein Einzelfall – erst Jahrzehnte später in Frage gestellt wurde. Dass Nutznießer des Systems, keineswegs nur Mitläufer, sich im Nachhinein als Opfer darzustellen wussten, zeigt auch der Fall Carl Orff, der, wiewohl im ›Dritten Reich‹ einer der meistbegünstigten Komponisten, sich später erfolgreich als Mitglied einer Widerstandsgruppe ausgab.

Die unheilvolle Akzeptanz nationalsozialistischer Positionen seitens Musikern und Musikwissenschaftlern resultierte zum einen aus einer Unschärfe der Vorgaben zu Komposition und Neuer Musik – eindeutige Ablehnung fand lediglich die Dodekaphonie –, zum anderen aus gewiss nicht konsistenter formulierten Antipathien gegenüber bestimmten Genres und musikalischen Praktiken. Mit dem Schlagwort »Amerikanisierung« konnten jede Form der Kommerzialisierung von Musik und zumal Gattungen des unterhaltsamen Musiktheaters diskreditiert werden. Dass dabei die Operette besonders nachhaltig von den Nationalsozialisten attackiert wurde, ist auf eine starke Präsenz jüdischer Komponisten und Musiker in diesem Genre zurückzuführen, dessen gründliche Ausmerzung durch eine Favorisierung des Tonfilms als neuem Massenmedium kompensiert wurde, um dem Unterhaltungsbedürfnis des großen Publikums weiterhin willfahren zu können.

Kaum präziser wurde der Begriff »kulturbolschewistisch« bestimmt, und wiederum war es eine solche Ungenauigkeit, die eine Stigmatisierung missliebiger Werke und Künstler ebenso mühelos erlaubte wie eine breite Zustimmung, die auf nichts anderem als Ressentiments und diffusen Vorbehalten beruhten. Auf denselben Mechanismus vager Assoziationen konnten die Machthaber auch umgekehrt setzen, wenn sie auf eine differenzierte Beschreibung dessen verzichteten, was »deutsche« Musik kompositorisch sei. Allenfalls Funktionen des Musizierens wurden umrissen, die wiederum bereits in den 1920er-Jahren positiv besetzt waren und deren Instrumentalisierung im Rückblick so nahe liegt, wie sie um 1933 kaum schon zu argwöhnen war.

Keineswegs aber fänden sich solche arbiträren Vorgaben nur im deutschen Nationalsozialismus. Mit ähnlich vagen Bestimmungen versuchte man auch in der Sowjetunion eine offiziöse Kunst- und Musikpolitik zu begründen, und Stalins Hinweise von 1936, die Shdanow zwölf Jahre später zu einer nur wenig konsistenteren Position entwickeln sollte, erlaubten mit dem Etikett des »Formalismus« eine ähnlich willkürliche Disqualifizierung von Kunstwerken und Liquidierung ihrer Urheber. Mit der Ablehnung aller konstruktivistischen, lediglich intellektuellem Spiel geschuldeten Kunst – dabei zahlreiche wichtige Ansätze russischer Musiktheorie aus dem ersten Viertel des 20. Jahrhunderts zerstörend –, das Ziel einer Musik vor Augen, deren Wurzeln im nationalen ›Erbe‹ zu suchen sei und die deshalb große Popularität gewinnen könne, wurden Kunstwerke gefordert, die lebensbejahend, positive Emotionen weckend, allgemein verständlich und daher gemeinschaftsfördernd

---

In Anlehnung an die Ausstellung »Entartete Kunst« 1937 sollten alsbald auch Musikwerke als »rassenrein«, »undeutsch« oder »kulturbolschewistisch« klassifiziert werden – ungeachtet der (unlösbaren) Schwierigkeit, geeignete kompositorische Parameter zu finden. So boten lediglich die Dodekaphonie sowie der Jazz vordergründig Motive, Kompositionen zu disqualifizieren.

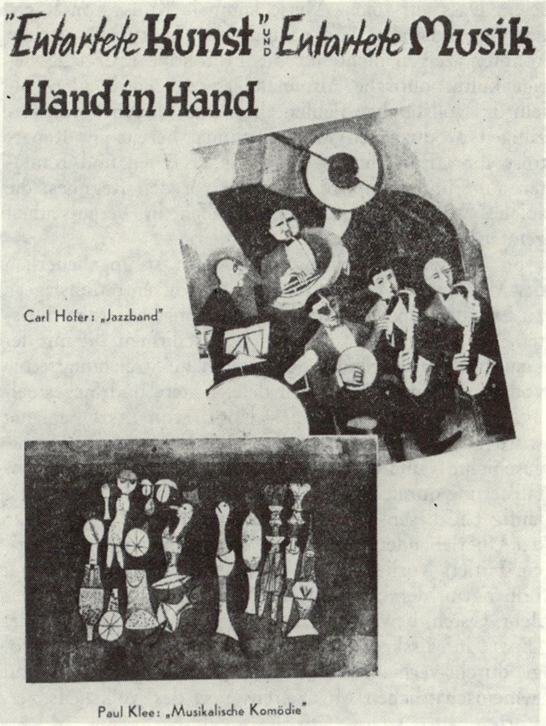

Hans Severus Ziegler, *Entartete Musik*. Begleitbroschüre zur Ausstellung »Entartete Musik«, Düsseldorf 1938. – © Deutsches Historisches Museum, Berlin.

seien. Dass auf solche Weise kaum je Kunst von Rang, noch weniger aber von nachhaltiger Wirkung entstehen konnten, zeigen nicht nur die Protokolle über langwierige kulturpolitische Auseinandersetzungen, sondern allein das vollständige Fehlen aller unter diesen Voraussetzungen produzierten Kompositionen bereits im Repertoire ihrer Entstehungszeit: Stalin-Hymnen und Kantaten auf Führer-Worte sind schon vor den Regimes, die solche Werke provozierten, gänzlich in Vergessenheit geraten.

So ästhetisch fragwürdig diese Kunst, so ungeheuerlich der Missbrauch von Musik: Dass in Konzentrationslagern zu Exekutionen Stimmungslieder gesungen werden mussten, NS-Chargen sich unter Lampenschirmen, die mit der Haut von Häftlingen bezogen waren, an Streichquartetten von Mozart und Beethoven delektierten, und Siegesmeldungen von der Front mit Klängen von Liszt begleitet wurden, gehört zu den perversesten Kapiteln der Musikgeschichte – und den folgenreichsten. Von der Instrumentalisierung durch die Nationalsozialisten und den zwangsläufig bei diesen Tönen sich einstellenden Assoziationen der Überlebenden sind diese Werke nicht mehr zu befreien. Hitlers Vorliebe für Wagner, seine Identifikation mit Lohengrin, der das deutsche Volk vor den Horden aus dem Osten bewahrt, hat ein ganzes kompositorisches Œuvre in Misskredit gebracht, der Transport von Ideologie durchs vermeintlich unverfängliche Singen eine Kultur gemeinschaftlichen Musizierens und des Volkslieds zerstört.

Ungleich genauer in ihrer Kritik, doch ähnlich kompromisslos wie diejenigen, die sie angriffen, und nicht selten gleichermaßen polemisch erwiesen sich jene Protagonisten des Musiklebens nach 1945, die einen grundlegenden Neuanfang forderten. Nicht nur den Missbrauch aller musikalischen Mittel und Formen, deren sich totalitäre Systeme bedient hatten, galt es schonungslos offen zu legen, sondern auch jene Voraussetzungen und Bedingungen, die zur Barbarei führen konnten.

Die eindrucksvollste Analyse musikalischer und gesellschaftlicher Konstellationen, die den Nationalsozialismus ermöglicht hatten, gelang dabei Theodor W. Adorno, der in Arnold Schönberg und Igor Strawinsky zwei Komponisten fand, die einerseits in der zunehmenden Differenzierung der Mittel des Tonsatzes ein Moment von Fortschritt und Aufklärung, andererseits in einer Forcierung uniformer Rhythmen und grober Instrumentierung (zudem im Rückgriff auf Mythen und Archaismen) Regression – eine atavistische Wendung des Individuums zur entmenschten Masse – repräsentierten. Bei aller Zuspitzung ungemein genau argumentierend, bot Adorno mit dieser Gegenüberstellung ein Muster, das, ergänzt um eine soziologisch fundierte »Kritik des Musikanten« (in: *Dissonanzen. Musik in der verwalteten Welt*, Göttingen 1956), in der er die Voraussetzungen »völkischer« Musikideologie offen legte, dankbare Aufnahme fand, doch in popularisierter Form auch zu holzschnittartigen Argumentationen diente. Immerhin wurden auf diese Weise fatale Kontinuitäten der Neuanfänge des Musiklebens in der Bundesrepublik Deutschland erkennbar, zugleich eine bislang unterbliebene ernsthafte Beschäftigung mit der (zweiten) Wiener Schule initiiert.

Wenn es denn einen Komponisten gibt, dessen Musik in ihren elementaren Rhythmen und einer Archaik der Faktur nationalsozialistischen Ideologemen, so unscharf auch immer sie formuliert waren, entsprach, dürfte es Carl Orff gewesen sein: Die *Carmina burana* (UA Frankfurt a. M. 1937), maliziös und doch nicht zu Unrecht auch als musikalisches Neo-Neandertalertum (Igor Strawinsky) bezeichnet, erfüllen mit ihren starren Wiederholungen von Mixturklängen, deren geringe Differenzierung zumal gegenüber Strawinskys zwanzig Jahre älterer *Sacre du printemps* (UA Paris 1913) unmittelbar deutlich wird, alle

Voraussetzungen einer Musik, die eher einer Vermassung denn einer Individuierung dient – und daher, so paradox es auch auf den ersten Blick anmutet, eine ungebrochene Rezeption erfahren hat, wenngleich nur mehr unter den gleichen Vorzeichen wie alle Pop- und Rockmusik, die auf ein nach Tausenden zählendes Publikum von Freilichtaufführungen rechnet. Kaum verwunderlich, erhielt Orff im ›Dritten Reich‹ zahlreiche Aufträge – die Kritik an gesellschaftlichen Zuständen, die er freilich auch formulierte, etwa in der *Klugen* (UA Frankfurt a.M. 1943), wurde – ungewöhnlich genug – überhört.

Die Mittel der Manipulation aber, die Adorno entlarvte, bestanden unverändert weiter, wenngleich für andere, weniger inhumane Ziele genutzt. Massenmedien – zumal der von den Nationalsozialisten zum ersten Mal und exzessiv eingesetzte Rundfunk zur (Des-)Information der Bevölkerung – konnten nun der Verbreitung kommerzieller Inhalte dienen, und die Möglichkeiten, die sich hier für eine geschmackliche Orientierung breiter Publikumsschichten boten, standen in der Nachhaltigkeit der Wirkung den parteipolitischen Infiltrationen totalitärer Systeme kaum nach – zumal die Machtfülle, die sich hier zeigte, ähnlich schwer demokratisch zu kontrollieren war.

Rundfunk und Schallplatte mochten den Zugang zu ›hoher‹ Kultur erleichtern und ›große‹ Kunstwerke universell verfügbar machen – den immensen Vorteilen für eine allgemeine Bildung stand allerdings eine rasche Kommerzialisierung und eine Trivialisierung gegenüber. Dass Musik allgegenwärtig war und jederzeit als Medium der Unterhaltung dienen konnte, führte weniger zu einer Kultivierung des Geschmacks als einer Differenzierung des Potenzials eher vordergründigen Amüsements. Amerikanisierung, ein in den 1920er-Jahren negativ besetztes Schlagwort, galt nun als unumschränkt vorteilhaft gewerteter Fortschritt in Freiheit, und Elvis Presley – dessen Musik als unmittelbarer Protest gegen eine repressive Sexualmoral gewertet wurde – als sein Prophet. Unbestimmt aber ist, wie bereits ein kurzer Blick auf seine Biografie zeigt, ob es noch der Künstler ist, der den Markt bestimmt, oder vielmehr dessen Gesetze nunmehr ihn beherrschen.

Residuen

Emigration und Verweigerung

Dass ein Kunstwerk in einer technischen Reproduktion seine Aura verliere, war eine Beobachtung, mit der Walter Benjamin am Beispiel von Werken der bildenden Kunst auf die unterschiedliche Rezeption eines Gemäldes gegenüber einer Fotografie des Originals aufmerksam machte. So unmittelbar einsichtig die Differenz zwischen dem ursprünglichen, singulären Werk und seinem Abbild ist, so problematisch wird eine analoge Unterscheidung in Bezug auf die Musik. Denn ein musikalisches Kunstwerk entsteht – ungeachtet seiner Existenz in Form eines Notentextes, der Protokoll und Skizze einer Aufführung ist – im Moment seiner Realisation in der Zeit, unabhängig davon, ob die Spieler oder Sänger präsent sind oder ihre Interpretation aufgezeichnet ist. Die Differenz zwischen einer technischen Reproduktion und einer Liveaufführung (zumal von absoluter Musik) ist für den ontologischen Status wie für das Verständnis eines Kunstwerks sekundär. Was sich indes ändert, sind die Rezeptionsbedingungen: Einerseits erlaubt ein auf einem Tonträger konserviertes Musikstück durch die Möglichkeit zahlloser Wiederholungen eine ungleich intensivere Kenntnis einzelner Kompositionen und macht den Hörer damit auch auf etwaige Schwächen einer Interpretation aufmerksam, zum anderen vermag der selektive Zugriff auf einzelne Passagen sowie eine gänzlich subjektive Bestimmung der Bedingungen und Umstände, unter denen ein Musikstück gehört wird, zu einer Haltung zu führen, die weder dem Werk und seinem Gehalt noch der Intention seines Urhebers gerecht wird – freilich auch, in solcher prinzipiellen Offenheit der Rezeption, neue Deutungsebenen erschließt.

Diese Gefährdung des Charakters eines Werks, das für

einen Anlass und eine Aufführungssituation bestimmt war, durch eine willkürliche Veränderung seiner Reproduktionsumstände hatte bereits Richard Wagner im Blick, als er *Parsifal*, das letzte seiner musikdramatischen Werke, dem Bayreuther Festspielhaus vorbehalten wissen wollte (UA Bayreuth 1882). Gewiss auch dessen Akustik und den klanglichen Besonderheiten des abgedeckten Orchestergrabens geschuldet, in dem die Farben der Einzelinstrumente verschmelzen, ist Wagners Vorbehalt nicht nur prätentiöse Attitüde eines von der Idee eines Gesamtkunstwerks eingenommenen Künstlers (und vermutlich allenfalls beiläufig von der Sorge getragen, an Einnahmen aus einer Präsentation des Werks an anderen Orten nicht beteiligt zu sein). Vielmehr zeichnet sich hier ein Habitus ab, die Rezeptionsbedingungen bereits bei der Konzeption eines Kunstwerks zu bedenken und durch einen singulären Aufführungsort ganz bewusst eine Alternative zu konventionellen Formen zu schaffen, Opernvorstellungen zu besuchen. Die Limitierung des Zugangs birgt eine Kritik am ›Betrieb‹, dessen Gesetzen der Komponist sein Werk entzogen wissen will. Die Exklusivität, die er glaubt, auf diese Weise suggerieren zu können, sichert ihm auch gesellschaftlich einen Freiraum der Gestaltung, der freilich alsbald auch ins Gegenteil – der Separation und der Isolierung – umzuschlagen vermag.

Dies zeigt sich bei jenen, die wie Wagner eine Gemeinde um sich scharen wollten, um eine private Weltanschauung zu verbreiten: Ungleich erfolgloser als der auch in seinen Fähigkeiten zur Selbstdarstellung und -stilisierung genialische Meister aus Bayreuth war Erik Satie, der um die Wende zum 20. Jahrhundert eine nicht weniger als universal gedachte Kirche begründete; als Oberhaupt dieser eine Milliarde ausschließlich männliche Mitglieder umfassenden, hierarchisch streng gegliederten Gemeinschaft ernannte er sich selbst – und blieb doch sein einziger Jünger und Empfänger seiner episkopalen Rundschreiben. So wunderlich sein Auftreten in der Pariser Gesellschaft, so skurril – auf den ersten Blick – seine Kompositionen, deren Titel kauzig und ironisch, sarkastisch und verfremdend zugleich sind: Dem Problem musikalischer Formgebung begegnete er mit Stücken »in Form einer Birne«, die wie die *Gymnopédies* (entstanden 1888), wohl seine bekanntesten Klavierwerke, mit ihren langsamen, ziellos-kreisenden Bewegungen alle Ansätze thematisch-motivischer Arbeit radikal negieren und die Idee kompositorisch gestalteter Zeit suspendieren: Wenig überraschend, wurde er zur geistigen Leitfigur John Cages wie einer New-Age-Bewegung, die in seiner Musik die mangelnde Zielgerichtetheit als genuin mystische Qualität erkannte: Zumal mit den *Vexations* aus den *Pages mythiques* (entstanden 1893–95), einer schlichten Akkordfolge, die – so die Spielanweisung Saties – 840-mal wiederholt werden soll (was zu einer Aufführungsdauer von etwa 19 Stunden führt), werden gänzlich neue Erfahrungshorizonte eröffnet – sofern man die Vorgaben des Komponisten ernst nimmt und nicht als blanken Hohn auf Gepflogenheiten von Konzertveranstaltern und eines allzu oft gelangweilten Publikums wertet, das alle Kompositionen als »widerwärtige Beunruhigung« (frz. *vexations*) empfindet.

Ungleich weniger zu Spott und Ironie aufgelegt, doch gleichermaßen Moden und geschmäcklerische Rezeption oberflächliche Genusshaltung und die Machenschaften von Konzertveranstaltern verabscheuend, initiierte Arnold Schönberg, der Invektiven gegen die eigene Person als Kehrseite des Geniekultes wie mangelnder Konzentration des Publikums auf das musikalische Kunstwerk selbst überdrüssig, Privatkonzerte, in denen jede Bekundung von Missfallen oder Zustimmung der Zuhörerschaft untersagt war. Kunst, seiner Auffassung nach nicht von ›können‹, sondern ›müssen‹ abzuleiten – »als Notschrei jener, die an sich das Schicksal der Menschheit erfahren« –, fordere seitens ihres Urhebers unbedingte moralische In-

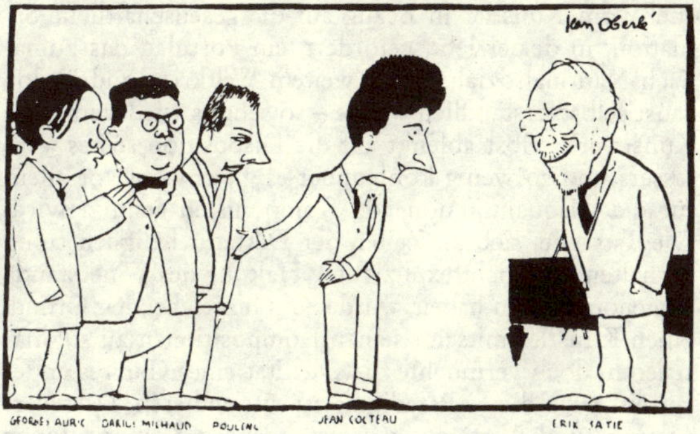

Jean Oberlé, *Cocteau, Satie et le groupe des Six.*
Karikatur um 1920.

Jean Cocteau, Dichter und Filmregisseur, stellt Erik Satie einige Mitglieder der »Groupe des Six« vor (George Auric, Darius Milhaud und Francis Poulenc), die den französischen Exzentriker als geistigen Vater ihrer lockeren Künstlervereinigung wählten: In Abkehr allen ›romantischen‹ Überschwangs, insbesondere Undinen-Zaubers und nächtlicher Düfte, propagierten sie einen handwerklichen Charakter von Komposition und Musik, ohne auf ›klassische‹ Formung verzichten zu wollen.

tegrität: Die Verknüpfung von ästhetischem und biografischem Subjekt, seit der Romantik ein selbstverständlicher Topos jeder Ästhetik, die den Künstler fokussiert, wird in Schönbergs Werk mithin keineswegs ignoriert, sondern gewinnt eine neue Qualität, die nun Weltanschauung und selbst private Lebensweise eines Komponisten zu Kategorien des ästhetischen Urteils machen.

Bewusstheit, die bislang auf eine kontrollierte Verwendung musikalischen Materials beschränkt war, wird nun auch vom Künstler in Bezug auf die gesellschaftliche Situation, in der er lebt, gefordert: ein Postulat, das zumal nach Nationalsozialismus, Zweitem Weltkrieg und Holocaust selbstverständlich wurde – so sehr es wiederum vom Kunstwerk selbst ablenkt auf die Disposition seines Verfassers und so wenig konsequent es gleichwohl vor allem für die Disqualifikation von Komponisten genutzt wird. Die Tatsache, sich zu Zeiten der Diktatur lediglich ruhig verhalten und nicht explizit eine Haltung des Widerstands eingenommen zu haben, wurde zum hinreichenden Grund, einen Künstler mitsamt seinen Kompositionen zu stigmatisieren, doch vermochte die Qualität eines Œuvres andererseits auch dieses Paradigma zu suspendieren. Dass Verfolgung und Verfemung Anlass geben, Kompositionen und ihre Verfasser zu späteren Zeiten zu rehabilitieren, ist moralisch so verdienstvoll, wie es über den ästhetischen Gehalt ihrer Werke wenig aussagt – zumal auf der anderen Seite durchaus Musikstücke marktgängig sind, deren Urheber sich mindestens ambivalent gegenüber autoritären Systemen verhalten haben. Man mag die Musik Ernst Peppings ablehnen und die Kompositionen Anton von Weberns goutieren, sollte sich jedoch bewusst machen, inwieweit Kategorien der Moral oder der Ästhetik das Urteil fundieren.

Wie arbiträr es ist, Kompositionen aufgrund des politischen Verhaltens ihrer Verfasser zu bewerten, zeigt zumal das Beispiel Dmitri Schostakowitschs, der gleichzeitig als sowjetischer Staatskomponist wie im ›westlichen‹ Ausland als Dissident gefeiert werden konnte. Als prominenter Vertreter des Komponistenverbandes einer Diktatur weigerte er sich nicht, stalinistische Theoreme zur Kunst zu proklamieren – wenngleich, wie Augenzeugen berichten, in derart monotoner Diktion, dass seine innere Ablehnung unverkennbar gewesen sei. Auf diese Weise habe er nicht nur eine individuelle Distanz zum Ausdruck bringen können, sondern zugleich – in der vermeintlichen Akzeptanz offiziöser Sichtweisen – manchem Kollegen Freiräume zu eröffnen vermocht. Indem schließlich einige seiner Werke der Doktrin des ›Formalismus‹ verfielen und er selbst relegiert wurde, konnte Schostakowitsch zumal in Amerika als Dissident zu Ruhm kommen. Der Widerspruch zwischen Bekenntnis und Verweigerung, am Beispiel seiner Person bis in die jüngste Vergangenheit oft und heftig diskutiert, lässt sich freilich rasch auflösen – etwa beim Blick auf Äußerungen Schostakowitschs zur Musik Bachs: Deren Bedeutung beruhe gerade darin, gegenüber allen Versuchen einer ideologischen Vereinnahmung sich als resistent zu erweisen, desgleichen in Bezug auf alle erdenklichen Modi der Interpretation und Besetzung. Dieses Ideal einer Kunst im Blick, die durch nichts zu instrumentalisieren sei und deren Qualität nur in der Dignität des Tonsatzes beruhe, führt nicht bloß bei Schostakowitsch zu einer neuen Klassizität, die allen Vorgaben totalitärer Regimes, ungeachtet ihrer Couleur, prinzipiell suspekt sein musste: Die Idee, ein Kunstwerk *aere perennius* zu schaffen, dauerhafter als Erz, motivierte auch die Werke zahlreicher Komponisten in den deutschen Diktaturen – in der Hoffnung, mit und durch derartige Musik eine Krisenzeit zu überleben.

Ohne schon von ›innerer Emigration‹ reden zu müssen, erlaubte eine solche Einstellung das Fortschreiben von Traditionen, selbst wenn diese durch ein totalitäres System usurpiert sein mochten. So konnten sowohl Richard Strauss als auch Thomas Mann sich subjektiv als Bewahrer einer »abendländischen« Kultur in »schwieriger Zeit« fühlen: der eine durch die Verschmelzung von *Faust-* und *Ring*-Topoi – der Liebe entsagen zu wollen um des glücklichen Augenblicks, des Gelingens eines Kunstwerks willen – in einem Roman, dessen unzeitgemäße Gestalt durch den Bezug auf die Gegenwart seiner Niederschrift nur scheinbar kompensiert wird, der andere durch die Evokation griechischer Antike im Schönklang einer *Daphne*-

Oper, deren finales »Über«-Dur weniger Eskapismus sein mag als das letzte Aufzeigen einer Utopie: Dass eine ›große‹ Vergangenheit, ein Stück ›deutscher‹ Kultur unwiederbringlich verloren war, erkannte Strauss freilich – im Gegensatz zum Literaten im Exil – viel zu spät. Seine *Symphonischen Metamorphosen* (1945) bezeugen die Preisgabe solcher Tradition, mehr noch der beredte, eine frappierende Naivität offenbarende Titel *Aus der Werkstatt eines Invaliden* (1943). Kunst als Vorschein des Schönen war nach 1945 nicht nur unmöglich, sondern gänzlich sinnlos geworden.

Gleichwohl sahen Dichter und Komponist ihre Residuen in klassischer Formgebung. Zum Experiment fanden beide, weder Strauss noch Thomas Mann, sich nicht bereit. Gemeinsam blieb ihnen ein kulturelles Erbe noch im Spätwerk, dessen Bezugsgrößen – auch hier sind die Parallelen kaum zufällig – Goethe und Eichendorff bildeten.

Dieses Insistieren auf einer ›Klassik‹, die Humanität garantieren sollte, einte zahlreiche Komponisten in einer impliziten Widerstandshaltung gegenüber dem Totalitarismus, der sich freilich nicht scheute, dieselben Traditionen für sich und seine Ziele zu reklamieren. Hinreichend scharfe Abgrenzungen zu finden, gelang jedoch beiden Seiten nicht, so dass weder die offiziösen Stellungnahmen und Verdikte noch auch die Urteile der Nachwelt widerspruchsfrei sind. Distlers Cembalokonzert op. 14 (1936) etwa konnte gleichzeitig von der nationalsozialistischen Propaganda als »kulturbolschewistisch« denunziert und als Werk gefeiert werden, das in exemplarischer Weise zeige, wie auf einem ›alten‹ Instrument und mit Bezug auf historisches Material – den Schlusssatz bildet eine Variationenfolge über ein Lied von Samuel Scheidt aus dem frühen 17. Jahrhundert – ›neue‹, allgemein verständliche Musik geformt werden könne. Ebenso dürfte es analytisch außerordentlich problematisch, wenn nicht gänzlich unmöglich sein, aufgrund der Faktur verständlich zu machen, warum die Symphonik Karl Amadeus Hartmanns verboten, kaum anders disponierte Orchesterwerke von Ernst Pepping indes an prominenter Stelle – von den Berliner Philharmonikern unter Wilhelm Furtwängler – mitten im Zweiten Weltkrieg aufgeführt werden konnten. Kompositionen des Widerstandes waren – zumindest aufgrund ihres Tonsatzes – die einen so wenig wie die anderen affirmativ.

Um dem Dilemma zu entgehen, dass der eigene Rekurs auf ›klassische‹ Formen durch eine allzu ähnliche Position seitens totalitärer Machthaber usurpiert und mithin mindestens die Gefahr eines Missverständnisses bergen konnte, bot sich als Residuum wie als Möglichkeit, Dissens zu artikulieren, lediglich an, eine neue Tonsprache zu finden, die in ihren Voraussetzungen bereits so weitreichende Differenzen zeigte, dass Beifall von der falschen Seite schlicht ausgeschlossen war. Dodekaphone Musik – neben atonaler, die zu definieren allerdings weit schwieriger fiel – konnte als Ausweis des Nichteinverständnisses gelten (und wurde nicht zuletzt aus diesem Grund nach 1945 von einer Vielzahl von Komponisten kultiviert), mehr noch Bezugnahme und Integration von Traditionen anderer Kulturen und Gemeinschaften: Beide Alternativen griff Schönberg auf, indem er zum Judentum rekonvertierte und nach 1933 eine Reihe von Werken schrieb, in denen er explizit seine Konfession thematisierte, und schließlich, im Spätwerk *Moses und Aron* (UA Zürich 1957), eine abendfüllende Oper zwölftönig konzipierte.

Ähnlich griff Kurt Weill im amerikanischen Exil zu jüdischen Sujets und fand mit der Integration genuin amerikanischer Klänge, des in Deutschland ebenfalls inkriminierten Jazz, ein neues Idiom, mit dem er die Verbindung zur ›alten Welt‹ brach und gar den Anschein vermittelte, seine Herkunft zu negieren.

Sich kompositorisch als Dissident zu artikulieren, gelang mithin kaum anders als durch die Aufnahme jener wenigen, explizit Widerstand bekundenden Momente von Dodekaphonie und Jazz: Doch so wenig perspektivenreich die Zwölftontechnik innerhalb eines breiten Spektrums von Ansätzen, die Krise harmonischer Tonalität zu überwinden, um 1930 bereits schien, so unseriös musste der Rückgriff auf Elemente der Unterhaltungsmusik wirken, zumal in Genres und Gattungen, die durch eine ›große‹ Tradition des 19. Jahrhunderts sanktioniert waren. Aus demselben Grund schieden für die Mehrzahl der Komponisten Kolportage und Verfremdung, Parodie und Collage als Verfahren, kritisch alternative Positionen zu formulieren, aus. Künstlerische Ziele waren, daran bestand bei der überwiegenden Mehrzahl der Komponisten kein Zweifel, positiv vorzutragen, weder als Metakritik noch schon als Dekonstruktion.

So blieb als Möglichkeit, eine gegenüber der Staatsdoktrin – so ungenau sie auch produktionsästhetisch bestimmt war – abweichende Haltung einzunehmen, der Rückgriff auf Texte, weniger in Form eines Programms denn als literarische Vorlage. Doch wiederum war die Wahl klassischer Dichtung wie noch volkstümlicher Verse nur bedingt geeignet, eine alternative Position zu formulieren. Eindeutig Stellung zu nehmen und zu Texten zu greifen, deren Autoren verfemt waren oder die herrschende Missstände ohne Vorbehalte zum Ausdruck brachten, fehlte Komponisten in Deutschland vermutlich weniger der Mut, sondern es schien ihnen – wiederum gewiss fragwürdig gewordene Traditionen des 19. Jahrhunderts nicht reflektierend – eine Verbindung von Kunstanspruch mit einem unmittelbaren gesellschaftskritischen Impetus schlechterdings unvereinbar.

Die Offensive, die in Italien Dallapiccola suchte, indem er die Vertonung von Texten des Widerstands ›verpflichtend‹ empfand (*Musica impegnata*), ergriffen deutsche Komponisten lediglich im Exil. Schönbergs *Überlebender aus Warschau* ist eines der wenigen Beispiele einer Reaktion auf die Gräueltaten der deutschen Okkupationsmacht in Polen, und wie weit solche künstlerischen Konzepte vom Denken der Komponisten in Deutschland entfernt war, zeigen die nahezu zeitgleichen *Symphonischen Metamorphosen* von Richard Strauss: dort das unermessliche Leid einer religiösen Minderheit als Sujet, hier die Trauer um die Zerstörung von Opernhäusern, Sinnbild einer 1945 restlos und unwiederbringlich zugrunde gegangenen Kultur des 19. Jahrhunderts.

So gegensätzlich die Art und Weise, auf bislang ungekannte Vernichtung von menschlicher Würde und Zivilisation zu reagieren war – und gewiss bezeichnend auch für den künstlerischen Habitus dieser unterschiedlicher kaum zu denkenden Komponisten –, so sehr verschoben sich nun auch die Adressaten und die Erwartung an ein Publikum, das nach den Erfahrungen totalitärer Systeme nur bedingt noch als Kollektiv angesprochen werden konnte. Dem Rückzug des Einzelnen aus den Zumutungen der Volksgemeinschaft entsprach die gesellschaftliche Unfähigkeit zu trauern. Das Ausmaß an Leid, Schuld und Reue – sofern als Verpflichtung schon akzeptiert – war zudem in einem Werk, das Traditionen von ›Größe‹ des 19. Jahrhunderts fortgesetzt hätte, nicht mehr zu fassen, ohne dass Formen und Schemata reaktiviert worden wären, die ihrerseits seit den Zeiten der Diktatur als kompromittiert gelten mussten. So ›total‹ der Anspruch des Nationalsozialismus gewesen war, so vollständig nun die Zerstörung bereits aller Möglichkeiten künstlerischen Verhaltens, das mehr als nur auf einzelne Hörer zielte: Ein Publikum, das sich gemeinschaftlich kultureller Werte vergangener Zeiten unbefangen widmen konnte, war kaum denkbar, weniger noch ein Weiterarbeiten, als hätte es kompositorischen Fortschritt auch in den 1930er-Jahren gegeben, ungeachtet der Emigration zahlloser Komponisten und trotz der Vertreibung des Geistes aus der Kunst – so erstaunt auch einige der im Lande verbliebenen Musiker waren. Die Individuierung, die der Totalitarismus als neben dem offenen Widerstand einzig mögliche Form des Überlebens provoziert hatte, war nicht mehr rückgängig zu machen – erst recht nicht durch staatlich verordnete Kollektivität und in aller Musik, die sich so seriös wie anspruchsvoll gibt.

Gewiss ist dies – aufs Satztechnische gesehen – auch als Resultat immer komplexer werdender kompositorischer Strukturen und einer sukzessiven Preisgabe aller Verbindlichkeit eines gemeinsamen Stils zu werten. Dem korrespondiert eine zunehmend individualisierte Interpretation, die Konventionen vermeidet und originelle Deutungen als Nonkonformismus proklamiert.

So singulär das künstlerische Konzept, so vereinzelt dann allerdings rasch auch der Hörer, dessen Erwartung an ›seinen‹ Interpreten immer kompromissloser wird. Nicht zuletzt als Folge der leichteren technischen Reproduzierbarkeit eines Kunstwerks, das so und nicht anders von einem Künstler immer wieder gehört werden will. Glenn Goulds Verweigerung gegenüber dem Konzertsaal ist wie das Zaudern von Carlos Kleiber und Arturo Benedetti-Michelangeli vor dem selten überhaupt noch realisierten öffentlichen Auftritt keineswegs nur die Attitüde hypersensibler Stars, sondern der Preis einer Interpretation, deren Perfektion – unter idealen technischen Bedingungen realisiert – unwiederholbar ist. Zudem, und gewiss nicht in geringerem Maße, zeigt sich hier eine Verweigerung aller Kommunikation, die – wie in Schönbergs Privatkonzerten – nicht am Kunstwerk selbst orientiert ist. Das Beziehungssystem Musik wird auf die kleinstmögliche Ebene zwischen Interpret und individuiertem Zuhörer reduziert: Allein das Kunstwerk wird fokussiert. Der Totalverlust des Kollektiven, ja alles Sozialen in der Musik ist die Kehrseite solchen Rückzugs.

Experiment

Provokation und der Verzicht aufs Schöne

Der Verzicht auf Öffentlichkeit, insbesondere das große Publikum, zugunsten einer Präsentation zumal Neuer Musik im kleinen Kreis von Kennern, macht auch die Kritik zu einer Sache der Spezialisten. Deren Spontaneität in der Beurteilung eines unbekannten Werks aber ist intellektuell gezügelt – insbesondere bei komplex strukturierter Musik und ambitionierten künstlerischen Konzepten, die des eingehenderen Studiums bedürfen, um angemessen beurteilt werden zu können. Den spielerischen Impuls, der dem ungemein vielschichtigen Phänomen Musik selbstverständlich zu eigen ist, vermag indes auch eine Kritik des Musikanten nicht zu beseitigen, selbst wenn die Reaktion des Auditoriums rational kontrolliert bleibt.

Mit dem Ausbleiben spontaner Meinungsbekundungen mangelt es Uraufführungen zeitgenössischer Kompositionen nach dem Zweiten Weltkrieg auch an Skandalen. Dass ein Publikum sich provoziert fühlt und seinem Missfallen vehement Ausdruck verleiht, ist allenfalls von Operninszenierungen aus dem gängigen Repertoire geläufig, die mit den Erwartungen eines (Festspiel-)Publikums nicht konvergierten. Kein Widerspruch, vielmehr Resultat derselben Voraussetzung: Eine Konvention, die als verbindliche, gemeinsame Erfahrung vorauszusetzen ist, findet sich bei zeitgenössischen Werken nicht mehr – im Gegensatz zu Werken der Musikgeschichte, deren radikale Neuinterpretation Verstörung oder lautstarken Protest hervorrufen kann.

Gerade diese Prämisse eines verbreiteten Konsenses, was von einer Aufführung zu erwarten sei, erklärt auch die nur mehr historischen Skandale, die in den ersten Jahren des 20. Jahrhunderts die Uraufführungen von Werken

Arnold Schönbergs und Igor Strawinskys begleiteten. Zu ungewohnt waren Klang und Faktur, die dem bürgerlichen Konzertpublikum mit Schönbergs *Pierrot Lunaire* (UA Berlin 1912) zugemutet wurden, zu neuartig das Sujet der Szenen aus dem heidnischen Russland, mit dem Strawinsky – mehr freilich noch Diaghilews Pariser *Ballets russes* – eine Gesellschaft erschreckte, die klassisches Ballett und nicht avantgardistisches Tanztheater sehen wollte (dessen Integration in eine Folge von Abonnementvorstellungen auch heute noch keineswegs widerspruchsfrei ist).

Skandalös war freilich meist weniger die Musik als die Sujets, die gängigen Vorstellungen von Moral und Sitte zuwiderliefen. Strauss' *Salome* etwa verfiel 1905 der Kritik weit mehr wegen der Freizügigkeit, mit der eine Frau auf der Bühne ihre Sexualität artikulierte, als einer Musik, die nur von akademischer Seite als nicht mehr den sanktionierten Handwerkstraditionen entsprechend verworfen wurde (aber bereits in seinen Symphonischen Dichtungen vom Ende des 19. Jahrhunderts vorgebildet ist).

Ähnlich war es auch in den Zeitopern der Zwanzigerjahre nicht die kompositorische Gestaltung, die für Unruhe und Sensation sorgte, sondern die Szenerie: Dass in Hindemiths *Neues vom Tage* (UA Berlin 1929) eine Passage im Badezimmer spielte und die Protagonistin badend sang, schien berichtenswerter als die Kritik an der Oberflächlichkeit von Pressewesen und der schwindenden Akzeptanz ehelicher Verbindlichkeit, die hier auf der Bühne thematisiert wurden. Allzu stark auf Gegenwart und Realität bezogen, so zeigt sich immer wieder in der Geschichte des Theaters, sollte das Drama nicht sein, sofern nicht gerade Provokation und Bürgerschreck intendiert sind. Zumal in Festtags- und Festspiellaune irritiert ein Publikum der Anspruch eines Theaters »als moralische Anstalt« weit mehr als ein Festhalten an Konventionen, führte auch der schöne Schein des Spiels zur Abstumpfung aller kritischen Pointen eines Stückes, ja gelegentlich der genießerischen Goutierung des moralisch wie ästhetisch Suspekten, wie ein Blick aus Ernst Kreneks *Jonny spielt auf* (UA Leipzig 1927) oder die beiden Opern Bergs rasch erkennen lässt. Mitunter kommt Aufführungen solcher Werke dann außerhalb ihres unmittelbaren Entstehungskontexts nur mehr der Wert einer Dokumentation zu: das ›klassische‹ Dilemma jeder Regie, zwischen Aktualisierung und Theatermuseum lavieren zu müssen.

Wenn es denn eine Aufgabe von Kunst ist, nicht nur in angenehmer Weise zu unterhalten und ein in sich abgerundetes, möglichst ideal geformtes Werk vorzustellen, sondern neben einer Verfeinerung sinnlicher Wahrnehmung durch eine Differenzierung aller Parameter der künstlerischen Gestaltung ein kritisches Bewusstsein beim Publikum zu entwickeln, so steigt der Aufwand an Mitteln, deren es bedarf, um neuerliche Aufmerksamkeit zu erwecken, im geschichtlichen Verlauf nicht linear, sondern nachgerade exponentiell – zumal wenn der Konsens dessen, was in der Öffentlichkeit und auf der Bühne geduldet werden kann, einer Beliebigkeit weicht. Provokation, die zu Zeiten bereits das Nichtauflösen einer Dissonanz (insbesondere am Ende eines Stückes) bezeichnen konnte, ist mit herkömmlichen Mitteln des Tonsatzes nicht mehr zu erreichen, wenn alle denkbaren Zusammenklänge und Tonballungen (Cluster) künstlerisch verwendbar sind.

Konnten in der ersten Hälfte des 20. Jahrhunderts Conlon Nancarrow mit äußerst sperriger Polyphonie, Bartók und Strawinsky mit hartnäckigen, brutal wirkenden Rhythmen oder Schönberg mit radikaler Atonalität neue Wahrnehmungshorizonte eröffnen, so bedarf es, sobald auch diese Gestaltungsmittel zu gängiger Münze des Komponierens wurden, weiterer Steigerungen, um ein Publikum noch zu erreichen, dessen nachgerade sprichwörtliche Reizüberflutung nicht nur zu einem Problem der Werbung (und der Psychologie) geworden ist.

Selbst die Einbeziehung von Alltagsgeräuschen und Maschinenlärm als kompositorische Mittel (in einer »Musique concrète«, als deren Protagonisten Pierre Schaeffer, Pierre Henry sowie Luc Ferrari gelten können) hatten lediglich flüchtigen Neuigkeitswert, und die Werke, die solche ungewohnten Klänge nutzen, erscheinen heute allenfalls als Dokumente ehedem innovativer Gestaltung oder eines singulären Konzertereignisses: Effekte, mit denen ein Publikum bisweilen gar zu schockieren waren, sind nicht selten zwischenzeitlich schal geworden, und nicht allein, wenn sie in zu großer Häufigkeit verwendet wurden. Zumal die ersten Experimente mit elektronischen Klängen, in den ersten Nachkriegsjahren eine Revolution des Komponierens auch deshalb, weil Klangfarben nun nicht mehr durch ein konventionelles (›akustisches‹) Instrumentarium vorgegeben waren, sondern das Obertonspektrum, das Charakter und Valeurs von Tönen konstituiert, frei kombiniert werden konnte, wirken heute nur mehr naiv, da der Aufwand, dessen es bedurfte, um allein diese elementaren Klänge synthetisch zu produzieren, auch nicht annähernd mehr nachzuvollziehen ist.

Die rasante Entwicklung dieser Technologien, deren Beherrschung eine eigene Ausbildung erfordert, verlief so rasant, dass die kompositorischen Möglichkeiten, die sich mit immer neuen Apparaturen und stets schnelleren Prozessoren ergeben, zeitgleich kaum noch sinnvoll zu erfassen sind – von der Schwierigkeit einer adäquaten Bewertung des Ergebnisses nicht allein aufgrund seiner Klanglichkeit, sondern gemessen am Potenzial dieser Mittel, abgesehen.

Gleichwohl blieb die elektronische Musik, die eine Fortsetzung in der Computermusik fand, keine Episode wie die Musique concrète, da sie zum einen verhältnismäßig reichen Spielraum zur Ausprägung individueller Idiome bot und auch eine Eigendynamik innerhalb (freilich relativ kleiner) Spezialistenkreise fand, zum anderen aber eine vielfältige Verbindung mit herkömmlichen Mitteln kompositorischer Gestaltung erlaubt und so zu einer Bereicherung traditioneller Verfahren führt. In der nüchternen Sicht auf diese neuen künstlerischen Techniken ergab sich eine ungemein produktive Auseinandersetzung, die freilich erst Raum griff nach einer Phase extremer Experimente, als die sich zumal die 1960er-Jahre im historischen Rückblick abzeichnen.

Denn widerspruchslos war die Suche nach unkonventionellen Klängen zur Erweiterung des Spektrums musikalischer Ausdrucksmittel keineswegs erfolgt. Dass einem traditionellen Instrumentarium durch ungewöhnliche Spielweisen neue Farben abzugewinnen waren, bezeichnete noch keinen Paradigmenwechsel, da das Verfahren, Töne zu erzeugen, indem ein Mensch ein (konventionelles) Musikinstrument spielte, grundsätzlich erhalten blieb. Nunmehr jedoch die Produktion von Klängen Maschinen zu überlassen, schien ebenso eine unveränderlich und überzeitlich geglaubte Ordnung der Musik in Frage zu stellen wie die Konzedierung von Clustern und die völlige Preisgabe struktureller Prinzipien. Eine Komposition nicht mehr ›Musik‹ nennen zu wollen, war ein Topos der Kritik gegenüber Innovationen, der sich bis in die erste Hälfte des 19. Jahrhunderts zurückverfolgen lässt, bis zu Robert Schumanns Rezension von Frédéric Chopins Schlusssatz der Klaviersonate mit dem Trauermarsch (1839) und den zeitgenössischen Urteilen über Beethovens Spätwerk. Nun aber schienen die Grundlagen aller Musik selbst, Tonsystem und Klangerzeugung, zur Disposition gestellt. Zumal die Radikalisierung des Parameters Klang war mit einem solch traditionellen Musikbegriff schlechterdings nicht mehr kompatibel.

Doch auch das jahrhundertelang tragfähige Modell einer sukzessiven Differenzierung kompositorischer Kategorien erwies sich zunehmend als brüchig. Denn so konsensfähig die Dodekaphonie Schönbergscher Provenienz nach 1945 war – und insbesondere als Bekenntnis zu Umkehr und Neubeginn von zahlreichen Komponisten in Deutschland zu Zeiten einer »Stunde Null« als einer »musikalischen Währungsreform« (Rainer Cadenbach) kultiviert –, so rasch zeigten sich in einer Erweiterung serieller Verfahrensweisen, die nun auch alle anderen Parameter des Tonsatzes regulieren sollten, die Grenzen des auditiv Fasslichen wie mithin des kompositorisch sinnvoll zu Fixierenden. Die totale strukturelle Durchorganisation eines Tonsatzes – exemplarisch vorgeführt von Olivier Messiaen und seinen Schülern Karl-Heinz Stockhausen und Pierre Boulez – mochte analytisch nachvollziehbar sein, ein künstlerisches Konzept belegen und nicht zuletzt eine souveräne Beherrschung des kompositorischen Metiers bezeugen: Der immense intellektuelle Aufwand, den diese Musik bei ihrer Produktion erforderte, war selbst von einem geschulten Publikum kaum mehr zu ahnen, und György Ligetis Pointierung, das klangliche Resultat dieser Kompositionen sei von völliger Willkür und Wahllosigkeit nicht zu unterscheiden, gewiss maliziös und polemisch, doch nicht ohne Berechtigung. Zudem mangele, so Paul Hindemith, der seriöseste unter den scharfen Kritikern der musikalischen Entwicklung um 1960, den zeitgenössischen Kompositionen alle Freude an Spiel und

---

In seinen Werken fürs Musiktheater – verstanden als szenische Aktion mit Musik, nicht mehr als Oper im traditionellen Sinn – verzichtet Kagel häufig auf eine geschlossene Handlung zugunsten einer frei zu kompilierenden Folge einzelner Szenen, löst zudem – als Teil einer umfassenden Reflexion des Genres – die Differenz von Instrumentalisten und Sängern/Spielern (wieder) auf: An einem »Trommelmann« auf der Bühne führen mehrere Spieler »perkussive Aktionen« aus.

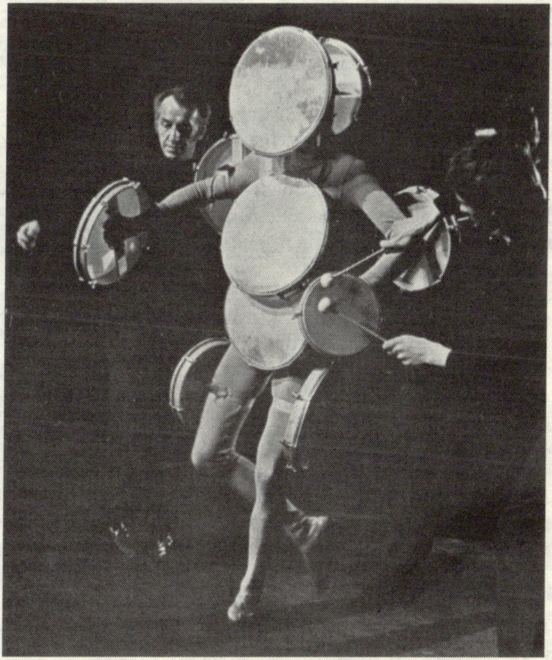

Maurizio Kagel, *Staatstheater*, Hamburg 1971.
Fotografie von Fritz Peyer, Hamburg. – Mit Genehmigung von Traute Peyer, Hamburg.

Klang, die der Musik doch so selbstverständlich wie von Natur aus eigne. Der Vergleich, den Hindemith in einer seiner letzten Reden zwischen diesen aktuellen Tendenzen des Komponierens und »sterbenden Gewässern« – so auch der Titel seiner Ausführungen – zog, illustriert mit hinlänglicher Deutlichkeit seine pessimistische Diagnose und zugleich, wie sehr er einer Tradition das Wort reden wollte, die nach 1945 nur mehr eine Schimäre war. Seine Invektive, gegen elektronische Musik wie vielleicht mehr noch gegen eine vermeintliche Aufkündigung handwerklicher Standards durch schiere Beliebigkeit gerichtet, kam indes zu spät: Die Kultur, die er glaubte durch sein Plädoyer für eine Dignität von Musik bewahren zu müssen, war von zu vielen Seiten in Frage gestellt, als dass sie durch sein Engagement – gestützt durch die Reputation eines ehedem ins Exil gezwungenen Komponisten – noch hätte bewahrt werden können.

Die Offenheit kompositorischer Verfahren, Ausweis auch einer pluralen Gesellschaft, die sich nicht mehr ausschließlich auf einen bürgerlichen Kulturbegriff verpflichten mochte, erneut beschneiden zu wollen, konnte umso weniger gelingen, als eine junge Generation mit der neu errungenen Freiheit auch eine kritische Aufarbeitung gesellschaftlichen Verhaltens wie einer Instrumentalisierung von Kunst in totalitären Systemen verknüpfte. Zudem traf die Provokation, selbst wenn sie nicht immer als solche gemeint war, gleichwohl: Als 1962 Radio Bremen eine zeitgenössische Orgelkomposition prämieren wollte, standen mit György Ligetis *Volumina*, Bengt Hembraeus *Interferenser* und Mauricio Kagels *Improvisation ajoutée* drei Werke auf dem Programm, die nicht allein mit den Traditionen solistischen Orgelspiels, sondern dem Umgang mit der Orgel als »heiligem« Instrument radikal brachen. Die Tutti-Cluster, mit denen Ligeti zu Beginn seiner avantgardistischen Komposition die Leistungsfähigkeit eines ehrwürdigen Instruments testete, boten wie die Effekte, die sich ergaben, wenn der Orgelwind sukzessive nachlässt und immer weniger Pfeifen in nicht vorhergesehenen Teiltönen klingen, zumal im Kirchenraum so grundstürzend neue Erfahrungen, dass es der Kirchenleitung bange wurde: So ernst sollte der Ruf nach Reform nicht gemeint sein. Dass freilich vierzig Jahre nach dem skrupulösen Interdikt ein Konzert mit den nämlichen Werken als eines sakralen Raumes unwürdig untersagt wurde, zeugt von einer bemerkenswerten Kontinuität kirchenmusikalischer Vorgaben – und auch im protestantischen Bereich weitgehend ausgebliebener Reflexion über die Bedingungen und Möglichkeiten der Moderne.

Die Offenheit, die ein Komponist dem Interpreten in solchen Werken lässt, indem aus einer Vielzahl von Gestaltungsmöglichkeiten eine beliebige Auswahl (etwa in der Reihenfolge oder der Anzahl von Wiederholungen einzelner Motive) anheim gestellt wird (Aleatorik) oder mittels grafischer Notation nurmehr Bewegungsverläufe angedeutet werden, wenn nicht gar zeichnerische Elemente lediglich zur Inspiration anregen sollen, dürfte gleichermaßen eine Gegenreaktion zur Erfahrung sein, restlos durchstrukturierte Musik sei vom Publikum nur bedingt angemessen zu rezipieren, wie vermutlich mehr noch aus der Erkenntnis resultieren, dass die Situation der Aufführung ein kommunikatives Moment zwischen Komponist, Hörer und Interpret darstelle, auf die nur unter Preisgabe aller Lebendigkeit wie aller Geschichtlichkeit in der Musik verzichtet werden könne.

Denn konsequent zu Ende gedacht, bietet ein serielles Musikstück keinerlei Spielraum zu individueller Interpretation: Der sämtliche Ausführungsdetails fixierende (Noten-)Text eines Komponisten, der nicht nur Tonhöhe und Dynamik, sondern auch Spiel- und Vortragsweisen vorab gewählten seriellen Reihenprinzipien unterordnet, erlaubt letztlich nur eine, präzise den Vorgaben des Verfassers entsprechende Interpretation, deren optimale Realisierung keine Entwicklung oder alternative Sichtweisen mehr zulässt. Serielle Musik, nicht zuletzt aus einer Kritik des Musikanten erwachsen, ist dessen vollständige Negation, führt zugleich aber auch zur Suspendierung des Interpreten, dessen Subjektivität nicht nur obsolet, sondern vorsätzlich ausgeschaltet wird. John Cages *4'33"* (UA New York 1952), ein Klavierstück, bei dem der Pianist nichts anderes zu tun hat, als die Bühne zu betreten, den Deckel der Tastatur aufzuheben, Seiten umzublättern und den Deckel wieder zu schließen, um nach einer im Titel bezeichneten Zeit die Szenerie wieder zu verlassen, ist die letzte Steigerung dieses Ansatzes, wie es zugleich dessen Absurdität offenkundig macht.

Die Wiederentdeckung der Individualität – desjenigen, der Musik macht, um einem Publikum ›etwas zu sagen‹ – bezeichnet um 1960 fast einen Epochenwandel. Nicht das Werk selbst, sondern auch derjenige, der es aufführt, gerät erneut in den Blickpunkt der Aufmerksamkeit. Nicht, dass zuvor jeglicher Starkult verdrängt worden wäre. Doch die individuelle Sichtweise, nicht allein die Richtigkeit einer Interpretation oder deren Übereinstimmung mit einer längst vertrauten Auffassung, wird in einer Zeit verstärkt goutiert, die in weiten Teilen Mitteleuropas erst jenen gesellschaftlichen Neuanfang bezeichnet, der seit 1945 überfällig war, doch durch die Erfordernisse des Wiederaufbaus, der Beseitigung auch der immateriellen Kriegsschäden sowie dem Versuch, zumindest Rudimente einer Tradition noch zu sichern, verzögert wurde. Umso vehementer gerieten nun allenthalben Konventionen auf den Prüfstand: In Kirche und Staat, Schule und Kunst bezeichnen die 1960er-Jahre eine Phase kritischer Sichtung des Vorhandenen, mitunter mokant-polemischen Protestes und einer Lust an der Provokation. Dass bei dieser Gelegenheit auch etliche wertvolle und für weite Teile der Bevölkerung sinnstiftende Überlieferungen nicht nur zur Disposition gestellt, sondern gleichsam entsorgt wurden, ist ein Phänomen, das allerorten reformatorischen Bewegungen eignet.

In Frage gestellt sahen sich sämtliche autoritativen Instanzen von Staat und Gesellschaft, hinterfragt wurden alle Insignien von Macht und Würde, ja nahezu alle Formen sozialer und privater Ordnung. Kunst – und auch Musik – sollten reagieren auf jene Momente imperialistischer Politik, die sich als Friedenssicherung ausgab, auf Zwänge, die von meinungsbestimmenden Kräften subtil, doch umso nachhaltiger das Leben jedes Einzelnen regulierten: die propagandistische Suggestion von Defiziten seitens der Wirtschaft (›Konsumzwang‹) ebenso wie der moralische Anspruch der Kirchen, ein eher rudimentär entwickeltes Demokratieverständnis in Relation zu einem selbstverständlichen Respekt, der Obrigkeiten an jeder Stelle des gesellschaftlichen Zusammenlebens geschuldet war. Suspekt schienen kulturelle Rituale wie akademische Traditionen, das Verhalten des Publikums in Oper und Konzertsaal wie die Gepflogenheiten bei Amtshandlungen des Rektorats einer Universität. Kritik an offiziöser Diktion verband sich mit Polemik gegen tradierte Methoden der Geisteswissenschaften insgesamt, die zu einer gänzlichen Neuorientierung nötigten. Sozial- und wirtschaftsgeschichtliche Ansätze, Überlegungen zur soziologischen Verortung eines Kunstwerks oder die Frage nach der gesellschaftlichen Dimension von zeitgenössischer Musik gewannen gegenüber herkömmlichen Methoden eine solche Dominanz, dass werkimmanente Analyse und Ästhetik, die ehedem ›klassischen‹ Betrachtungsweisen von Kunst und ihrer Geschichte, in den Hintergrund rückten, wenn nicht ganz vernachlässigt wurden.

Im Mittelpunkt der Kritik stand die ästhetische Autonomie des Kunstwerks, die sowohl seitens des Urhebers wie des Publikums durch eine Position des ›Engagements‹ zu ersetzen sei. Musik habe ›gesellschaftlich‹ zu wirken, wurde zum Schlagwort, mit dem große Teile des traditionellen Konzertrepertoires, mehr noch oratorische und Kirchenmusik auf den Prüfstand gerieten, dem die unter anderen Vorzeichen entstandenen Werke schlechterdings kaum standhalten konnten. Da unklar war, wie eine Symphonie aussehen sollte, die solchen gesellschaftspolitischen Erfordernissen genügte, blieb nur der Verweis auf die Haltung ihres Verfassers: Beethoven, der ›Revolutionär‹, wurde 1970, anlässlich seines 200. Geburtstags, ebenso herausgestellt wie Gustav Mahler als Exponent einer zu rehabilitierenden ›jüdischen‹ Musik, deren Renaissance besonderen Nachdruck durch den Einsatz von Leonard Bernstein als Dirigent, Theodor W. Adornos Monographie wie als Begleitmusik der ungemein populären Visconti-Verfilmung von Thomas Manns Novelle *Der Tod in Venedig* erhielt, hier freilich – gewiss nicht den Intentionen ihrer Fürsprecher gemäß – binnen kurzem wieder einer Trivialisierung verfiel.

Mit bis dahin ungekannter Intensität wurden nun auch erneut Aufgaben und Ziele geistlicher Musik diskutiert. Die Pflege ›alter‹ Musik in der Liturgie könne nicht zu einem Gottesdienst führen, in dem Probleme der Gegenwart ernsthaft thematisiert würden, merkte Hans-Heinrich Eggebrecht bei einem Fest der Schütz-Gesellschaft 1967 in Herford an. Christliches Engagement für allerorten unübersehbare Missstände – etwa das rasch wachsende Wohlstandsgefälle, Wettrüsten und Weltmachtbestreben der Großmächte – sei schlechterdings nicht mit der Kultivierung traditioneller Kirchenmusik vereinbar. Die neue Musik, die in den 1960er-Jahren – auf katholischer Seite flankiert durch die Öffnung der Kirche nach dem Zweiten Vatikanischen Konzil – zunehmend Eingang in die Liturgie fand, griff denn auch zahlreiche aktuelle Trends auf: Vom Agitprop-Song bis zur Jazz-Messe, von der Adaption von Negro-Spirituals bis zu Gospeln als Ausdruck einer ursprünglichen, unmittelbaren Religiosität, schließlich der Umtextierung schlichter Kinder- und Volkslieder bis zur Übernahme der Gestaltungsweisen seichtester Unterhaltungsmusik (›Sacro-Pop‹) reicht ein Spektrum ›neuen‹ Liedgutes, gegen das aufgrund seiner musikalischen Qualität wie nicht selten einer sprachlichen Dürftigkeit nur allzu leicht zu polemisieren war – ohne dass freilich sich Alternativen abzeichneten, wie in einer sich rasch verändernden Welt Gottesdienst anders als mit ›überzeitlichen‹ musikalischen Formen gefeiert werden könne.

Es sei denn, man sähe in der Weiterführung aller Jahrhunderte lang bewährten Gesänge und Kunstformen ein Residuum, das ›Kirche‹ bewusst von der ›Welt‹ separiert: Umso schroffer freilich wirkte die Provokation, die doch nur eine Folge jener Protesthaltung war, die in den studentischen Unruhen des Jahres 1968 kulminierte und einer ganzen Generation den Namen geben sollte. Der Bruch mit den Verhaltensweisen und Lebenseinstellungen der vorangegangenen Generation, die sich bemüht hatte, die materiellen Folgen des Krieges zu beseitigen, hätte kaum schärfer sein können, da moralische und intellektuelle Voraussetzungen, die zu Diktaturen, Krieg, Völkermord und Vertreibung geführt hatte, nicht aufgearbeitet schienen. Der Konsens, nach dem Wiederaufbau zu einer ›bürgerlichen‹ Ordnung zurückkehren zu können und sich wie zuvor auch Kunst und Musik als Objekten der Erbauung und ästhetischer Kontemplation widmen zu können, zerfiel – nicht anders freilich als die Utopie, Bevölkerungsgruppen, denen bislang der Zugang zu Einrichtungen einer ›hohen‹ Kultur verschlossen waren, könnten nun aktiv mitgestaltend neue Formen entwickeln. Die Avantgarde, die sich am Ende der 1960er-Jahre als gesellschaftliche ›fortschrittliche‹ Gruppe verstand, bezeichnet nurmehr eine Gegenbewegung zu einer Massenkultur, deren Nivellierungen ebenfalls leicht als Zwänge sich entlarvten: eine Dialektik, der, wie sich bald zeigte, nicht zu entgehen war. Denn eine engagierte Musik, die gleichzeitig intellektuell anspruchsvoll (also den historischen Stand des Materials reflektierend), gesellschaftliche Relevanz behaupten konnte und der Rezeption keine größere Schwierigkeiten entgegenstellte, war auch zu diesem Zeitpunkt der Geschichte nicht denkbar.

Der Protest verhallte, indem er rationalisiert wurde. Wiewohl er immer massivere Formen annahm. Denn hatte ehedem eine freizügig proklamierte Sexualität – in den Texten von Liedern wie einer Musik, deren hämmernde Rhythmen (›Beat‹) wie ihre starke Betonung der Basspartien auf eine Resonanz in Bauch und Unterleib zielten – schon für erhebliche Unruhe gesorgt, so umso mehr dann die Eklats, die Saalschlachten und zertrümmertes Mobiliar als Resultat von Rockkonzerten hervorriefen und die durch Berichte von Ausschweifungen am Rande solcher Veranstaltungen und insbesondere mehrtägiger Festivals noch anschwollen. Dem entsprachen freilich auch Happenings und Actions in ›Kunsttempeln‹, deren Profanierung mutwillig inszeniert wurde. Den bei Rockkonzerten ekstatisch zerstörten Instrumenten korrespondierte die Destruktion von Konzertflügeln. Betreffen freilich ließ sich das Publikum allerorten nur in den wenigsten Fällen, ungeachtet rüdester Formen seiner Missachtung, wenn alkoholisierte oder unter Drogeneinfluss stehende ›Künstler‹, denen kaum weniger ekstatisch enthemmte Fans die Kleider vom Leib rissen, auf der Bühne, gegebenenfalls auch unmittelbar ins Auditorium, ihre Notdurft verrichteten oder Dichter die *Publikumsbeschimpfung* (Peter Handke) zum literarischen Sujet machten.

So authentisch Experiment und Provokation ehedem waren, so stilisiert, ja grotesk wirkten alsbald ihre immer plakativeren Überzeichnungen, deren es freilich bedurfte, um ein Publikum, das sich geschmäcklerisch an der Radikalität weidete, überhaupt noch zu erreichen. Da zudem unübersehbar wurde, dass in einer pluralistischen Gesellschaft das Sensationserregende auch kommerziell erfolgreich war, konnte jede Initiative und jeder Protest, so ernst er auch gemeint sein mochte, auf eine merkantile Intention reduziert oder als Attitüde eines Künstlers, um Aufmerksamkeit für sein Werk zu erzielen, abgetan und dadurch restlos kompromittiert werden. Spätestens mit dieser Argumentationsfigur ist der Impetus, den die häufig nur zu berechtigte Kritik an gesellschaftlichen Zuständen in den 1960er-Jahre auslöste, kompensiert worden – zum Nachteil für alle weiteren Bemühungen, deren provokatives Potenzial nunmehr allzu leicht rational und ästhetisierend immunisiert zu werden vermag und in seiner Schärfe (von Gothic bis Skin) doch kaum mehr als der Ausdruck einer Verzweiflung ist, überhaupt noch Gehör sich zu verschaffen.

Klang

Sound und Struktur

In einem Umfeld, in dem die Sensation notwendig ist, um Aufmerksamkeit zu gewinnen, andererseits keine Tabus mehr bestehen, die gebrochen werden könnten, findet Musik, die nicht auf den ohrenbetäubenden Effekt setzt, nur schwer noch ihr Publikum. Der Überfluss an Klängen, der den Alltag begleitet, macht es auch den Komponisten schwer, Neues zu (er-)finden, das den Erfahrungshorizont bereichern könnte, gar zu Irritationen noch Anlass gäbe. Zu vieles ist bereits präsentiert worden, was sich als wenig perspektivenreich erwiesen hat, und etliches, was als zukunftsweisend annonciert wurde, ist längst in Vergessenheit geraten. Gleichwohl gehört auch dieser Schutt zur Überlieferung, die es zunächst zu rezipieren gilt, soll Innovatives vorgeführt werden. Wo und wie dies zu finden sei, wird zur Aufgabe der Komponisten, deren Suche nach dem eigenen Idiom, einer Tonsprache, die sie nicht unmittelbar als Epigonen oder einer Schule zugehörig auswiese, fast über Gebühr schon ins Zentrum ihrer Arbeit rückt, da zahllose Wege bereits begangen, nicht weniger Seitenpfade ebenfalls erkundet sind. Dodekaphonie oder serielle Verfahren etwa reichen allein kaum mehr hin, ein Musikstück zu konstituieren, und ebenso wenig ist die provokative Aktion schon als Kunstwerk zu postulieren. Zumal nachdem die Ideologie des Fluxus, alles Leben könne Kunst sein und alle Kunst habe einen unmittelbaren Bezug zum Leben, ihren antibürgerlichen Impetus verloren hat, den sie ehedem, in den 1960er-Jahren, besaß und der den Rückzug in eine heile Privatheit als Protest gegen Warenwelt und Militarismus verstanden wissen wollte, bevor er zur kleinen Münze der Unterhaltungsindustrie und zum billigen Surrogat pseudoreligiösen Eskapismus trivialisiert wurde.

Gleichwohl liegt hier, in einem Verständnis von Musik, die nicht mehr als abgeschlossenes Werk von einem Interpreten für ein Publikum dargeboten oder von diesem funktional genutzt wird, die Möglichkeit, neue künstlerische Ausdrucksformen zu gewinnen, die mit inzwischen verbreiteten Verhaltensweisen spontanen Zugriffs und frei gewählter Rezeptionsdauer konvergieren. Musikalische Kunstwerke werden zum Angebot, neue Eindrücke zu gewinnen, ungewohnte sinnliche Erfahrungen zu sammeln oder für eine selbstbestimmte Zeit klanglichen Genuss zu verschaffen – als Realisation der Idee einer »musique d'ameublement«, wie sie Satie und in seiner Nachfolge die »Groupe des Six« im Paris der 1920er-Jahre konzipierte: eine Musik, die den Alltag so selbstverständlich umgibt wie ein allerdings sorgfältig ausgewähltes Interieur, nicht im Sinne von »Muzak«, jener industrialisierten Fertigmusik, deren Allgegenwart – nicht nur als Hintergrundmusik der Kaufhäuser und Flugzeuge, sondern noch im Aufzug und nicht selten auch in Toiletten – bereits als Form akustischer Umweltverschmutzung zu klassifizieren ist.

Diesen veränderten Rezeptionsbedingungen tragen allerdings nicht nur die Produkte der Unterhaltungsmusik Rechnung, so dass auch von hier aus die traditionelle Grenze zwischen den Genres einer seriösen Musik, die üblicherweise in gedeckter Kleidung und abgedunkelten Räumen mit stiller Andacht eher gewürdigt als genossen werden will, und Werken, deren Gebrauchswert keinen gesteigerten Anspruch an die Aufmerksamkeit des Zuhörers stellt, sich nivelliert. Häufig genug rechnen nun selbst die Komponisten ›ernster‹ Musik mit einer während des Hörprozesses nachlassenden Konzentration, die zu einer Erweiterung der Wahrnehmungsqualitäten – jenseits des rationalen, verstandesmäßigen Nachvollzugs kompositorischer Strukturen und Details – zu führen vermag. Alle Formen von »Minimal music« etwa, Werken also, deren musikalisches Material auf einige wenige Töne oder

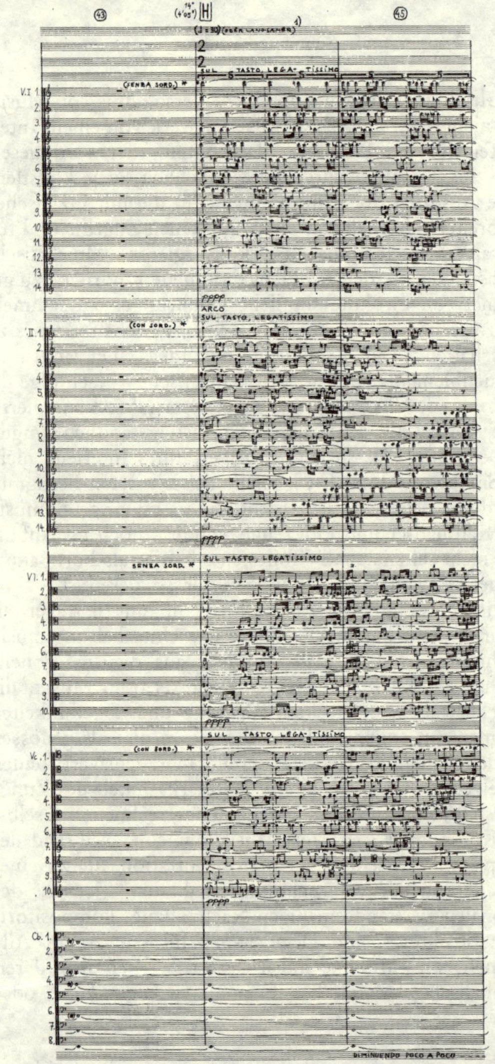
43
14"
(4'05")
H
45
SUL TASTO, LEGATISSIMO
(SENZA SORD.)
V.I
pppp
ARCO
SUL TASTO, LEGATISSIMO
(CON SORD.)
II.
pppp
SUL TASTO, LEGATISSIMO
SENZA SORD.
Vl.
pppp
SUL TASTO, LEGATISSIMO
(CON SORD.)
Vc.
pppp
Cb.
DIMINUENDO POCO A POCO

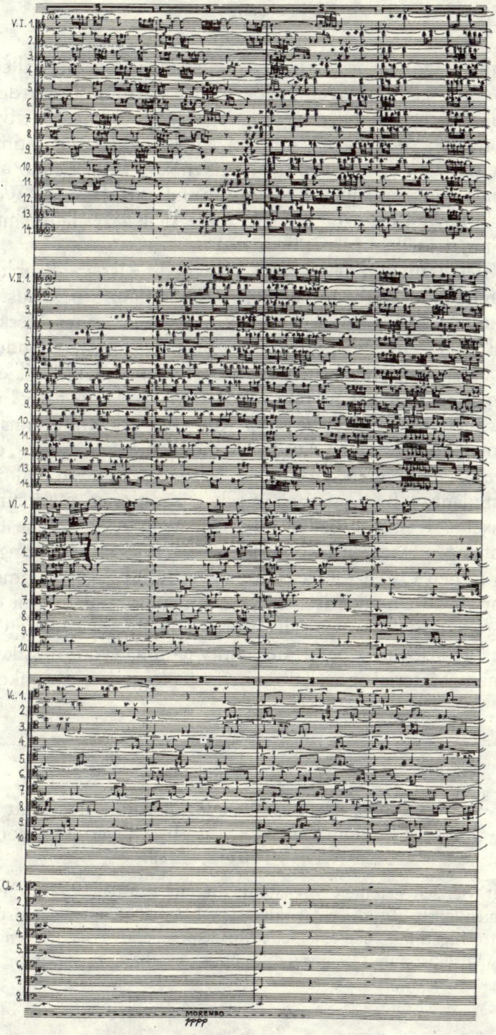
V. I.
V. II.
Vl.
Vc.
Cb.
MORENDO
pppp

Klangereignisse beschränkt ist, die unablässig und allenfalls mit geringfügigen Änderungen wiederholt werden, zielen nicht auf eine bewusste Rezeption konstruktiver Momente, sondern intendieren ein klangliches Kontinuum, das als Zustand wahrgenommen sein will. Techno mit seinen ultraschnellen Rhythmen und unablässigen Wiederholungen kleinster Motive sollte sich, zwei Jahrzehnte später, derselben Mittel bedienen.

Gleichsam von der Gegenseite scheint dasselbe Problem durch die Idee der Momentform (Karl-Heinz Stockhausen) fokussiert: In jedem einzelnen Augenblick eines Werkes soll sich seine Struktur und Form kristallisiert finden. Stockhausen, gewiss einer der Vor-Denker in der Musik der zweiten Hälfte des 20. Jahrhunderts, hatte als einer der Ersten auch die Grenzen serieller Konzepte erkannt und nach neuen künstlerischen Ausdrucksmöglichkeiten gesucht, die er zeitweise mit elektronischen Mitteln realisieren zu können glaubte. Begegnungen mit den Traditionen außereuropäischer Kulturen ließen ihn auch neue musikalische Erfahrungen machen: Insbesondere andere Zeitvorstellungen im fernen Osten führten ihn – wie Bernd Alois Zimmermann – zu einer kritischen Revision einer bis dahin für die abendländisch-europäische Musik uneingeschränkt gültigen Konsequenzlogik, der Entwicklung von musikalischem Material innerhalb einer teleologischen Formkon-

---

zu Seite 318 und 319:

György Ligeti, *Atmosphères*, 1961. Partitur-Ausschnitt (Universal Edition Wien). – © 1963 by Universal Edition A.G., Wien/UE 11418.

Mit vielfach geteilten Streichern, die auf engstem Raum unterschiedlichste Rhythmen in kleinsten Intervallen spielten, formulierte Ligeti um 1960 eine neue Musiksprache, innerhalb deren der Klang selbst zum Gegenstand kompositorischer Arbeit wird.

zeption. Zugleich erkannte er, dass die Vermittlung von Musik nicht von der Situation der Ausführung zu trennen war: Aktion und Spiel, Gestik und Bewegung der Instrumentalisten in seinen Werken dienen dabei keineswegs der Kurzweil des Publikums, sondern sind integrale Gestaltungsmittel um einer nachhaltigeren Wirkung willen. Kaum anders als Richard Wagner und Arnold Schönberg sah auch er die engen Grenzen, die ein konventioneller Musikbetrieb neuen, klangsinnlichen Erfahrungen setzte, und selbst wenn er – ungleich weniger radikal als Boulez, sein Zeitgenosse und Gefährte aus der Zeit der Darmstädter Ferienkurse wie den Donaueschinger Musiktagen – nicht wie jener die Forderung erhob, die Opernhäuser zu sprengen, um Platz für Neues allein in räumlicher Hinsicht, aber auch durch den Verzicht auf eine erstarrte, archivalische Pflege künstlerischen Erbes zu erhalten, so waren seine Intentionen ganz ähnlich: Neue Räume für Neue Musik sollten neue Formen der Wahrnehmung ermöglichen.

Diese Zielsetzung teilten nicht nur zahlreiche Komponisten; denn die Erfahrung, dass die herkömmlichen Techniken sinnlicher Vermittlung künstlerischer Inhalte nicht mehr ausreichten, hatten Maler, Literaten und Architekten ebenso gemacht wie diejenigen, die auf dem Theater wie im Medium des Films nach neuen Ausdrucksmöglichkeiten suchten. Zwischen den bildenden Künsten und der Musik konnte bereits auf etliche Vorarbeiten zurückgegriffen werden: Dass Tonkunst und Malerei in eine enge Wechselbeziehung zu treten vermochten, hatte sich schon zu Beginn des 19. Jahrhunderts gezeigt, als nicht nur die Komponisten Inspirationen an Bildern suchten, sondern umgekehrt auch Maler wie Philipp Otto Runge oder Moritz von Schwind ihren Werken aus der Musik entlehnte Titel gaben. Weit mehr auf strukturelle Gemeinsamkeiten beider Künste gingen hundert Jahre später Aleksandr Skrjabin oder Paul Klee und Konstantinas Ciurlionis ein, wenn sie Farbenklaviere konzipierten oder Fugen Johann Sebastian Bachs bildnerisch umzusetzen versuchten.

Unmittelbare Zusammenarbeit wie zwischen Maler und Komponist, wie sie das Beispiel Schönberg und Kandinsky illustriert, sind bei Literaten und Tonkünstlern ungleich häufiger zu belegen, wie bereits ein flüchtiger Blick auf die Kooperation von Librettist und Musiker bei der Produktion von Opern zeigt. Doch auch Versuche, musikalische Erfahrung sprachlich zu fassen, finden sich bereits in einer dichterischen Romantik des ausgehenden 18. Jahrhunderts, in den Romanen von Wilhelm Heinse, E. T. A. Hoffmann und Jean Paul, wenngleich die Verpflichtung zur Wahrung der Syntax nur unzureichend die Stimmungseindrücke, die in diesen Texten einen Niederschlag erhalten, kaum ansatzweise jene Annäherung an die Tonkunst erlaubt wie die experimentelle Lyrik aus der zweiten Hälfte des 20. Jahrhunderts; wie stark diese ihrerseits musikalisierbar wird, zeigen die Sprachkomposition eines Dieter Schnebel oder die Textbehandlung in den Werken Helmut Lachenmanns oder Luciano Berios.

Zur Architektur bestand seitens der Musik insofern seit je eine enge Beziehung, als Kompositionen Aufführungsort und -umstände zu berücksichtigen hatten: Spätestens seit Dufays Motette zur Einweihung des Florentiner Doms 1436 ist die Bezugnahme einzelner Musikstücke auf die spezifischen Verhältnisse eines Bauwerks nachzuweisen, nicht allein in der Übernahme von Zahlenverhältnissen aus dem Plan der Kirche für die Anlage der Komposition, sondern auch in der Berücksichtigung baulicher Besonderheiten, etwa mehrerer Emporen oder – in späteren Zeiten – der Akustik. Dass Komponisten dann für ihre Klangvorstellungen eigene Räume konzipierten, zeigt am nachdrücklichsten das Beispiel des Bayreuther Festspielhauses, dessen verdeckter Orchestergraben eine Homogenisierung des Orchesterklangs eine Kunst des Übergangs changierender Klangfarben im Sinne Richard Wagners leisten sollte und fundamental neue Dimensionen bezüglich der Begleitfunktion eines Opernorchesters eröffnete.

Nicht erst diese, sondern schon die in jeder Kirche leicht nachzuvollziehende Erfahrung, dass die Wirkung eines Musikstücks von den räumlichen Gegebenheiten abhängig ist, führte zum Entwurf neuer Gebäude für die Rezeption Neuer Musik, unter denen der von Le Corbusier, Edgar Varèse und Yannis Xenakis für die Weltausstellung in Brüssel 1958 konzipierte Pavillon sowie das fünf Jahre später, für die Nachfolgeveranstaltung im japanischen Osaka errichtete Kugelhaus zur Präsentation von Werken Stockhausens die spektakulärsten Bauten sein dürften. In der Verbindung von Raum und Klang, Bild und Licht boten sich hier dem Publikum nicht nur gänzliche neue Erfahrungswelten; umgekehrt zeichneten sich durch die besondere Situation einer Ausstellung unkonventionelle Methoden musikalischer Darbietung ab. Der jahrhundertealte, seit der Schriftlichkeit mehrstimmiger Musik verbindliche zeitliche Rahmen einer Komposition, ihre abgeschlossene und nur als Ganzheit zu rezipierende Werkhaftigkeit, wird sukzessive aufgegeben zugunsten einer Konzeption, derzufolge der Zuhörer über Gestalt und Dauer eines Musikstückes entscheidet, indem er nach Belieben den Raum aufsucht und verlässt, ohne dass er den Eindruck einer lediglich fragmentarischen Präsentation erhalten hätte. Seitens des Urhebers war mithin ein ›Werk‹ so anzulegen, dass es in aller Ausschnitthaftigkeit doch ›ganz‹ zu rezipieren war, um Wiederholung und Vergleich einer Perzeption zu ermöglichen, zu der allerdings nur an diesem Ort Gelegenheit gegeben war.

Mit der Bindung der Präsentation von Musik an den Rahmen einer Ausstellung übernahm die Tonkunst ein in den bildenden Künsten übliches Verfahren, das gleichwohl innerhalb dieses Rahmens eine größtmögliche Subjektivität der Rezeption bot. Indem dabei nicht nur die Musik selbst, sondern auch der Aufführungsort essenzieller Bestandteil des ästhetischen Konzepts wurden, war die Aufmerksamkeit des Hörers auch auf diese ehedem akzidentellen Bedingungen gerichtet. Früher gewiss nicht nebensächlich, doch nun ungemein aufgewertet, gewannen visuelle Aspekte bei der Präsentation klanglicher Kunstwerke eine Bedeutung, die ein neues Genre etablieren half: Klangkunst, deren Abgrenzung zu Werken der bildenden Kunst umso schwerer fällt, als eine präzise Begriffsbestimmung gerade nicht intendiert ist. Musik bleibt nicht mehr nur akustisches Ereignis, sondern erhält eine optische Dimension – nur konsequent in einem Zeitalter von Medien, die in zunehmendem Maße die Aussagekraft von Bildern nutzen. Zunächst auf die Vermarktung von Pop- und Rock-Musik beschränkt, um ein Lebensgefühl, das sich mit diesen Klängen verbinden sollte, auch bildnerisch zu vermitteln, finden Video-Clips in jüngster Zeit eine Entsprechung in DVD-Produktionen, bei denen auch das konventionelle Konzertrepertoire optisch aufbereitet wird. Meist freilich nur als Dokumentation einer Aufführung, als Abbild des Spiels eines Orchesters, weit seltener in jener künstlerischen Form, die Yo-yo Ma wählte, um in der Zusammenarbeit mit Künstlern unterschiedlicher Disziplinen die Struktur der Cello-Suiten Bachs mittels anderer künstlerischer Gattungen sichtbar zu machen. Eher denn als Ablenkung oder gar eine potenzielle Gefährdung der Autonomie solcher Kompositionen dürfte die Umsetzung von Form und Gehalt in andere Medien nicht nur einer Erweiterung der Wahrnehmungsmodi dienen, sondern auch weit mehr Facetten des ursprünglichen Werkes erfassen helfen. Die Sorge, der Reichtum eines ganzheitlichen, die Grenzen einer einzelnen künstlerischen Gattung überschreitenden Konzepts könne die Aufmerksamkeit von den genuinen Qualitäten einer Komposition ablenken und somit zu einer Reduktion der Rezeption führen, ist schon propädeutisch nicht gerechtfertigt, da Musik ohnehin mit meist visuellen Assoziationen verbunden wird, zu deren Konkretisation nun lediglich ein Angebot vorliegt.

Zu beobachten ist allerdings durchaus eine ständig zunehmende Relevanz ehedem akzidenteller Bestimmungen der Musikausübung und -wahrnehmung. Dass die Wiedergabe eines Werkes unter optimalen Bedingungen, aufwendiger Reproduktionstechnologie von CD und DVD oder durch ›trendige‹ Interpreten erfolgt, wird wichtiger als das Bemühen um eine adäquate Erfassung der kompositorischen Idee und der Intention des Komponisten. Mitunter wirkt es fast, als werde der Klang allein zur Instanz der Beurteilung eines Musikstückes, dessen historische und künstlerische Bedeutung vernachlässigenswert scheint. Zumal in der Szene der Alten Musik, die 1950 mit dem Anspruch, Kompositionen der Zeit vor 1750 ›authentisch‹, auf Originalinstrumenten und unter Benutzung möglichst umfassender Hinweise zu ›historischer Aufführungspraxis‹, vorzustellen, hat sich ein Musizierstil verselbständigt, der ungeachtet aller jüngeren Forschungen als ›originale‹ Klanglichkeit suggeriert wird und, so konsequent wie absurd, inzwischen auch auf Kompositionen angewandt wird, die nachweislich nicht mit ›altem‹ Instrumentarium und ›alter‹, ungleichstufiger Stimmung gespielt wurden. Das inzwischen vertraute Klangideal obertonreicher historischer Instrumente eines zahlenmäßig klein besetzten Ensembles ist auch nicht mit archivalischen Ermittlungen über die Größe von Kapellen an musikalischen Zentren, wie sie die Höfe in München oder Dresden bereits im 16. und 17. Jahrhundert darstellten, zu revidieren. Nicht anders will auch der Fan einer Pop-Gruppe immer wieder denselben Sound seiner Stars reproduziert sehen, und deren Ziel, eine eigene, wiedererkennbare und auf dem Markt durchzusetzende Farbe zu etablieren, entspricht demselben Prinzip, sich an der Klanglichkeit von Musik zu orientieren, ungleich weniger aber ihrer Struktur und ihrem Gehalt.

Nicht nur hier, im Blick auf die Gesetze der Warenwelt und einer Massenkultur, konvergieren mithin die Sphären seriöser und leichter, unterhaltender Segmente der Produktion von Musik erneut: Popularisierenden Bearbeitungen ›klassischer‹ Werke – vom »Play Bach« eines Jacques Loussier über »Emerson, Lake & Palmers« und »Exseptions« Beethoven-Adaptionen bis zu Zitat und schlichter Depravierung als bloßem Material bei zahllosen jüngeren Formierungen – und ihrer Aufbereitung zum Dekor von Autofahrt und Feierabend mit notwendigerweise weitreichender Nivellierung der Dynamik und starker Forcierung von Obertonspektrum und Tempo bei bewusst aggressiver Spielweise korrespondiert eine Übernahme von Momenten einer traditionell stark sinnenhaft orientierten Pop-Musik in Neue Musik.

Die Nähe zwischen diesen von Plattenlabels und Rundfunkanstalten bislang noch weit strenger als vom Publikum geschiedenen Segmenten musikalischer Kultur lässt sich an der permanenten Bezugnahme der mit elektronischen Klängen experimentierenden Gruppe »Kraftwerk«, explizites Vorbild für zahllose weitere Rock- und Pop-Ensembles, auf Karl-Heinz Stockhausen ebenso ablesen wie der Integration von Techno-Elementen in die auf den jüngsten Festivals für zeitgenössische Musik vorgestellten Werke.

Das Zusammenwirken der »Scorpions« mit den Berliner Philharmonikern bei der Weltausstellung in Hannover 2000 zeigt die Konvergenz der Genres dann auch unmittelbar hinsichtlich der Interpreten. Selbst das Publikumsverhalten differiert nurmehr bedingt: Der gestrenge Habitus und die Kleiderordnung, die der Besuch von Oper und Konzert – verstanden als Gattung wie als Institution – ehedem erforderten, ist längst einer Ungezwungenheit gewichen, die in der Rezeption von Pop- und Rock-Musik seit je selbstverständlich war; umgekehrt geraten deren Produktionen mitunter so komplex, dass sie jenes Hörverhalten verlangen, das für ›ernste‹ Musik bezeichnend schien.

Die Entscheidung, ob ein Werk als seriös oder unterhaltend zu gelten hat, ist ungleich stärker als je zuvor dem Rezipienten überantwortet und nicht selten eine Funktion einer Haltung, die variabel ist und vornehmlich situativer Befindlichkeit geschuldet sein dürfte. Aus einem unüberschaubaren Repertoire der Musik aller Zeiten und Völker, das aufgrund immer leichterer technischer Reproduzierbarkeit durch das Kopieren von CDs und die Möglichkeiten des Internet potenziell jedermann zur Verfügung steht, wird dasjenige Stück gewählt, das dem individuellen Anspruch zur Rahmung unterschiedlichster Anlässe am besten genügt, ohne dass es dabei der Beachtung ursprünglicher Kontexte eines Werkes noch bedürfte. Die Klanglichkeit bestimmt die Wahl.

Gleichwohl bestehen noch – wie rudimentär auch immer – Kategorien, die, fundiert durch gesellschaftliche Übereinkunft und Tradition, Angemessenheit und Schicklichkeit, solchen Umgang mit Musik bestimmen. Zumal etliche Musikstücke durch ihre Verwendung in spezifischen Kontexten – insbesondere Ausnahmesituationen innerhalb des Lebens oder einer Gemeinschaft – oft eindeutig determiniert sind und ein Gebrauch außerhalb solcher Wirkungszusammenhänge Irritationen schafft, die ihrerseits wiederum für neue künstlerische Erfahrungen genutzt werden können.

Der Autorität, die der Hörer zunehmend darstellt, indem er Musik sich solchermaßen verfügbar macht, tragen die Produzenten Rechnung, wenn sie lediglich Angebote schaffen, aus denen nach Gutdünken zu wählen ist. Die Offenheit des Zugangs, in Installationen der Klangkunst ebenso einfach wie in Bezug auf Medien der Reproduktion, verändert dabei nicht nur den traditionellen Begriff des musikalischen Kunstwerks, sondern führt insbesondere zu einem Rückzug des ästhetischen Subjekts. Das ›Ich‹ des Komponisten wird zunehmend irrelevant gegenüber der Einstellung des Hörers, in dessen subjektivem Zugriff erst ein Werk sich konstituiert.

Mithin ist auch seitens ästhetischer Theorie nicht mehr allein der Blick auf die Entstehung eines Werks und dessen Gestalt von Wichtigkeit, sondern verstärkt dessen Interpretation und Rezeption: Der Notentext liefert nur mehr die Vorlage für die Ausführung eines Werkes, dessen Sinn und Gehalt sich je neu – im Augenblick der Realisation – konstituiert. Neu zu entdecken – nach einem Zeitalter weitestreichender Determination der Musik durch den Komponisten und der Petrifizierung einer künstlerischen Auffassung durch eine Schallkonserve – war die Spontaneität des Interpreten, dann des Publikums, dessen Interesse an einer Konzertveranstaltung dem Ereignis der klanglichen Vergegenwärtigung eines ihm hinlänglich bekannten Werkes geschuldet ist: dem Event. Der Livecharakter der Ausführung, verloren gegangen in der Überfülle omnipräsenter Tonträger und permanenter Hintergrundmusik und scheinbar behauptet in Rundfunksendungen, in denen allenfalls die Moderation improvisiert ist, rückt selbst dort in den Mittelpunkt, wo kaum je die unmittelbare Musikpräsentation relevant war: In Diskotheken wird der Plattenspieler zum Musikinstrument, der Discjockey, der die Vinylplatten auflegt, zum Künstler, der seine Version der konservierten Interpretation präsentiert. Die völlig neuen Klänge, die von Virtuosen ihres Metiers auf diese Weise hergestellt werden, belegen ein weiteres Mal die Suche nach Perspektiven, die in den längst ausgetretenen Pfaden konventioneller Musikproduktion und -rezeption nicht mehr zu finden sind. Doch nicht nur die Interpretation, der subjektive Blick auf das Kunstwerk seitens eines Musiker, sondern das Bewusstsein des Hörers konstituiert das Werk in seiner Bedeutsamkeit für ihn. Dazu ist dessen Klanglichkeit weit mehr als ein subsidiärer Reiz: In einer Welt, die sich über den »Access« (engl., ›Zugang‹) definiert, wird der Rezipient zur zentralen Instanz.

Weltmusik II

Perspektiven multikultureller Offenheit

Verfügbar scheint nunmehr alles. Soweit nachzuweisen oder zu rekonstruieren, sind die Klänge aller Kulturen mit vernachlässigenswert geringem Aufwand privater Nutzung zugänglich. Solche Fülle von Musik war nie. Wenig verwunderlich, ändert dieser Reichtum auch die Rezeption.

Denn die Möglichkeit, nun die Traditionen anderer Völker und Länder extensiv kennen zu lernen, lässt vorschnelles Urteilen nicht mehr zu. Die Vielfalt der Spielarten von Flamenco und Tango, das Spektrum indischer Skalen und rhythmischer Modi, die Spiritualität fernöstlichen Theaters und seiner mitunter auf Einzeltöne reduzierten Klanglichkeit lassen die Beschränkung des Blickfeldes auf eine abendländische oder gar nationale Tradition rasch als Attitüde aus Zeiten erscheinen, in denen Hegemoniebestrebungen durch eine Superiorität der Kultur begründet wurde. Demgegenüber erscheint die verbreitete Strategie, qua Musik eine (nationale) Identität zu konstruieren, zwar offensichtlich manchen Staaten für das eigene Selbstverständnis notwendig, doch sofern lediglich intern genutzt, in seiner antiquierten Naivität heute fast schon wieder liebenswürdig provinziell.

Die neue Offenheit für die Traditionen anderer Kulturen führt zudem unmittelbar zu einer Kritik jenes Fortschrittsdenkens, das für die europäische Musikgeschichte und die Bewertung von Kompositionen konstitutiv war. Denn nicht nur fehlen in anderen Kulturen vergleichbare Anschauungen teleologischer Entwicklungen von Komposition und musikalischem Denken, auch führt die Ungleichzeitigkeit in der Ausprägung kompositorischer Standards zu Irritationen, die ihrerseits als selbstverständlich und allgemein gültig postulierte Kriterien der Bewertung in Frage stellen.

Indem alle musikalischen Kunstwerke und -formen in die ideelle Simultaneität eines »imaginären Museums« (André Malraux) rücken, wird die historiographisch wie ästhetisch so probate Kategorie des geschichtlichen Standes vom Material und seiner handwerklichen Beherrschung obsolet. Irrelevant nachgerade, zu rekonstruieren, warum eine Komposition diese und keine andere Gestalt angenommen hat, wenn zu entscheiden ist, ob und in welcher Weise sie dem gegenwärtigen Rezipienten dienen kann und dessen Intention sich der Qualifizierung, Bewertung und Kontrolle Dritter gänzlich entzieht. Dass subjektive Vorlieben zwar begründet sein sollen, aber mit Vernunftgründen nicht über individuellen Geschmack zu entscheiden sei, wird zur Maxime, mit der letztlich allerdings jeder Konsens im Umgang mit Kultur zur Disposition gestellt ist.

Zugleich wird der in der europäischen Musik der Neuzeit selbstverständliche Zwang hinfällig, sich und den individuellen Standpunkt in der Auseinandersetzung mit der Geschichte zu legitimieren. Der Bezugspunkt für die eigene Position ist nun nicht mehr ausschließlich die Vergangenheit einer kulturellen Kommunität, innerhalb deren ein Komponist seine künstlerische Äußerung verstanden wissen wollte, sondern potenziell die gesamte Menschheit. Die Idee einer *musique humanitaire*, zu Zeiten der Romantik im universalistischen Pathos revolutionärer Bewegungen als »Menschheitsmusik« postuliert, gewinnt auf diese Weise in der Verbindung unterschiedlichster Einflüsse eine ganz neue Dimension wie denn auch die Offenheit gegenüber der Geschichte, die sich um 1830 in den musiktheoretischen Schriften eines François-Joseph Fétis oder Antoine Reicha ungeachtet allen Zukunftsglaubens zeigt, in diesen Jahren vorgebildet erscheint.

Den Verzicht aufs Fortschrittsdenken, wie er sich in der Musik der Gegenwart allenthalben zeigt, ist mithin nichts

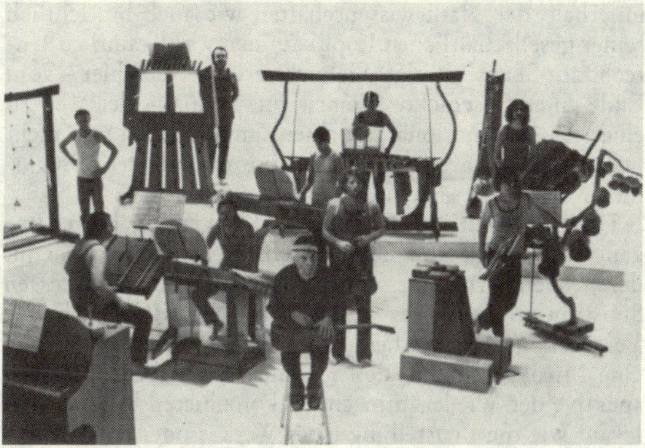

Harry Partch, *The Dreamer that Remains*, 1972/73.
Fotografie von Betty Freeman, Los Angeles.

Mit selbstgebauten Instrumenten in ›reiner‹ Stimmung versuchte Harry Partch eine *corporeal music* zu realisieren, in der wie im griechischen (und chinesischen) Altertum eine Einheit von Poesie, Tanz und Klang erneut hergestellt werden sollte.

weniger als Resignation: als wäre das jahrtausendealte musikalische Material kompositorisch restlos ausgereizt und Neues nicht mehr zu finden. Zwar könnte es scheinen, als böte sich jenseits totaler Organisation und nach einem – auch als Reaktion zu verstehenden – Plädoyer für Spontaneität des Interpreten keine Perspektive mehr, mit den herkömmlichen Mitteln zu komponieren. Auch griffe es zu kurz, im Verzicht noch auf den Diskurs über Möglichkeiten weiterer Entwicklungen kompositorischen Materials den Reflex eines wachsenden Unbehagens gegenüber dem Paradigma des Fortschritts erkennen zu wollen, das innerhalb der Naturwissenschaften wie auch hinsichtlich seiner gesellschaftlichen Implikationen wohl kaum zu Unrecht zur Skepsis nötigt. Vielmehr eröffnet sich hier – vom Ende einer Geschichte (Francis Fukuyama) – der Weg zu einer neuen Emotionalität, einem impulsiven – was nicht heißen muss: unreflektierten – Umgang mit dem Phänomen Musik und seinem Potenzial.

Dabei werden indes zahlreiche Konventionen im Umgang mit Musik und ihrer Geschichte hinfällig, und mit der Suspendierung des ästhetischen Subjekts und dessen Substitution durch das rezipierende Ich verfällt auch jene Verquickung von Ästhetik und Moral, mittels deren sich eine Musikgeschichte des 20. Jahrhunderts aus der Perspektive der Wiedergutmachung konzipieren ließ. So irrelevant wie die Beurteilung eines Werkes oder eines Komponisten zu geschichtlichen Zeiten wird demnach seine Haltung zu Themen, die außerhalb des musikalischen Metiers liegen. Gewiss bleibt jedem Kunstwerk ebenso wie die Subjektivität ihres Verfassers auch der Missbrauch inhärent, dem es in seiner Überlieferung ausgesetzt war – sofern das Wissen um diese Kontexte präsent gehalten oder bewusst gemacht wird. Doch das Werk selbst ist auch gegenüber seiner neuerlichen Instrumentalisierung schutzlos.

Dies zeigt sich in der Art der Programmgestaltung wie auch im Zugriff von Interpreten und Komponisten. Gegenüberstellungen von Musik unterschiedlichster Kulturen erfreuen sich auch bei den Veranstaltern und Intendanten von Festwochen und Konzerthäusern wachsender Beliebtheit, zumal aus der Konfrontation vertrauter Werke mit gänzlich ungewohnten Klängen sich nicht nur neue Hörerfahrungen vermitteln, sondern auch die Kompositionen aus einem Repertoire, das Patina angesetzt zu haben schien, frische Konturen gewinnen können. Dass Werke selbst der klassischen Moderne, vom Beginn des 20. Jahrhunderts, ihrerseits eine Geschichtlichkeit erkennen lassen, sobald sie mit avantgardistischen Stücken innerhalb eines Programms kombiniert werden, bezeichnet dasselbe Moment, durch jede Erweiterung des auditiven Spektrums neue Zugänge auf längst Bekanntes erhalten zu können.

So hat Weltmusik – die autochthone Musik aller Länder der Erde, nicht allein Folklore und Volksmusik, sondern auch die artifiziellen Ausprägungen – mehr als die Aufmerksamkeit lediglich einer Minderheit gewonnen, deren Interesse das Rundfunkprogramm nur zu ungünstigen Tageszeiten berücksichtigte. Vielmehr zeigt sich hier ein Reservoir, aus dem Interpreten und Komponisten aller Genres nicht erst in den letzten Jahren eifrig schöpfen. Das freie Spiel mit den unterschiedlichsten Formen von Musik und ihre unvermittelte Präsentation führt zu einer Fülle so reizvoller Begegnungen, dass Cross-Over-Programme keineswegs mehr Seltenheitswert haben, sondern seitens der Konzertveranstalter gezielt ungewohnte Kombinationen von Werken und Klängen gesucht werden.

Kaum je aber gelingt solche Gegenüberstellung nur als intellektuelles Experiment. Intendiert und Ausgangspunkt des Publikumsinteresses ist die Emotionalität, die sich mit der ungewohnten Klanglichkeit verbindet. Allein diese emotionale Zugangsweise zuzulassen und Musik nicht nur als reizvolles Spiel mit Tonvorräten ansehen zu können, bedeutet eine Revision bislang unangefochten scheinender, traditionsreicher Positionen, denen zufolge das rein sinnliche Moment eine Gefährdung des Menschen schlechthin barg. Kunst – nicht allein Musik – übernimmt hier eine Funktion von Kompensation, die sie seit je innehatte, die nie bestritten war und die ihr doch nur bedingt zugestanden wurde.

Hier, im unverstellten, spontanen Zugang, der Möglichkeit zur absichtsvollen Suspension von Zeit, erhellt sich die Bedeutung, die ein jeder dem Phänomen Musik zuweist. Räume auch des Ichs zu erfassen gelingt mittels

Klängen, und doch macht Stille, ihr defizienter Modus, das Potenzial erst bewusst. Darauf hinzuweisen, bleibt aufgegeben, und in der Fähigkeit, so unterschiedlich wie vielfältig zu wirken, eine genuine Qualität der Musik immer neu zu entdecken: Klänge zu finden, deren Wert darin liegt, dass sie uns auch angesichts des Todes noch etwas zu bedeuten vermöchten. Darin läge, wie sich noch der sterbende Sokrates erinnerte, ein Inbegriff von Schönheit. Sonst wäre das Ende der Musik das Ende der Welt.

Literaturhinweise

Adorno, Th. W.: Philosophie der Neuen Musik. Tübingen 1949.

Apel, W.: Die Notation der polyphonen Musik. Leipzig 1962.

Bartel, D.: Handbuch der musikalischen Figurenlehre. Laaber [2]1992.

Bermbach, U. (Hrsg.): Oper im 20. Jahrhundert. Entwicklungstendenzen und Komponisten. Stuttgart 2000.

Besseler H. / P. Gülke: Schriftbild der mehrstimmigen Musik. Leipzig 1973.

Blume, F. (Hrsg.): Epochen der Musikgeschichte in Einzeldarstellungen. Kassel 1974.

Dahlhaus, C.: Grundlagen der Musikgeschichte. Köln 1977.

– Klassische und romantische Musikästhetik. Laaber 1988.

– (Hrsg.): Neues Handbuch der Musikwissenschaft. 12 Bde. Laaber 1980ff.

Dammann, R.: Der Musikbegriff im deutschen Barock. Laaber [2]1984.

Eggebrecht, H. H.: Musik im Abendland. Prozesse und Stationen vom Mittelalter bis zur Gegenwart. München 1991.

Einstein, A.: Die Romantik in der Musik. Stuttgart/Weimar 1992.

Geck, M.: Von Beethoven bis Mahler. Die Musik des deutschen Idealismus. Reinbek bei Hamburg 2001.

– / P. Schleuning: »Geschrieben auf Bonaparte«. Beethovens »Eroica«: Revolution, Reaktion, Rezeption. Reinbek bei Hamburg 1989.

Gerhard, A.: Die Verstädterung der Oper. Paris und das Musiktheater des 19. Jahrhunderts. Stuttgart/Weimar 1992.

Gülke, P.: Mönche, Bürger, Minnesänger. Musik in der Gesellschaft des europäischen Mittelalters. Laaber [3]1999.

Halm, A.: Von zwei Kulturen der Musik. Stuttgart [3]1947.

Harnoncourt, N.: Musik als Klangrede. München [u. a.] [4]1989.

Heinemann, M. / H.-J. Hinrichsen (Hrsg.): Bach und die Nachwelt. 4 Bde. Laaber 1997ff.

Heister, H.-W. / W. Sparrer (Hrsg.): Komponisten der Gegenwart. München 1992ff.

Herz, Joachim: Oper mit Herz. Das Musiktheater des Joachim Herz. 3 Bde. Köln 2010f.

Klotz, V.: Operette. Porträt und Handbuch einer unerhörten Kunst. München 1991.

Kunze, S.: Mozarts Opern. Stuttgart 1982.
de la Motte-Haber, Helga: Musik und Bildende Kunst. Laaber 1990.
Mauser, S. (Hrsg.): Handbuch der musikalischen Gattungen. Bd. 1 ff. Laaber 1989 ff.
Meyer, F. (Hrsg.): Klassizistische Moderne. »10 Jahre Paul Sacher Stiftung«. Werkeinführungen, Essais, Quellentexte. Wintherthur 1996.
Rosen, Ch.: Der klassische Stil. Haydn, Mozart, Beethoven. München/Kassel 1983.
– Musik der Romantik. Salzburg 2000.
– Sonata Forms. New York 1980.
Rummenhöller, P.: Romantik in der Musik. München/Kassel 1989.
Schneider, M. / B. Bugenhagen (Hrsg.): Zentren der Kirchenmusik. Laaber 2011.
Walter, M.: Die Oper ist ein Irrenhaus. Stuttgart 1994.
Weber, H.: Musik in der Emigration 1933–1945. Verfolgung – Vertreibung – Rückwirkung. Stuttgart 1994.
Wiora, W.: Die vier Weltalter der Musik. Stuttgart 1951.
Zaminer, F. (Hrsg.): Geschichte der Musiktheorie. Bd. 1 ff. Darmstadt 1984 ff.

Personen- und Sachregister

Zusammengestellt von Yvonne Pickmann.
Kursive Zahlen verweisen auf Abbildungen.

absolute Musik 25
Académie française 111
Accademia della Crusca 111
Accompagnement 195
Ad organum faciendum (Mailänder Traktat, um 1100) 64
Adam de la Halle (um 1237–1306) 52, 111
  Jeu de Robin et Marion (Pastoralspiel) 52, 111
Adorno, Theodor Wiesengrund (1903–1969) 187, 287f., 312
  Dissonanzen. Musik in der verwalteten Welt (Göttingen 1956) 287
Affekt, affektiv 15, 17, 21, 27, 84, *102*, 111, 113, 129f., 133f., 138, 140–142, 153f., 156, 162, 225
Affektenlehre 131, 133ff., 144, 154, 178, 185, 263
Agitprop-Song 312
d'Agoult, Marie Catherine Sophie (1805–1876) 219
Akademie 23, 84, 111, 152
Alba/Aube 54
Albrecht V. von Bayern (1528–1579) 94, 97, 200
Aleatorik 309
d'Alembert, Jean Le Rond (1717–1783) 153
Alkan, Charles Henry Valentin (1813–1888) 268
Allegri, Gregorio (1582–1652) 117
Alleluja 31, 49
Allemande 188, 252
Alterationen 63
alteriert 17
Altes Testament 104, 202
Amati, ital. Geigenbauerfamilie (16./17. Jh.) 121
Ambrosius, Bischof von Mailand (339–397) 31, 48
Amerika 261f., 295, 297
Amerikanisierung 283, 288
Anna Amalie, Prinzessin von Preußen (1723–1787) 239
Anonymus IV (13. Jh.) 68
Antike 13, 23, 25, 29f., 33, 35, 47, 86, 89, 110, 125, 128, 136f., 150, 152, 155, 186, 245, 257, 295
Antiphon 31
Antwerpen 102
Arabeske 86
Arabien, arabisch 54, 265
Arie 113, 127, 131f., 141f., 144, 178, 202, 236
Arion (um 600 v. Chr.) 19, *150*
Aristoteles (384–322 v. Chr.) 12, 20, 21
Aristoxenos (um 354–300 v. Chr.) 20
Arrangement 175
Ars antiqua 71, 99
Ars gallica 258
Ars nova 71, 73, 77, 99, 145
Ars subtilior 77, 86
Artusi, Giovanni Maria (1540–1613) 108, 146
  Delle imperfettioni della moderna musica ragionamenti due (1600) 146
Ästhetik 22, 136, 152, 163, 167, 181, 186, 227f., 234, 256, 263
ästhetisch 85, 87, 147, 160, 166, 168, 171, 192, 201, 239, 243
Atonalität 17, 297, 303
Auber, Daniel-François-Esprit (1782–1871) 209
  La muette de Portici (1828) 209

Aufklärung 153, 154, 160, 227, 278, 287
Aus fremden Landen komm ich her (Bänkellied) 105
Avantgarde 85, 270, 302, 313, 333

Bach, Carl Philipp Emanuel (1714–1788) 156, 158ff., *163*, 166, 168f., 175, 214, 225, 239
Fantasie c-Moll *163*
Versuch über die wahre Art das Clavier zu spielen (2 Bde., Berlin 1753/1762) 160, 169
Bach, Johann Sebastian (1685–1750) 81, 97, 107, 127, 143f., 156, 165f., 176, 189ff., 202, 204, 212, 220–222, 224, 238, 240ff., 248ff., 261, 295, 322, 324, 326
Goldberg-Variationen, BWV 988 (gedr. 1742) 176, 190
Gott ist mein König, BWV 70 (1708) 97
h-Moll-Messe (1733–50) 144, 240
Die Kunst der Fuge (bis 1750) 191
Matthäus-Passion 126, 144, 239, *241*
Wohltemperiertes Klavier (1722 und 1739–42) 131, 191, 224, 239, 250
Bach, Wilhelm Friedemann (1710–1784) 159, 212f.
Bach-Bewegung 240
Bach-Rezeption 198
Bad Godesberg 237
Badarzewska-Baranowska, Tekla (1834–1861) 223
Gebet einer Jungfrau (1851) 223
Balada, Ballade 54, 80
Ballad opera 180
Ballet de cour 137
Ballet russes 302
Ballett 112, 302
Bardi, Giovanni Maria de, Conte di Vernio (1534–1612) 24, 110
Bar-Form 58
Barock 52, 91, *102*, 112, 124, 128, 132, 149, 156, 200, 206, 228
Bartók, Béla (1881–1945) 303
Bartolino da Padova (um 1365–1405) 77
Basel 121
Bass[us] 82
Baudelaire, Charles (1821–1867) 258
Bayern 94, 96
Bayreuth 236, 237, 257, 258, 291, 322
Bayreuther Festspielhaus 234
Beaumarchais, Pierre-Augustin (1732–99) 182
Beer, Johann (1655–1700) 149ff., 166
Musicalische Discurse (Nürnberg 1719) *151*
Beethoven, Ludwig van (1770–1827) 186f., 191, 194, 198f., 206, 208, 214, 220ff., 228, 230f., 243f., 247–250, 254, 257, 259, 261, 265, 276, 277, 286, 305, 312, 336
Appassionata, Sonate op. 57 199
Diabelli-Variationen op. 120 182
Eroica, Symphonie Nr. 3 Es-Dur op. 55 (1804) 187, 206, 231, 243, 258
Eroica-Variationen op. 35 (1802) 199
Fidelio (3 Fassungen: 1805, 1806, 1814) 208
Klaviersonate op. 111 247
Sturmsonate, Klaviersonate op. 31,2 244
Mondscheinsonate, Sonata quasi una Fantasia op. 27, Nr. 2 199
Streichquartett cis-Moll, op. 131 244
Pastorale, Symphonie Nr. 6 F-Dur op. 68 (1808) 187, 230, 243, 265

Schlacht bei Vittoria (1813) 277
Schicksalssymphonie, Symphonie Nr. 5 c-Moll op. 67 (1808) 228
Symphonie Nr. 9 d-Moll, op. 125 (1824) 243, 248
Belcanto 25
Belgien 209
Belli, Domenico (gest. um 1627) 162
Benedetti-Michelangeli, Arturo (geb. 1920) 300
Benjamin, Walter (1892–1940) 256, 290
Berendt, Joachim Ernst (1922–2000) 14
Nada Brahma – die Welt ist Klang (1983) 14
Berg, Alban (1885–1935) 303
Berio, Luciano (1925–2003) 322
Berlin 175, 190, 191, 208, 229, 239, 240, 260
Berliner Liederschulen 177
Berliner Philharmoniker 197, 326
Berlioz, Hector (1803–1869) 209, 230–232, 244, 264
Symphonie fantastique op. 14 (1832) 230, 231, 244, 264
Die Trojaner (1899); Text Berlioz nach Vergil 209
Bernhard, Christoph (1628–1692) 148
Bernstein, Leonard (1918–1990) 312
Besseler, Heinrich (1900–1969) 80
Biber, Heinrich Ignaz Franz (1644–1704) 122
Battaglia 122
Rosenkranzsonaten – »Mysterien-Sonaten« für die Rosenkranzandacht (um 1675) 122
Biographie 215, 220, 240
Bizet, Georges, eigentl. Alexandre César Léopold (1838–1875) *271*
Carmen, Oper (1875) *271*
Blow, John (1649–1708) 136
Boethius, Anicius Manlius Torquatus Severinus (480–524) 21
böhmisch 198, 259, 265
Bononcini, Giovanni (1670–1747) 143
Bordun 63
Boulez, Pierre (geb. 1925) 306, 321
Brahms, Johannes (1833–1897) 81, 187, 223, 229, 242 f., 247–249, 258, 261, 277
Ein Deutsches Requiem (1868) 223, 242
Triumphlied (1870/71) 277
Brecht, Bertolt (1898–1956) 274
Broadway 262
Bruckner, Josef Anton (1824–1896) 249
Symphonie Nr. 8 c-Moll (1884–87, Neufassung 1889/90) 250
Brunelleschi, Filippo (1377–1446) 90
Brüssel 209, 323
Buchstabennotation 25, 41
Bülow, Hans von (1830–1894) 45, 250
Bungert, Friedrich August (1845–1915) 237
Burckhardt, Jacob (1818–1897) 87
Die Kultur der Renaissance in Italien (1870) 87
Bürgertum 176, 178, 180, 204, 205
Burgund 93
Busoni, Ferruccio (1866–1924) 45
Buxheimer Orgelbuch (um 1470) 116
Buxtehude, Dietrich (1637–1707) 127, 250, 281
Byzanz 92

Caccini, Giulio (um 1550–1618) 109
Nove musiche (1602) 109
Cäcilianismus 229
Cadenbach, Rainer (geb. 1944) 306

Caffarelli, eigentl. Gaetano Majorano (1710–1783) 141
Cage, John (1912–1992) 262, 292, 310
4'33" (1952) 310
Calvin, Johannes, eigentl. Jean Caurin (1509–1564) 32, 104
»cantar parlando – parlar cantando« 110
Cantatorium 38
Cantus firmus 42, 64f., *66*, 68–73, 75f., 82, 90, 99, 147
Canzone 188
Carestini, Giovanni, gen. Cusanino (um 1705 – um 1760) 141
Carissimi, Giacomo (1605–1674) 144, 148
Carmina Burana (Sammlung mittelalterlicher Vagantenlieder aus der Abtei Benediktbeuren, um 1250) 59
Caserta, Anthonello da (14./15. Jh.) 77
Cavalieri, Emilio de' (1550–1602) 113
Favole pastorali 113
Rappresentazione di Anima e di Corpo (Rom 1600) 113
Cavalli, Francesco, eigentl. Pier Francesco Caletti-Bruni (1602–1676) 137
Cesti, Marc' Antonio, eigentl. Pietro (1623–69) 137
Chanson à Toile 54
Chanson de Croisade 54
Chanson de Geste 54
Chanson 54, 55, 91
China, chinesisch 14, 15
Chopin, Frédéric (1810–1849) 259, 305
Chor 113, 140, 177f., 180, 201, 204f., 222, 240, 243
Choral 34, 37, 40, 58, 96, 202, 240, 349
Choralbearbeitungen 118
Chorsatz 177, 202, 204f.
Chrétien des Troyes (um 1120–1180) 55
chromatisch 16, 130, 161, 234, 236
Ciconia, Johannes (1335–1411) 77
Cimarosa, Domenico (1749–1801) 178
Ciurlionis, Mikolajus Konstantinas (1875–1911) 321
Club of Rome 238
Codex Manesse (nach 1300) *56f.*, 58
Collage 298
Color 82
Commedia dell'arte 179
Concerto grosso 189
Conductus 70
Copland, Aaron (1900–1990) 261
Corelli, Arcangelo (1653–1713) 189
Corsi, Jacopo (1561–1604) 122
couleur historique 266
couleur locale 266
Courante 188
Cremona 121
Cross-over-Programme 333

Dahlhaus, Carl (1928–1989) 187, 248
Dallapiccola, Luigi (1904–1975) 298
Daniel, Arnaut (1150/1180–1210) 55
Danzig 116
Darmstädter Ferienkurs 321
David, israelitischer König (um 1004/3–965/964 v. Chr.) 28, 33
Debussy, Claude Achille (1862–1918) 258, 262, 268
Der critische Musicus (Zeitschrift in Berlin und Leipzig) 175
Descartes, René (1596–1650) 128, 129
Traité des passions de l'âme (1649) 128

deutsch, Deutschland 113, 120, 131, 135, 165, 170, 177, 181, 183, 187, 208, 221, 238, 242, 249f., 252–259, 261, 279, 282, 284, 287, 295, 297–299, 303
Deutschlandlied 278
Diabelli, Anton (1781–1858) 221
Diaghilew, Sergej Pawlowitsch (1872–1929) 302
Diastema 39, *41*
Diatonik, diatonisch 15, 20f., 63, 72, 107
Dichtung 24, 27, 49f., 58, 76, 78, 80, 100f.
Dickinson, Emily (1830–1886) 262
Diktatur 274, 282, 294f., 299, 313
diminuieren 117f.
Dissonanz, dissonantisch 14, 17, 62, 68, 100, 107f., 110, 128, 130, 132, 148, 176, 303
Distler, Hugo (1908–1942) 283, 296
Cembalokonzert op. 14 (1936) 296
Dixieland 261
Dodekaphonie 283, *284*, 297, 298, 306, 316
Donaueschingen 58
Donaueschinger Musiktage 321
Doppel-Motette 75
Dowland, John (1562–1626) 124, 134
The first booke of songes or ayres (I 1597, II 1600, III 1603) 134
Draeseke, Felix (1835–1913) 237
Christus, Oratorium (1899) 237
Drama 24f., 163, 232, 237, 244–446, 302
Dramaturgie 51, 112, 136, 141, 179, 183
dramaturgisch 111, 155, 209, 254, 255, 272
Dramma per musica 137
Dreißigjähriger Krieg 123f., 148
Dresden 94, 96, 112, 123ff., 230, 245, 255, 325
Dresdner Hofkapelle 125, 148, 207
Dublin 116
Duett 64, 138
Dufay, Guillaume (um 1400–1474) 90f., 322
Nuper flores rosarum (1436) 90
Dunstable, John (1380–1453) 89f.
Duplum 76
Durante, Francesco (1684–1755) 143
Durchführung 193f., 196

Ecosaisse 252
Eggebrecht, Hans Heinrich (1919–1999) 263, 312
Eichendorff, Joseph von (1788–1857) 296
Einheitsaffekt 131, 144
Einsiedeln 43f.
Einstimmigkeit 51, 99
elektronische Musik 304, 308
Emerson Lake & Palmers 326
Emigration 295, 299
Empfindsamkeit 186
England, englisch 134, 136, 143, 150, 167, 181, 201, *202*, 214, 239, 252
enharmonisch 13, 110
Entartete Kunst *284*
Epos 27
Erster Weltkrieg 260, 273f., 281
Esercizi 176
Estampie 49
Esterházy von Galántha, Paul Anton (1711–1762) 195
Ethik, ethisch 15, 18
Euripides-Fragment 16
Evangelium 49
Exil 296–298, 308
Eximeno, Antonio Pujades (1729–1808) 156
Dell'Origine e delle regole (1774) 156
Exposition 193f., 196

Fantasie 156, 159f., *163*, 190, 194
Farbklavier 321
Farina, Carlo (um 1600–1640) 123
Capriccio stravagante 123
Farinelli, eigentl. Carlo Broschi (1705–1782) 141
Fauré, Gabriel-Urbain (1845–1924) 258
Ferrari, Luc (geb. 1929) 304
Festmusik 144
Festspielhaus 237, 257, 278, 301f., 322
Fétis, François-Joseph (1784–1871) 330
Figur 133
Figuralmusik 33, 202
Figuration 189
Figurenlehre, musikalische 133
Fin de siècle 258
Finscher, Ludwig (geb. 1930) 195
Flamenco 329
Flexa 30
Florentiner Camerata 111
Florentiner Codex 116
Florenz 90, 110
Dom 90, 322
Flötenschule 175
Folklore 267, 279, 333
Foreman, Milos 198
Amadeus 198
Forkel, Johann Nikolaus (1749–1818) 186, 212, 240
Form 148, 188, 191, 199, 247f., 263f., 274, 286f., 291f., 296, 298f., 320, 324
Formalismus 284, 295
Formenlehre 191
Franco von Köln (Mitte des 13. Jh.) 78
Frankfurt am Main 14
Frankreich, französisch 111, 112, 137, 155, 163, 188, 221, 236, 239, 244, 251–253, *255*, 257f.
Französische Revolution 205, 257
Frauenlob *s.* Heinrich von Meißen
Frescobaldi, Girolamo (1583–1643) 120
Friedrich II. »der Große« (1712–1786) 169
Fuge 188, 190f., 194, 322
Fugger 96
Fukuyama, Francis (geb. 1952) 332
Furtwängler, Gustav Ernst Heinrich Wilhelm (1886–1954) 297
Fux, Johann Joseph (1660–1741) 107

Gabrieli, Andrea (um 1510–1586) 89, 92f., 120
Gabrieli, Giovanni (1554/57–1612) 92f., 120
Gade, Niels Wilhelm (1817–1890) 259
Galanter Stil 195
Galanterie 186
Galilei, Galileo (1564–1642) 14
Ganassi dal Fontego, Silvestro (1492 – um 1550) 117
Fontegara (1535) 117
Gassenhauer 106, 179
Gaultier/Gautier, Denis (1603–1672) 124
Gautier de Coinci (um 1178–1236) 56
Gay, John (1685–1732) 180, 224
The Beggar's Opera (1729) 180, 224
Gebrauchsmusik 188
Generalbass 120
Generalbasszeitalter 110
Gershwin, George (1898–1937) 261f.
Gerstenberg, Heinrich Wilhelm von (1737–1823) 163, 166
Gesamtkunstwerk 25, 237, 239
Gesangbuch 104
Gesangverein 205
Gesualdo, Don Carlo, Fürst von Venosa (um 1560–1613) 162
Gigue/Jig 188, 252

Glass, Philip (geb. 1937) 252
Gluck, Christoph Willibald von (1714–1787) 156, 178
Goethe, Johann Wolfgang von (1749–1832) 195, 232, 244–246
Faust (2 Teile: 1808, 1831) 146, 195
Goldener Schnitt 90
Goldenes Alphabeth 28
Gospel 262, 312
Gossec, François Joseph (1734–1829) 205
Gould, Glenn (1932–1982) 300
Gounod, Charles (1818–1893) 224
Ave Maria, eigentl. *Méditation sur le 1er prélude de Bach* (1859) 224
Gradual(-Responsorium) 31
Grand opéra 209, 210, 218, 224, 254, 259
Graupner, Johann Christoph (1683–1760) 143
Gregor I., Papst (um 540–604) 36f.
Gregorianik, gregorianisch 38, 44, 48, 51, 64, 68f., 73, 76, 82, 204
Gregorianischer Choral 36f., 40, 43, 99
Grétry, André-Ernest-Modeste (1741–1813) 205
Grieg, Edvard (1843–1907) 259
Guarini, Battista (1538–1612) 101, *103*
Il pastor fido (1602) *103*
Guido von Arezzo (um 992–1050) 39, 64
Micrologus de disciplina artis musicae (um 1025) 64
Guillaume IX. d'Aquitaine (1071–1127) 55
Gurlitt, Wilibald (1889–1963) 281

Halm, August (1869–1929) 249
Hambraeus, Bengt (geb. 1928) 308
Interferenser 308
Hamburg 126, 135, 281
Händel, Georg Friedrich (1685–1759) 143f., 165, 167, 178, 180f., 185, 200–202, 204, 219, 221f., 224
Coronation Anthems 201f.
Alexanderfest – Die Macht der Musik (1736); nach J. Drydens *Ode for Cecilia's day* 185, 204
Messiah (1741) 167, 202, 204
Handke, Peter (geb. 1942) 314
Publikumsbeschimpfung (1966) 314
Hanslick, Eduard (1825–1904) 186, 243, 263
Vom Musikalisch-Schönen (1854) 186, 243
Harmonie der Sphären (Sphärenharmonie) 12
Harmonie 177, 183, 230
Harmonik 134, 177, 194, 234
harmonisch 190, 193, 205, 259, 264, 267, 280, 298
Hartker, Benediktinermönch in St. Gallen (um 986) 48
Hartmann von Aue (gest. um 1215) 56
Hartmann, Karl Amadeus (1905–1963) 297
Hasse, Johann Adolf (1699–1783) 143
Hassler, Hans Leo (1564–1612) 96, 281
Haydn, Franz Joseph (1732–1809) 158, 168, 186, 194f., 198, 214, 276
Abschiedssymphonie, Symphonie Nr. 45 fis-Moll (1772) 276
»Londoner« Symphonien 195
»Pariser« Symphonien 195
Quartette op. 1 (1755–60) 195
Quartette op. 33 (1781) 195
Quartette op. 76 (1796/97) 195
Heidelberg 58
Heidelberger Liederhandschrift s. Codex Manesse
Heine, Heinrich (1797–1856) 208, 232
Heinichen, Johann David (1683–1729) 154

Heinrich von Meißen, gen. Frauenlob (1250–1318) *57*, 58
Heinse, Johann Jakob Wilhelm (1746–1803) 176, 322
Henry, Pierre (geb. 1927) 304
Hermannus Contractus (1013–1054) 39
Hesiod (um 700 v. Chr.) 11
Heterophonie 62
Hexachord 63
Hilarius von Poitiers (315–367) 31
Hildegard von Bingen (1098–1179) 50–53, 60
Ordo virtutem 51f.
Hiller, Johann Adam (1728–1804) 179, 204
Hindemith, Paul (1895–1963) 274, 302, 306, 308
Neues vom Tage (1929); Text M. Schiffer 302
Hitler, Adolf (1889–1945) 286
Hoffmann, Ernst Theodor Amadeus (1776–1822) 228–231, 233, 256, 267, 322
Undine (1816) 228, 231
Hofmannsthal, Hugo von (1874–1929) 273
Homer (Ende des 8. Jh. v. Chr.) 27
Ilias 27
Odyssee 27
Honegger, Arthur (1892–1955) 268, 275
Pacific 231 (1924) 269
Horaz (65–8 v. Chr.) 54
Hufnagel-Notation 42
Huizinga, Johan (1872–1945) 88
Herbst des Mittelalters (1919) 88
Huldigungsmusik 96, 144, 201, 277
Hymne 206, 278, 286,
Hymnus 24, 27, 31, 32, 51

Impressionismus 267f.
»impurum & lascivum« 107
In dulci jubilo 32
Indien, indisch 14, 16, 34, 329
Industrialisierung 289
Industrielle Revolution 266
d'Indy, Vincent (1851–1931) 258
Innsbruck, ich muss dich lassen (Gesellenlied) 105
Instrumentalmusik 23, 25f., 49, 164, 176, 185, 187–189, 206, 228, 234, 264, 275
Intermezzo 272
Interpret 45–47, 156, 219, 220, 309, 310, 317, 325–328, 330, 332f.
Interpretation 38, 40, 44–46, 51, 59, 89f., (99), 101, 108, 156, 158, 160, 162, 169, 191, 194f., 208, 216, 231f., 252, 279, 290, 295, 300f., 310, 328
Interpretationsausgaben 45
Intervall 12, *13*, 20, 30, 39, 61–64, 100, 122, 129–131, 152, *320*
Isorhythmie 82, 84, 86, 88, 90
Italien, italienisch 94, 107, 111, 113, 120, 124, 137, 143f., 148, 155, 160, 169, 198, 221, 236, 251–254, *255*, 198
Ives, Charles Edward (1874–1954) 262

Jacobus von Lüttich (um 1260–1330) 71
Jacopone von Todi (1230–1306) 50
Stabat mater 50
Jahnn, Hans Henny (1894–1959) 281
Janitscharen-Musik 265
Jazz 261, 262, *284*, 297, 298
Jazz-Messe 312
Jean Paul, eigentl. Johann Paul Friedrich Richter (1763–1825) 322
Jennens, Charles (1700–1773) 167
Johannes de Garlandia (um 1190–1272) 71
Johannes XXII., Papst (1245–1334) 71
Johannesevangelium 11

Jommelli, Niccolò (1714–1774) 143
Josquin Desprez (auch: de Prez, um 1440–1521) 84, 91, 99f., 161
Jugendbewegung 282
Juli-Monarchie 238, 259
Juli-Revolution 220
Junges Deutschland 232, 259

Kagel, Mauricio Raúl (geb. 1931) 308
Improvisation ajouteé 308
Kammermusik 56, 76, 85, 148, 195, 196, 198, 204, 207, 222, 236, 239, 244, 248, 258
Kandinsky, Wassily (1866–1944) 322
Kant, Immanuel (1724–1804) 153, 186
Kantate 127, 130, 143, 165, 212f., 286
Kantilenensatz 80
Kapelle, fürstliche 102, 123
päpstliche ~ 103, 117
Karl der Große (768–814) 37, 40
Karl der Kühne (1432–1477) 88
Kassel 96
Kastrat 141, 180
Kayser, Hans (1891–1964) 14
Vom Klang der Welt (Zürich 1937) 14
Keiser, Reinhard (1674–1739) 135
Kepler, Johannes (1571–1630) 14
Harmonices mundi (Linz 1619) 14
Kerle, Jacobus de (1531/32–1591) 106
Preces speciales (1562) 106
Kiesewetter, Raphael Georg (1773–1850) 89
Kirchenlied 177
Kirchenmusik 28, 32, 56, 73, 105, 107, 109, 117, 118, 127, 143, 147f., 177, 201f., 228f., 250, 282, 309, 312
anglikanische ~ 201
Kirchenton 30, 37f.
Kircher, Athanasius (1602–1680) 14, 148, 162, 252
Musurgia universalis (Rom 1650) 14, 148
Kirnberger, Johann Philipp (1721–1783) 239
Kittel, Kaspar (1603–1639) 124
Operetta prima (1638) 124
Kjerulf, Halfdan (1815–1868) 259
Klassik 86, 186, 195, 296
klassisch 45, 86, 92, 113, 189, 192, 195, 225f., 244, 247, 249, 259, 291, 296–298, 302
Klassizismus 186f., 226, 243, 292
Klauseln 68, 70
Klavierauszug 175
Klavierschule/Clavierschule 175
Klavierübung/Clavierübung 176
Klee, Paul (1879–1940) 321
Kleiber, Carlos (geb. 1930) 300
Klopstock, Friedrich Gottlieb (1724–1803) 159, 204
Köln 129
Koloratur 113, 117
Koloraturgesang 178
Komödie 111, 138
Konsonanzen 12, 14, 62, 68, 100f., 110, 128, 130, 163
Kontrapunkt 64, 99, 101f., 107, 117, 129
Kontrapunktlehre 14, 129
Konzert 93, 109, 131, 174f., 185, 189–191, 193, 207, 215f., 219f., 278, 282, 292, 300, 309, 324, 326, 328
geistliches ~ 107
Konzertouvertüre 245
Konzertsaal 175, 204, 227, 300, 311
Konzil von Trient 104, 106f., 145
Kopernikus, Nikolaus (1473–1543) 14
Kraftwerk 326
Krause, Christian Gottfried (1719–1770) 154

Krenek, Ernst (1900–1991) 303
Jonny spielt auf (1927) 303
Krieger, Johann Philipp (1649–1725) 135
Krönungshymne 202
Kugelhaus 323
Kultur 14–16, 26, 34, 37, 52, 59, 83, 85, 87f., 91, 93, 97f., 124f., 179, 182, 198, 205, 207, 215, 224, 228, 253, 266f., 279, 288, 297, 308, 313, 329f., 332
Kunstlied 262

La Pellegrina (1589) 112
Lachenmann, Helmut Friedrich (geb. 1935) 322
Lai (auch: Laich) 49, 80, 81
Lai de la fonteinne 81
Laienmusikbewegung 282
Lamartine, Alphonse de (1790–1869) 264
Lamentation/Planche 54
Ländler 183
Langton, Stephan (1150–1228) 50
Veni sancte Spiritus 50
Laon 43
Lasso, Orlando di (um 1532–1594) 94, 95, 97, 111, 161
Bußpsalmen (*Psalmi poenitentiales*, 1584) 95, 97
Le Corbusier (1887–1965) 323
Die Lehre von der musikalischen Komposition (4 Bde., Berlin 1837ff.) 187
Leibniz, Gottfried Wilhelm von (1646–1716) 152
Leipzig 172, 175, 179, 212f., 231, 233, 259
Gewandhaus 172
Konservatorium 250, 259
Leitmotiv 234, 236, 258
Leonin (um 1180) 68f.
Libretto 111–114, 131, 137f., 140, 178, 181, 183, 265
Lied 15, 32, 35, 54, 59, 83, 104–106, 111, 113, 176f., 180, 204–206, 214, 223, 232, 296, 313f.
politisches ~ 205
Kampflied 205
Liedertafel 177
Liedsatz 80, 88, 116
Ligeti, György (geb. 1923) 306, 308
Atmosphères (1961) 320
Volumina für Orgel (1962, rev. 1966) 308
Liszt, Franz (1811–1886) 45, 208, 215f., 219–221, 242, 244–247, 249, 261, 264, 268, 286
Faust-Symphonie (1857) 246
Hamlet (1858) 245
h-Moll-Sonate (1853) 153, 185, 247
Les préludes (1854) 264
Tasso (1849) 245
Literatur 24, 50, 137, 149
Liturgie 31–33, 36–38, 43, 47–52, 58, 65, 75, 101f., 104ff., 110f., 127, 164, 171, 202, 250, 312
Lobgesang 51
Locke, Matthew (1630–1677) 136
London 114, 219, 224
Lortzing, Gustav Albert (1801–1851) 230
Loussier, Jaques (geb. 1934) 326
Lübeck 126
Ludwig XIV. von Frankreich (1638–1715) 137
Lully, Jean-Baptiste, eigentl. Giovanni Battista Lulli (1632–1687) 137, 156
Luther, Martin (1483–1546) 32, 58, 99, 104, 105, 161

Ma, Yo-Yo (geb. 1955) 324
Machau(l)t, Guillaume de (um 1300–1377) 78, 80–83
Ma fin est ma commencement 83

Missa de Notre Dame (um 1340) 82
Mächtiges Häuflein 260
Madrigal 17, 97, 101f., 104, 108f., 111, 116, 131, 146f., 161f.
Madrigalbuch 107
Magnus Liber 68
Mahler, Gustav (1860–1911) 273, 312
Mailand 43, 64, 231
Mallarmé, Stéphane (1842–1898) 258
Malraux, André (1901–1976) 330
Manier 222
Manierist 147, 159
Mann, Thomas (1875–1955) 295f., 312
Der Tod in Venedig (1913) 312
Männerchor 205
Männergesangverein 177f.
Mannheimer Schule 198
Marchand, Louis (1669–1732) 221
Märchenoper 231
Marino, Giambattista (1569–1625) 101
Marpurg, Friedrich Wilhelm (1718–1795) 190
Abhandlung von der Fuge (Berlin 1753/54) 190
Marsch 277
Marschner, Heinrich August (1795–1861) 230, 231
Der Vampyr (1828) 231
Marseillaise 209
Marx, Adolf Bernhard (1795–1866) 187, 240
Mascagni, Pietro (1863–1845) 231, 272
Cavalleria rusticana (1890) 231, 272
Mattheson, Johann (1681–1764) 148, 150, 152, 154
Critica musica (1722–1725) 150f.
Der vollkommene Capellmeister (1739) 148
Orchestre-Schriften (1714–1719) 150
Maxim-Gorki-Theater *241*
Mediatio 30
Medici, Ferdinando de' (1549–1609) 112
Mehrstimmigkeit 45, 59, 61–63, 66, 74, 77, 109, 167
Méhul, Étienne Nicolas (1763–1817) 205
Mein Gmüth ist mir verwirret 105
Meistersinger 58, 59
Melisma 37, 49, 64, 65
Melodie, melodisch 20, 25, 32, 35f., 38f., 43f., 49, 61–64, 68f., 82f., 100, 105, 117f., 133, 176f., 189, 195, 208, 215, 234, 236, 246, 249, 259, 264
Melodieformel *40*
Melodik 223
Melos 58, 265ff.
Mendelssohn Bartholdy, Felix (1809–1847) 208, 232, 239–243, 245, 250
Lieder ohne Worte 233
Mensuralnotation 45, 323
Menuett 183
Merula, Tarquinio (1590–1665) 120
Messe 28, 49, 83, 92, 100, 106f., 228
Messiaen, Olivier (1908–1992) 306
Metastasio, Pietro (1698–1782) 137f., *139*, 155
Metz 4
Meyerbeer, Giacomo (1791–1864) 209, 219, 231, 254–256
Meyerhold, Wsewolod Emiljewitsch (1874–1940) 274
Michelangelo Buonarroti (1475–1564) 88
Micheli, Romano (um 1575 – um 1659) 84
Mielich, Hans (1516–1573) 97
Militärmusik 52, 218

Minimal music 317
Minnesang/-sänger 45, 54, 56, 58f.
Mittelalter/mittelalterlich 29, 47, 77, 88f., 92, 115, 233, 252
Mixturen 64, 287
Mizler, Lorenz Christoph (1711–1778) 84
Modalnotation 68, 69
Moderne, klassische 270, 309, 322
Modus 21, 30f., 37, 68, 70, 153, 334
rhythmischer ~ 70, 82, 329
Moniuszko, Stanislaw (1819–1872) 260
Halka (1848) 260
Monodie 110
Montbuyssont, Victor de (1575–1638) 124
Monte, Philippe de (1521–1603) 94
Monteverdi, Claudio (1567–1643) 97, 108, 113, 121, 137, 146, 147, 161f.
Madrigalbuch Nr. 8 (1638), enthält *Combattimento* 121
L'Orfeo (1607) 97, 113
Moritz, Karl Philipp (1756–93) 176
Moritz, Landgraf von Hessen (1572–1632) 96
Mossolow, Aleksandr Wassilijewitsch (1900–1973) 269
Motette 75–77, 82f., 86, 88, 90f., 99, 100, 102, 104, 109, 116, 161, 228, 240, 322
Motetus 76
Mozart, Leopold (1719–1787) 176, 181, 211
Mozart, Wolfgang Amadeus (1756–1791) 167, 181–184, 186, 194, 198, 204, 211f., 277, 286
Così fan tutte (1790) 183f.
Die Entführung aus dem Serail (1782) 182
Dissonanzenquartett (1785) 198
Don Giovanni (1787) 167, 183
Figaros Hochzeit (*Le nozze di Figaro*, 1786) 182
Idomeneo (1781) 181
München 94, 123, 161
Music, corporeal *331*
Musica enchiriadis 63
Musica humana 18
Musica impegnata 298
Musica instrumentalis 18
Musica mensurata 72
Musica mundana 18
Musica poetica 132f.
Musica practica 132
Musica reservata 97
Musica theoretica 132
Musical 224, 262
Musikdrama 17, 224, 236, 238, 242, 246, 248, 250, 254, 258f.
Musikfest 205, 210, 222
Musikkritik 228
Musiktheater 113, 135–138, 144, 155, 171, 178–181, 201, 210, 236f., 262, 273f., 283, *306*
Musiktheorie 104, 107, 133, 186f.
Musique concrète 270, 304
Musique d'ameublement 317
Musique humanitaire 330
Mussorgski, Modest Petrowitsch (1839–1881) 260, 268
Muzak 317
Mythologie 78, 136f., 155, 256, 274, 287

Nancarrow, Conlon (1912–1997) 303
Napoleon Bonaparte (1769–1821) 183, 258, 265
Nation 200f.
Nationalmusik *202*, 242
Nationaloper 208, 259, 277
Nationalsozialismus 256, 274, 280, 282–284, 286–288, 294, 296, 299
Neidhart von Reuenthal (gest. um 1245) 56
neoklassizistisch 282

Nero, röm. Kaiser (37–68 n. Chr.) 113
Neue Musik 283, 321, 323, 326
Neue Sachlichkeit 282
Neumeister, Erdmann (1671–1756) 127
Neumen 36, 38–40, 42–44, 48
Neuzeit 12 f., 17, 128, 162, 239, 252, 330
New Age 292
New Orleans 261
Niederlande 93, 120, 126
Nielsen, Carl August (1865–1913) 259
Nietzsche, Friedrich (1844–1900) 258
North, Roger (1653–1734) 153
Notation 25, 35, 38–40, 42–46, 55 f., 70 f., 77, 106, 228, 309
Notker Balbulus (um 840–912) 48 f.
Notre Dame 66, 68 f., 75
Nürnberg 102

O Haupt voll Blut und Wunden 105
O Welt, ich muss dich lassen 105
Ockeghem, Johannes (um 1410 – um 1497) 84, *91*
Oden 27
Offertorium 31
Officium 30
Oper 24, 54, 111–114, 127, 131, 135–137, 141–144, 147 f., 166, 168, 178–183, 208 f., 215, 218–220, 224, 228, 230, 236, 246, 255 f., 259 f., 262, 265, 273, 291, 296 f., 301, 303, *306*, 311, 322, 326
opera buffa 138, 179
opera comedie 144
opéra comique 259
opera seria 137 f., 142–144, 155, 178, 179
Operette 224, 262, 283
Opernakademie 180
Opernhaus 135, 256, 265, 299, 321
Opernouvertüre 248
Opitz, Martin (1597–1639) 113
  Buch von der deutschen Poeterey (1624) 113
optimus discantor 69
optimus organista 68
opus primum 102
Oratorium 113, 131 f., 144, 181, 201 f., 204, 206, 222 f., 237, 239, 312
Orff, Carl (1895–1982) 283, 287 f.
  Carmina Burana (1937) 287
  Die Kluge (1943) 288
organal 101
Organum speciale 65
Organum 64, 70, 75 f.
Orgelmusik 239
Ornamente 43, 62, 64, 106, 116, 118
Oswald von Wolkenstein (1377–1445) 58
Ottoneum 96
Ouvertüre 174, 206
Ovid (43 v. Chr. – um 17 n. Chr.) 54
  Metamorphosen 112

Paganini, Niccolò (1782–1840) 216
Palestrina, eigentl. Giovanni Pierluigi (um 1525–1594) 106 f., 148, 161, 211, 213, 228, 248, 267
  Missa Papae Marcelli (um 1562) 107, 161
Palestrina-Stil 204, 250
Parallelismus membrorum 29
Paris 66, 69, 75, 92, 155, 181, 208 f., 218 f., 231, 254 f., 277, 292, 302, 308, 317
Pariser Bohème 239
Parodie 174, 198, 224
Partch, Harry (1901–1976) 331
  The Dreamer that Remains (1972/73) *331*
Partita 176, 189
Passion 105, 125, 144, 202, 239, 240

Passionsoratorium 144
Pastoral 54, 202
pentatonisch 15
Pepping, Ernst (1901–1981) 294, 297
Pepusch, John Christopher (1667–1752) 180, 224
The Beggar's Opera (1729) 180, 224
Pergolesi, Giovanni Battista (1710–1736) 143, 155
La serva padrona (1752) 155
Peri, Jacopo d'Antonio (1561–1633) 112
Perotinus Magnus (Perotin, um 1160/79 – um 1210/20) *67*, 69f.
Petrarca, Francesco (1304–1774) 101
Petrucci, Ottaviano (1466–1539) 94
Petrus de Cruce (um 1250 – um 1300) 77
Philipp der Gute (1396–1467) 88
Philippe de Vitry (1291–1361) 71, 73
Ars nova (1322) 230
Philips, Peter (1560/61–1628) 147
Piccinni, Niccolò Vito (1728–1800) 156
Pierre de la Rue (1460–1518) 84
Pius IX. (1792–1878) 220
Platon (427–347 v. Chr.) 18, 20, 109
Polen 123, 252, 260
Polonaise 252
polyphon 99, 101, 116, 148, 190, 194
Polyphonie 71, 84, 109, 303
Ponte, Lorenzo da (1749–1836) 183
Pop-Musik 288, 324, 326
Posse 224
Potpourri 215
Potsdam 169
Praetorius, Michael (1571/72–1621) 96, 118f., 121, 281
Syntagma musicum (3 Bde., 1615–1619) 118f., *119*, 166, 121
Organologia/Organographia (Bd. 2 seines *Syntagma musicum*) 121
Prag 183
Präludium 194, 224
Presley, Elvis Aron (1935–1977) 288
Prim'uomo 142
Primadonna 142
Privattheater 179
Prokofjew, Sergej Sergejewitsch (1891–1953) 268
Peter und der Wolf (1922) 268
Proportion 12f., 62, 101, 152
Psalm 28, 30, 33, *40*, 92, *94*, 96, 104, 118, 240
Psalmmotette 147
Psalmodie 30f., 45, 93
Psalmton 31, 299
Psalter 30, 104
Ptolemaios, Claudius (um 85–165 n. Chr.) 12
Puccini, Giacomo (1858–1924) 272
La Bohème (1896) 272
Purcell, Henry (1659 [?] –1695) 136
Pythagoras von Samos (um 540–500 v. Chr.) 12, 20, 130
pythagoreisches Komma 130f.

Quadratnotation 42ff.
Quantz, Johann Joachim (1697–1773) 169, 175, 254
Quartett 168, 175
Quincey, Thomas de (1785–1859) 229
Quintett 175, 218

Ragtime 261
Rameau, Jean-Philippe (1683–1764) 156
Rasi, Francesco (1574–1621) 113

Ravel, Joseph Maurice (1875–1937) 268
Realismus 270
Reformation 104, 178
Reformoper 178
Refrain 80, 189
Regensburg 229
Reger, Max (1873–1916) 81, 278
Siegesfeier, op. 145 (1916) 278
Vaterländische Ouvertüre, op. 14 (1914) 278
Reicha, Antoine Josef (1770–1836) 330
Reichsmusikkammer 278
Reizharmonik 17, 281
Renaissance 14, 17, 48, 86ff., 90f., 115, 161, 210, 228, 239, 278, 312
Repercussa 30
Reprise 196
Respighi, Ottorino (1879–1936) 268
Restauration 242, 251
Revue 210
Rezeption 16, 24, 29, 53, 73, 85, 109, 131, 133, 141f., 149f., 153, 181, 185f., 189, 193, 199, 204, 223, 227, 244, 262, 267, 270, 288, 290ff., 314, 317, 320, 323f., 326, 328f.
Rezipient, rezipieren 13, 74, 150, 156, 160, 225, 263, 327, 330
Rezitativ, rezitieren 30f., 110, 113, 132, 141, 202, 236
Rhetorik 99, 108, 133, 185
Rhythmus, rhythmisch 25, 30, 34, 42–45, 56, 61f., 65–67, 69–71, 73, 76f., 82, 88, 223, 236, 252, 265, 270, 287, 303, 314, 320
Ricercar 188
Riemann, Karl Wilhelm Julius Hugo (1849–1919) 261
Riethmüller, Albrecht (geb. 1947) 280
Riley, Terry Mitchell (geb. 1935) 262
Rinuccini, Ottavio (1563–1621) 112
Ritornell 54, 189, 193
Rockkonzert 314
Rockmusik 288, 324, 326
Rockoper 224
Rom 37, 117, 144, 148, 156
Roman de Fauvel (um 1310) 80
Roman 149, 176, 219, 226, 228f., 295, 322
Romantik 134, 167, 176, 186, 207, 220, 226–231, 233, 255f., 263, 267, 272f., 275, 322, 330
Romanus (um 800) 39
Romanus-Buchstaben 40
Rondeau 54, 80, 83
Rosenkranz, Karl (1805–1879) 230
Ästhetik des Hässlichen 230
Rosenroman (*Roman de la rose*, um 1235) 78f., 80
Rossini, Gioacchino Antonio (1792–1868) 208f., 218, 254
Guillaume (*Wilhelm*) *Tell* (1829) 208
Tancredi (1813) 218
Rostock 58
Rousseau, Jean-Jacques (1712–1778) 182
Rubinstein, Anton Grigorjewitsch (1829–1894) 260
Rundfunk 288, 328, 333
Rundgesang 80
Runge, Philipp Otto (1777–1810) 321
Russland 260, 269
Russolo, Luigi (1855–1947) 269

Sachs, Hans (1494–1576) 58
Sacro-Pop 313
Saint-Saëns, Charles-Camille (1835–1921) 258, 268
Karneval der Tiere (1886) 268
Salon 220
Salonmusik 223
San Marco 92, 108
Santi, Raffael (1483–1520) 88
Sarabande 188, 252

Satie, Alfred Erik (1866–1925) 291f., 317
Gymnopédies (1888) 292
Vexations 292
Satz (musikalisch) 83, 88, 99f., 110, 118, 120, 131, 133, 188, 190, 194f., 221, 232, 236, 244–246
Satztechnik, satztechnisch 74, 78, 82, 86, 90, 101f., 107, 108, 143, 145–148, 152, 166, 183, 187, 196, 198f.
Scacchi, Marco (1602–1685) 107, 147f.
Scandello, Antonio (1517–1580) 94
Scarlatti, Giuseppe Domenico (1685–1757) 164, 176, 221
Scarlatti, Pietro Alessandro Gaspare (1660–1725) 143
Schaeffer, Pierre (geb. 1910) 270, 304
Schäferspiel 111
Schallplatte 288
Schauspiel 110, *245*, 274
Schauspielhaus 179
Schauspielmusik 245
Scheibe, Johann Adolf (1708–1776) 156
Scheidt, Samuel (1587–1654) 120, 296
Tabulatura nova (1624) 120
Schein, Johann Hermann (1586–1630) 102, 213
Israelis Brünlein (1623) 102, 104
Schelble, Johann Nepomuk (1789–1837) 240
Scherer, Hans (1525–1611) 136
Schering, Arnold (1877–1941) 244
Schiller, Friedrich (1759–1805) 206, 244
Ode an die Freude 206
Schindler, Anton (1798–1864) 243f.
Schinkel, Karl Friedrich (1781–1841) *241*
Schlager 106
Schmelzer von Ehrenruef, Johann Heinrich (1623–1680) 123
Schnebel, Dieter (geb. 1930) 322
Schneider, Marius (geb. 1903) 15
Schnitger, Arp (1648–1719) 126
Schola 38
Schönberg, Arnold (1874–1951) 17, 187, 248f., 261, 274, 292f., 297, 298, 300f., 303, 306, 321f.
Moses und Aron (1957) 297
Pierrot Lunaire 301
Ein Überlebender aus Warschau (1947) 298
Schop, Johann (gest. 1667) 123
Schopenhauer, Arthur (1788–1860) 233f., 258
Die Welt als Wille und Vorstellung (1819) 233
Schostakowitsch, Dimitri Dimitrijewitsch (1906–1975) 294f.
Schottland 252
Schubert, Franz (1797–1828) 221, 229, 232, 243, 273
Winterreise (1823) 229
Schulz, Johann Abraham Peter (1747–1800) 177
Der Mond ist aufgegangen (1790) 177
Schumann, Robert (1810–56) 229, 231f., 242f., 247f., 273, 305
Neue Zeitschrift für Musik 231, 248
Schütz, Heinrich (1585–1672) *96*, 97, 107, 112, 123, 125, 147f., 211f., 250, 281
Schwanengesang (1671) 125
Symphoniae sacrae (1650) 97
Weihnachts-Historia (1664) 97, 125
Schütz-Gesellschaft 312
Schweitzer, Anton (1735–1787) 179
Alceste, Oper (1773) 179
Schwind, Moritz von (1804–1871) 321

Scordatur 122
Scorpions 326
Scribe, Augustin Eugéne (1791–1861) 209
seconda prattica 108
Seikiloslied 24f.
Sekondarier 142
Semperoper 255
Septuaginta 28
Sequenz 15, 49f.
Sequenzierung 15
Serielle Musik 309f., 316
Shakespeare, William (1564–1616) *163*, 244f.
Shdanow, Alexej Alexandrowitsch (1896–1948) 284
Siefert, Paul (1586–1666) 147f.
Singakademie 177, 240, *241*
Singkreis 281
Singspiel 179ff., 262
Sixtinische Kapelle 118
Sixtus V., Papst (1521–1590) 92
Skala 15, 20f., 63, 280, 329
Skin 315
Skrjabin, Aleksandr Nikolajewitsch (1872–1915) 321
Smetana, Bedřich (1824–1884) 259, 264
Die Verkaufte Braut (1866) 259
Moldau (1874–1879) 264
Sokrates (470–399 v. Chr.) 70
Solokonzert 174, 189
Sonate 93, 176, 185, 187f., 190f., 193f., 199, 213, 222, 244, 249f., 259, 305
Sonatenform 188, 194f., 198, 246
Song 262
Sound 173, 325
Sowjetunion 284, 294
Spanien 252
Sphärenharmonie 13
s. a. Harmonie der Sphären
Spiel, geistliches 171
Spielkreis 281
Spiritual 262, 312
Spitta, Philipp (1841–1894) 250
Johann Sebastian Bach (2 Bde., 1873–1880) 250
Sprechgesang 27
Sprechtheater 27
Squarcialupi, Antonio, eigentl. Antonio del Bessa (1416–1480) 116
St. Gallen 38, 43f., 48
St. Martial 65
St. Petersburger Konservatorium 260
Stalin, Jossif (1879–1953) 284
Stalinhymne 286
Stalinismus 279, 294
Stil, praenestinischer 107
Stile antico 107
stilus ecclesiasticus 107
Stockhausen, Karlheinz (geb. 1928) 306, 320, 323, 326
Stölzel, Gottfried Heinrich (1690–1749) 143
Stradivari, Giacomo Antonio (1644–1737) 121
Strauss, Richard (1864–1949) 268, 273, 174, 178, 195, 296, 299, 302
Aus der Werkstatt eines Invaliden (1943) 296
Elektra (1908) 273
Festmusik zur Feier des 2600jährigen Bestehens des Kaiserreichs Japan (1940) 278
Die Frau ohne Schatten (1918) 273
Intermezzo (1923) 173
Panathenäenzug (1926) 278
Salome (1905) 273, 302
Symphonische Metamorphosen (1945) 296, 299
Strawinsky, Igor (1882–1971) 287, 301, 303
Sacre du printemps (1913) 287
Streichquartett 166, 194–*196*, 198f., 259
Striggio, Alessandro (1535–1589/95) 113

Strophe 189
Stunde Null 306
Suite 81, 131, 188–190, 193, 252, 324
Superius/Sopran 82
Suprematismus 270
Sweelinck, Jan Pieterszoon (1562–1621) 120
Swieten, Gottfried Bernhard van (1733–1803) 239
Symphonie 166, 168, 174, 186f., 194f., 198f., 243, 247–250, 259, 273, 282, 312
Symphoniezyklus 246
Symphonische Dichtung 244ff., 248, 264, 269, 302
System 35, 39f., 43, 45, 61, 63, 101, 145, 148, 150, 152

Tabulatur 118
Talea 82
Tango 329
Tanz 24, 80, 113, 116, 135, 164, 183, 185, 188f., 218, 223, 252, *331*
Tanztheater 302
Tasso, Torquato (1544–1595) 121
Das Befreite Jerusalem 121
Techno 320, 326
Telemann, Georg Philipp (1681–1767) 143, 166
temperiert 130
tempus imperfectum 71
tempus perfectum 71
Tenor 30, 82, 147
Teramo, Antonio Zacharia de (14./15.Jh.) 77
Terminatio 30
Tetrachord 21
Tetralogie 237
Text 17, 27, 28, 30–32, 35, 38, 40, 47, 49, 50, 54–56, 58, 75f., 78, 81f., 84, 90, 93, 99–102, 104–106, 108, 111–113, 120, 127, 129, 131–133, 143f., *163*, 164, 167, 181, 185, 196, 202, 204, 232, 243, 246, 264
Thalberg, Sigismond (1812–1871) 216, 220
Theater 24, 52, 110–112, 135, 142, 171f., 175, 179, 180, 246, 266, 274, 296, 302, 321, 322, 329
Theatermusik 56, 245
Theile, Johann (1646–1724) 84
Thomas von Aquin (1224/25–1274) 50
Lauda Sion salvatorem 50
Thomas von Celano (um 1200 – um 1256) 50
Dies irae 50
Tieck, Ludwig (1773–1853) 227
Tinctoris, Johannes (um 1435–1511) 87
Toccata 194
Tonalität 17, 131, 234, 262, 267, 280, 298
Tonart 25, 31, 113, 129f., 131, 188, 194, 223
Tonfilm 283
Tongeschlecht 16, 20f.
Tonleiter 15, 20f., 262
Tonsatz *13*, 14, 17, 63, 73–77, 86, 88, 99, 101f., 108f., 116f., 187, 194f., 198f., 205, 234, 236, 256, 259, 261, 274, 287, 295, 297, 303, 306
Tonstufen 15, 17, 20f., 31, 35, 39, 63, 110, 128, 131, 193
Tonsystem 12, 14, 16, 20f., 39, 130, 266, 281, 305
Tonträger 290, 328
Torgau 112
Totalitarismus 178f., 282, 286, 295f., 299, 300, 308
Traetta, Tommaso (1727–1779) 143
Tragédie lyrique 137
Tragödie 24, 137, 206
Trio 175, *196*
Tripel-Motette 75
Triplum 76f.
Tropierung 64
Troubadour 54–6
Trouvères 45, 54–56, 59, 81

Tschaikowski, Pjotr Iljitsch (1840–1893) 260
Türk, Daniel Gottlob (1750–1813) 175
Türkei 122

Unterhaltungsmusik 298
Urheberrechtsschutz 218

Varèse, Edgar (1885–1965) 323
Variation 118, 120, 189, 190, 198, 215, 221, 149, 196
Variationszyklen 120
Varieté 210
Vasari, Giorgio (1511–1574) 87
Venedig 92f., 102, 106, 108, 121, 135, 136, 209
Venosa, Gesualdo da (1560–1613) 161
Verdi, Giuseppe (1813–1901) 209, 231, 254, 255, 272
La Traviata (1853) 231, 272
Nabucco (1842) 255
Rigoletto (1851) 209
Versikel 49
Viadana, Lodovico da (1560–1627) 109
Cento concerti ecclesiastici (1602–1609) 109
Vico, Giambattista (1669–1744) 239
Viertelton 280
Villanelle 111
Vinci, Leonardo (1690/96–1730) 143
Vinci, Leonardo da (1451–1519) 88
Violinschule 175
Virdung, Sebastian (geb. um 1465) 121
Musica getutscht (1511) 121
Virelai 54, 80
Virtuosität 46f., 71, 85, 106, 113–116, 123, 127, 155, 178, 180, 189, 207, 215f., 218, 230, 253, 328
Visconti, Luchino (1906–1976) 312
Vivaldi, Antonio (1678–1741) 164f., 189
Voir dit 80
Vokalmusik 196
Vokalpolyphonie 161, 195f., 228, 249, 167, 264
Volkslied 105, 177, 262, 286, 312
Volksmusik 252, 265, 333
Volkstümlichkeit, volkstümlich 32, 51, 54, 61, 81, 91, 111, 177, 179, 208, 279, 282, 298
Vom Himmel hoch, da komm ich her 105
Vormärz 208, 245

Wackenroder, Wilhelm Heinrich (1773–1798) 226f.
Wagner, Wilhelm Richard (1813–1883) 17, 25, 54, 58, 208f., 220, 227, 230, 233f., 236–238, 242–246, 248–250, 254, 256–259, 261, 277, 286, 291, 321f.
Fliegender Holländer (1843) 230
Lohengrin (1850) 230, 286
Die Meistersinger von Nürnberg (1868) 58, 209, 242, 256
Parsifal (1882) 291
Ring des Nibelungen (1876) 237, 258, 295
Tannhäuser (1845) 54, 230
Tristan und Isolde (1865) 231, 233, 236, 248
Walcker, Oscar (1869–1948) 281
Waldstein, Ferdinand Ernst Joseph Gabriel von (1762–1823) 198
Walther von der Vogelweide (um 1170 – um 1230) 56
Walther, Johann Jakob (um 1650–1717) 129
Walzer 221
Wandervogelbewegung 282
Weber, Carl Maria von (1786–1826) 208, 229, 230, 259
Der Freischütz (1821) 208, 229, 259
Oberon (1826) 229

Webern, Anton Friedrich Wilhelm (1883–1945) 294
Weill, Kurt (1900–1950) 274, 297
Weimar 179, 220, 230, 244f.
Weltausstellung 282
Brüssel (1958) 323
Hannover (2000) 326
London 262
Paris 262
Werckmeister, Andreas (1645–1706) 131
Westhoff, Johann Paul von (1656–1705) 122
Wieland, Christoph Martin (1733–1813) 179
Wien 94, 112, 123, 181–183, 187, 198, 208, 212, 221, 228, 239, 273
Wiener Klassiker 244
Wiener Schule, Zweite 287
Wilhelm von Aquitanien *s.* Guillaume IX. d'Aquitaine
Willaert, Adrian (1480/90–1562) 92
Winchester Tropar 65
Wipo von Burgund (990–1048) 50
Victimae paschali laudes 50
Wolfenbüttel 96, 118, 121

Xenakis, Yannis (1922–2001) 323

Zahl/Zahlenverhältnisse 12, 61, 152, 322
Zarlino, Gioseffo (1517–1590) 92, 120
Zeitoper 302
Zeitschriften/Zeitungen 130, 150, 152, 174, 213
Zelenka, Jan Dismas, eigentl. Jan Lukás (1679–1745) 166
Zelter, Carl Friedrich (1758–1832) 166
Erlkönig (1815) 232
Zeno, Apostolo (1668–1750) 137f., 155
Zensur 242
Zimmermann, Bernd Alois (1918–1970) 320
Zukunftsmusik 238, 242
Zunfthaus 172
Zwanziger Jahre 302
Zweiter Weltkrieg 294, 297, 301
Zweites Vatikanisches Konzil 312
Zwingli, Huldrych (1484–1531) 2, 104
Zwölftonreihe 249
Zwölftontechnik 298
Zyklus 28, 83, 188

Zum Autor

Michael Heinemann, geb. am 5. März 1959 in Bergisch Gladbach, Studium von Kirchenmusik, Instrumentalpädagogik und Orgel in Köln, Musikwissenschaft, Philosophie und Kunstgeschichte in Köln, Bonn und Berlin. Promotion 1991, Habilitation 1997. Seit 2000 Professor für Musikwissenschaft an der Hochschule für Musik »Carl Maria von Weber«, Dresden, seit 2010 auch an der Hochschule für Musik »Hanns Eisler«, Berlin.

Zahlreiche Bücher und Editionen zur Musikgeschichte des 16.–20. Jahrhunderts, mehr als 200 Aufsätze in Sammelbänden und Fachzeitschriften.